라캉의 주체

The Lacanian Subject: Between Language and Jouissance
by Bruce Fink

Copyright ⓒ 1997 by Princeton University Press (as in Proprietor's edition)
All rights reserved.

Korean Translation Copyright ⓒ 2010, by b-books.
Korean Translation rights arranged with Princeton University Press
through Eric Yang Agency, Seoul.

이 책의 한국어판 저작권은 에릭양 에이전시를 통해
Princeton University Press와의 독점계약으로 도서출판 b에 있습니다.
저작권법에 의해 한국 내에서 보호를 받는 저작물이므로
무단 전재와 복제를 금합니다.

라캉의 주체

언어와 향유 사이에서

브루스 핑크
이성민 옮김

도서출판 b

| 일러두기 |

- 『에크리』의 영어 완역본은 브루스 핑크의 번역으로 이미 출간되었으며, 이 완역본에는 불어본의 쪽수가 표시되어 있다. 이러한 편의성을 이용하여 역자는 앞으로『에크리』가 인용될 때 "『에크리』"에 불어본 쪽수만을 표시하였다.
- 한국어로 번역된 라캉의『세미나 11』의 쪽수는 한국어본으로 표시하였다.
- 열린책들에서 출간된 프로이트 전집에 수록된 글들은 가령 "열린전집 1, 30쪽"의 방식으로 인용하였다. 열린책들 프로이트 전집의 권 번호는 다음과 같다:
- 라캉의 세미나 1, 2, 3, 7, 17, 20의 쪽수는 영어본 쪽수다.

1.『정신분석 강의』, 2.『새로운 정신분석 강의』, 3.『히스테리 연구』, 4.『꿈의 해석』, 5.『일상생활의 정신 병리학』, 6.『농담과 무의식의 관계』, 7.『성욕에 관한 세 편의 에세이』, 8.『꼬마 한스와 도라』, 9.『늑대 인간』, 10.『정신 병리학의 문제들』, 11.『정신분석학의 근본 개념』, 12.『문명 속의 불만』, 13.『종교의 기원』, 14.『예술, 문학, 정신분석』, 15.『정신분석학 개요』

엘로이즈를 위하여

| 차 례 |

일러두기 ··· 4
서 문 ··· 9

제1부 구조: 소외와 타자

1장 언어와 타자성 ··· 23
2장 무의식적 사고의 본성, 혹은 다른 절반은 어떻게 "생각하는가" ····· 43
3장 말의 창조적 기능: 상징계와 실재 ···························· 61

제2부 라캉적 주체

4장 라캉적 주체 ·· 79
5장 주체, 그리고 타자의 욕망 ······································ 103
6장 은유와 주체성의 재촉 ·· 137

제3부 라캉적 대상: 사랑, 욕망, 향유

7장 대상 (a): 욕망의 원인 ·· 157
8장 성적 관계 같은 것은 없다 ······································ 183

제4부 정신분석 담화의 지위

9장 네 가지 담화 ··· 237
10장 정신분석과 과학 ·· 253

후 기 ··· 269
부록 1. 무의식의 언어 ·· 281
부록 2. 원인의 추적 ··· 303
라캉적 상징들의 풀이 ··· 317
감사의 말 ··· 321
옮긴이 후기 ·· 323
미 주 ·· 327
참고문헌 ·· 365
찾아보기 ·· 371

서문

라캉은 근본적으로 새로운 주체성 이론을 제시한다. 인간 주체라는 바로 그 개념을 해체하고 내몰려는 대부분의 후구조주의자들과는 달리, 정신분석가 라캉은 주체성 개념이 없어서는 안 된다는 것을 발견한다. 그리고 그는 주체가 무엇을 의미하는지를, 어떻게 우리는 주체가 되는지를, (정신병으로 이어지는) 주체되기 실패에 책임이 있는 조건들을 탐색하며, 또한 "주체성의 재촉precipitation"을 유도하기 위한 분석가 재량의 도구들을 탐색한다.

그렇지만 라캉이 주체에 관해 말하는 광범위의 다양한 것들을 이어 맞추기는 극히 어렵다. 그의 주체 이론은 우리들 대다수에게 너무나도 "비직관적"이며(가령 라캉이 그렇게도 자주 되풀이하는 "정의"—주체는 하나의 기표가 또 다른 기표에게 대표하는 그 무엇이다—를 생각해 보라), 또한 그의 작업 과정에서 상당히 의미심장하게 진화한다. 더구나 1970년대 말엽과 1980년대의 미국에서 라캉은 구조주의자로 더 잘 알려져 있었을 것이다. 언어에 대한 그의 저술과 포의 「도둑맞은 편지」에 대한 그의 저술을 놓고 벌어진 논의 덕분에 말이다. 영어권 독자들은, 주체성의 문제범주를 전적으로 방치하는 듯하면서 도처에서—심지어 우리가 우리의 가장 소중하고 양도할 수 없는 "자기"로 여기는 것의 바로 그 중핵에서도—구조의 작용을 드러내는 라캉에게 더 친숙할 것이다.

이 책의 1부에서 나는 (아직 상술되지 않은 바로서의) 주체에게 외래적이거나 이질적인 무엇으로서의 "타자성"에 대한 라캉의 매우 파급력이 큰 고찰을 재추적한다. 이 타자성은 무의식(언어로서의 **타자**)과 자아(상상적인 타자(이상적 자아)와 욕망으로서의 **타자**(자아 이상))에서 시작해서 프로이트의 초자아(향유로서의 **타자**)에 이르는 믿기지 않는 온갖 영역에 걸친다. 자체의 생명을 지닌 기계나 컴퓨터나 기록/배열 장치처럼 기능한다고도 볼 수 있는 언어에 의해 우리가 말해지는 한에서, 우리의 필요나 쾌락이 부모의 요구들(요구로서의 **타자**)에 의해 조직되고 사회적으로 수용가능한 형태로 인도되는 한에서, 그리고 우리의 욕망이 **타자**의 욕망으로서 존재하게 되는 한에서, 우리는 소외되어 있다. 라캉은 세미나들이나 집필된 텍스트들에서 끊임없이 주체를 불러내지만, 매우 빈번히 **타자**가 무대를 가로채는 것처럼 보인다.

하지만 바로 이렇듯 라캉의 작업에서 구조나 타자성의 개념이 최대한으로 확장되기 때문에 우리는 구조가 그만 멈추고 다른 어떤 것이, 구조에 거스르는 어떤 것이 시작되는 곳을 볼 수 있다. 라캉의 저술에서 구조에 거스르는 것은 이중적이다: 주체와 대상(욕망의 원인으로서의 대상 a).

이 책의 2부에서 나는 초기의 현상학적 개념들에서 벗어나 라캉이 1950년대에 주체를 언어나 법으로서의 **타자**와의 관계에서 채택된 어떤

서 문

위치로서 정의한다는 것을 보여준다. 다시 말해서, 주체는 상징적 질서에 대한 관계**이다**. 자아는 상상적 등록소를 통해 정의되는 반면에 주체 자체는 본질적으로 **타자**와의 관계에서의 위치설정이다. 라캉의 **타자** 개념이 진화함에 따라서, 주체는 **타자**의 욕망(어머니의 욕망, 부모의 욕망)과의 관계에서—그 욕망이 주체의 욕망을 일깨우는 한에서, 즉 대상 a로서 기능하는 한에서—채택된 어떤 자세로서 재개념화된다.

프로이트의 가장 초기 저작[1])과 라캉 자신의 정신분석 실천에 한층 더 영향을 받아서 라캉은 (자신의 이론적 진화를 매우 도식적인 용어로 표현하면서) 주체가 어떤 것과의 관계에서 어떤 자세를 채택할 때의 그 어떤 것을 쾌락/고통의 원초적 경험으로, 혹은 외상으로 보기 시작한다. 주체는 프랑스인들이 jouissance라고 부르는 것—압도감이나 혐오감을 낳지만 동시에 매혹의 원천을 제공하기도 하는 과도한 쾌락—의 원초적이고 압도적인 경험에 대한 이끌림이나 방어로서 존재하게 된다.

1950년대 말엽에 라캉은 "존재"를 향유의 저 외상적 경험을 초래한 대상에 대한 환상화된 관계로 인해서만 인간 주체에게 주어지는 어떤 것으로서 보는 가운데, 궁극적으로 주체의 원초적인 향유 경험을 **타자의 욕망과의 외상적 조우**에서 연원하는 것으로서 정식화한다. 그리하여 주체는—존재를 결여하는바—근본적으로 짜릿하지만 무력감을 안겨주는, 매혹적이지만 압도하거나 혐오감을 주는 바로서의 **타자**의 욕망에 대한 관계에 있는 것으로 혹은 그러한 욕망과 관련하여 채택되는 자세에 있는 것으로 간주된다.

아이는 부모의 욕망을 받을 가치가 있는 존재로서 부모에게 인정되기를 소망하지만, 부모의 욕망은 매혹적인 동시에 치명적이다. 주체의 불안정한 실존은, 이끌림과 반발을 미세하게 균형맞추면서 주체를 저 위험스러운 욕망으로부터 적절한 거리에 놓여 있게 하기 위해 구성된 환상들에 의해 지탱된다.

그럼에도 불구하고 이것은 내가 보기에 라캉적 주체의 한 가지 얼굴에 불과하다. 고착된 바로서의, 증상으로서의, 향유를 제거하거나 획득하는 반복적인 증상적 방식으로서의 주체. 환상에 의해 제공되는 존재감은 "거짓된 존재"이다. 라캉은 1960년대 중반에 이 표현을 사용하는데, 이로써 그 이상의 무언가가 있음을 암시한다.

충분히 예상할 수 있는 바이지만, 라캉적 주체의 두 번째 얼굴은 저 고착을 극복하는 데서, 환상을 재구성하거나 횡단하는 데서, 흥분을 맛보거나 향유를 획득하는 방식의 변동에서 나타난다. 다시 말해서, **주체화**—이전에는 외래적이었던 어떤 것을 "자기 자신의 것"으로 만드는 과정—의 얼굴.

이 과정을 통해서 **타자**의 욕망에 대한 관계에서 우리의 위치에 완전한 역전이 발생한다. 우리는 **타자**의 욕망에 대한, 우리를 존재하게 한 저 외래적 힘에 대한 책임을 떠맡는다. 우리는 저 원인적 타자성을 스스로 떠맡으며, 이전에는 외부의 원인으로, 우리의 우주가 시작될 때 외래적인 주사위 던지기로 경험되었던 그 무엇—운명—을 주체화한다. 여기서 라캉은 분석가 편에서의 어떤 특별한 접근에 의해 준비되는바 분석자에 의한 어떤 역설적인 움직임을, 즉 자신의 실존의 원인—자신을 세상에 나오게 한 **타자**의 욕망—을 주체화하고 자기 자신의 운명의 주체가 되려고 하는 움직임을 제안한다. "그런 일이 어쩌다 내게 일어났어"가 아닌, "내가 보았어", "내가 들었어", "내가 행동했어".

프로이트의 "Wo Es war, soll Ich werden"에 대한 라캉의 다양한 번역들의

서 문

요지가 바로 그것이다. **타자**가 (나의 원인으로서 작용하면서) 줄을 조종하고 있는 곳에서, 나는 나 자신의 원인으로서 존재하게 되어야 한다.[2]

(3부에서 상세하게 논의되는) 대상을 보자면, 그것은 주체의 이론과 나란히 진화한다. 처음에 주체가 **타자**에 대한 관계에서 채택된 자세로 간주되고 그런 다음에 **타자**의 욕망에 대한 관계에서 채택된 자세로 간주되는 것과 마찬가지로, 대상은 처음에 우리 자신과 같은 타자로서 간주되며 궁극적으로는 **타자**의 욕망과 등치된다. 부모의 욕망은 매우 실질적인 의미에서 아이를 세계 속으로 나오게 만들었으며, 아이의 바로 그 존재의 원인으로서 그리고 궁극적으로는 아이의 욕망의 원인으로서 기능한다. 아이가 자신의 욕망을 야기하고 이끌어내고 부추기는 대상과의 관계에서 자기 자신을 어떤 위치에서 보고 싶어 할 때의 그 위치를 환상은 무대화한다.

분석적 기법에서 라캉의 혁신들을 이해할 수 있게 해주는 것은 대상을, 욕망을 여하간 **만족시킬** 수 있는 무언가로서가 아니라, 욕망의 **원인**으로서 보는 라캉의 이론이다. 라캉은 분석가가 피해야만 하는 역할들(자아심리학적 접근에 함축되어 있는바, 상상적 타자의 역할과 판단적이며 전지적인 **타자**의 역할)을 통해, 그리고 분석자를 존재하게 만든 외래적 원인들을 분석자가 한층 더 주체화할 수 있게 하기 위해서 분석가가 주체의 환상 속에서 맡아야 하는 역할(대상 *a*)을 통해 분석가의 위치를 재개념화한다.

분석 상황에 대한 라캉의 견해에서, 분석가는 "좋은 대상", "충분히 좋은 어머니", 혹은 환자의 약한 자아를 도와줄 강한 자아의 역할을 맡도록 요청되지 않는다. 오히려 분석가는, 수수께끼 같은 욕망의 위치를 유지함으로써, 환상의 재배치를 초래하기 위해서, 향유에 대한 관계에서의 새로운 자세, 새로운 주체 위치를 초래하기 위해서, 주체의 환상 속에서 대상으로 기능해야 한다. 이를 위한 분석가 재량의 도구들 가운데 하나는 시간이다. 가변적 분석시간은 주체를 **타자**의 욕망에 대한 주체의 환상화된 관계로부터 분리하는 데 필요한 긴장을 생성할 수단이다.

대상은 또한 구조들, 체계들, 공리적 장들의 순조로운 작동을 망쳐놓고 아포리아와 역설과 온갖 수수께끼를 낳는 원인으로서 라캉에 의해 세공된다. 그것은 언어와 세계를 상징화하기 위해 우리가 사용하는 격자들이 무너지는 지점에서 조우하게 되는 실재이다. 그것은 우리가 기표를 이용해서 모든 것을 설명하고 모든 것을 말하려고 할 때마다 주장하는insist **문자**이다.

그리하여 대상은 한 가지 이상의 기능을 갖는다. **타자**의 욕망으로서 그것은 주체의 욕망을 불러낸다. 하지만 문자로서 혹은 기표의 기표성signifierness(signifiance)으로서 그것은 또 다른 종류의 쾌락과 연관된 물질성이나 실체를 갖는다. 어쩌면 바로 이와 같은 대상 *a*의 다가성 때문에 라캉은 성적 욕망(라캉이 "남근적 향유"라고 혹은 좀 더 적절하게 "상징적 향유"라고 부르는, 욕망의 혹은 욕망함desiring의 쾌락)을 또 다른 종류의 쾌락("**타자적** 향유")과 구분하게 되었을 것이다.

대상의 두 얼굴인 *a*와 S(Ⱥ)는 라캉에 대한 영어권 저작에서 아직 파악되고 있지 않은 성적 차이에 대한 이해를 가능하게 해준다. 이러한 이해는 현행의 "해석들", 즉 라캉에 따르면 남성성은 주체를 의미하고 여성성은 대상을 의미한다고 하는, 혹은 라캉이 남성성을 능동성과 소유에 등치시키고 여성성을 수동성과 비소유에 등치시키는 낡은 프

서 문

로이트적 덫에 빠져 있다고 하는 해석들을 단연 넘어선다.

주체의 두 얼굴과 대상의 두 얼굴. 평행한 이원적 대립? 나는 그렇게 생각하지 않는다. 오히려 이른바 "괴델적 구조주의"의 한 형태라고 할 수 있는데, 여기서 모든 체계는 내부에 포함되어 있는 타자성이나 이질성 때문에 완결되지 못하게 된다.

정신분석적 담화의 지위는, 이 책의 4부에서 다루어지는바, 미국 같은 과학주의적 맥락에서 임상실천가들로서는 피할 수 없는 쟁점이다. 워싱턴의 국립 정신건강연구소 소장이 2000년까지는 의료 시설이 모든 정신 질환을 사실상 "정복"할 것 같다고 공언할 수 있는3) 환경에서, 매일 매일 논문들이 알코올중독, 동성애, 공포증, 정신분열증 등등에 "책임이 있는" 유전자가 발견되었다고 공표하는 환경에서, 정신분석 협회들에 대한 소박한 과학주의적 공격들이 정신분석의 신뢰성에 대한 진지한 타격으로 간주될 수 있는 환경에서, 분석가들과 분석적 경향의 임상가들은 자신들의 장의 인식론적 지위를 지성적으로 논의할 준비를 더욱 잘하고 있어야 한다.

정신분석이, 오늘날 "과학"이 이해되는 바로서 하나의 과학을 구성하지 않을 수는 있겠지만, 기존의 의학 기구나 과학 기구로부터 적법성을 구할 필요는 전혀 없다. 라캉의 작업은 정신분석을, 역사적으로 과학의 탄생에 의존하고 있지만 그와 동시에 말하자면 자신의 두 다리로 설 수 있는 어떤 담화로서 구성할 수단을 우리에게 제공해준다. 라캉에 의해 개념화된 바로서의 정신분석은 그 자체만의 특정한 토대를 가진 담화일 뿐 아니라 다른 (대학이나 과학의) "분과들"의 구조와 작동을 분석하면서 그것들의 주된 동기와 맹점을 재조명할 수 있는 위치에 있는 담화이기도 하다.

라캉은 통상적으로 이해되는 바로서의 과학을—그 안에 정신분석적 개념들을 도입함으로써—근본화하거나 혁명할 수 있는 가능성을 지적한다. 그리하여, 어떤 의미에서, 과학적 탐구의 **대상**을 재정의하는 방식으로 과학의 국경을 거꾸로 밀어내고 있는 것이다. 라캉은 혹자가 그러듯 정신분석은 과학의 장 바깥에 영원히 남아 있을 운명이라고 주장하지 않는다. 오히려 라캉의 요점은, **과학은 아직 정신분석을 수용하는 과제를 감당하기에 적합하지 않다**는 것이다.[4] 과학적 담화는 언젠가 자신의 범위 안에 정신분석을 포괄하는 방식을 통해 변경될 수도 있을 것이다. 하지만 그러는 동안 정신분석은 그 자신의 변별적 프락시스—임상적 실천과 이론 구축—를 계속해서 세공할 수 있다.

이러한 간략한 소묘는 나의 논변의 일반적 궤적을 가리키며, 희망컨대 독자들에게는, 필요할 때 이따금씩 참조해 볼 수 있는, 이 책을 읽는 로드맵으로서 이바지할 것이다. 즉 주체, 대상, **타자**, 담화가 여기서 전개될 주요 개념들이기는 하지만, 그것들을 맥락 속에서 논의하기 위해서는 훨씬 더 많은 라캉의 기본 개념들에 대한, 그리고 그것들을 이용하여 정신분석적 경험을 정식화하려는 라캉의 초기 시도들이나 나중의 시도들에 대한 설명이 필요한 것이다.

라캉이 형성했고 그의 일생에 걸쳐서 재형성되었던, 내가 여기서 취하게 된 개념들 가운데는 상상계, 상징계, 실재가 있고, 필요, 요구, 욕망, 향유가 있고, 진술의 주체, 언표행위의 주체(또는 말하는 주체), 무의식의 주체, 분열된 주체, 방어로서의 주체, 은유로서의 주체가 있고, 부성적 은유, 원초적 억압, 이차적 억압이 있고, 신경증, 정신병, 도착증이 있고, 기표(주인기표 혹은 일원적 기표와 이원적 기표), 문자, 기표성이 있고, (욕망의 기표로서의) 남근, 남근적 기능, 성적 차이,

서 문

남근적 향유, **타자적** 향유, 남성적 구조, 여성적 구조가 있으며, 소외, 분리, 환상의 횡단, "통과"가 있으며, 구두점찍기, 해석, 가변적 분석시간, 순수한 욕망함으로서의 분석가의 역할이 있으며, 실존, 탈–존 ex-sistence이 있으며, 네 가지 담화(주인 담화, 히스테리자 담화, 분석가 담화, 대학 담화), 그것들의 주요 동기, 그것들이 함축하는 희생이 있으며, 지식, 오인, 진리가 있으며, 담화, 메타언어, 봉합이 있으며, 정식화, 분극화polarization, 전달transmission이 있다. 희망컨대 이 서문에서 제공된 로드맵은 이와 같은 광범위한 개념들에 대한 나의 해명에서 독자들이 숲을 나무와 구분할 수 있도록 도와줄 것이다.

1부의 장들은, 라캉의 작업에 대한 사전 지식을 거의 가정하지 않고서, 단순성을 목표로 한다. 2, 3, 4부는 점차로 더 복잡해지며, 책의 이전 부분에서 놓여진 토대 위에 구성되고 있다. 어떤 독자들은 처음에는 몇몇 좀 더 조밀한 장들(예컨대 5, 6, 8장)을 건너뛰고, 가령 대상 a를 다루는 7장에서 담화를 다루는 9, 10장으로 곧바로 나아가고 싶을 것이다. 다수의 장들은 독립적으로 읽을 수 있다. 비록 그 장들이 실로 이전의 내용에 입각해 있고 또한 때로는 이전의 내용을 참조하고 있더라도 말이다. 라캉의 작업에 대한 사전 지식이 어느 정도 있는 독자들은 십중팔구 1장을 전적으로 건너뛰고 싶을 것이고, 어쩌면 앞의 내용을 대충 훑어보고 5장으로 직행하고도 싶을 것이다.

이 책에서 나의 좀 더 일반적인 목적 가운데 하나는 라캉의 작업에 대한 논의를 임상적 고려들을 **빠뜨리지 않는** 맥락 속에 재위치시키는 작업을 시작하는 것이다. 미국에서 정신분석적 공동체는 이제 몇 십 년 동안 라캉의 사유에 저항했으며, 반면에 좀 더 문학적이거나 언어학적인 성향의 사람들은 라캉의 작업에 가장 크고도 가장 지속적인 관심을 보여주었다. 이러한 상황에 대한 역사적이고 지성적인 이유들은 여기서 되풀이하기에는 너무나도 잘 알려져 있다. 하지만 그 결과는, 내가 보기에, 라캉의 사유에 대한 뒤틀린 혹은 부분적인 재현이었다. 이 책은 특별히 임상가들을 염두에 두고 쓴 것이 아니다.5) 하지만 정신분석이라는 프락시스에 대한 나 자신의 경험은, 내가 믿기로, 이 책의 배경을 실로 형성하고 있다.

나는 이 책에서 결코 라캉의 작업에 대한 "균형잡힌" 견해를 제시하는 척하지 않았다. 균형잡힌 견해라면 라캉의 발전에 대한 상당한 분량의 역사적 관점을 제공해야—(바로 초심자를 위해) 다방면에 걸친 초현실주의적, 프로이트적, 현상학적, 실존주의적, 후-프로이트적, 소쉬르적, 야콥슨적, 레비-스트로스적 영향들을 설명해야—했을 것이고, 정신분석 이론에 대한 라캉의 침략들을 당시의 프랑스와 여타의 곳에서 이루어진 논쟁들의 맥락 속에 위치시켜야 했을 것이다.

대신에 나는—라캉 저술의 수많은 매혹 가운데 하나는 바로 그것의 끊임없는 변형과 자기교정과 관점의 반전에 있기에—라캉 저술에 대한, 틀림없이 많은 사람들이 명백히 정적이고 폐쇄적이라고 생각할 견해를 제시하려고 했다. 나는 라캉의 주요 개념 몇 가지에 대한 견해를, 그것들이 1930년대부터 계속 진화해온 바로서가 아니라, 오히려 1970년대의 관점에서 제공하려고 했다. 때때로 나는 정신분석적 경험을 정식화하는 라캉의 어떤 초기 방식들을 통해서, 그것들을 라캉의 나중의 용어로 "번역"함으로써 독자들을 인도하려고 한다. 하지만 나는 일반적으로는, 내가 임상가에게든 이론가에게든 특별히 강력하고 유용하다고 생각하는 라캉 이론의 어떤 단절을 제공한다. 라캉의 초기 세미나들에서 발견되는바 "충만한" 말과 "공허한" 말 같은 대립들은, 나의

서 문

사고방식에 따르면, 라캉의 이후의 저작에서 지양되었다. 따라서 그것들이 자체로 흥미로울 수는 있겠지만, 나는 그것들에 대한 설명을 다른 사람에게 맡기는 것이 더 좋다고 생각했다.[6]

나는 라캉의 사유에 대한 나의 구두점찍기가—이는 어떤 발전들을 강조하며 어떤 다른 발전들을 탈강조하는 것인데—독자들로 하여금 라캉의 방대한 출간, 미출간 저작 속에서 길을 찾을 수 있도록 해주기를 기대한다. 몇 년 동안 라캉의 어떤 세미나들을 토대로 수업을 진행하고, 어떤 특정한 개념(예컨대 세미나 7의 정신분석적 윤리 개념이나 세미나 8의 전이 개념)의 단계적 발전을 따라가면서, 그토록 능동적이고 창조적인 정신이 작동하고 있는 것을 보면서 느끼는 흥분은 종종 어떤 확인가능한 논제를 뽑아내는 일과 관련된 어려움 때문에 그늘에 가려지게 된다. 라캉의 세미나들을 돌파해가는 것은 정신분석을 공부하는 모든 진지한 학생들에게 중요한 과제이다. 하지만 내 경험상, 다소 무정형적인 장(場)으로 보일 수도 있을 곳에서 몇몇 랜드마크를 갖는 것도 도움이 될 것이다.

라캉의 저작을 해석하는 과제는, 플라톤과 프로이트의 저작을 해석하는 과제처럼, 끝이 없는 작업이며, 나는 여기서 결코 최후의 말을 제공했다고 자처하지 않는다. 내가 여기서 제공하는 것이 하나의 해석이라는 점이 분명해져야 한다. 특히 5장과 6장에서 제시된 라캉적 주체에 대한 이론은 나 자신의 것이며, 8장에서 성적 차이를 다룬 라캉의 저작에 대한 나의 독서는 마찬가지로 독창적인 것이다.

부록들은 전반적 논의 흐름을 유지하기에는 너무 전문적인 내용을 포함한다. 그것들은 라캉이 상세하게 기술하는 언어구조 모델들과 언어구조 내부에서 생겨나는 변칙(대상 a)에 의해 생성되는 효과들을 다룬다.

책 말미에 제공된 상징 목록에서 독자들은 이 책에서 논의되는 ("수학소"로 알려진) 주요한 상징들에 대한 간략한 설명을 볼 수 있다. 라캉의 수학소들은 상당한 양의 개념화를 응축, 체현하고 있다. 나는 그 수학소들의 가장 두드러진 측면들을 상징 목록에서 요약하려고 했지만, 그것들을 온전하게 사용하기 위해서는 라캉의 이론적 틀에 대한 확고하고도 전반적인 파악이 요구된다.

라캉의 저작을 인용할 때 나는 가능한 한 영어본 정보를 제공했다. 하지만 나는 기존 번역들을 임의로 변경했다. 기존 번역의 부적절함은 점점 더 분명해지고 있다. "*Écrits* 1966"은 파리의 세이유에서 출간된 『에크리』의 프랑스어본을 가리킨다. 반면에 "*Écrits*"라고만 한 것은 노튼에서 출간된 앨런 셰리던의 1977년 영어본 선집을 가리킨다.[7] 세미나 1, 2, 7, 11의 페이지 표시는 언제나 노튼에서 출간된 영어본에 상응한다. 전체 참고문헌은 참고문헌 목록에 나와 있다. 프로이트의 저작을 인용할 때 나는 표준판(SE)의 권수와 페이지수를 표시했다. 하지만 종종, 훨씬 더 흥미롭거나 놀라운 "비표준적" 번역들을 토대로 번역을 수정했다.*

1994년 4월

----
* 일러두기를 볼 것.

제1부

구조: 소외와 타자

자기는 타자다

1장 언어와 타자성

타자의 말의 미끄러짐*

환자가 분석가의 사무실로 걸어 들어와 안락의자에 앉는다. 그는 분석가의 눈을 똑바로 바라보면서 지난번 세션이 끝났던 지점에서 다시 실마리를 집어 들고는 곧바로 실수를 저지르고 만다. 이렇게 말하면서 말이다. "아버지와의 관계에서 많은 긴장이 있었다는 걸 알고 있어요. 그건 아버지가 속무schnob 중에 지나치게 열심히 일을 해서 이를 견디지 못하고 내게 화풀이를 했기 때문이라고 생각해요." 그는 "업무job"라고 말하려던 것이었는데 대신 "속무"가 튀어나온 것이다.

담화는 결코 일차원적이지 않다. 말실수는 한 가지 이상의 담화가 같은 입을 통해 동시에 나올 수 있다는 것을 우리에게 즉각 일깨워준다.

---

* 옮긴이는 "A Slip of the Other's Tongue"이라는 제목을 "타자의 말의 미끄러짐"으로 옮겼다. 말실수(slip of the tongue) 그 자체를 "타자의 말의 미끄러짐"으로도 볼 수 있다는 것이 이 말장난의 요점일 것이다.

여기서 두 개의 변별적 층위가 확인될 수 있다. 화자가 말**하려고 시도하고 있었던** 혹은 말하려고 **의도했던** 것으로 이루어지는 의도적 담화의 층위, 그리고 (위의 경우) 변형되거나 왜곡된 단어, 즉 "업무"와 "속물snob"과 어쩌면 그 밖의 다른 단어들도 뒤섞인 일종의 합성어 형태를 취하는 비의도적 담화의 층위. 예컨대 화자가 가족의 맏이를, 가령 그의 형이나 누나를 나약한 속물이라고 생각하고 있으며, 아버지가 바로 그 맏이를 지나치게—그 환자 혹은 분석자(즉 자기를 분석하는 일에 참여하고 있는 사람)와 관련된 한, 결함이 될 정도로—애지중지했다고 느끼고 있음을 분석가는 이미 알고 있을지도 모른다. 분석자는 또한 "schnoz"라는 단어를 생각하고 있는 건지도 모르며, 어린 아이였을 때 그가 아버지의 코nose를, 그에게는 마녀의 코를 상기시켰던 그 코를 무서워했었다는 사실이 생각난 것일지도 모를 일이다. 그렇다면 또한 "얼간이schmuck"라는 단어가 그의 뇌리를 스치는 것일지도 모를 일이다.

이 간단한 사례를 통해 우리는 이미 두 가지 다른 유형의 담화를, 더 간단히 말하자면 두 가지 다른 유형의 말을 구별할 수 있게 된다.[1]

- **자아의 말**: 우리 자신에 관해 우리가 의식적으로 생각하거나 믿고 있는 것에 관한 일상적인 말
- 그리고 **어떤 다른 종류의 말**

라캉의 **타자**는 그 가장 기초적인 층위에서 이 **다른 종류의 말**과 관계되어 있다.[2] 왜냐하면 우리는 서로 다른 두 가지 종류의 말이 있기만 한 것이 아니라, 그 말들이 거칠게 말해 서로 다른 두 개의 심리학적 장소로부터 온다고도 일단 가정할 수 있을 테니까 말이다. 두 개의

1장 언어와 타자성

장소란 자아(혹은 자기 self)와 **타자**이다.

정신분석은 저 **다른**Other 종류의 말이 (어떤 의미에서는 정위가능한) **어떤 타자**에서 연원한다는 가정에서 시작된다. 정신분석은, 말해지거나 불쑥 튀어나오거나 중얼거리게 되거나 잘못 나온 저 비의도적인 단어들이 자아가 아닌 **어떤 다른 장소**, 어떤 다른 심급에서 온다고 생각한다. 그 **다른** 장소를 프로이트는 무의식이라고 불렀다. 그리고 라캉은 "무의식은 **타자**의 담화다"[3]라고 분명하게 진술한다. 무의식은 자아의 말이 아닌 어떤 다른 장소에서 오는 저 단어들로 이루어진다는 것이다. 그렇다면, 이 가장 기본적인 층위에서, 무의식은 **타자**의 담화이다(<표 1.1>).

<표 1.1>

자아 / 자기 담화	다른 담화 / 타자의 담화
의식적 의도적	무의식적 비의도적

그렇다면 이제 저 **다른** 담화는 어떻게 결국 우리 "내부에" 들어오게 된 것일까? 우리는 스스로를 잘 통제하고 있다고 믿는 경향이 있지만 때때로 외래적이고 낯선 어떤 것이 이를테면 **우리의** 입을 통해 말한다. 자기나 자아의 관점에서 볼 때 주도권을 쥐는 것은 "나"다. 우리가 "나"라고 부르는 우리의 저 측면은 자신이 무엇을 생각하고 느끼는지를 스스로 안다고 믿으며, 또한 자신이 하고 있는 것을 왜 하는지를 스스로 안다고 믿는다. 끼어드는 요소—저 **다른** 종류의 담화—는 옆으로 밀려나며, 임의적인 것으로 간주되며, 그리하여 결국 아무런

중요성도 갖지 못한다. 말실수를 잘하는 사람들은 혀가 때때로 꼬이는 것이라고, 혹은 단지 뇌가 입보다 더 빨리 돌아가서 결국 저 느리게 돌아가는 하나뿐인 입에서 동시에 두 단어를 끄집어내려는 것뿐이라고 단순하게 생각하곤 한다. 그런 경우 말실수가 자아나 자기에 대해 외래적인 것으로 인지되면서 그것들의 중요성은 옆으로 밀려나게 된다. 방금 말실수를 한 사람들은 대부분의 경우 "방금 나는 임의적인 무의미한 실수를 저질렀다"라는 진술을 필시 승인할 테지만, 프로이트는 이렇게 반박할 것이다. "진리가 말했다."

대부분의 사람들은 자아의 담화를 헤치고 들어와 방해하는 **다른** 담화에 아무런 특별한 중요성도 부여하지 않는다. 반면에 정신분석은 겉보기의 광기 속에도 조리method가 있다고, 저 방해들 배후에는 전적으로 식별가능한 논리가 있다고, 다시 말해서, 그것들에는 임의적인 것이 전혀 없다고 생각한다. 분석가들은 저 광기 안에 들어 있는 조리를 발견하고자 하는데, 왜냐하면 그러한 방해들을 지배하는 논리를 바꿔야만, 저 **다른** 담화에 충격을 가해야만 변화가 일어날 수 있기 때문이다.

프로이트는 『꿈의 해석』, 『농담과 무의식의 관계』, 『일상생활의 정신병리학』에서 그가 대담하게 "무의식적 사고"[4]라고 불렀던 어떤 것을 지배하는 메커니즘들을 밝히는 데 상당한 시간을 들였다. 라캉은 널리 읽혀진 그의 논문 「무의식에서 문자의 심급」(『에크리』)에서 꿈작업 특유의 전치와 응축이라는 프로이트 개념들과 환유와 은유라는 언어학적 개념들의 관련성을 지적했다. 하지만 라캉은 결코 거기서 멈추지 않았다. 계속해서 그는 무의식의 메커니즘들을 해독하기 위한 모델을 당시 발전중인 분야였던 사이버네틱스에서 찾으려고 했다. 2장에서 나는 에드거 앨런 포의 단편 「도둑맞은 편지」에 담겨 있는 아이디어와 1950년대의 사이버네틱스에서 영감을 얻은 아이디어를 라캉이 어떻게 병치하는지 자세히 검토할 것이다. 포에 대한 라캉의 저술은 무수한 문학 비평가들에 의해 언급되었다.5) 하지만 거기서 유래된 무의식의 작용에 대한 라캉 자신의 사변들을 따라잡는 저자들은 거의 없었다.

이 장에서 나는 이 **다른** 담화가 어떻게 작동하는가보다는 오히려 그것이 어떻게 거기 있게 되었는가에 초점을 맞출 것이다. 어떻게 그것은 우리 "내부에" 있게 된 것인가? 어떻게 외래적이고 낯선 것처럼 보이는 어떤 것이 결국 **우리의** 입을 통해 말하게 되었는가?

라캉은 그 외래성을 이렇게 설명한다. 우리는 담화의 세계 안으로, 우리가 태어나기 전부터 있었고 우리가 죽은 뒤에도 계속 살아 있을 담화나 언어의 세계 안으로 태어난다. 아이가 태어나기 오래전에, 부모의 언어적 우주 안에는 아이를 위한 자리가 준비되어 있다. 부모는 아직 태어나지 않은 아이에 대해 이야기하고, 아이에게 딱 맞는 이름을 고르려 하고, 아이를 위한 방을 준비하고, 가족의 새 구성원과 함께할 그들의 삶이 어떤 모습일지를 상상하기 시작한다. 아이에 관해 이야기하기 위해 부모가 사용하는 말들은 종종 수백 년은 아니더라도 수십 년 동안 사용되어 온 것이다. 그리고 부모는 수년 동안 그 말들을 사용해 왔음에도 불구하고 일반적으로 그것들을 정의하지도 재정의하지도 않았다. 그 말들은 수세기의 전통을 통해 그들에게 내려온 것이다. 그것들은 언어의 **타자**를 구성한다. 라캉이 그것을 불어로 그렇게 부르는 것처럼 말이다(l'Autre du langage). 하지만 우리는 그것을 언어적 **타자**나 언어로서의 **타자**로 옮겨볼 수도 있을 것이다.

원 하나를 그려서 그 원이 한 언어 안에 있는 모든 단어들의 집합을 나타낸다고 해 보자. 그러면 우리는 그것을 라캉이 **타자**라고 부르는 것과 관련지을 수 있다(<그림 1.1>). 그것은 한 언어에 속하는 모든 단어들과 표현들의 집합으로서의 **타자**이다. 이것은 다소 정태적인 관점이다. 왜냐하면 영어 같은 언어는 늘 진화하는 중이라서 거의 매일 새로운 단어들이 보태지고 오래된 단어들은 버려지고 있으니 말이다. 그러나 최초의 설명으로서 그것은 우리의 현 목적에 충분히 도움이 될 것이다.[6]

이렇게 한 아이는 부모의 언어적 우주 안에 미리 확립되어 있는 장소 안으로 태어난다. 종종 아이가 세상의 빛을 보기 몇 년은 아니더라도 몇 달 전에 준비된 공간 안으로 말이다. 그리고 대부분의 아이들은 부모가 사용하는 언어를 배우게 되어 있다. 다시 말해서 아이들은 자신이 바라는 것들을 표현하기 위해서 우는 단계—아이가 원하거나 필요로 하는 것이 무엇인지를 부모들이 알아내려고 노력해야만 하는 단계—너머로 나아가서 자기가 원하는 것들을 **그만큼의 단어들로**, 그러니까 자신의 최초 보호자가 알아들을 수 있는 방식으로 말하려고 시도하지 않을 수 없도록 사실상 강제되는 것이다. 그렇지만 아이들의 소망들은 바로 그 과정을 통해 주조된다. 왜냐하면 그들이 사용하지 않을 수 없는 그 단어들은 그들 자신의 것이 아니며, 그들 자신의 특정한 요구들에 반드시 부합하는 것은 아니기 때문이다. 즉 그들의 바로 그 욕망은 그들이 배우는 언어의 거푸집 속에서 주조되는 것이다(<표 1.2>).

<표 1.2>

| 필요 | → | 언어로서의 **타자** | → | 욕망 |

언어를 동화하기 이전에는 아이가 자신이 원하는 것을 **안다**고 할 수도 없다는 점에서 라캉의 관점은 한층 더 근본적이다. 아기가 울 때, 그 행위의 **의미**는 아이가 표현하는 것처럼 보이는 고통을 명명하려고 하는 부모나 보호자에 의해서 제공된다(가령, "배가 고픈 게 분명해"). 아마도 모종의 막연한 불편함이나 추위나 고통이 있을 것이다. 하지만 그것의 의미는 아이의 부모에 의해 해석되는 방식에 의해 이를테면 부과되는 것이다. 부모가 아기의 울음에 먹을 것으로 응답한다면, 불편함이나 추위나 고통은 배고픔을 "의미"한 것으로, 배고픔의 고통으로 사후적으로 규정될 것이다. 아기의 울음 배후에 있는 진정한 의미는 춥다는 것이었다고 말할 수는 없다. 의미는 나중에 오는 산물이니까 말이다. 즉 아기의 울음에 늘 먹을 것으로 응답한다면 아기의 불편함, 추위, 고통은 모두 배고픔으로 변형될 것이다. 그리하여 이런 상황에서 의미는 아기에 의해서 규정되는 것이 아니라 다른 사람들에 의해서 그리고 그들이 사용하는 언어를 토대로 규정된다. 나는 잠시 후에 이 문제로 다시 돌아올 것이다.

언어로서의 **타자**는—단지 울음을 터뜨려 좋게든 나쁘게든 해석될 수 있을 뿐인 비분절적인 필요와 사회적으로 받아들여질 수는 없어도 이해될 수는 있는 말들로 분절조음되는 욕망 사이의 간극에 아이가 다리를 놓으려고 시도할 때—대부분의 아이들에 의해 동화된다(자폐적 아이들은 이 규칙의 가장 두드러진 예외다). **타자**는, 이런 의미에서, 우리의 소망들을 불손하고도 부적절하게 변형하는 음험한 불청객 침입자로 보일 수 있다. 그렇지만 동시에 그것은 우리가 서로에게 우리의 욕망에 대한 단서를 제공하면서 "소통"할 수 있도록 해주는 무엇이기도 하다.

아주 먼 옛날부터 사람들은 언어 발달 이전의 시기, 즉 호모 사피엔스가 언어 없이, 따라서 인간의 필요들과 소망들을 더럽히거나 복잡하게 만들 그 어떤 것도 없이 동물처럼 살았던 시간에 대한 향수를 표현해왔다. 언어의 타락시키는 영향이 있기 전 원시적 인간과 그의 삶이 갖는 미덕에 대한 루소의 찬미와 찬양은 가장 잘 알려져 있는 향수적 기획들 중의 하나다.

그런 향수적 관점에서 언어는 수많은 악의 원천으로 간주된다. 사람들은 본래 선하고 사랑이 넘치고 관대한 것으로 간주된다. 인류와 가설상의 외계인들이 여태 비난을 받았던 이유인 불신, 허위, 거짓, 배반, 그리고 사실상 모든 다른 잘못들은 바로 언어 때문에 생겨난다는 것이다. 이런 입장에서 분명 언어는, 언어가 없었다면 건강했을 인간 자연본성에 재수 없게 주입되거나 이식된 어떤 외래적인 요소로 간주된다.

루소 같은 작가들은 라캉이 인간의 **언어 안에서의 소외**라고 부르는 것을 아름답게 표현했다. 라캉의 이론에 따르면 말을 배우는 모든 인류는 그 때문에 자신으로부터 소외된다. 왜냐하면 언어는, 욕망이 존재하게 해주면서도, 그 안에 매듭들을 묶어놓으며, 우리가 하나의 동일한 것을 원하면서 동시에 원하지 않을 수 있게 만들고, 또한 우리가 원한다고 생각한 것을 얻을 때 결코 만족하지 못하게 만들기 때문이다.

그렇다면, 우리가 알고 있는 바로서의 세계 안에서 살아남기 위해 사실상 불가결한 언어를 아이들이 배우는 동안 **타자**는 뒷문으로 미끄러져 들어오는 것처럼 보인다. 언어는, 본성상 무해하며 순전히 실용적인 것으로 널리 간주되고 있다 하더라도, **모어** 학습의 핵심이 되는 근원적인 형태의 소외를 가져온다. 우리가 그것에 대해 말하기 위해 사용하는 바로 그 표현—"모어mother tongue"—은 그것이 우선은 어떤 **타자**의 말, 어머니-**타자**mOther의 말이라는 것을 알려준다. 그리고 유년기 경험에 관해 말할 때 라캉은 종종 **타자**를 사실상 어머니와 등치시킨다. (소외는 5장에서 상세하게 논의될 것이다.)

무의식

이제 이것은 우리가 통상 전적으로 우리의 것이라고 간주하는, 다시 말해서, 가능한 한 우리 자신의 것으로 만들려고 애써온 모어의 외래성을 설명하고는 있다—그리고 저 모어는 자아의 담화에 대해 구성적이며, 그리하여 일반적으로 생각하는 것보다 훨씬 더 외래적이고 소외시키는 것으로 판명이 난다(<표 1.3>). 하지만 우리는 한층 더 외래적으로 보이는 저 **다른** 담화, 즉 무의식을 아직 설명해야 한다. 우리는 자아의 담화가, 즉 우리 자신과의 혹은 다른 사람과의 일상적 대화에서 우리가 우리 자신에 관해 말하는 저 담화가 우리 자신을 진실하게 반영하는 것과는 생각보다 더 거리가 멀다는 것을 보았다. 실로 그것은 언어로서의 이 **다른** 현존에 의해 침투되어 있는 것이다. 라캉은 이를 분명한 용어로 표현한다: **자기는 타자이다**, 자아는 타자이다.[7]

<표 1.3>

자아/자기 담화	다른 담화 / 타자의 담화
의식적 의도적 언어에 의해 소외된	무의식적 비의도적

그것은 외부 사람, 다른 사람에게보다는 여하간 당사자 개인에게 궁극적으로 덜 외래적인 것일까? 우리가 우리 자신의 가장 내밀한

부분에 대해 알고 있다고 생각하고 있는 것은 사실 다른 사람들에 대한 우리의 가장 거친 상상들만큼이나 선로에서 벗어나 있는 것일지도 모른다. 우리의 우리 자신에 대한 이해는 타인들이 우리를 보는 시각만큼이나 빗나가 있고 억지스러운 것일지도 모른다. 사실 타인들은 우리가 실제로 우리 자신에 관해 알고 있는 것보다 훨씬 더 우리를 잘 알고 있는 것일 수도 있다. 한 인간의 가장 내밀한 어떤 부분으로서의 자기라는 바로 그 관념은 여기서 붕괴되는 것처럼 보인다. 4장에서 우리는, 이른바 자아나 자기의 외래성 혹은 타자성에 관한 이와 같은 논점으로 다시 돌아올 것이다. 여기서는 모든 타자들 중에서 "가장 외래적인" 것, 즉 무의식에 대해서 설명하기로 하자.

라캉은 **무의식은 언어다**, 라고 매우 단순하게 진술한다. 언어가 무의식을 구성한다는 의미로 말이다.[8] 프로이트가 감정들이 무의식적일 수 있다고 주장했다고 잘못 생각하는 사람들이 많다. 하지만 그는, 대부분의 경우, 억압되는 것은 Vorstellungsrepräsentanzen이라고 주장했는데, 이는 영어로 보통 ideational representatives라고 번역된다.[9] 프로이트의 작업의 기저에 놓인 독일철학 전통에 근거하여, 그리고 프로이트의 텍스트 자체에 대한 면밀한 연구에 근거하여, 라캉은 그것을 불어로 représentants de la représentation이라고, 즉 표상의 대표라고 번역하며, 또한 이 대표는 언어학에서 기표라고 지칭되는 것과 등치될 수 있다고 결론을 내린다.[10]

따라서 라캉의 프로이트 해석에 따르면, 억압이 발생할 때 한 단어나 단어의 일부가, 은유적으로 말해서, "밑으로 가라앉는다."[11] 그 때문에 그 단어가 의식이 접근할 수 없게 되는 것은 아니다. 그것은 실로 어떤 사람이 일상 대화에서 완벽하게 잘 사용하는 단어일 수 있다. 그러나 억압되었다는 바로 그 사실 때문에 그 단어나 단어의 일부는 새로운 역할을 맡기 시작한다. 그것은 다른 억압된 요소들과 복잡한 일련의 연계들을 발달시키면서 그것들과의 관계를 수립한다.

라캉이 반복해서 말하듯이 **무의식은 언어처럼 구조화되어 있다**.[12] 다시 말해서 어떤 주어진 언어에서 그 언어를 구성하는 요소들 사이에 존재하는 것과 동일한 종류의 관계들이 무의식적 요소들 사이에 존재한다. 앞의 사례로 돌아가 보자. "업무job"와 "속물snob"이 연관되는 것은, 그것들이 일정한 수의 동일한 음소와 문자(각기 말과 글의 기초적인 요소)를 포함하기 때문이다. 따라서 그것들은 무의식 속에서 연합될 수 있는 것이다. 우리가 그 무의식을 검사하고 있는 그 개인에 의해 의식적으로 연합되는 것은 아니지만 말이다. "conservation"과 "conversation"이라는 단어를 보자. 이 단어들은 아나그램이다. 즉 이 단어들은 같은 문자들을 갖고 있으며 그 문자들의 순서만 다를 뿐이다. 자아의 담화는 이러한 단어들의 **문자적 등가성**―그것들이 같은 문자들을 포함하고 있다는 사실―을 전적으로 무시할 수 있을 것이다. 하지만 무의식은 꿈이나 환상 속에서 한 단어를 다른 단어로 대체하면서 그와 같은 세부사항에 관심을 기울인다.

그런데, 무의식이 언어처럼 구조화되어 있다고 말함으로써 라캉이 주장하려고 한 것은, 무의식이 가령 영어라든가 아니면 어떤 다른 고대어나 현대어와 정확히 동일한 방식으로 구조화되어 있다는 것이 아니라, 오히려 무의식적 층위에서 작동하는 바로서의 언어가 일종의 문법을, 즉 거기서 일어나는 변형과 미끄러짐을 지배하는 규칙들의 집합을 따른다는 것이다. 예컨대 무의식은 단어들을 가장 작은 단위들―음소와 문자―로 쪼개고 또한 적당하게 보이도록 그것들을 재결합하는 경향을 가지고 있다. 예컨대 앞서 "schnob"라는 단어에서 보았듯이 job, snob, schnoz, schmuck 등의 관념들을 단숨에 표현하는 식으로 말이다.

제1부 구조: 소외와 타자

다음 장에서 보겠지만, 무의식은 단어, 음소, 문자 같은 의미작용 요소들의 "사슬"에 다름 아닌데, 이 사슬은 자아나 자기가 전혀 통제할 수 없는 매우 정확한 규칙들에 따라 "전개된다". (나중에 보겠지만 "무의식의 주체"라는 표현에서를 제외하고) 라캉이 이해하는 바로서의 무의식은, 주체성의 특권적 자리라기보다는, 오히려 그 자체로 **타자적**이며, 외래적이며, 동화되지 않는 것이다. 우리 대부분은 아마도, 프로이트도 그랬듯이, "업무job" 대신에 "속무schnob"를 무심결에 말하는 분석자가 자신의 진정한 색깔을 드러내고 있는 것이라고 생각하는 경향이 있을 것이다. 손위의 동기에게 너무 많은 관심을 기울이고 분석자에게는 충분한 관심을 기울이지 않았던 아버지에 대한 불만과 그러지 않았더라면 하는 소망 말이다. 하지만, 그 욕망이 "자아 모드"에서 분석자에 의해 표현된 다른 욕망들(예컨대 "난 정말 더 나은 사람이 되고 싶어요.")보다 어떤 의미에서는 **더 진정한** 것으로 간주될 수도 있겠지만, 그럼에도 불구하고 그것은 외래적 욕망, **타자**의 욕망일 것이다. "속무"라고 말하는 분석자는 계속해서 다음과 같이 말할 수도 있을 것이다. 즉 그의 아버지를 얼간이schmuck라고 생각하면서 아버지가 그를 무시하고 있다고 그에게 되풀이해서 말한 것은 사실 그의 어머니였다고 말이다. 아버지를 사랑하기를 멈추고 아버지를 원망하기 시작했던 것은 오직 어머니를 기쁘게 하기 위해서였다는 것을 그는 깨닫게 될 수도 있다. 그는 이렇게 결론을 내릴 수도 있을 것이다. "아버지를 비난하고 싶어 했던 것은 내가 아니었어요. 어머니였지요." 이런 의미에서 무의식은, 일상적인 말 속으로의 침입을 통해서, 그 자체로 외래적이고 동화되지 않는 어떤 욕망을 표현한다고 볼 수 있다.

욕망이 언어 안에 거주하는 한―그리고 라캉의 이론틀 안에서, 언어가 없다면 엄밀히 말해 욕망 같은 것은 없다―무의식은 그런 외래적 욕망들로 가득 차 있다고 할 수 있다. 이따금씩 사람들은 자신이 진정으로 원하지도 않는 어떤 것을 위해 일하고 있다거나, 자신이 인정하지도 않는 기대에 부응하기 위해서 애쓰고 있다거나, 성취동기가 거의 없음을 너무나도 잘 알고 있는 목표를 떠벌리고 있다는 것을 느낀다. 그런 의미에서 무의식은 **다른 사람들의 욕망들**로 넘쳐나는 것이다. 당신이 이러저러한 학교에서 공부하고 이러저러한 직업에 종사하기를 바라는 부모의 욕망, 당신이 자리를 잡고 결혼하여 증손자를 안겨주길 바라는 조부모의 욕망, 혹은 당신에겐 별로 흥미롭지 않은 어떤 활동에 당신이 참여하기를 바라는 동료들의 압력. 이러한 경우들에, [한편으로] 당신이 "당신 자신의 것"으로 취하는 어떤 욕망이 있고, [다른 한편으로] 당신을 배후에서 조종하고 때로는 당신이 어떤 행위를 하도록 강요하는 것처럼 보이지만 당신이 전적으로 당신 자신의 것이라 느끼지는 않는, 당신이 붙잡고 씨름하고 있는 어떤 다른 욕망이 있다.

다른 사람들의 견해나 욕망은 담화를 통해서 우리 안으로 흘러들어 온다. 그런 의미에서 우리는 무의식은 **타자**의 담화라는 라캉의 진술을 아주 직접적인 방식으로 해석할 수 있다: **무의식은 다른 사람들의 말, 다른 사람들의 대화, 그리고** (말로 표현되는 한에서의) **다른 사람들의 목표, 열망, 환상으로 가득 차 있다.**

그 말은 "우리 자신" 내부에서 일종의 독립적인 실존을 띤다. **타자**의 담화—다른 사람들의 말—의 내면화를 보여주는 분명한 사례들은 흔히 양심이나 죄책감이라고 불리는 것에서, 프로이트가 초자아라고 불렀던 것에서 발견된다. 순전히 허구적인 설명이긴 하지만 이렇게 한 번 상상해 보자. 알베르트 아인슈타인은 어떤 대화를 엿듣게 되었는데, 아마 그가 들으라고 의도된 것은 아니었을 것이다. 아버지가 어머니에게 말했다. "그 아인 절대 아무 일도 해내지 못할 거야."[13] 어머니가 동의하면서 말했다. "맞아, 자기 아버지처럼 게으르니까." 알베르트가 아직 저 말들이 무엇을 의미하는지를 이해하거나 그 의미를 간파할 만큼의 나이를 먹지도 않았다고 상상해 볼 수 있다. 하지만 그럼에도 불구하고 그 말들은 결국 어딘가에 저장되었고 수년 동안 잠복해 있다가 그가 고등학교에 진학하려고 노력하고 있던 때 다시 되살아나서 그를 괴롭혔다. 그가 시험 내용을 파악할 능력이 분명 없지 않았음에도 고등학교에서 수학을 낙제했을 때(이야기의 이 대목은 명백히 사실이다), 저 말들은 마침내 의미를 띠게 되었고 심각한 결과를 낳았다.

이제 두 가지 다른 상황을 상상해볼 수 있다. 첫 번째 상황에서, 알베르트는 시험을 치르기 위해 자리에 앉을 때마다 "그 아인 절대 아무 일도 해내지 못할 거야", "맞아, 자기 아버지처럼 게으르니까"라고 말하는 아버지와 어머니의 목소리를 들었고, 이제 마침내 그 모든 말들이 무엇을 의미하는가를 이해하게 되어 무척이나 심란해졌고, 그래서 시험 문제를 전혀 풀 수가 없었다. 두 번째 상황에서, 그 이야기의 어떤 것도 의식적으로는 기억되지 않겠지만 그럼에도 불구하고 그것은 알베르트에게 유사한 효과를 발휘할 것이다. 다시 말해서, 저 헐뜯는 언급들은 그의 무의식에서 순환할 것이고, 어린 아인슈타인을 조종하고 심란하게 만들고 괴롭힐 것이고, 의식을 단락短絡시킬 것이다. 알베르트는 책상 위에서 자기 앞에 놓인 시험지를 보게 될 것이고, 갑자기 멍한 상태에 빠져들지만 왜 그런지를 전혀 알지 못할 것이다. 아마도 그는 시험 시작 5분 전만 해도 내용을 꿰고 있었을 것이다. 그러나 갑자기 불가해하게도 그는 아무것에도 집중할 수 없게 되었다. 그리하여 그는 아버지가 말했다는 것을 의식적으로 알지도 못했던 예언, "그 아인 절대 아무 일도 해내지 못할 거야"라는 예견을 부지불식간에 실현시켰다. 그리고 아이러니 중의 아이러니로, 이 허구적인 설명에서 그의 아버지가 실은 그 당시에 이웃집 아들에 대해 이야기하고 있었다고 가정해보자!

라캉은 어떻게 이런 상황들이 가능한지를 설명하는 일에 착수한다. 매우 정확한 규칙들(이와 유사한 규칙들을 다음 장에서 보여줄 것이다)에 따라 전개되는 의미작용 요소들의 사슬로서의 무의식은 어떤 기억장치를 구성한다. 즉 알베르트는 아버지가 "아니, 그 녀석은 절대 아무 일도 해내지 못할 거야"라는 말을 얼마나 여러 번 했는지 기억할 수 없지만, 그것이 "그"를 **대신해서** 기억되어지는 기억장치를 말이다. 그는 아버지가 어떤 누군가에 대해서 도대체 그런 말을 한 적이 있는지 전혀 기억하지 못할지도 모르지만, 기표들의 사슬은 그를 대신하여 기억한다. 무의식은 셈하고, 기록하고, 모두 적어두고, 저장하며, 언제든지 그 "정보"를 불러낼 수 있다. 바로 여기서 라캉의 사이버네틱스적 유추들이 들어온다.14) 프로이트는 무의식적 요소들은 파괴될 수 없다고 말한다. 그것은 일정한 신경 경로들이 한 번 확립되면 결코 소멸될 수 없는 그런 방식으로 구성된 회백질일까? 라캉의 대답은, 오로지 상징적 질서만이, 그 조합 규칙들을 통해서, 단편의 대화를 영원히 붙잡을 수단을 갖는다는 것이다.15)

그렇다면 이러한 가장 기본적인 층위에서, **타자**는 우리가 반드시 말하기를 배워야만 하는 외국어이다. 그것은 완곡하게는 "토착어native tongue"라고 불리지만 "어머니(-**타자**) 언어mOther tongue"라고 불리는 것이 훨씬 더 좋을 것이다. 그것은—우리 안에 내면화되어 있는 한에서—우리를 둘러싸고 있는 타인들의 담화이고 욕망이다. "내면화"라는 표현을 썼다고 해서 그것들이 우리 자신의 것이 된다는 뜻은 아니다. 오히려 내면화된다고 하더라도 그것들은 어떤 의미에서는 외래적 신체들로 남는다. 그것들은 너무나도 외래적이고 너무나도 소원하고 너무나도 주체성과는 단절된 상태로 남아 있어서 개인은 그런 외래적 현존을 제거하기 위해 자살을 선택할 수도 있을 것이다. 이는 분명 극단적인 경우이다. 그러나 그것은 우리 내부에 있는 **타자**의 압도적인 중요성을 보여준다.

외래적 신체들

여기에서 **타자**는 구조주의로 알려진 운동에서 구조라는 이름으로 통하는 것에 상응한다. 나는 여기서 구조를 신체 안에서 작동하는 한에서 탐구하려고 한다. 골격구조라든가 신경계에 포함된 조직화라는 의미에서가 아니라, 신체가 언어에, 상징적 질서에 좌우된다는 것을 증명해 주는 어떤 것이라는 의미에서 말이다. 예전에 나의 한 분석자는 정신신체적 증상이 심하다고 불평했다. 그 증상은 내내 변하고 있었다. 비록 그 변화가 상당히 느린 것이어서 각각의 증상은 그를 아주 걱정스럽게 만들어 의사를 찾도록 만들 정도의 넉넉한 시간을 가졌지만 말이다. 어느 시점에 그 분석자는 한 친구가 급성 맹장염에 걸렸다는 이야기를 들었다. 그것은 매우 급작스럽게 왔고 응급실에서 위기일발의 지경까지 이르렀다는 것이다. 분석자는 그의 배우자에게 몸의 어느 쪽에 맹장이 있는지를 물었고 그녀는 그에게 말해주었다. 그로부터 얼마 후 분석자는 정말 이상하게도 그의 몸 바로 그쪽에서 고통을 느끼기 시작했다. 고통은 지속되었다. 분석자는 맹장이 곧 터져버릴 것임을 날마다 점점 더 확신하게 되었고 마침내 의사를 찾아가기로 결심했다. 그가 의사에게 아픈 부위를 보여주었을 때 의사는 웃음을 터뜨리고는 말했다. "하지만 맹장은 다른 쪽에 있습니다. 당신의 맹장은 왼쪽이 아니라 오른쪽에 있어요!" 고통은 곧장 사라졌고 분석자는 아내가 맹장은 왼쪽에 있다고 말해줬을 때 분명 실수했던 것이라고 설명해야만 할 것 같았다. 그는 바보 같은 기분이 되어 진찰실을 빠져나왔다.

이야기의 핵심은 지식이, "맹장"이나 "왼쪽" 같은 말들 속에 체화된 바로서의 지식이 가장 미숙한 의사도 실수를 알아차릴 수 있는 신체 부위에 정신신체적 증상이 나타나도록 했다는 것이다. 신체는 기표들로 쓰여진다written. 만약 당신이 맹장은 왼쪽에 있다고 믿는다면, 그리고 어떤 다른 사람과 동일시함으로써 혹은—종종 다른 형태를 취하긴 하지만, 19세기 빈에서 만큼이나 오늘날에도 넘쳐나는—광범위한 정신신체적 증상의 일부로서 맹장염에 걸리게 되어 있다면, 당신의 생물학적 기관이 아니라 당신이 그 기관이 위치해 있다고 **믿는** 곳에 통증이 올 것이다.

프로이트 세대의 분석가들은 어떤 무감각증—신체의 특정 부위에 마비가 오거나 아무런 느낌이 없는 것—의 사례들을 종종 이야기했다. 그런 무감각증은 신체의 어떤 부위에 있는 특정한 신경 말단 부분에 의해 결코 규제되지 않았고, 그 대신 일상어로 정의되는 바로서의 신체의 어떤 부분이 어디에서 시작되고 어디에서 끝나는가에 관한 대중적 통념을 따르고 있었다. 하나의 동일한 신경이 한 사람의 팔 전체를 통과해서 손가락 끝까지 흐를 수도 있는 반면에, 어떤 사람은 팔의 한 특정 부위에서 아무것도 느끼지 못할 수도 있고, 혹은 바로 그 부위에서 예리한 고통(유사-신경통)을 느낄 수도 있다. 아무런 뚜렷한 생리학적 이유가 없는데도 말이다. 어느 전쟁에서 그 사람의 아버지가 팔의 바로 그 부분에 총상을 입었던 것으로 밝혀질 수도 있을 것이다. 그리고 우리는 다음과 같이 상상해도 전혀 무방할 것이다. 어렸을 때 그는 아버지가 어느 팔에 총상을 입었는지에 관해 잘못된 정보를 얻었으며,

무감각함이나 예리한 고통이 그 다른 팔에서 나타났던 것이다!
 이런 일화들은 신체는 기표들로 쓰여지며 그리하여 신체는 외래적이고 **타자적**이라는 관념을 예증한다. 베르그송의 표현을 빌자면 언어는 "살아 있는 것 위에 덮여 있다." 신체는 언어로 덧쓰여지며, 덧탑재된다.
 프로이트는 아이의 다형도착적인 리비도가, 사회화나 용변 연습을 통해서, 즉 부모들이나 부모 역할을 하는 인물들에 의해 아이에게 말로 표현되는 요구들을 통해서, 어떻게 점차적으로 특정한 성감대―입, 항문, 성기―로 흘러드는지(그래서 성감대를 창조하는지)를 보여준다. 아이의 신체는 점진적으로 그런 요구들에 종속된다(아마 전적으로 그렇다는 것은 아니겠지만, 그 요구들에 대한 반항은 동시에 그것들의 중심성을 증명한다). 그리고 그 신체의 상이한 부분들은 사회적으로나 부모에 의해 결정된 의미를 띠게 된다. 신체는 정복된다. 신체를 "문자는 죽인다".16) "살아있는 존재"(le vivant)―우리의 동물적 본성―는 죽고, 언어가 그 대신 생명을 얻고 우리를 산다. 말하자면 신체는 다시 쓰여지고, 생리학은 기표에 길을 내준다. 그리고 우리의 신체적 쾌락들은 모두 **타자**에 대한 관계를 함축/내포하게 된다.
 그리하여 우리의 성적 쾌락 또한 **타자**에게 내밀하게 묶여 있다. 반드시 다른 "개인들"에게라는 말은 아니다. 실로 다른 사람들과 친밀한 관계를 맺을 수 없다고 느끼는 많은 사람들이 있다. 이때 그 다른 사람들은 그들의 환상이나 시나리오 등을 위한 주변적 소품에 불과하거나 그들을 흥분시키는 특정한 신체 타입의 물질적 현시에 불과하다. 우리가 신체 **타입들**, **시나리오들**, 혹은 **환상들**에 대해 이야기할 때면 언제나 우리는 언어적으로 구조화된 존재자들에 대해 이야기하고 있는 것이다. 그것들은 우리 마음속에 있는 이미지의 형태를 취할 수도 있지만, 적어도 부분적으로는 기표에 의해 정돈된 것이고, 따라서 적어도 잠재적으로는 의미작용적signifying이며 유의미한meaningful 것이다. (이후의 장들에서 나는 왜 말하는 존재의 경우 이미지들과 상상적인 것 일반이 상징계와 독립해서 기능하는 일이 드문지를 상세하게 설명할 것이다.)

우리의 환상들 자체가 우리에게 외래적일 수 있다. 왜냐하면 단지 접선적으로나 점근선적으로만 우리 자신의 것인 언어에 의해 그것들이 구조화되기 때문이며, 심지어 그것들은 애초에 다른 누군가의 환상일 수도 있기 때문이다. 우리가 사실은 어머니나 아버지의 환상을 갖고 있다는 것을, 게다가 어떻게 그것이 결국 우리 자신의 머릿속에 처박히게 되었는지도 알지 못한다는 것을 우리는 발견하게 될 수도 있다. 사람들이 가장 소외당한 느낌을 갖게 하는 것들 중 하나가 바로 그것이다. 즉 그들의 환상들조차 그들 자신의 것이 아닌 것처럼 보이는 것이다.

분명 나는 그것들이 우리 자신의 아무런 행동도 통하지 않고서 필연적으로 우리의 머릿속에 들어오게 된다는 것을 암시하려는 것이 아니다. 내가 보기에, 어떤 주체적 연루 없이는, 다시 말해서, 여하간 주체가 뒤얽히지 않고서는, 여하간 주체가 손을 담그지 않고서는, 증상이나 환상 같은 것은 없다. 분석자가 자신의 증상의 "선택"에서 행했던 부분을 깨닫게 되는 지점까지 분석자를 데려오기란 종종 곡예에 가깝다. 그리고 실로 이따금씩 분석 이전에는 어떤 증상이나 환상에서 도대체 아무런 주체적 연루도 없는 것처럼 보이기도 한다. 주체화는 사후적으로만 초래될 수 있다. 이 난제는 5장과 6장에서 상세히 논의될 것이다.

혹자는 상이한 가능한 주체 위치들을 이미 구별하기 시작할 수 있을 것이다.17) 즉 **타자**에 대한 상이한 관계에 기초하고 있는 상이한 임상 구조들(신경증, 정신병, 도착증)과 그것들의 하위범주들(예컨대, 신경증의 하위 범주인 히스테리, 강박증, 공포증)을 말이다. 실로 라캉의 초기 작업에서 주체는 본질적으로 상징적 질서에 대한 관계—언어나 법으로서의 **타자**와 관련해 취하는 자세—**이다**. 그러나 라캉에 의해 세공된 바로서의 **타자**는 다수의 얼굴 혹은 아바타를 갖고 있기 때문에,

- 언어로서의 **타자** (즉, 모든 기표들의 집합으로서의 타자)
- 요구로서의 **타자**
- 욕망으로서의 **타자** (대상 a)
- 향유로서의 **타자**

그리고 요구, 욕망, 향유는 이 책의 2부와 3부 이전에는 그다지 깊이 있게 검토되지 않을 것이기 때문에, 그러한 도식화는 일단 논외로 해 두자.18) **타자**의 서로 다른 국면들은 완전히 분리되어 서로 무관한 것으로 보아서는 안 된다. 하지만 그것들을 절합하는 것은 이 단계에서는 착수될 수 없는 복잡한 과제이다.

나는 이제 무의식에서의 언어의 작용을 검토할 것이다.

2장 무의식적 사고의 본성, 혹은 다른 절반은 어떻게 "생각하는가"

언어는 기능한다. 언어는 그 어떤 인간 주체와도 독립하여 "살고" "숨 쉰다". 말하는 존재들은, 단순히 언어를 도구로 이용하는 것이 아니라, 또한 언어에 의해 이용된다. 그들은 언어의 놀이감이고, 언어에 놀아난다. 언어는 자기 자신의 생을 영위한다. **타자**로서의 언어는 규칙들, 예외들, 표현들, 그리고 어휘목록들(표준어휘와 은어, 외래어, 특수한 기술용어, 그리고 하위문화 방언)을 가지고 다닌다. 언어는 시간이 지나면서 진화하는데, 이때 언어의 역사는 언어를 말하는 존재들의 역사와 관계되어 있다. 그 존재들은 단지 언어에 의해 주조되거나 재주조되는 것만이 아니다. 그 존재들은 새로운 용어, 새로운 어구, 새로운 구성 등을 도입하면서 언어에 영향을 미치기도 한다. 셰익스피어는 영어에 수백 개의 새로운 은유와 어구를 도입한 영예를 안았다. 라캉 자신은 적어도 의미심장한 비율의 프랑스 지식인들이 말하는 프랑스어에 실질적인 영향을 미쳤다. 그는 프로이트의 용어들 상당수에 대해 독창적인 번역어를 제시했으며, 프랑스 정신분석 담화에 수많은 새로운 용어와 표현을 도입했다.

하지만 언어는 또한 우리의 통제를 벗어나 독립적으로 작동한다. 우리는 대부분의 시간 동안 우리가 쓰는 단어들을 선택한다는 느낌을 갖는다. 하지만 그러는 동안에도 때때로 그 단어들은 우리를 위해 선택된다. 우리는 하나의 매우 특별한 방식으로가 아니라면 무언가를 생각하고 표현할 수 없을지도 모른다(우리의 언어가—혹은 적어도 우리가 동화하여 말하자면 재량껏 이용할 수 있는 언어의 저 부분이—제공하는 유일한 공식이 그것뿐이라서 말이다). 때로는 단어들이 무심결에 튀어나와서 우리는 선택했다는 인상도 갖지 못한다(선택은커녕이다). (언제나 우리가 원하는 것이지는 않은) 어떤 단어나 표현들은 우리가 말을 하거나 글을 쓰는 중에 우리에게 **스스로를 들이미는데**, 때로 너무나도 끈덕져서 우리는 다른 것들로 옮겨갈 수 있기 전에 그것들을 말하거나 쓰도록 사실상 강요당한다. 어떤 이미지나 은유는 우리가 그것을 찾으려 한 것이 아닌데도, 혹은 어떤 식으로도 그것을 구성하려 노력한 것이 아닌데도 **마음에 떠오를** 수 있으며, 또한 너무나도 강력하게 우리에게 스스로를 들이밀어서 우리는 그것을 재생하지 않을 수가 없으며 그러고 나서야 그것의 의미를 뽑아내려는 노력을 해볼 수 있다.

그러한 표현들과 은유들은 의식과는 "**다른**" 자리에서 선택된다. 라캉은 그 과정을 (비유적인 의미에서) 서로 대강 평행선을 달리는 두 담화 사슬이 있는 과정으로 볼 것을 제안한다. 이때 그 각각은 말하자면 시간선을 따라 발생시간 순으로 "펼쳐지고" 전개되는데, 그러다가 때때로 그중 하나가 다른 하나를 방해하고 간섭한다.

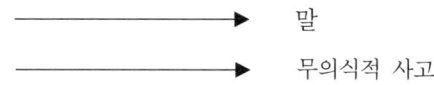

2장 무의식적 사고의 본성, 혹은 다른 절반은 어떻게 "생각하는가"

우리는 윗선을 말해진 단어들의 사슬이라고 부를 수 있을 것이다. 즉 말하기, 언표행위, 혹은 언표하기의 사슬이라고 부를 수 있을 것이다. 라캉은 발화된 각각의 단어와 그 앞뒤에 오는 단어들 간의 문법적이고 맥락적인 연계를 상기시키기 위해 "사슬"이라는 단어를 사용한다. 어떤 진술 속에 있는 그 어떤 하나의 단어도 어떤 특정한 맥락 속에서 사용되는 한에서가 아니라면 아무런 고정된 가치도 갖지 않는다. (언어학에 대한 라캉의 접근은 발화된 각각의 단어가 "현실" 속에 존재하는 사물과 엄밀한 일대일 관계를 맺고 있는 엄밀하게 지칭적인 언어 이론을 언제나 비판한다.)[1]

그림에서 아랫선은 무의식적 사고 과정들의 진행을 나타내는데, 이는 시간상의 말의 진행과 동시적으로 발생하지만 대부분의 경우 그것과 독립되어 있다. 대화를 하면서 당신은 달리다가 발에 생긴 물집blister에 대해 친구와 이야기하다가 "여동생sister"이라고 말실수를 할 수도 있는데, 이는 어떤 다른 층위에서—무의식의 층위에서—또 다른 사고가 당신을 선점하고 있음을 가리킨다. 대화의 상대방이 당신에게 당신의 여동생을 떠올렸을 수도 있을 것이다. 하지만 그게 아니라, 현재의 대화 상황에서 그녀에 대한 생각을 활성화시킬 아무것도 없었을 수 있다. 그날 일찍 당신이 전화로 그녀와 이야기를 하거나 그녀에 대해 꿈을 꾼 이후부터, 어떤 무의식적 되새김질이 진행되고 있었던 것일 수도 있다.

사고는 무의식 층위에서 어떻게 진행되는가?[2] 그리고 어떤 종류의 사고 과정들이 거기서 발생하는가? 『꿈의 해석』에서 프로이트는 응축과 전치가 무의식적 사고 과정들의 기본적 특징임을 보여주었다. 그리고 계속해서 라캉은, 「무의식에서 문자의 심급, 혹은 프로이트 이후의 이성」(『에크리』)에서, 한편으로 응축과 은유의 관계를 그리고 다른 한편으로 전치와 환유의 관계를 증명했는데, 은유와 환유는 몇 세기 동안 수사학을 다루는 저작들(그라시안, 페렐만 등등)에서 장구하게 논의되어온 비유법이었다. 거의 모든 분석자들이 분석과정 초기에 꿈과 환상을 이해하려는 최초의 시도들 속에서, 그러한 무의식적 산물들(혹은, 라캉의 용어로는 "무의식적 형성물들")을 낳는 과정의 복잡성 때문에 놀라게 된다.3)

하지만 라캉은 무의식 층위에서 발생하는 것에 대한 탐구에서 한발 더 나아갔다. 그는 무의식 속에서의 언어의 자동적 작용을 개념화하고 무의식적 내용들의 섬뜩한 "불멸성"을 개념화하기 위한 모델들을 제공하려고 했다.

이 모델들은 그의 1954-55년 세미나 『프로이트의 이론과 정신분석 기법에서의 자아』에서 최초로 전개되었으며, 그의 「「도둑맞은 편지」에 대한 세미나」 후기(『에크리』)에서 상당히 확장되었다. 이 모델들의 결과를 개괄해보려는 시도는 아직까지 거의 이루어지지 않았다. 실로 그것들은 컴퓨터 언어들이나 수학에서 사용되는 조합들에 숙달되지 않은 사람한테는 전혀 익숙하지 않은 언어 작용에 대한 견해를 제시한다. 라캉의 모델들은 바로 여기서 시작한다. 즉 "자연언어"(언어학에서 말하는 언어, 실제로 말해지는 언어)가 아니라 인공언어(가장 두드러지게는, 인공언어의 통사규칙들)에서 말이다. 후자는 상징계 그 자체에 관해서 우리에게 가르쳐주는 바가 많다. 상징계의 "재료"나 실체에 관해서, 상징계가 표면상 기술하고 있는 현실과 맺고 있는 관계에 관해서, 그리고 상징계의 부산물에 관해서 말이다.

라캉의 모델들은 우리에게 얼마간의 정신적 훈련을 요구하는데, 이를 불필요하거나 근거 없는 것으로 보아서는 안 된다. 그것은 무의식적 사고 과정의 본성에 대한 라캉의 견해에 완벽하게 부합하는 것이다.

2장 무의식적 사고의 본성, 혹은 다른 절반은 어떻게 "생각하는가"

앞으로 보겠지만, 그 모델들은 다양한 등급의 **암호화**를 내포한다.[4] 다음에 이어지는 "앞이냐 뒤냐"에서는 라캉이 전개하는 "언어" 모델의 단순화된 판본을 제시할 것인데, 이 모델은 이어지는 절에서 시작되는 보다 개념적인 논의를 위해 충분할 것이다.

앞이냐 뒤냐

라캉의 모델들은 단순한 예를 사용해 이해해 볼 수 있다. 라캉이 왜 이러한 특수한 종류의 모델들을 골랐는가를 알고 싶은 독자라면 세미나 2의 15, 16장과 더불어 「「도둑맞은 편지」에 대한 세미나」와 그 후기를 참고하기 바란다.

    라캉이 전개하는 인공언어는 "실제 사건"을 그 출발점으로 삼고 있다. 즉 균형이 잘 잡혀 있고 납을 넣지 않은 동전 던지기. (앞으로 보겠지만, 이 "실제 사건"은 아이 어머니의 왔다 갔다 하기—번갈아 있다가 없다가 하기—라고 해도 똑같이 괜찮을 것이며, 따라서 『쾌락원리를 넘어서』에서 기술된 프로이트 손자의 "포르트-다" 놀이와 실질적으로 연관되어 있다.) 그런 동전으로는 어느 한 번의 던지기에서 결과가 앞일지 뒤일지를 예상하는 것이 불가능하다. 앞면과 뒷면을 표시하기 위해 +와 −를 임의로가 아니게 선택한 라캉의 방식을 따를 때, 던지기 결과들의 무작위적 연쇄는 다양한 방식으로 잘라볼 수가 있다. 예를 들어 다음의 사슬을 보자.

1	2	3	4	5	6	7	8	9	던지기 횟수
+	+	−	−	+	−	−	−	+	앞면/뒷면 사슬

"던지기 횟수"는 첫 번째 던지기, 두 번째 던지기, 세 번째 던지기 등등을 가리킨다. 반면에 "앞면/뒷면 사슬"은 매 던지기의 결과를 보여주는데, 이때 +는 앞면을, -는 뒷면을 나타낸다.

던지기 결과들은 선험적으로 완전히 독립적이다(즉 첫 번째 던지기 결과와 무관하게, 두 번째 던지기에서도 앞면이나 뒷면이 나올 가능성은 똑같이 50 대 50이다). 하지만 그럼에도 불구하고 그 던지기 연쇄를 "사슬"이라고 칭하는 것은, 우리가 나아가 이 기호들을 사슬을 따라서 쌍으로 묶기 때문이다. 네 가지 가능한 쌍 조합이 있다: ++, --, +-, -+.

```
1  2  3  4  5  6  7  8  9     던지기 횟수
+  +  -  -  +  -  -  -  +     앞면/뒷면 사슬
   1     3     2        2     수 매트릭스 범주
```

++쌍에 수 1을 할당한다(위의 "수 매트릭스 범주"를 볼 것). 이것은 우리가 이제 도입하는 코드화의 첫 단계이며, 또한 우리가 여기서 창조하고 있는 상징체계의 기원을 표시한다. 나는 이 첫 단계를 수 매트릭스라고 부르겠다. 번갈아 나오는 두 조합(+-와 -+)은 수 2로 지칭된다. 그리고 --쌍은 3으로 지칭된다(<표 2.1>).

<표 2.1>

1	2	3
++	+- -+	--

그렇지만 이 던지기 결과를 **중첩되는** 쌍들로 묶는다면 한결 더 사슬 같은 모습이 나올 것이다.

2장 무의식적 사고의 본성, 혹은 다른 절반은 어떻게 "생각하는가"

```
        ___2__
   __2__
+  +  -  -  +  -  -  -  +      앞면/뒷면 사슬
   1  ___
         3
```

이 사슬에서 첫 번째 요소는 1이라고 지칭하기로 한 조합 ++이다. 또한 두 번째와 세 번째 던지기의 결과를 취하면 2로 지칭될 +-이며, 세 번째와 네 번째 결과인 --는 조합 3을 구성하게 된다. 네 번째와 다섯 번째 던지기 결과 -+는 조합 2를 구성한다. 그리고 기타 등등.

라캉의 표기법(『에크리』, 47쪽, 주 21)에 따라서 우리는 이 숫자들을 앞면/뒷면 사슬 바로 밑에 쓸 수 있다. 이때 각각의 수 매트릭스 범주(1이나 2나 3)는 바로 위에 있는 플러스/마이너스 기호와 그 바로 왼편에 있는 것의 결합을 가리킨다.

```
+  +  -  -  +  -  -  -  +      앞면/뒷면 사슬
   1  2  3  2  2  3  3  2      수 매트릭스 범주
```

이 지점에서 이미, 범주 1의 던지기 세트(++) 다음에, 아랫줄(즉 범주 수를 나타내는 줄)에서, 범주 3의 세트가 올 수 없다는 것이 분명하다. 왜냐하면 범주1의 두 번째 던지기는 반드시 플러스인 반면에 범주 3의 첫 번째 던지기는 반드시 마이너스이기 때문이다. 이와 유사하게 범주 2 다음에는 1이나 2나 3이 올 수 있지만, 범주 3 다음에는 범주 1이 바로 올 수 없는데, 왜냐하면 범주 3은 마이너스로 끝나지만 범주 1은 플러스로 시작해야 하기 때문이다.

그리하여 우리는 이미 **어떤 조합들**(즉, 1 다음의 3과 3 다음의 1)**을 금하는 던지기 묶음 방식**("상징 매트릭스")을 안출했다. 그렇다고 해서

앞면 던지기 다음에는 어떤 특정한 한 가지 종류의 던지기가 와야 한다는 것은 결코 아니다. 실제로 여전히 하나의 앞면 다음에는 뒷면이 나올 수 있는 것만큼이나 앞면이 나올 수도 있다. 우리는 그 어떤 특정한 던지기 결과도 규정한 것이 아니지만, 그럼에도 불구하고 **우리의 기표 사슬 안에 어떤 불가능성**을 발생시킨 것이다. 이는 "c 뒤에서를 제외하면, e 앞에 i가 온다"와 유사한 어떤 철자 규칙에 해당한다(우리가 방금 창조한 그 규칙에는 그 어떤 예외도 없다는 점을 제외한다면 말이다). 대부분의 철자 규칙이나 문법 규칙들은 문자와 단어가 일렬로 묶이거나 **사슬로 연결되는** 방식에 관한 것이며, 하나의 문자나 항목 앞이나 뒤에 무엇이 올 수 있고 없는지를 규정한다는 데 주목하자.

이제 던지기의 첫 번째 쌍이 범주 1로 분류되었고 세 번째 쌍이 범주 3이었음을 우리가 알고 있다고 가정하자. 그러면 그 연쇄는 손쉽게 재구성될 수 있다. 즉 ++--이다. 그리고 우리는 던지기의 두 번째 쌍이 범주 2였다는 것을 확신할 수 있다. 또한 우리가 1(즉, 범주 1의 쌍)에서 시작했으며 위치 4(즉, 네 번째의 중첩되는 쌍)를 점유한 것이 1이었다고 새롭게 가정한다면, 우리에게 열려 있는 가능성은 다음 두 가지뿐이다(<그림 2.1>).

<그림 2.1>

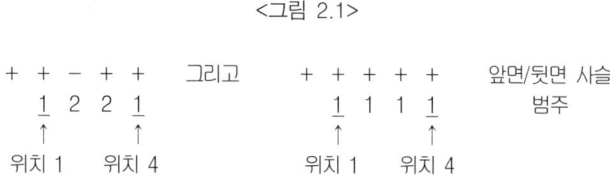

그리고 둘 중 어디에서도 범주 3 조합을 볼 수 없다. 사실 범주 3 조합은 여기서 불가능하다. 또한, "숫자 사슬"에 1들만 있는 것이 아닐 경우,

2장 무의식적 사고의 본성, 혹은 다른 절반은 어떻게 "생각하는가"

첫 번째 1 뒤에서 다시 1을 여하튼 사슬에서 발견하려면 **짝수개의 2가 있어야 한다.** 이때 첫 번째 2는 마이너스 기호를 끌어들이며(+-), 두 번째(혹은, 짝수 번째의 2)는 사슬을 다시금 마이너스에서 플러스로 바꾸어 놓을 것이다(-+).

```
+ + - - + - + +
1 2 3 2 2 2 1   = 네 번의 2
+ + - - - + - - + - - - - + - + - - - + +
1 2 3 3 2 2 3 2 2 3 3 3 2 2 2 2 3 3 2 1   = 열 번의 2
```

여기서 사슬은 짝수 번째의 2가 나타날 때 까지는 두 번째 1의 출현을 금한다. 이런 의미에서, **사슬은 이전 구성요소들의 행로를 기억한다(보존한다)**고 말할 수 있을 것이다.

라캉의 "후기"에 나오는 사례는 내가 여기서 제공한 것보다 훨씬 더 복잡하다. 그것은 동전 던지기를 쌍 대신에 삼항조로 묶으며, 더 나아가 그 위에 두 번째 상징 매트릭스를 얹어놓는다. 이보다 단순한 앞서 기술된 1,2,3 매트릭스는

- 범주 수들이 나타날 수 있는 **순서**와 관련된 그리고 또한 어떤 위치들이 선규정될 경우 범주 수들 가운데 **어느 것**이 나타날 수 있는지와 관련된 불가능성들을 귀결시키며,
- 그것의 이전 구성요소들을 자기 내부에 기록한다, 즉 그것들을 "기억한다". 그리하여 우리는 우리의 필요에 맞는 단순한 상징적 동전-던지기 오버레이를 수중에 가지게 된다. 즉 그것은, 필연적 귀결이면서도 초보적인 어떤 문법을 허용할 뿐 아니라, 아무리 원초적일지언정 내장된 기억 기능 또한 허용한다.[5]

가능성과 불가능성을 통한 어떤 제약이 무로부터 나온 것처럼 보인다. 하지만 또한 중요한 것은 산출된 그 **통사론**인데, 그것은 어떤 조합들은 허용하고 어떤 조합들은 금지한다. 이와 같은 종류의 장치와 언어 사이의 유사성은 더 탐색될 것이다.

무작위성과 기억

이제 라캉의 암호화의 요점은 무엇인가? 앞서 언급했듯이, 라캉은 세미나 2와 「「도둑맞은 편지」에 대한 세미나」 후기에서 "선재하는 현실" 속에 본래부터 있는 것이 아닌 어떤 통사론(규칙이나 법칙들의 집합)을 보여주는 상징체계를 구축하는 데 관심을 두고 있다. **따라서 귀결되는 가능성들과 불가능성들은 상징 매트릭스가 구성되는 방식에서 — 즉 그것이 문제의 사건을 암호화하는 방식에서 — 유래하는 것으로 볼 수 있다.** "이미 거기" 있는 것이 아닌 법칙들(통사적 법칙들)을 낳는 것은, 이 특수한 사례에서, 암호화의 사실 그 자체라기보다는 암호화의 방식이다. 라캉이 여기서 이용하고 있는 암호화 방식은 상상할 수 있는 가장 단순한 것이 결코 아니며, 한층 더 단순한 방식은 그 어떤 통사론도 산출하지 않는다. 그렇지만 그의 방식은 자연언어와 꿈과정의 암호화를 의미심장하게 모방하고 있는 것처럼 보인다.[6]

라캉이 전개하는 상징체계의 또 다른 특징을 살펴보자. 나는 앞에서 수 사슬들이 수들의 "행로를 보존한다"는 것을 보여주었다. 즉 어떤 의미에서 사슬은 수들을 **헤아리며**, 그리하여 충분한 만큼의 다른 수들이나 다른 수들의 일정한 조합이 사슬에 합류하기 전에 어떤 수가 나오는 것을 허용하지 않는다. 이와 같은 "행로의 보존"이나 "헤아림"

2장 무의식적 사고의 본성, 혹은 다른 절반은 어떻게 "생각하는가"

은 어떤 유형의 기억을 구성한다. 즉 과거는, 앞으로 무엇이 올 것인지를 결정하면서, 사슬 그 자체에 기록된다. 라캉은 "무의식에서—내 말은, 프로이트적 무의식에서—문제가 되는 기억하기(mémoration)는 기억의 등록소로 가정되는 것과 관련되지 않는다. 기억의 등록소가 살아 있는 존재의 속성으로 간주되는 한에서 말이다"라고 지적한다 (『에크리』, 42쪽).

여기서 함축은 이중적이다. 첫째로, 회백질 혹은 전체로서의 신경 체계로는 **무의식적 내용들의 영원하고 파괴불가능한 본성**을 설명할 수가 없다. 물질은 인상들의 폭이나 질이 필연적으로 점차로 감소하거나 감소하게 되는 방식으로 작용하는 것처럼 보인다. 물질은 인상들의 영속성에 대한 보증물일 수 없다. 그리고 둘째로, 사물들은 개인에 의해 (능동적 방식으로, 즉 일종의 **주체적** 참여를 통해) 기억된다기보다는 오히려 그 개인을 대신해서 기표 사슬에 의해 "기억된다". 「도둑맞은 편지」에 대한 세미나」에서 라캉은 이렇게 말한다. "잊기 위해 섬으로 물러난 사람처럼,—무엇을 잊기 위해서였지? 그는 이를 잊고 말았다—그렇게 그 장관은, 편지[문자]를 이용하지 않음으로써, 그것을 잊고 말았다. (……) 하지만 편지는, 신경증자의 무의식이 그렇듯, 그를 잊지 않는다"(『에크리』, 34쪽; *The Purloined Poe*, p. 247).

여기서 우리는 문자(혹은, 의미작용 사슬)와 무의식의 분명한 연계를 본다. 무의식은, 실로 자율적이고 자동적인 방식으로 작동하는 "문자들"로 구성되는바, 잊을 **수 없다**. 무의식은 과거에 무의식에 영향을 미쳤던 그 무엇을 현재 속에 보존한다. 개개의 모든 요소를 영원히 붙잡고 있으면서, 그것들 모두에 의해 영원히 표식된 채로 말이다. "당분간, 이것[상징적인 것으로서의 구성적 질서]의 연계들은—무의식이 보존하는 것의 파괴불가능성에 관하여 프로이트가 구성하는 것과 관련된바— 소기의 목적을 달성하는[파괴불가능성을 보증하는] 것으로 추정될 수 있는 유일한 연계들이다"(『에크리』, 42쪽).

무의식은 배열한다

무의식적 사고를 이와 같이 특징짓는 것7)은, 기껏해야 라캉의 "구조주의" 시절을 대표하는, 라캉의 지나가는 공상이 결코 아니었다. 세미나 20에서 라캉은, 그의 어휘목록에서 "문자는 하나의 배열을 지칭한다. (……) [혹은 오히려] 문자들은 배열들을 이룬다. 단지 배열들을 **지칭하는** 것이 아니라 배열들**이다**. 문자들은 배열들 자체로서 기능하는 것으로 여겨져야 한다"(p. 46)고 말한다. 뒤에서 그는 이렇게 덧붙인다. "무의식은 집합론에서 문제가 되는 배열들처럼 구조화되어 있는데, 이 배열들은 문자들 같은 것이다"(p. 47).

프로이트 덕분에 정신분석가들은 우리가 통상적으로 이해하는 바로서의 "사고"가 이전에 생각했던 것보다 인간 활동을 결정하는 데 훨씬 적은 역할을 한다는 생각에 익숙해졌다. 우리는 우리가 B라는 이유 때문에 A를 행했다고 믿거나 느끼거나 주장할 수 있을 것이다. 혹은 우리 행동을 즉각적으로 설명할 수 없을 것 같을 때 우리는 임기응변적 설명(합리화)을 모색한다. 어떤 의미에서 정신분석은 우리가 고려해보지도 않았거나 의도적으로 무시해왔던 C라는 이유의 존재를 단언함으로써 개입하는 것처럼 보인다. 분석 작업 과정에서 천천히 하지만 확실히 "추한 머리를 내미는" 숨은 동기들 D, E, F의 범람은 말할 것도 없이 말이다.

하지만 이는 무의식적 사고 과정들을 의식적인 것들에 견주는 것이

2장 무의식적 사고의 본성, 혹은 다른 절반은 어떻게 "생각하는가"

다. 반면에 라캉은 이분법을 고집한다. 의식적 사고는 의미의 영역에, 세계를 이해하려는 노력 속에 기반하고 있다. 라캉은, 무의식적 과정들은 의미와 거의 아무런 상관도 없다고 주장한다. 우리는 무의식에 대해 논의하면서 의미의 쟁점 전체를, 즉 라캉이 기의 혹은 의미작용이라고 부르는 것 전체를 전적으로 무시할 수 있는 것처럼 보인다.

라캉에 따르면, 무의식은 언어처럼 구조화되어 있다. 그리고 자연 언어는(말과는 달리) 형식 언어처럼 구조화되어 있다. 자크-알랭 밀레의 말처럼 "언어의 구조는 근본적 의미에서 암호화이다."[8] 즉 라캉이 플러스와 마이너스 사슬들 위에 수 매트릭스와 알파벳 매트릭스를 덧씌우면서 작업하고 있는 그런 유형의 암호화나 코드화이다(이는 개폐 회로에서 프로그램용 언어를 닮은 무언가로 나아가기 위해 기계 언어 "어셈블러"에서 이용되는 그런 유형의 암호화와 전적으로 유사하다). 라캉의 생각에 무의식은 유사-수학적 기입들의 사슬들로 이루어지며, 또한 그렇기 때문에—수학자에 대해 이야기하면서 그들이 이용하는 상징들은 **아무것도 의미하지 않는다**고 말했던 버트란트 러셀의 생각을 빌자면[9]—무의식적 형성물이나 생산물들의 **의미**에 대해 이야기하는 것은 아무런 의미도 없다.

그리하여 정신분석 작업에 의해 "베일이 벗겨지는" 진리 유형은 의미와 아무런 상관도 없는 것으로 이해될 수 있다. 그리고 라캉의 수학적 "게임들"이 한낱 기분전환거리로 보일 수도 있겠지만, 그의 믿음은 분석가들이 철저한 작업을 통해 그것들을 해독하고 그것들 배후의 논리를 발견하는 과정에서 어떤 기민함을 획득한다는 것이었다. 그것은 무의식과의 여하한 모든 조우에서도 요구되는 종류의 해독 활동이다. 무의식 속에서 그리고 무의식으로서 언어는 암호화된다. 그래서 분석은 의미가 아니라 진리로 귀결되는 중요한 해독 과정을 내포한다.

예컨대, 세르주 르클레르가 그의 환자 가운데 한 명에게서 무의식적 욕망과 동일시의 전체 배치에 이르는 열쇠로서 "Poordjeli"라는 배열을 재구성한 것에 대해 라캉이 세미나 11에서 보이는 열광을 생각해보자. 비록 이 사례에서 문자들 자체는 분해되지 않지만, 그럼에도 불구하고 다음과 같은 점이 분명하다. 즉 우리가 특정한 요소들을 "설명하는" 해석을 제공할 수 있는 동안에도, 전체로서의 배열 — 예컨대, 그것의 구성성분들의 순서와 그것의 구성논리 — 은 꿈의 배꼽처럼 침투불가능한 것으로 남아 있다. 라캉에 따르면, 르클레르는 "유니콘이라는 시퀀스[Poordjeli]를 추출해낸 바 있는데, 이는 당시의 토론자들이 생각했던 것과 달리 의미에 대한 의존을 통해 추출된 것이 아니라 시니피앙 연쇄의 환원불가능하고 광적인[비의미적인]insensé 특성을 통해 추출된" 것이었다(『세미나 11』, 321쪽). 같은 세미나의 다른 곳에서처럼 여기에서도 라캉은 해석이 의미의 해명을 겨냥하는 것이 아니라 "주체의 행동 전반에 대한 결정인자들을 재발견할 수 있도록" "시니피앙들을 무의미로 환원시키는" 것을 겨냥한다는 데 주목한다(320-321쪽). 해석은 환원불가능한 기표를, "환원불가능[한 시니피앙적] 요소"(379쪽)를 드러낸다. 해석 그 자체에 내속하는 의미 너머에서 분석자는 "과연 자신이 주체로서 어떤 시니피앙 — 무의미하고 환원불가능하고 트라우마적인 시니피앙 — 에 예속되어 있는지"를 보아야 한다(380쪽).[10]

좀 더 잘 알려진 사례를 살펴보자. 프로이트의 "쥐인간" 사례. 유년기에 쥐인간은 인간에 의해 종종 잔인하게 취급당하는 무는 동물인 쥐(Ratten)와 동일화했다. 그 자신은 유모를 물었던 일로 아버지에게 지독하게 매를 맞았던 일이 있었다. 그러고 나서 어떤 관념들이 의미로 인해서 "쥐 콤플렉스"의 일부가 된다. 쥐는 인간의 음경처럼 매독 같은

2장 무의식적 사고의 본성, 혹은 다른 절반은 어떻게 "생각하는가"

질병을 퍼뜨릴 수 있다. 따라서 쥐 = 음경. 하지만 어떤 다른 관념들은 Ratten이라는 단어 그 자체(그것의 의미가 아니라)로 인해서 쥐 콤플렉스에 접목된다. Raten은 할부금을 의미하며, 쥐와 돈의 등치로 이어진다. Spielratte는 노름꾼을 의미하며, 쥐인간의 아버지는 노름빚을 진 적이 있었기에 쥐 콤플렉스 속으로 이끌려 들어오게 된다. 프로이트는 이러한 연결고리를 "말다리verbal bridge"라고 부른다(열린전집 9, 68쪽).* 이것들은 그 자체로 아무런 의미도 없으며, 전적으로 단어들 사이의 축자적 관계로부터 도출되는 것이다. 그것들이 (코안경/아버지의 빚에 대한) 변제를 내포하는 증상적 행위들을 낳는 한에서, 쥐인간을 지배하는 것은 의미가 아니라 기표 그 자체이다.

쥐인간이 Spielratte를 포함하는 부모의 대화를 엿들었으며, 아직 어려서 이해할 수는 없었지만 그럼에도 그것이 그의 기억 속에 지울 수 없이 새겨져 기록되었다고 가정해보자. 거기서 그것은 독자적인 생을 갖게 되었으며, 다른 "도둑맞은 편지들"―그의 눈이나 귀를 위해 의도되지 않은, 목격된 장면들과 엿듣게 된 말들―과 연계를 형성했다. 그의 무의식은 그가 들은 것에 의해 회복불가능하게 변형되었다. 그리고 "당신이 듣는 것은 기표"이지, 의미가 아니다(세미나 20, p. 34). 여기서 기표는 의미화하는signifying―의미를 만드는 데 바쳐진―것이라기보다는 무의미한 실체이다(3장을 볼 것). 이 사례에서 의미는, (1장에서 논의된 바 있는) 증상의 선택에서의 주체적 연루와 마찬가지로, 오로지 사후적으로 구성된다.

― ― ― ―
* 국역본에는 "단어의 연관성"이라고 번역되어 있다.

제1부 구조: 소외와 타자

주체 없는 앎

언어의 구조가 일단 무의식 속에서 인지되면, 그것에 대해 어떤 유형의 주체를 생각해볼 수 있을까?

— 라캉, 『에크리』, 800쪽

그 어떤 주체도 엄밀히 말해 책임이 없는 완벽하게 잘 절합된 앎이 있다.

— 라캉, Seminar XVII, p. 77

이제 무의식을 개념화하는 이와 같은 방식은 겉보기에 분명 **여하한 종류의 주체를 위한 그 어떤 여지도 남겨놓지 않는다.** 무의식 안에서/무의식으로서 자동적으로 그리고 자율적으로 펼쳐지는 어떤 유형의 구조가 있으며, 이러한 자동적 운동과 관련하여 여하한 종류의 의식도 가정할 필요가 없다(여하튼 라캉은 수많은 철학자들이 주체성과 의식 사이에 설정한 연합과 단절한다). 무의식은 "지울 수 없는 앎"을 포함하는데, 그 앎은 동시에 "절대적으로 주체화되지 않은" 앎이다(세미나 21, 1974년 2월 12일).

무의식은 우리가 아는 어떤 것이 아니라, 오히려, 알려지는 어떤 것이다. 무의식적인 그 무엇은 문제의 그 "사람"에게 **모르는 사이에** 알려진다. 그것은 우리가 "능동적으로", 의식적으로 파악하는 어떤 것이 아니라 오히려 "수동적으로" 등록되거나 기입되거나 셈되는 어떤 것이다. 그리고 이 알려지지 않은 앎은 기표들의 연계 속에 자물쇠 채워진다. 그것은 바로 이 연계에 있다. **이러한 종류의 앎은 그 어떤 주체도 갖지 않으며, 필요로 하지도 않는다.**

2장 무의식적 사고의 본성, 혹은 다른 절반은 어떻게 "생각하는가"

하지만 라캉은 주체 *the subject*에 대해 끊임없이 말한다. 무의식의 주체, 무의식적 욕망의 주체, 대상 *a*와 환상적 관계를 맺고 있는 주체 등등. 주체는 어디에 들어맞을 수 있을 것인가?

이 책의 제2부에서 논의될 이 물음으로 돌아가기 전에 나는 다음 장에서 말하는 주체에게 상징계가 압도적인 중요성을 갖는다는 사실을 다룰 것이다.

3장 말의 창조적 기능: 상징계와 실재

사고는 언제나 상징계 내에서의 우리의 위치에서부터 시작된다. 다시 말해서 우리는 가정된 "말 이전의 시간"을, 우리의 상징계가 제공하는 범주와 필터를 사용하면서, 상징계 내부로부터 고찰할 수밖에 없다. 우리는 말 이전의 시간으로 거슬러 올라가, 즉 호모 사피엔스의 발달이나 우리 자신의 개체적 발달에서의 일종의 선상징적/선언어적 순간으로 거슬러 올라가 생각해 보려고 시도할 수 있을 것이다. 하지만 우리가 사고하는 한, 언어는 불가결한 것으로 남는다.

그러한 시간에 대해 생각하기 위해서 우리는 그것에 어떤 이름을, "실재"라는 이름을 부여한다. 라캉은 우리에게 "문자는 죽인다"라고 말한다. 문자는 문자 **이전에**, 단어 이전에, 언어 이전에 있었던 실재를 죽인다. 물론 다름 아닌 문자 그 자체가─문자는 라캉이 이를 정식화하는 단계(1956, 「「도둑맞은 편지」에 대한 세미나」)에서는 기표, 단어, 혹은 언어와 구분되지 않는다─우리에게 그 자신의 치사적 속성을 알려주는 것이며,[1] 그리하여 문자의 도래가 없었다면 있었을 실재에 대해 알려주는 것이다.

예컨대 실재는 상징계의 지배에 처하기 "이전의", 용변 연습을 하고 세상의 방식들을 배우기 이전의 유아의 신체이다. 사회화 과정에서 점차로 그 신체에는 기표들이 기입되거나 덧기입된다. 쾌락은 일정한 지대들로 국부화되며, 다른 지대들은 언어에 의해 중화되거나 사회적, 행실적 규범들에 순응하도록 구슬려진다. 우리는, 프로이트의 다형적 도착성이라는 개념을 그 극단으로까지 가지고 가서, 유아의 신체를, 그 어떤 특권화된 지대도 없으며 처음부터 쾌락의 경계로서 구획된 그 어떤 영역도 없는, 다만 단절 없는 하나의 성감대로 볼 수 있다.

그래서 또한 라캉의 실재에는 지대들도, 하위구분들도, 국부화된 높낮이도, 혹은 틈새와 충만도 없다. 실재는 갈라짐 없고 분화되지 않은 일종의 직물이며, 모든 곳이 충만한 그런 방식으로 짜여 있다. 그것의 "재료"인 실들 사이에 어떠한 여백도 없다.[2] 그것은 우주 전체에 적용되는 만큼이나 아이의 신체에도 적용되는 일종의 매끄럽고 이음새 없는 표면 내지는 공간이다. 실재가 별도의 지대들로, 구분되는 지형들로, 대비되는 구조들로 나뉘는 것은 상징적 질서의 결과인데, 상징적 질서는 말하자면 실재의 매끄러운 겉면을 **자르고 들어가서**, 구분들과 틈새들과 구별가능한 존재자들을 만들어내며 실재를 안장安葬시킨다. 즉 실재를 기술하기 위해 사용되는 상징들 속으로 실재를 잡아끌거나 빨아들여서 실재를 무화시킨다.

실재를 폐기하면서 상징적 질서는 "현실"을 창조한다. 언어에 의해 명명되며 그리하여 사고되고 이야기될 수 있는 어떤 것으로서의 현실을.[3] "현실의 사회적 구성"[4]이란 사회적 집단(혹은 하위집단)의 언어에 의해 제공되는 단어들을 가지고서 지칭되거나 논의될 수 있는 세계를 함축한다. 그것의 언어로 말해질 수 없는 것은 그것의 현실의 일부가

3장 말의 창조적 기능: 상징계와 실재

아니다. 그것은, 엄밀히 말해서, **실존하지** 않는다. 라캉의 용어법에서 실존existence은 언어의 산물이다. 언어는 사물들을 실존토록 한다(사물들을 인간 현실의 일부로 만든다). 암호화되거나 상징화되거나 혹은 단어로 옮겨지기 전에는 어떠한 **실존**도 가지지 않았던 사물들을 말이다.5)

 따라서 실재는, 언어를 앞서므로, **실존하지** 않는다. 라캉은 하이데거로부터 차용하여 그것에 별도의 용어를 확보해 두었다. 그것은 "탈–존한다ex-sists".6) 그것은 우리의 현실 밖에서 혹은 우리의 현실로부터 떨어져서 존재한다. 분명 우리가 실재를 명명하고 실재에 대해 이야기하는 한에서, 그리고 실재를 언어 및 "단어 이전의 시간"에 대한 이론적 담화 속으로 엮어 넣는 한에서, 우리는 실재를 언어 속으로 끌어넣는 것이며 그로써 바로 그 개념상 단지 탈–존만을 갖는 어떤 것에다가 일종의 실존을 부여하는 것이다(나는 이점을 8장에서 더 파고들 것이다).

 하지만 우리는 엄밀히 시간적인 용어로 생각할 필요는 없다. 실재는, 아이가 일단 (마치 여하간 그가 언젠가 일체의 언어를 동화할 수 있는 것인 양, 혹은 일체를 한꺼번에 동화할 수 있는 것인 양) 언어를 동화하고 나면 완전히 사라진다는 의미에서, 단지 문자 이전의 것으로만 이해될 필요는 없다. 아마도 실재는 아직 상징화되지 않은 것으로서, 상징화될 것으로 남아 있거나 아니면 심지어 상징화를 거부하는 것으로서 가장 잘 이해될 수 있을 것이다. 그리고 그것은 화자의 상당한 언어 능력과 "나란히" 그리고 그러한 능력들에도 불구하고 완벽하게 잘 존재할 수 있다. 그러한 의미에서 분명 정신분석적 과정의 일부는, 피분석자로 하여금 그/녀에게 상징화되지 않은 채 남아있었던 것을 말로 옮길 수 있도록, 즉 도대체 어떠한 방식으로건 생각하거나 말하거나 정식화할 수 있기 전에 발생했을지도 모르는 경험들을 말로 표현할 수 있도록 하는 것과 연루되어 있다. 피분석자가 인생의 나중 시기에 재량하에 두게 되는 언어적 도구는 분석자로 하여금, 말로 표현되지도 않았고 또한 결코 개념화된 적이 없거나 불완전하게만 개념화된 경험들을 이야기를 통해 변형시킬 수 있도록 해준다. 그리하여, 안나 O가 정신분석의 초창기기에 그렇게 불렀듯이, "이야기 치료talking cure"인 것이다.

현실과 실재에 대한 라캉의 구분은 정신분석의 어떤 형태들과 라캉주의 정신분석 사이의 이데올로기적이거나 윤리적인 차이를 추출해 낼 수 있도록 해준다. 모든 사람들의 **현실**은 모든 문화적, 종교적 집단이나 하위문화집단, 가족, 그리고 친구집단이 자신만의 단어나 표현이나 특유한 의미를 발전시킨다는 단순한 사실에 의해 차이가 난다. 그리고 모든 분석자의 현실은 그 어떤 분석가의 개념들과도 결코 일치하지 않을 수 있는 세계에 대한—인간 본성, 신, 마법, 사업, 교육, 음악 등등에 대한—개념들로 채색되어 있거나 침투되어 있다. 이제 어떤 분석가들은—광범위한 주제들에 대한 환자들의 믿음에 영향을 주거나 변화를 가하려고 노력하면서—현실과 관련해 "환자들을 똑바르게 만드는" 것을 스스로의 할 일로 떠맡는 반면에, 라캉은 현실에 대한 환자의 견해가 아니라 환자의 실재로 개입해 들어가는 것이 분석가의 할 일임을 몇 번이고 반복해서 역설한다.[7]

라캉적 관점에서 볼 때 정신분석의 전제는, 언제나, 상징계가—실재를 암호화하고, 그로써 그것을 변형하거나 환원하는 가운데—실재에 영향을 미칠 수 있다는 것이었다. 도식적으로 그려보자면, 상징계는 실재 위에 덧쓰기를 하고 실재를 지움으로써 실재를 빗금친다.

3장 말의 창조적 기능: 상징계와 실재

상징계
~~실재~~

외상

우리가 정신분석에서 다루는 실재의 얼굴 중 하나는 외상이다. 만약 우리가 실재를 아직 상징화되어야 할 모든 것이라고 생각한다면, 언어는 분명 실재를 결코 완벽하게 변형시킬 수 없으며, 실재 전부를 상징계로 배출시킬 수 없다. 잔여는 항상 남는다. 분석에서 우리는 단지 여하한 오래된 잔여에 관심이 있는 것이 아니라, 환자에게 걸림돌이 된 저 잔여적 경험에 관심이 있다. 분석의 목표는 실재의 마지막 한 방울까지 남김없이 상징화하는 것이 아니다. 왜냐하면 그렇게 되면 분석은 참으로 무한한 과정이 될 테니까 말이다. 분석의 목표는 오히려 외상적이었던 것으로 간주될 수 있는 실재의 저 찌꺼기에 초점을 맞추는 것이다. 분석자가 어떤 외상적 "사건"에 대해서 (아무리 두서가 없더라도) 꿈꾸고, 몽상하고, 이야기하게 함으로써 우리는 그/녀가 그 사건을 단어들과 연계시키도록 만들며, 그 사건이 더욱 더 많은 기표들과 관련되게 만든다.

 어떤 목적으로? 외상은 고착이나 봉쇄blockage를 함축한다. 고착은 상징화되지 않은 어떤 것을 언제나 내포한다. 언어는 대체와 전치를 허용하는 그 무엇으로서, 고착의 정반대다.[8] 잠시 과잉단순화해서, 파란 눈에 매혹되는 남자를 상상해보자. 그의 어머니도 파란 눈이었다. 그 어떤 임의의 두 쌍의 눈도 결코 절대적으로 동일하지 않으며, 그 문제라면 그 어떤 파란 빛깔의 두 가지 색조도 동일하지 않다. 하지만

"파란"이라는 단어는 그가 어머니의 파란 눈을 파트너의 파란 눈과 등치시킬 수 있도록 해주며 그리하여 전자에 대한 이끌림을 후자에 대한 이끌림으로 이전시킬 수 있도록 해준다. 언어는 그와 같은 등치를 가능하게 하며, 그리하여 하나의 사랑하는 대상을 또 다른 대상으로 대체하거나 하나의 대상에서 또 다른 대상으로 리비도 투여를 전치시킬 수 있게 해준다. 우울증의 경우처럼 그와 같은 대체나 전치가 가능하지 않을 때, 고착이 작동하게 되고, 실재의 어떤 부분이 상징화되어야 할 것으로 남는다. 분석자가 그것을 말하도록, 그것을 점점 더 많은 기표들과 관련시키도록 유도함으로써, 그것은 "변증화dialectization"[9)]를 겪게 된다. 즉 그것은 분석자의 담화의 변증법이나 운동 속으로 이끌려 들어가게 되고, 작동되기 시작한다.

이것은 외상의 구성을 사후적으로 설명하려고 하지 않는, 혹은 고착과 근본적 환상을 구분하려고 하지 않는, 매우 단순한 설명이다. 하지만 당분간은 우리의 목적에 이바지할 수 있을 것이며, 우리로 하여금 <표 3.1>의 단순한 모델을 가지고서 시작할 수 있게 해준다.

우리는 실재가 아이의 성장 과정에서 **점진적으로 상징화된다**고 생각해 볼 수 있다. 즉 저 "최초의" "본래적" 실재(R_1이라고 부르자)가 점점 더 적게 남겨지게 된다. 비록 전체가 다 배출되어버리거나 중화되거나 죽임을 당할 수는 없겠지만 말이다. **그리하여 상징계와 나란히 존속하는 잔여물은 언제나 존재한다.**

<표 3.1>

| 실재$_1$ | → | 상징계 | → | 실재$_2$ |

그렇지만 우리는 또한 상징계 그 자체가 "2차" 실재를 낳는다는

3장 말의 창조적 기능: 상징계와 실재

것을 보여줄 수 있다. 이 과정을 기술할 한 가지 방법은 「「도둑맞은 편지」에 대한 세미나」 후기의 한 부분에서 발견된다. 이 부분은 앞 장에서 미결 상태로 남겨둔 부분인데, 그곳에서 라캉은 원인을 도입한다.[10] 다시 말해서, 라캉의 수 매트릭스와 알파벳 매트릭스를 모델로 하는 상징계는 그것의 자동적 작용 과정에서 상징계 자체 너머로 나아가는 무언가를 산출하는 것이다.

나는 잠시 후에 어떻게 해서 그런 것인지를 보여주려고 할 것이지만, 우선은 이것이 실재의 두 상이한 층위를 설정할 수 있도록 해준다는 데 주목하자. (1) 문자 이전의 실재, 즉 선상징적 실재가 있는데, 이것은 결국은 우리 자신의 가정에 불과한 것이다(R_1). (2) 문자 이후의 실재가 있는데, 이는 상징계 그 자체의 요소들 사이의 관계에 기인한 곤궁들과 불가능성들로 특징지어진다(R_2). 즉 그것은 상징계에 의해 생성된다.[11]

"문자 이후의" 실재는 무엇에 있는 것일까? 그것은 몇 개의 얼굴을 가지고 있는데, 그 가운데 하나를 나는 2장에서 논의된 1,2,3 사슬을 토대로 보여줄 것이다. 중첩되는 상징 적용의 그 단순화된 모델에서 우리는 1 다음에 곧바로 3이 올 수 없다는 것을 보았다. 따라서 1 바로 다음에 오는 위치에서 우리는 3을 일종의 **잔여물**로 볼 수 있다. 그것은 회로에서 사용될 수 없으며, 단순한 잔존물이나 찌꺼기에 해당한다. 매 단계에서 적어도 하나의 수는 배제되거나 옆으로 밀려나게 된다. 따라서 우리는 사슬이 그 배제된 수 둘레에서 작동한다고 말할 수 있다. 즉 사슬은 그 수를 우회함으로써, 그리하여 그것의 윤곽을 그림으로써, 형성된다고 말할 수 있다. 라캉은 이 배제된 수나 상징들을 그 과정의 카푸트 모르툼(caput mortuum)*이라고 부른다. 그로써 그것들

---

* "죽은 자의 머리"를 뜻하는 라틴어. 연금술에서 카푸트 모르툼은 승화와 같은 화학적 과정에서 남게 되는 쓸모없는 물질을 의미했다. 연금술사들은 이러한 잔여물을 인습적으로 인간

을, 연금술사가 저급한 무언가로부터 가치 있는 무언가를 만들어내려는 과정에서 시험관이나 비커 바닥에 남겨지는 잔여물에 비유하면서 말이다.

카푸트 모르툼은 사슬이 포함하지 않는 것을 포함한다. 그것은 어떤 의미에서 사슬의 타자이다. 사슬은 그것이 내포하는 것에 의해서 만큼이나 그것이 배제하는 것에 의해서, 바깥에 있는 것에 의해서 만큼이나 그것 내부에 있는 것에 의해서 분명하게 결정된다. 사슬은 어떤 위치에서 카푸트 모르툼을 구성하는 수들을 쓰기를 결코 멈추지 않는다. 즉 다른 무언가를 끊임없이 쓰도록 혹은 이 지점을 계속해서 회피하는 무언가를 끊임없이 말하도록 운명지어져 있다. 마치 이 지점이 그 사슬이 변죽을 치면서 산출하는 모든 것의 진리인 양 말이다. 이렇게까지도 말할 수 있을 것이다. 즉 사슬 바깥에 필연적으로 남게 되는 그 무엇은 내부에 있는 것의 **원인**이다. 내부가 있기라도 하려면, 구조적으로 말해서 무언가가 밖으로 밀려나야 한다.12)

카푸트 모르툼을 이루는 배제된 상징들이나 문자들은 어떤 물질성을 띠는데, 이는 「도둑맞은 편지」 이야기에서 장관이 여왕에게서 훔치는 편지letter의 물질성과 유사하다. 그리고 그 이야기에 나오는 한 명의 등장인물에서 또 한 명의 등장인물로 차례로 영향을 미치는 것은 그 문자들letters이 말하는 그 무엇이라기보다는—그리고 **그 문자들은 문자인 한 아무것도 말하지 않는**다—그것들의 물질-같은 혹은 **대상**-같은 성격이다. 이야기 속의 편지는 등장인물들을 차례로 어떤 특정한 위치에 고착시킨다. 즉 그것은 실재적 대상이며, 그 어떤 것도 의미하지 않는다.

････
두개골로, 죽은 자의 머리로 표현했다.

"첫 번째" 실재, 외상과 고착의 실재는, 어떤 의미에서, 상징계가 결코 맞히지 못하면서 주변을 선회할 수밖에 없는 무게중심의 형태로 회귀한다. 그것은 사슬 그 자체 내부에 불가능성들을 낳으며(어떤 주어진 단어는 무작위적으로 나타날 수 없으며, 어떤 다른 단어 이후에만 나타날 수 있다), 또한 사슬이 피해가야 하는 일종의 응어리를 만들어낸다. 이것은 우리에게 "두 번째" 실재에 대한, 그리고 라캉의 원인 개념에 대한 최초의 접근을 구성할 것이다.

해석은 원인을 맞힌다

해석에 대한 라캉의 이론은, 어느 정도까지는, 카푸트 모르툼의 것과 유사한 정식화에 기초한다. 분석 상황에서 말하고 있는 분석자는 종종 어떤 것들을 말하거나 정식화하거나 안출해낼 수가 없다. 어떤 단어들이나 표현들이나 사고들은 어떤 특정한 순간에 그/녀에게 닿지 않으며, 그/녀는 그것들 주위를 맴돌 수밖에 없다. 문제로 감지하는 무언가를 전혀 언표하지 못한 채 이를테면 변죽만 올리면서 말이다. 분석자의 담화는 그것이 배회하고 맴돌고 에두르는 윤곽선을 더듬는다. 분석 과정에서 때가 되어 그 단어들이나 사고들이 분석자에게 접근가능해질 수도 있다. 하지만 그것들은 또한 분석가에 의해 해석의 형식으로 도입될 수도 있다. 바로 이것이 "해석은 원인을 맞힌다"라고 말할 때 라캉이 의미하는 것이다. 해석은 분석자가 "단어로 옮기지" 못한 채 주변을 맴돌던 바로 그것을 맞힌다.

분석자의 관점이나 위치에서 말해질 수 없는 것이 분석가의 관점이나 위치에서도 그래야 하는 것은 아니다. 분석가의 개입을 통해 분석자는, 라캉의 말대로, 그/녀가 주체로서 종속되어 있었던 그 기표를 말할 수 있을지도 모르는 것이다. 분석자가 주변에서 맴돌았던 그 단어나 단어들(혹은 단어들의 융합, 즉 배열)을 삽입해주거나 분석자로 하여금 발음하게 함으로써 그 접근불가능한, 건드릴 수 없는, 움직일 수 없는 원인에 영향이 가해지며, 그 텅 빈 중심에 대한 회피는 완화되며, 원인은 "주체화subjectivization"(이 용어는 5장에서 설명될 것이다)의 길에 들어서게 된다.

그렇다고 원인—외상적 원인—이 어떤 단어나 표현이었다는 것을 함의하는 것은 아니다(분석자가 표현하기를 싫어하는 어떤 정식화일 수는 있겠지만 말이다). 그럼에도 불구하고 분석가는 분석자로 하여금 그 단어를 향해 도약하도록 흔들어놓을 수는 있을 것이다. 어쩌면 처음에는 단지 제멋대로인 소리나 우물거리는 소리에 불과하고, 겉보기에 그 어떤 분명한 의미도 없는 말일지도 모른다. 하지만 그럼에도 불구하고 이는 상징화를 향한 첫 걸음이다.

제멋대로인 말이나 융합된 단어들은, 제대로 절합된 어구라기보다는 언어의 "재료"라고 해야 할 어떤 것에 더 가까이 갈 수 있게 해주며, 상징계와 실재 사이의 다리 같은 것으로 이바지한다. 왜냐하면 인간이 산출할 수 있는 수많은 소리들은 그 어떤 사회적으로 인정된 의미도 갖지 못하면서도 영향력을 가질 수 있으니까 말이다. 그것들은 리비도적으로 투여되어 있을 수 있으며, 단어들이 여태껏 말해줄 수 있는 것보다 주체에게 더 깊은 영향을 미칠 수 있다.[13] 그것들은 어떤 물질성과 무게를 가지고 있는 것일지도 모른다. 그리고 사실상 라캉은 원인들의 잡다한 목록에 음소를 포함시킨다.

3장 말의 창조적 기능: 상징계와 실재

상징계의 불완전성: 타자 속의 구멍/전체(W)hole

앞서 기술한 "두 번째" 실재와 관련하여 라캉이 취하는 또 다른 침로를 고찰해보자. 라캉은 실재를 논리적 역설과도 연관시킨다. 예컨대 모든 목록들의 목록이면서 자기 자신은 포함하지 않는 변칙적인 목록 같은 것 말이다. 우리는 잠시 이 문제를 다룰 것이다.14)

하지만 먼저 지적해 두어야 할 것이 있다. 즉 1장에서 상징계를 나타내기 위해 사용한 이미지인 원은 일종의 속기速記에 불과한 것이며, 그러한 것으로서 오도적이다. 왜냐하면, **모든** 기표들의 집합에 대해 말한다는 것이 도대체 무엇을 의미할 수 있겠는가?

그와 같은 집합을 지칭하려고 하는 순간 우리는 목록에 새로운 기표를 더하게 된다. (대문자) "**타자**Other"라는 기표를 말이다. 이 기표는 모든 기표들의 집합에 아직 포함되지 않는다(<그림 3.1>).

<그림 3.1>

타자

이제 그 새로운 기표를 이 집합에 포함시켜보자. 그렇게 하면서 우리는 집합을 변화시키는 것이다. 더 이상 동일한 집합이 아니므로, 이제 우리는 정당하게 그것을 재명명할 수 있다. 이것을 "완전한 **타자**"라고 부르기로 하자(<그림 3.2>).

그렇지만 이 새로운 이름은 아직 이 집합의 일부가 아니다. 이를 포함시키면 집합이 변경될 것이고 다시 한 번 새로운 이름이 필요해질 것이다(<그림 3.3>).

<그림 3.2>

완전한 타자

<그림 3.3>

완전한 타자 2

    이 과정은 끝없이 반복될 수 있다. 따라서 **모든 기표들의 집합이라고 가정된 집합은 결코 완전해질 수 없다**. 다른 것은 몰라도, 영원히 집합 바깥에 남아 있는, 집합의 바로 그 이름이 언제나 있는 것이다. 자기 자신의 이름을 포함하는 집합을 상상해보려고 할 때 우리는 다음과 같은 상황에 처하게 된다. 즉 **그 집합은 그 자신을 자기 자신의 원소 가운데 하나로 포함한다**. 이는 역설적 결과이다. 적어도 겉모습으로는 말이다.

    이 논증은 대수의 불완전성에 관한 괴델의 정리와 연결될 수 있는데, 이 정리는 (이론상) 모든 공리적 체계들로 일반화할 수 있다. 즉 임의의 공리적 체계는 그 체계를 구성하는 정의와 공리를 사용해서 그 체계 내에서 형식적으로 표현될 수 있는 어떤 진술들의 타당성을 결코 결정할 수 없다. 따라서 이와 같은 체계들은 구조적으로 총체화불가능하다.

라캉의 견해에서, 언어(즉, **타자**)가 바로 그러하듯 말이다. 즉 모든 기표들의 집합은 존재하지 않는다. 다양한 장들을 공리화하려는 시도(라캉은 S_1, S_2, $\$$, a, $S(A)$ 등등의 수학소를 도입함으로써 공리화의 첫 단계에 착수한 것이라고 볼 수 있다)는, 통상, 그 장들 내에서 표현될 수 있는 모든 가능한 진술들을 설명하기 위한 것이다. 여기서 라캉의 입장은, 언어 속에서 변칙적인 무언가가 **언제나** 등장한다는 것이다. 설명할 수 없는 무언가, 즉 아포리아가 말이다. 이 아포리아들은 상징계 내에서의 실재의 현존을, 혹은 상징계에 대한 실재의 영향을 가리킨다. 나는 그것들을 **상징계 내의 비틀림**이라고 부른다.

상징계 내의 비틀림

20세기 초 버트란트 러셀이 골몰했던 논쟁은 그러한 아포리아를 구성한다. 러셀은 모든 목록들의 목록이면서 자기 자신은 기재 항목으로 포함하지 않는 목록의 지위를 검토하려고 했다.[15] 예컨대, 다른 미술 카탈로그들을 길게 열거하면서 자기 자신을 언급하는 미술 카탈로그를 상상해보는 것은 전적으로 가능하다. 그리고 그런 카탈로그는 분명 실제로도 있을 것이다. 그렇지만 다음과 같은 딜레마를 생각해보자. 오로지 표지에 자기 언급이 **없는** 카탈로그만 포함하는 카탈로그를 만들려는 사람이 있다(다시 말해서, 어떤 카탈로그가 제공하는 다른 카탈로그들에 대한 목록에 그 카탈로그 자체의 표제가 포함되지 않는 경우에만 그 카탈로그는 선정될 것이다). 그 사람은 자신이 만들고 있는 카탈로그의 표제를 그 카탈로그에 포함시켜야 하는가? 그/녀가 그것을 포함시키지 않겠다고 결정한다면, 그것은 자기 자신을 기재

항목으로서 포함하지 않을 것이고 그렇기 때문 포함되어야 하는 카탈로그가 될 것이다. 반면에 그것을 포함시키기로 결정한다면, 그것은 자기 자신을 기재 항목으로서 포함하게 될 것이고 그렇기 때문에 포함되지 말아야 할 카탈로그가 될 것이다.16) 그 카탈로그 제작자는 어떻게 해야 할까?

자기 자신은 포함시키지 않는 모든 목록들의 목록의 정확한 지위는 궁극적으로 역설적인 상태로 남는다. 그것이 무엇을 포함하며 무엇을 포함하지 않는지를 확인하는 것은 불가능하다. 라캉의 2차 실재―라캉적 원인―은 바로 그러한 성격의 것이다. 그것의 지위는, 언제나, 논리적 예외나 역설의 지위와 유사하다.

구조 대 원인

앞서 개괄한 원인의 측면들은 라캉 이론에서 원인(과 원인으로서의 대상 a)의 개념에 대한 한 가지 접근법을 구성할 뿐이다. 나는 이 책에서 많은 다른 접근법들을 제공할 것이다. 여기서 나는 두 층위―"구조"의 층위와 "원인작용"의 층위―가 신중하게 구별되도록 하고 싶다. 사람들은 분명 그것들을 구조의 두 상이한 층위들 혹은 원인작용의 두 별도 층위들과 궁극적으로 동등한 것으로 생각할 수도 있을 것이다. 그렇지만 그렇게 되면 그것들의 근본적인 이질성에 관한 요점을 놓치기 쉽다.

한편으로 **기표 사슬의 자동적 작용**의 층위가 있다. 이는 1,2,3 매트릭스를 통해 예증되었다. (여기서 라캉이 프로이트의 (일반적으로 영어로는 "repetition compulsion"으로 번역되는) Wiederholungszwang을 automatisme

3장 말의 창조적 기능: 상징계와 실재

de répétition, 즉 반복 자동작용 또는 반복 자동장치라고 번역하는 것에 주목해야 한다.)

다른 한편으로, **이 자동작용의 매끄러운 작동을 방해하는 것**, 즉 원인이 있다. 고립되어 작동하면서 기표 사슬은 주체도 대상도 필요로 하지 않는 듯 보인다. 하지만 거의 무심결에 그것은 대상을 산출하고 주체를 종속시킨다.17)

라캉은 여기서 처음으로 구조주의와 길을 달리한다. 왜냐하면 구조주의자들이 첫 번째 층위를 가지고서 모든 것을 설명하려고 하기 때문이다. 즉 주체나 대상에 대한 그 어떤 참조 없이 혼자서 노는, 많게든 적게든 수학적으로 결정된 조합을 가지고서 말이다. 구조는 라캉의 작업에서 매우 중요한 역할을 한다―그리고 우리는 그것이 의식적, 무의식적 "사고 과정들"에 얼마나 스며들어 있는지를 보기 시작했다. 하지만 그것은 라캉의 발전에서의 그 어떤 지점에서도 전체 이야기인 것이 결코 아니다.

세미나 10에서 라캉은 과학의 가정된 진보(그리고 구조주의의 과학적 자임은 좀처럼 비밀로 유지되지 않았다)를 "원인"이라는 범주를 우리가 점점 더 생각할 수 없게 된 것과 연관짓는다. 계속해서 원인과 결과 사이의 "틈새"를 메우면서 과학은 점진적으로 "원인"이라는 개념의 내용을 제거하고, 그에 따라 사건들은 잘 알려진 "법칙들"에 따라 다른 사건들로 매끄럽게 이어지는 것으로 간주된다. 과학은, 주체를 봉합하려는 시도 속에서(우리는 이를 10장에서 살펴볼 것이다)―즉 과학의 장에서 주체성을 축출하려는 시도 속에서―원인 또한 봉합하려는 경향이 있다. 라캉적 정신분석의 도전은, 부분적으로, 이 두 원초적 개념들을 유지하고 한층 더 탐구하는 것이다. 그것들이 아무리 역설적으로 보일지라도 말이다.

나는 이제 2부에서 라캉에 의해 주체에 할당된 역할과 의미작용 "바깥에" 있는 주체의 상황을 살펴보겠다.

제2부
라캉적 주체

> 동일성과 차이의 연결을 정의하는 본질적 속성을 지닌 어떤 것—나에게 그것은 주체의 기능을 구조적으로 설명하기에 적합해 보이는 그 무엇이다.
>
> — Lacan, 세미나 13, 1966년 1월12일

> 일단 주체가 존재하게 되면, 주체는 그 존재를 그가 자신의 존재를 그 위에서 일으켜 세운 어떤 비존재에 빚지고 있는 것이다.
>
> — Lacan, Seminar II, p. 192.

4장 라캉적 주체

 구조주의가 건재했을 때조차, 주체성은 종종 구조라는 개념과 양립불가능한 것으로 여겨졌다. 구조는 주체의 존재의 바로 그 가능성을 배제하는 듯 보였고, 주체성에 대한 단언은 구조주의적 입장을 침식하는 것처럼 보였다. "후구조주의"의 도래와 더불어 주체성이라는 바로 그 개념은 한물 간 것처럼 보이며, 라캉은 그 개념을 세공하는 데 상당한 노력을 바친 몇 안 되는 현대 사상가들 가운데 한 명이다.

 라캉은, 비록 어떤 이들로부터는 "구조주의자"로 불리고 어떤 이들로부터는 "후구조주의자"라 불리지만, 엄밀한 이론적 틀 내에서 두 개념—구조와 주체—**모두**를 유지하고 방어한다. 그럼에도 불구하고 라캉은 서구 사상에서 통상적으로 주체에게 귀속된 수많은 특성을 주체에게서 벗겨내고, 정신분석적 맥락과 문학적 맥락에서 구조의 작용들을 가차 없이 드러내기 때문에, 그의 작업에서 주체에게 무슨 역할이 남아있는지를 알아보는 일이 항상 쉬운 것만은 아니다. 라캉의 텍스트를 읽는 독자가 겪는 어려움은 주체를 분리해내려는 그의 시도가 다양한 지점에서 여러 상이한 형태를 취한다는 사실 때문에 더욱 커지는데, 그것들 전부가 손쉽게 알아볼 수 있는 주체성 개념으로 수렴하는 것처럼 보이지는 않는다.

나는 라캉적 주체의 존재를 **증명하려** 하지는 않을 것이다. 왜냐하면 그러한 증명은 가능하지 않기 때문이다. 세미나 23에서 라캉이 말했듯이, "주체는 가정된 것 이상이 아니다." 다시 말해서 주체는 우리 편에서의 어떤 가정물 이상이 결코 아니다. 그렇지만 그것은 라캉에게 필수적인 가정처럼 보인다. 그것 없이는 정신분석적 경험이 설명될 수 없는 어떤 구성물 말이다. 그런 의미에서 주체의 지위는 프로이트가 "어떤 아이가 맞고 있어요"라는 환상의 "두 번째 단계"라 부르는 것의 지위와 유사하다. 그 "두 번째 단계"는 "나는 아버지에게 맞고 있어요"라는 생각이다. 프로이트는 다음과 같이 말한다. "이 두 번째 단계는 모든 단계 중에서 가장 중요하다. 그러나 우리는 어떤 의미에서 그 단계가 실제로는 전혀 존재하지 않았다고도 볼 수 있다. 왜냐하면 그 단계는 절대로 기억되지 않았고 또 결코 의식적으로 될 수도 없었기 때문이다. 그 단계는 분석의 구성물이다. 그러나 그렇다고 조금이라도 덜 필요한 것은 아니다"(열린전집 10, 145-146쪽).

나의 희망은 이러한 라캉적 구성물에 신임을 주는 것이다. 이를 위해서 나는 라캉이 그것에 다가가려는 노력 속에서 1950년대 이래로 취한 방침들의 전 계열을 논의해보고, 그로써 어느 지점에서 구조가 그만 멈추고 주체성이 시작되는지를 보여줄 것이다. 몇몇 예시들과 은유들이 제시될 것인데, 나는 그것들을 통해 그 개념을 기본적으로 포착할 수 있기를 희망한다. 그 개념에 대한 좀 더 이론적인 근거가 계속해서 더 설명될 것이다. 나는 라캉적 주체가 무엇이 아닌지를 보여주면서 논의를 시작하려고 한다. 내가 보기에, 그 용어에 대한

4장 라캉적 주체

라캉의 용법을 이해할 때 그 어떤 것도 당연한 것으로 여겨져서는 안 된다.

라캉적 주체는 "개인" 혹은 영미 철학의 의식적 주체가 아니다

바로 처음부터 다음을 언급해야 한다. 즉 영어에서는 일반적으로 분석자를 "환자"로, "개인"으로, 혹은 (어떤 심리학 학파에서는) "고객"으로 부르는 반면에 프랑스어에서는 아주 자연스럽게 주체로 부를 것이다. 이런 맥락에서는 "주체"라는 용어의 사용에 특별히 개념적이거나 이론적인 것이 전혀 없다. 그것은, le malade, 즉 환자(혹은 좀 더 축어적으로 번역하자면, 아픈 사람, 질병이 있는 사람)라는 명칭만큼이나, 내가 여기서 분리해내려고 하는 라캉적 주체를 지칭하지 않는다. 그와 같은 비이론적 용어들은 특히 라캉의 초기 작업에서 다소간 상호교환가능하게 사용된다.

라캉적 주체는 개인도 아니고 또한 의식적 주체(혹은, 의식적으로 사고하는 주체)라고 부를 수 있는 그 무엇, 다시 말해서 대부분의 분석 철학에서 지칭되는 주체도 아니다. 의식적으로 사고하는 주체는 자아심리학 학파에서 이해되는 바로서의 자아와 전반적으로 구별되지 않는다. 그런데 자아심리학은 분석철학이 지배적인 바로 그 나라들에서 유행하고 있다. 이는 놀랄 일이 결코 아니다. 대부분의 문화들에서 지배적인 개념들은 분과적 경계를 가로지른다.

이제 라캉에 의하면 자아는 이상적 이미지들의 결정화나 침전으로서 생겨난다. 그것은 어떤 고정되고 물화된 대상에 상당하는 것으로서, 아이는 그것과 동일시하는 법을, 그것을 자기 자신과 동일시하는 법을 배운다. 이 이상적 이미지들은 아이가 거울 속에서 보는 자신의 이미지들로 이루어질 수도 있을 것이다. 그것들은 다음과 같은 의미에서 이상적이다. 즉 거울 이미지들이 중요한 역할을 하기 시작하는 단계(6개월에서 18개월)에[1] 아이는 조율되어 있지 않고 실로 감각들과 자극들의 비조직화된 뒤범벅에 불과한 반면에, 거울 이미지는 훨씬 더 유능하고 조율되어 있고 강력한 아이 부모의 외양과 유사한 어떤 통합된 표면상의 외양을 보여준다.

그러한 이미지들이 아이에 의해 리비도 투여되고 내면화되는 것은 아이의 부모가 그 이미지들을 중시하기 때문이다. 부모는 거울 속 이미지가 그/녀**이다**, 라고 주장한다. "그래 아가야, 저게 바로 너란다!" 부모적 **타자**로부터 되반사된 자신의 이미지에서 유래하는 여타의 이상적 이미지들("착한 딸"이나 "나쁜 딸"이나 "모범적인 아들" 등등)도 유사한 방식으로 아이에 의해 동화된다. 이러한 "이미지"는 부모적 **타자**가 아이를 "보는" 방식에서 유래하며 따라서 언어적으로 구조화되어 있다. 실로 거울 이미지나 그 밖의 이미지(예컨대, 사진 이미지)의 내면화를 가져오는 것은 바로 상징계이다. 왜냐하면 아이들의 눈에 그러한 이미지들에 리비도적 관심이나 가치가 투여되게 되는 것은 무엇보다도 그 이미지들에 대한 부모의 반응 때문이니까 말이다. 바로 그렇기 때문에 거울 이미지는 약 6개월 이전의 아이에게는, 즉 아이 내부에서의 언어의 작동(이는 아이가 말을 하기 훨씬 전에 발생한다) 이전에 있는 아이에게는 그다지 관심거리가 되지 않는 것이다.[2]

한 번 내면화되고 나면 이 다양한 이미지들은, 말하자면, 아이가 **자기자신**으로 여기게 되는 어떤 거대한 포괄적 이미지 안으로 융합된다. 이 **자기이미지**는 물론 아이의 삶의 과정에서, 새로운 이미지들이 옛것에 접목됨으로써, 증대될 수 있다. 일반적으로, 바로 이와 같은 이미지들의

4장 라캉적 주체

 결정화야말로 응집적인 "자기 감각"을 허용하는(혹은, 이미지들이 어떤 식으로든 융합되기에는 너무 모순적인 경우, 허용하지 않는) 것이다. 그리고 우리를 둘러싸고 있는 세계를 "이해하려는" 무수한 시도들은 우리가 보고 듣는 것을 이 내면화된 자기이미지와 병치하는 것을 내포한다. 어떻게 사건들이 우리를 반영하는가? 우리는 어디에 들어맞는 것인가? 그것은 우리 자신에 대한 우리의 견해에 대한 도전인가?
 그리하여 이러한 자기 혹은 자아는, 동양철학이 이천년 동안 우리에게 말해온대로, 하나의 구성물이며, 정신적 대상이다. 그리고 프로이트가 자아에 심급agency(Instanz)의 지위를 부여했지만, 라캉의 정신분석 판본에서 자아는 분명 능동적 행위자agent가 아니며, 관심의 대상인 행위자는 무의식이다. 라캉의 관점에서 자아는 심급이나 능동성의 자리로서의 자격을 갖기보다는 오히려 고착과 나르시스적 애착의 자리이다. 게다가 자아는 불가피하게 "거짓된 이미지들"을 포함한다. 거울 이미지들은 언제나 (좌우 반전을 내포하는) 역전된 이미지들이라는 점에서, 그리고 언어적으로 구조화된 이상적 "이미지들"(예컨대, "너는 모범적인 아들이다(You're a model son)")의 내면화로 이어지는 "소통"이, 일체의 소통이 그러하듯, 오소통되기 쉽다는 점에서 말이다(아들은 그러한 평가를 모형 자동차나 비행기(model cars and planes) 같은 것을 통해 이해/오해하여 스스로를 진정한 아들이 아니라 실제 사물의 축소 플라스틱 판본으로 볼 수도 있을 것이다. 분석의 요점은 분석자에게 분석자 자신의 "진정한" 혹은 정확한 이미지를 제공하고자 하는 것이 아니다. 왜냐하면 자아는 바로 그 본성상 왜곡이며, 오류이며, 오해의 저장고이니까 말이다.
 자기는 우리가 "**나는** ······라고 생각한다"나 "**나는** ······한 사람이다"라고 말할 때 일반적으로 지칭하는 그 무엇이지만, 그 "나"는 결코 라캉적 주체가 아니다. 그것은 진술의 주체에 지나지 않는다.

라캉의 주체는 진술의 주어가 아니다

1950년대 말과 1960년대 초에 라캉은 주체를 가능한 한 정확하게 집어내려는 일에 착수했으며, **주체의 기표**가 진술들 속에서, 즉 말해지는 것 속에서 발견될 수 있을 것이라는 희망을 품고 있는 것처럼 보였다. 그는 주체의 정확한 현시를 담화 속에서 찾고 있었으며, 문장의 주어에 관한 문법학자와 언어학자의 작업을 고찰하는 것에서 시작했다.

라캉은 "전환사"에 대한 로만 야콥슨의 논문을 여러 번 명시적으로 참조한다.[3] 이 논문에서 야콥슨은 말하기나 글쓰기에서 사용되는 기표들의 집합으로서의 **코드**—어떤 의미에서, 라캉이 기표들의 "비장물 treasure" 혹은 "배터리battery"라고 부르는 것—라는 개념과 화자가 사실상 말하는 무엇으로서의 메시지라는 개념을 제시한다.

야콥슨은 다음과 같은 것들이 있음을 지적한다. (1) 다른 메시지를 지칭하는 메시지. 예컨대 인용이 그러한데, 거기서 이전 메시지는 현 메시지 안에 포함된다(메시지 ⇒ 메시지). (2) 코드를 지칭하는 메시지. 예컨대 "'강아지'는 어린 개를 가리킨다"가 그러한데, 이것은 코드의 한 요소의 의미를, 즉 그것의 정의를 제공한다(메시지 ⇒ 코드). (3) 코드 자체를 지칭하는, 코드의 요소들. 예컨대 고유명사가 그러하다. "'제리'는 제리라 명명되는 사람을 지칭한다". 이 이름은 누구든 그 이름을 가지고 있거나 그 이름으로 불리는 사람을 가리킨다(코드 ⇒ 코드).[4] 끝으로 야콥슨은 다음과 같은 것을 발견할 수 있다고 지적한다. (4) 메시지를 지칭하는, 코드 속의 요소들. 그가 드는 예는 "나", "너",

"그" 같은 인칭대명사들이다(코드 ⇒ 메시지). 이 마지막 요소들의 의미는 그것들이 들어 있는 그 메시지에 대한 참조 없이는 정의될 수 없다. "나"는 메시지 발신자를, 그리고 "너"는 메시지 수신자를 가리킨다. 예스페르센의 용어를 차용하면서[5] 야콥슨은 이 요소들을 "전환사"라고 부르는데, 왜냐하면 그것들이 가리키는 것은 매 새로운 메시지마다 변화하거나 전환되기 때문이다.

야콥슨의 네 조합 — 인용, 정의, 고유명사, 전환사 — 은 코드와 메시지라는 개념이 제공하는 가능성들을 망라한다. 하지만 모든 품사를 다 포괄하려는 취지의 것은 아닌바, 품사의 대다수는 단순히 코드의 요소들인 것이다. 명사, 동사, 전치사 등은 코드의 중요 부분이다.

전환사의 자격을 갖는 "I am the kind of person who . . .(나는 ······한 유형의 사람이다)" 같은 문장의 문법적 주어는 메시지 발송자를 지칭한다. 그것은 메시지를 보내는 주체를 의미하는 것으로 이야기될 수 있는 한에서 자아를 의미한다. 자기 자신을 Y가 아닌 X라고, 인색한 사람이 아니라 후한 사람이라고, 고집불통이 아니라 열린 마음을 가지고 있다고 생각하는 의식적 주체 말이다. 인칭 대명사 "나"는 자신의 자기를 특정한 이상적 이미지와 동일시하는 사람을 지칭한다. 그리하여 자아는 진술의 주어가 나타내는 그 무엇이다. 그렇다면 자아의 멋진 진술에 개입하거나 그 진술을 망쳐놓는 심급은 무엇이란 말인가?

라캉적 주체는 말해진 것 속 어디에서도 나타나지 않는다

담화 속에서 주체의 정확한 현시를 계속 찾던 중, 1960년대 초 라캉은 주체의 나타남을 프랑스어 ne에 못 박아 놓으려고 종종 시도했다. 이것은 문자 그대로 "not"이며, 프랑스어 ne pas의 반쪽이다. 하지만 많은 경우 단독으로 사용되어, 완전한 방식으로 부정한다기보다는(pouvoir [⋯⋯할 수 있다]와 같이 사용될 때는 ne 단독으로도 충분히 부정을 나타내긴 하지만), 다무레트와 피숑이 "불일치discordance"6)라고 부르면서 소개하고 있는 약간 모호한 어떤 일을 한다. 어떤 표현들에서는, 허사虛辭로 가정되는 이 ne의 단독 사용은 문법적으로 필수적이며 아니면 적어도 그것을 생략하는 것보다 더 정확하고 더 힘있다(예컨대, avant qu'il n'arrive, pourvu qu'il ne soit arrivé, craindre qu'il ne vienne). 하지만 그것은 그것이 사용된 발화 속에 어떤 주저함이나 애매함이나 불확실함을 끌어들이는 것처럼 보인다. 마치 화자가 자신이 단언하고 있는 바로 그것을 부인하고 있거나, 그가 소망한다고 주장하는 바로 그것을 두려워하고 있거나, 아니면 자신이 두려워하는 것처럼 보이는 바로 그것을 소망하고 있다는 것을 암시하려는 것인 양 말이다. 이러한 경우 우리는 화자가 문제의 그 사건이 일어나는 것을 혹은 문제의 그 인물이 나타나는 것을 **원하는 동시에 원하지 않는다**는 인상을 받게 된다.

영어에서는 "but"이라는 단어에서 유사한 상황이 발생한다. 예컨대 "I can't help thinking that . . ."을 의미하는 "I can't help but think that . . ." 같은 표현들에서 말이다. 여기서 "but"은 거의 불필요한 것처럼 보인다. 비록 이 표현을 "I can't stop myself from thinking that . . ."으로 번역할 경우 그것은 어느덧 "I can't not think that . . ."이라는 이중부정이 되어버리지만 말이다. "but"은 종종 "only"나 "simply"나 "just"의 의미를 갖지만, 어떤 표현들에서는 이러한 의미를 넘어서서 부정의 내포를 띠는 것처럼 보이는데, 이는 어떤 상황에서는 심지어 모국어 화자에게도 혼란스러울 수 있다. 예컨대 "I can't but not wonder at his complacency"나

4장 라캉적 주체

"I can't but not suspect him of having done it; after all he is my best friend"나 "I can't but imagine he won't call"처럼 말이다. "I can but hope he won't call"의 의미를 "I cannot but hope he won't call"의 의미와 분명하게 구별시켜 주는 것은 무엇인가? 『옥스퍼드 영어사전』은 이 대단히 다가적인 세 글자 기표의 풍부한 사례를 제공하는데, 이는 접속사, 전치사, 부사, 형용사, 명사로 사용될 수 있다. 여기서 우리의 관심을 끄는 것 가운데는 다음과 같은 것들이 있다.

"You say you are tied hand and foot. You will never be but that in London."
"Not but that I should have gone if I had had the chance."
"I will not deny that it is a different thing."
"I cannot deny but that it would be easy."
"She cannot miss but see us."
"I do not fear but that my grandfather will recover."7)

이러한 표현들에서는 의식적 담화 혹은 자아 담화와 자기 현시를 위해 영어 문법이 (그리고 ne의 경우는 프랑스어 문법이) 제공하는 "가능성"을 이용하는 또 다른 "심급" 간의 갈등이 작동하고 것처럼 보인다. 이 다른 심급은, 이 비-자아 "담화" 혹은 무의식적 "담화"는─ 거의 "아니다!"라고 말하면서─ 전자를 가로막는다. 말실수의 경우와 상당히 동일한 방식으로 말이다. 이러한 경우들에서 프랑스어 ne는 말하는 혹은 언표하는 주체를 **표시**signifying하는 것으로서 간주할 수 있다고 라캉은 제안한다8)(그리고 나는 영어에서 다소 애매한 혹은 적어도 때때로 혼란스러운 "but"의 용법을 취할 수 있다고 제안하고 싶다). 왜 "표시하는signifying"인가? 여기서 "but"은 언표행위의 주체의 **이름**이 아니다. 오히려 그것은 일종의 "아니-말하기(no-saying)", "아니"라고 말하기(saying-"No")를 가리킨다(라캉의 용어는 dit-que-non이다).

이 "but"은 아주 별난 놈이다. 실로 너무나 별나서 영어 전체에 그와 같은 어떤 다른 예도 없을 것 같으며, 또한 프랑스어에서 ne와 같은 어떤 다른 예도 없을 것 같다(cf. 이탈리아어에서는 non).

이러한 종류의 "아니-말하기"에서 사용되는 "but"이라는 단어를 범주화할 여하한 방법을 찾을 수 있는가? 이 단어는 분명 코드의 일부이다. 그리고 메시지 안에서 나타나는 한, 메시지에 관해서, 그리고 더 정확히는 화자에 관해서 무언가를 말하는 것처럼 보인다. 하지만 단순히 누가 말하고 있는가를 가리키는 대신에 그것은 화자에 관해서 무언가를, 다시 말해서 그/녀가 자신이 말하고 있는 것과 전적으로 일치를 이루고 있지 않다는 것을 우리에게 얘기하는 것처럼 보인다. 그것은 예와 아니오를 동시에 말하는, 하나를 말하면서 또 다른 하나를 슬며시 비치는, 양면적 화자를 가리키는 것처럼 보인다.

<그림 4.1>

진술
(언표된 것)

말하기
(언표행위)

전환사는 진술의 문법적 주어인 반면에, "but"이라는 단어는 말하는 행위 중에, 즉 언표행위 중에 발생하는 일종의 "아니-말하기"이다.

4장 라캉적 주체

"아니!"가 말해진다, 그리고 라캉은, 어떤 의미에서, 그러한 메시지나 진술을 두 부분으로 나누고 있는 것으로 볼 수 있다.

"코드"와 "메시지"라는 개념은 여기서 충분치 않다. 이 예에서 "but"이라는 항목의 성격을 보여주기 위해서는 언표된 것과 언표행위, 즉 진술된 것("내용")과 진술하거나 언표하기의 바로 그 행위 사이에서의 일종의 간섭interference을 참조하지 않을 수 없다.

라캉이 진술문에 할당하는 유일한 주체는, 여기서 인칭대명사 "I"에 의해 표시되는, 언표된 것의 의식적 주체이다. 이 주체의 성격을 보여주기 위해서 우리는 코드와 메시지라는 언어학적 범주들 너머로, 즉 엄격히 구조적인 범주들 너머로 찾아볼 필요가 없다. 진술문의 주어인 "I"는 전환사이다. 즉, 메시지를 지칭하는 코드의 한 요소이다.

"but"이라는 단어는 단연코 두드러지는바, 언표행위의 무의식적 주체를 알리며 또한 그로써 주체가 분열되어 있음을—말하자면, 의식과 무의식을 위하거나 거스르는 두 개의 마음을 가지고 있음을—보여준다. 말실수 또한 두 층위가 있음을 증명하지만, 1960년대 초기의 라캉은 오로지 ne(와 but)의 경우에만 우리가 주체의 항상적이거나 규칙적인—규칙적으로 나타나고 또한 종종 이 "다른" 주체에 꼬리표를 붙인다는 점에서 규칙적인—기표를 갖는 것처럼 보인다고 제안한다. 말할 필요도 없지만, ne나 but을 사용하는 프랑스어나 영어의 많은 표현들은 시간이 경과하면서 관용적이고 고정된 표현들이 되었다. 어떤 다른 단어들과 함께 그것들을 사용하는 것이 사실상 어쩔 수 없는 것이 되는 정도로까지 말이다(예컨대 프랑스어에서 craindre[두려워하다]라는 동사는 거의 언제나 ne를 동시에 사용할 것을 요구한다). 그럼에도 불구하고 모든 화자들은, 어떤 의미에서, 그러한 안성맞춤 표현들을 문제의 그 언어가 제공하는 "같은 것을 말하는" 다양한 방법들 가운데서 선택한다.

주체의 덧없음

이제 이 "다른" 주체—일정한 진술들에 나오는 "but"에 의해 표시되는 이 언표하는 주체—는 영구적 실존 같은 것을 지닌 무언가/누군가가 **아니다**. 그것은 단지 좋은 기회가 생길 때만 나타난다. 그것은 기저에 놓인 모종의 실체나 기체(hupokeimenon이나 subjectum) 같은 것이 아니다.[9]

(2장과 부록 1, 2에서 기술된) 의식에서 배제된 기표 사슬의 지속적인 작용으로서의 무의식은, 일정한 종류의 앎이 체현되어 있는 곳인바, 본성상 영구적이다. 다시 말해서 그것은 한 개인의 인생을 통하여 존속한다. 하지만 그것의 주체는 그 어떤 의미에서도 영구적이거나 항상적이지 않다. 사슬로서의 무의식은 무의식의 **주체**와 동일한 것이 아니다.

「「도둑맞은 편지」에 대한 세미나」에서 라캉은, 기표는 자신이 표시하는 그 무엇의 삭제를 표식한다고 진술한다. "ne"와 "but"은 **무의식의 주체**의 사형선고를 나타낸다. 무의식의 주체는 항의하고 "아니오"라고 말할 만큼만 존속한다. 일단 주체가 할 말을 하고나면, 그/녀가 말한 그 무엇이 그/녀의 자리를 찬탈한다. 기표가 그/녀를 대신한다. 그/녀는 사라진다. 바로 이러한 의미에서 우리는 "ne"와 "but"을 주체의 기표라고 말할 수 있다. 라캉의 상징 $로 표시되는 주체(언어에 의해 빗금쳐진, **타자** 속에서 소외된 바로서의 주체: S는 주체를, /은 "빗금쳐진"을 나타낸다)는 기표 "ne"(이는 여기서 S_1—첫째 기표—에 의해 지칭된다)

"아래에서" 혹은 "배후에서" 사라진다.

$$\frac{S_1}{\$}\quad\text{(기표 } S_1 \text{이 빗금쳐진 주체 \$를 대체함)}$$

그 기표는 주체의 자리를 차지하며, 이제는 사라져버린 주체를 대신한다. **이 주체는 담화 속의 틈**breach**으로서가 아닌 그 어떤 다른 존재도 갖지 않는다.** 무의식의 주체는 일상생활에서 외래적이거나 이질적인 어떤 것의 순식간의 침입으로서 스스로를 드러낸다. 잠정적으로 말해 보자면 주체는 기표를 통해 "자신을 표현하면서" 즉각적으로 없어져버리거나 소멸되어버리는바 맥동으로서만, 이따금씩의 추동이나 중지로서만 나타난다.

프로이드적 주체

그렇지만 **틈**으로서의 주체라는 이 잠정적 "정의"는 라캉적 주체보다는 "프로이트적 주체"라 부를 수 있는 그 무엇에 더욱 특별히 적용된다. 프로이트의 『꿈의 해석』, 『일상생활의 정신병리학』, 『농담과 무의식』 등에 대한 초기 연구에서 라캉은 어떤 특수한 국면에서—그의 말대로—"쇄도하는" 어떤 것이라는 관념에 익숙해질 수 있도록 해준다. 온갖 종류의 실수들에서처럼 말실수에서도 어떤 종류의 외래적 **의도**가 무대에 올라오거나 침입한다. 프로이트는 우리로 하여금 이러한 침입들을 무의식과 연결하도록 이끌며, 따라서 우리가 그것에 모종의 의도성이나 심급이나 심지어 주체성을 부여하는 것은 아주 자연스러운 일이다. 잠정적으로 우리는 이 침입자를 어떤 의미에서 "프로이트적 주체"로 간주할 수 있을 것이다. 물론 프로이트는 결코 그러한 범주를 도입하지 않는다. 하지만 나는 무의식의 주체에 대한 프로이트적 접근을 이야기하기 위해 여기서 그것을 일종의 줄임말로 사용할 것이다.

즉 어떤 단계에서 프로이트는 무의식을 어엿한 심급(Instanz)으로, 자체의 의도와 의지를 부여받은 심급으로 만들고 있는 것이다. 일차 의식을 모델로 해서 어떤 방식으로 지어진 일종의 이차 의식으로 말이다. 라캉은 분명 무의식을 정상적 사태 흐름의 중단시키는 무언가로 제시하지만, 무의식을 하나의 심급으로 만들지는 않는다. 무의식은 의식 및 주체적 연루로부터 분리된 담화—**타자**의 담화—로 남아있다. 그것이 거짓된 자기 감각에 기초한 자아의 담화를 중단시킬 때조차도 말이다. 담화나 여타의 "의도적" 활동 속의 틈, 중단 혹은 침입으로서의 프로이트적 무의식에 주체성을 귀속시키는 것으로는 라캉적 주체의 특이성을 결코 설명하지 못한다.10) 그렇다면 무의식의 주체는 누구이며, 또한 그것은 어떻게 정위될 수 있는가?

이 물음에 곧바로 답하기 전에, 주체가 무엇이 아닌지를 식별하는 작업을 계속하기로 하자.

데카르트적 주체와 그것의 반전

프로이트적 주체와 관련해 그토록 유별난 점 가운데 하나는 그것이 거의 순간적으로 쇄도했다가 사라지고 만다는 것이다. 프로이트적 주체에서는 실체적인 그 무엇도 없다. 그것은 그 어떤 **존재**도, 그 어떤 기체機體나 시간상의 영속성도 갖지 않는다. 요컨대 그것은 우리가

4장 라캉적 주체

주체에 대해 말할 때 습관처럼 찾는 그 무엇도 갖지 않는다. 일종의 약실 속의 섬광(flash in the pan) 같은 것이며, 그걸로 끝나버리는 것이다.

라캉은 데카르트의 주체—코기토—가 이와 유사한 일시적 존재를 갖는다고 지적한다. 데카르트적 주체는 "나는 생각한다(I am thinking)"[11]라고 스스로에게 말하는 때마다 **존재한다**는 결론을 내린다. 그 주체는, 자신이 존재한다는 것을 스스로 확신하기 위해서는, "나는 생각한다"라는 말을 자신에게 반복해야 한다. 그리고 이 말을 반복하는 것을 멈추는 순간, 그의 확신은 불가피하게 증발해버린다. 데카르트는 신—데카르트적 우주 속에서 그토록 많은 것들에 대한 보증인—을 도입함으로써 그의 주체를 위해 좀 더 항구적인 존재를 보증해줄 수 있다. 하지만 라캉은 데카르트적 주체의 점적인punctual, 순간적인 본성에 분석의 초점을 맞춘다.

나는 데카르트가 여기서 무엇을 한 것으로 이해될 수 있는지를 보여주기 위해 두 개의 원을 이용할 것이다.[12] 그는 사고와 존재가 중첩되는 지점을 개념화한다. 데카르트적 주체가 자기 자신에게 "나는 생각한다"라고 말할 때, 존재와 사고는 순간적으로 일치한다(<그림 4.2>).

<그림 4.2>
사고   존재

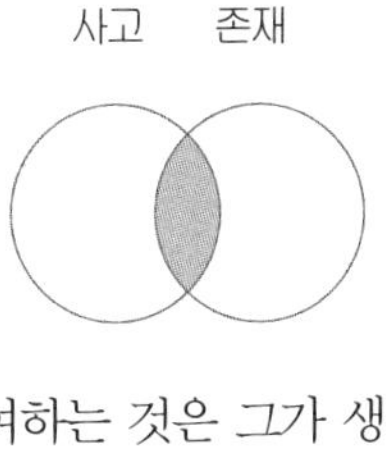

그의 존재의 토대로서 기여하는 것은 그가 생각한다는 바로 그 사실이다. 그 지점에서 그는 사고를 말하는 주체 "나"에 결합한다.

라캉의 생각에 그와 같은 견해는 다소 유토피아적이다. 주체는, 라캉이 그 용어를 이해하는 바로는, 사고와 존재가 일치하는 어떤 목가적 순간 속에서 은신처를 찾을 수 없으며, 오히려 둘 중 하나를 선택하도록 강제받는다. 그는 사고와 존재 둘 중 하나를 "가질" 수 있으나 동시에 둘 다 가질 수는 없다. <그림 4.3>은 라캉적 주체를 어떻게 도식화할 수 있는지를 보여준다.

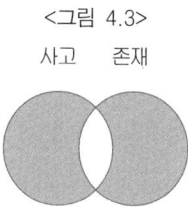

<그림 4.3>
사고 존재

그래서 라캉은 왜 코기토에서 제외되는 일체의 것을 이용하여 데카르트적 주체의 안과 밖을 반전하는가? 한 가지는, 사고에 대한 라캉의 견해가 프로이트의 견해와 마찬가지로 철학자 데카르트가 연구한 의식적 사고가 아니라 무의식적 사고를 중심으로 선회한다는 데 있다. 프로이트는 일반적으로 의식적 사고를 **합리화**에 연결시키며, 라캉은 그것에 그 어떤 더 이상의 고양된 지위도 부여하지 않는다.

둘째로, "나"라고 말하는 데카르트의 주체는 자아—자기 자신의 사고의 주인인 것으로 여겨지며 또한 그 사고가 "외적 현실"에 조응하는 것으로 믿어지는 구성된 자기—의 층위에 조응한다. 그와 같은 일차원적인 자기는 스스로를 자기 자신의 관념들의 저자라고 믿으며 그리하여 "나는 생각한다"라고 긍정함에 있어서 아무런 주저함도 보이지 않는다. 이러한 데카르트적 주체는 라캉이 "거짓된 존재"(세미나 15)라고 부르는 것에 의해 특징지어지며, 이 거짓된 존재는 분석자가 다음과 같이 말할 때마다 등장한다. "나는 독립적이고 자유롭게 사고하는 유형의 인간입니다." "내가 그 일을 한 것은 그것이 관대한 행동이기 때문입니다. 나는 언제나 공정하려고 할 뿐 아니라 관대해지려고도 합니다." 고정된 자기는 이와 같은 진술들 속에서 정립되며, 그런 가운데 무의식은 거부된다. 이와 같은 분석자는 분석가에게 마치 "나는 당신에게 나 자신에 관해 모든 것을 말할 수 있습니다. 왜냐하면 나는 **알기** 때문이지요. 나는 나 자신을 속이지 않습니다. 나는 내가 서있는 곳을 압니다"라고 말하는 것과도 같다.

그리하여 점적인(혹은, 점 같은) 데카르트적 주체, 즉 사고와 존재의 순식간의 일치에서 시작을 하면서도 라캉은 데카르트를 물구나무 세운다. 자아의 사고는 한낱 의식적 합리화(이상적 자기이미지에 부합하는 사후적 설명을 꾸며내어 실수와 비의도적 발언들을 합리화하려는 시도)에 불과하며, 그렇게 생성된 존재는 거짓이나 위조로서 범주화될 수 있을 뿐이다. 따라서 라캉은 자아의 거짓된 존재에 곧바로 대립되는 참된 혹은 실재적인 존재를 가진 주체의 전망 같은 것을 우리에게 제출하고 있는 것처럼 보인다. 하지만 이는 궁극적으로는 사실이 아니다. 라캉적 주체는, 앞으로 추가로 살펴보게 될 의미에서를 제외한다면, 존재로부터 분리된 채로 남아 있다.

라캉의 분열된 주체

(2장에서 논의된 것처럼) 주체성과 분리되어 펼쳐지는 바로서의 무의식적 사고를 지칭하기 위해 라캉이 "생각한다"라는 용어를 어떻게 사용하고 있는가를 염두에 두면서, 이제 라캉이 분열된 주체라고 부르는 것에 대한 라캉의 가장 분명한 도해적 예증들 가운데 하나를 고찰해

보자. 그것은 세미나 14와 세미나 15에 나오며, 여기 <그림 4.4>에 제시되어 있다.

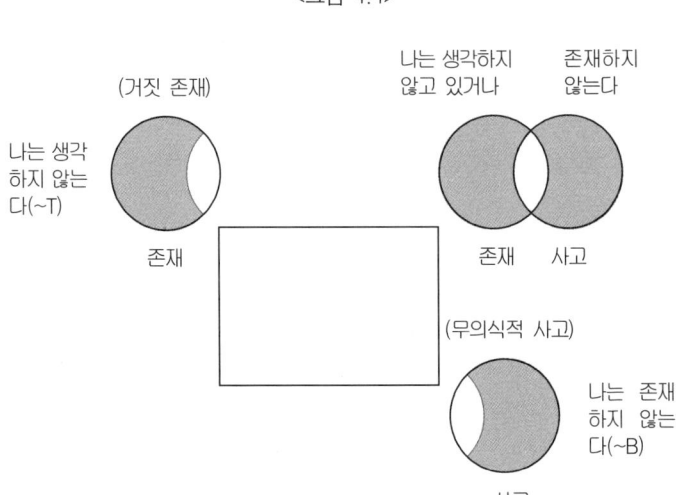

<그림 4.4>

이 도식은 이 장과 6장에서 자세하게 논의될 것이다. 여기서 나는 이 도식의 가장 두드러진 특징 가운데 하나만을 살펴볼 것이다. 도식의 시초적 위치(오른쪽 상단)는 주체에 대한 라캉의 "정의" 가운데 하나를 제공한다. "나는 생각하고 있지 않거나 존재하지 않는다(either I am not thinking or I am not)"——두 번째 "am"은 "나는 존재가 없다(I am beingless)" 라는 절대적 의미로 취해져야 한다. 양자택일(either/or)은 우리가 이 도식의 어떤 다른 모서리에 우리 스스로를 위치시키지 않을 수 없다는 것을 의미한다. 이를테면 최소 저항의 길은 무의식을 거부하는 것(무의식 속에서 펼쳐지는 생각들에 관심을 기울이기를 거부하는 것)이며, 말하자면 거짓된 존재(왼쪽 상단) 속에 빠져드는 것이다. 그렇지만

4장 라캉적 주체

분석은 개인에게 이 거짓된 존재를 가능한 한 그만둘 것을 요구하며, 무의식적 사고가 완전히 펼쳐지게 할 것을 요구한다.

주체는 자아(왼쪽 상단)와 무의식(오른쪽 하단) 사이에서, 의식과 무의식 사이에서, 불가피하게 거짓된 자기 감각과 무의식 속에서의 언어(기표 사슬)의 자동작용 사이에서 분열되어 있다.

그렇다면 라캉적 주체가 무엇인지를 말하기 위한 우리의 첫 시도는 다음으로 귀착된다: **주체는 바로 이 분열에 다름 아니다.** 다양하게 불리고 있는 라캉의 "분열된 주체", "분할된 주체", 혹은 "빗금쳐진 주체"―모두 동일한 상징 $로 쓰여진다―는, 전적으로, 말하는 주체의 두 "부분들" 혹은 아바타들이 그 어떤 공통 지반도 함께 나누지 않는다는 사실에 있다. 그 둘은 근본적으로 분리되어 있다(무의식적 사고들의 거부를 요구하는 자아 혹은 거짓된 존재, 자아가 자기 자신에 대해 가지고 있는 훌륭한 의견에 아무런 관심도 갖지 않는 무의식적 사고).

이 중대한 분열은 우리가 아이로서 처음 말하기 시작할 때 일어나는 우리 안에서의 언어 작용의 산물이다. 그것은 내가 언어 안에서의 소외라고 지칭한 것(이는 5장에서 자세하게 논의된다)과 등가적이다. 그리고 라캉은 여기서 프로이트의 Spaltung이라는 개념을 빌려와 발전시키는데, 이 개념은 1938년 논문 "Die Ichspaltung im Abwehrvorgang"에서 제시되었다. 이 논문은 표준판에 "Splitting of the Ego in the Process of Defense[방어과정에서 자아의 분열]"라는 제목으로 번역되었다. 하지만 "Splitting of the I[나의 분열]"라고 옮기는 것이 좋았을 것이다.

"나"가 자아(거짓된 자기)와 무의식으로 분열되는 것은 어떤 의미에서 두 면―노출된 면과 감추어진 면―을 갖는 표면을 낳는다. 궁극적으로 그 두 면이 근본적으로 상이한―본성상 언어적인―재료로 이루어지지 않은 것일 수는 있겠지만, 그럼에도 불구하고 표면을 따라 주어진 임의의 점에는 앞과 뒤, 가시적 면과 비가시적 면이 있다. 그것들의 가치는 오로지 국부적일 수만 있다. 뫼비우스 띠의 경우에서처럼 말이다. 뫼비우스 띠에서 어떤 면에서건 그 면을 따라서 계속 가다보면 결국 띠의 뒤틀림으로 인해 반대 면에서 도달하게 된다. 하지만 앞과 뒤, 의식과 무의식 사이에는 적어도 국부적으로 유효한 어떤 분열이 있는 것이다.

분열은, 각각의 새로운 말하는 존재에게 외상적이겠지만, 결코 광기의 표시는 아니다. 반대로 라캉은 정신병의 경우 이 분열은 발생했던 것으로 가정될 수가 전혀 없다고, "무의식"이 "à ciel ouvert", 즉 온 세상이 다 볼 수 있도록 노출되어 있다고 진술한다. 정신병의 경우 무의식처럼 보이는 사고 과정들은 신경증에서처럼 **숨겨져** 있지 않은데, 이는 일반적으로 언어 습득에 의해 초래되는 분열이 발생하지 않았음을, 그리고 정신병자의 언어 내 존재에는 무언가 다른 것이 있음을 입증한다. 언어 안에서의 우리의 소외에 의해 산출되는 바로서의 분열이라는 바로 그 개념은 진단적 도구로서 이용될 수 있으며, 임상의들이 일정한 사례들에서 신경증을 정신병과 구별할 수 있게 해준다.

이 분열은, 우리가 주체성과 연결하는 경향이 있는 그런 종류의 심급과 아무것도 공유하고 있지 않지만, 그럼에도 불구하고 이미 구조 너머로 나아가는 첫 걸음이다. **타자**로서의 언어는 호모사피엔스 아이를 **자동적으로** 주체로 만드는 것은 아니다. 그것은 정신병의 경우처럼 불발할 수 있다. 이 분열은 엄밀히 언어학적인 혹은 조합론적인 용어로 설명될 수 있는 어떤 것이 아니다. 그리하여 그것은 구조의 과잉에 있는 것이다. **주체는 여기서 타자성의 두 가지 형태—타자로서의 자아와 타자의 담화로서의 무의식—사이의 분열에 다름 아니다**, 하지만 그럼에도 불구하고 분열 그 자체는 **타자**의 과잉 속에 있다. 다음 장에서 보겠지만, 분열된 주체의 도래는 그에 상응하는 **타자**의 분열을 표시한다.13)

분열된 주체를 넘어서

그런데 **분열된 주체**는 주체성에 관한 라캉의 마지막 말이 결코 아니다. 주체에는 그 이상의 측면이 있다. 나는 이를 우선은 도표를 통해 예시하고 그런 다음에 다음 두 장에서 설명하려고 할 것이다. <그림 4.4>에서 제시했던 분열된 주체의 예증으로 돌아가서 다음과 같은 것에 주목해 보자. 첫째, 주체는 여기서 단지 자아와 무의식 사이에서 분열되어 있을 뿐만 아니라, 더 나아가 도식의 두 대립되는 모서리(왼쪽 상단과 오른쪽 하단) 각각에서 분열되어 있다. 당분간 그 분열을 단순히 무의식의 층위에서 취하도록 하자.

오른쪽 하단 모서리에 있는 원의 배제된 (음영이 없는) 부분에 라캉은 "나"를 쓴다. 이 경우 그것은 "나는 이와 같으며 저와 같지는 않다" 유형의 진술들에서 발견되는 의식적 담화의 물화된 "나"가 아니다. 그것은 또한 텅 빈 전환사, 즉 그것을 발음하는 사람이 바뀔 때마다 지칭물이 변하는 기표도 아니다.14) 그것은 오히려 라캉의 작업의 진정한 라이트모티프인 프로이트의 "Wo Es war, soll Ich werden"의 나이다. 이에 대한 라캉의 수많은 해석들의 요지는 비인칭적 "it" 형태(이것은 본연의 이드가 아니다. 프로이트는 이드와 자아라는 심급들을 지칭할 때 늘 그러는 것과는 달리 여기서는 das Es나 das Ich라고 하지 않고 있다)에서 나로의 도덕적으로 명령된 운동을 내포한다. 나는 "그것"이 있었던 혹은 군림했던 곳에서 나가 되어야 한다. 나는 존재하게 되어야 하고, 그것의 자리를, "그것"이 있었던 저 자리를 떠맡아야 한다. 여기서

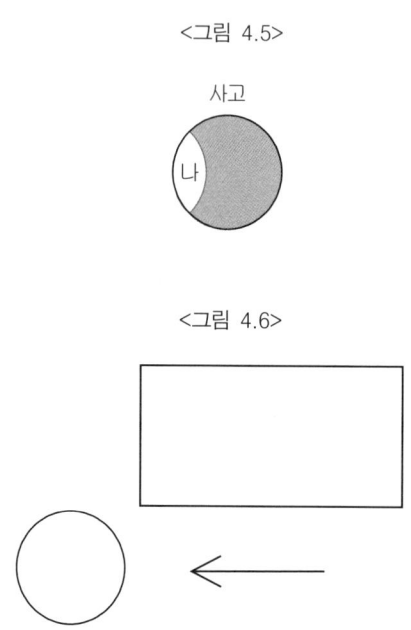

<그림 4.5>

<그림 4.6>

나는 분석이 초래하고자 하는 주체로서 나타난다. 무의식에 대해 책임을 떠맡는 나로서, 주체 같은 것의 아무런 개입 없이 저절로 발생하는 것처럼 보이는 생각들의 무의식적 연결에서 등장하는 나로서 말이다 (<그림 4.5>).

  이 나는, 혹은 이를테면 이 무의식의 주체는, 무의식적 사고의 층위에서 일반적으로 배제되어 있다. 그것은 이를테면 오로지 순간적으로만, 도식의 왼쪽 하단을 향한 일종의 맥동 같은 움직임으로서만 존재하게 된다(<그림 4.6>).

4장 라캉적 주체

하지만 비록 말실수나 실수 행위로 알려진 중단들interruptions의 주체가 그러했던 것과 마찬가지로 순간적이거나 단명하는 주체이면서도 **이 특별하게 라캉적인 주체는 중단이라기보다는 중단의 떠맡음**assumption**이다.** "assomption"이라는 용어의 프랑스어 의미에서, 즉 중단시키는 그 무엇에 대한 책임을 진다는, 그것을 스스로 떠맡는다는 의미에서 말이다.

라캉은 "우리는 주체로서의 자신의 위치에 대해 언제나 책임이 있다"고 말한다.15) 그리하여 그의 주체 개념은 프로이트의 "Wo Es war, soll Ich werden"이라는 말 속에 그 정초적 원리가 있는 어떤 윤리적 성분을 가지고 있다.

따라서 우리는 분열 그 자체에 다름 아닌 소외된 주체에서 시작한다 (<그림 4.7>).

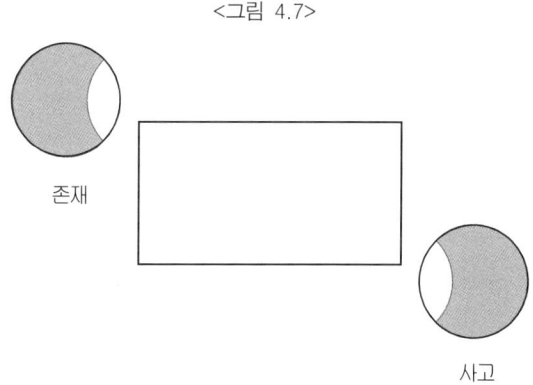

<그림 4.7>

존재

사고

하지만 어떤 한 가지 의미에서, 분열된 주체, "소외된" 바로서의 주체는 도식의 왼쪽 하단부 쪽으로의 변동이나 움직임을 통해 이러한 분열을 "넘어" 가거나 "극복"할 수 있다(<그림 4.6>). 분열은, 어떤 의미에서, 주체의 존재의 가능성의 조건이며, 이때 맥박 같은 변동은 그것의 실현인 것처럼 보인다. 분열은 소외에 해당하는 반면에, 내가 여기서 제시하는 바로서의 라캉적 주체의 두 번째 국면은 분리에 해당한다. 이 두 작용은 다음 장에서 상세하게 탐구될 것이다.

5장 주체, 그리고 타자의 욕망

1장에서는 언어 안에서의 언어에 의한 소외에 대해서 아주 일반적인 용어로 말했다. 언어는 우리의 출생에 선행하며, 유아기와 아동기에 우리를 둘러싸고 있는 담화를 경유하여 우리 안으로 흘러들어오며, 우리의 소망과 환상을 모양짓는다. 언어가 없다면 우리가 알고 있는 바로서의 욕망—들뜨게 하지만 뒤틀리고 모순적인, 만족되길 싫어하는 욕망—은 없을 것이고, 또한 그 어떤 주체도 없을 것이다.

이 장에서는 주체의 도래에 대한 라캉의 견해를 좀 더 이론적인 용어로 개괄할 것이다. 나는 라캉이 "소외"와 "분리"라고 지칭하는 두 과정에 대한 간략한 일반적 논의에서 시작할 것이다. 그리고 나서 계속해서 그것들을 **타자**의 욕망을 통해 좀 더 완전하게 기술할 것이다. 그 후에 나는 라캉이 **추가적인** 분리 혹은 분리를 넘어가기로서 간주하는 작용을 살펴볼 것이다. 그리고 끝으로 나는 이 세 가지 작용이 분석적 상황에서 작동하는 방식을 보여줄 것이다.

소외와 분리

라캉의 소외 개념에서, 관련된 두 편인 아이와 **타자**는 매우 불균등하게 맺어져 있으며, 아이는 거의 불가피하게 둘 사이의 투쟁에서 패한다.[1] 하지만 **타자**에게 복종함으로써 아이는 무언가를 얻는다. 그/녀는, 어떤 의미에서, 언어의 주체들 가운데 하나가 된다. 즉 "언어의" 주체나 "언어 속의" 주체가 된다. 도식적으로 나타내자면 아이는, **타자**에게 복종하면서, 기표가 그/녀를 대신하게 한다.

$$\frac{타자}{아이}$$

아이는, (4장에서 보여준 것처럼) 분열된 주체로서 존재하게 되면서, 기표(S) 밑으로/배후로 사라진다.

$$\frac{S}{\$}$$

아이는 **타자**와의 "투쟁"에서 반드시 정복당해야 하는 것은 아니다. 정신병은 **타자**에 대한 아이의—언어로서의 **타자**에 복종하지 않기 위해서 분열된 주체로서의 도래를 **그만두는** 아이의—승리의 형식으로 이해될 수 있다. 프로이트는 신경증의 **선택**에 대해서 말한다.[2] 그리고 라캉은 이 **타자**에 대한 복종을 아이가 받아들이는 데는 일종의 선택이 내포되어 있다고 제안한다. 그는 이를 (무언가 모순어법 같기도 한) "강제된 선택"이라고 부른다. 즉 자신이 **타자**에게 정복당하도록 허락하지 않는 결정은 자기 자신의 상실을 함축한다. 이 후자의 결정은 주체로서의 도래 가능성을 배척한다. 복종의 선택은 주체로서 도래하

5장 주체, 그리고 타자의 욕망

고자 **한다면** 필수적이다. 하지만 그럼에도 불구하고 주체성을 거절하는 것이 가능하므로 그것은 선택으로서의 지위를 유지한다.

그리하여 라캉의 소외 개념에서 아이는 어떤 의미에서 언어에 복종하기를 선택한다고 이해될 수 있다. 즉 어떤 의미에서 아이는 자신의 필요를 언어라는 왜곡하는 매체 또는 구속복을 통해 표현하는 데 동의하는 것이며 자신이 단어들에 의해 대리되는 것을 허락하는 것이다.

라캉의 두 번째 작용인 **분리는 소외된 주체가 이번에는 언어로서의 타자가 아니라 욕망으로서의 타자와 대면하게 되는 것을 내포한다.**

세계 속에 주체가 물리적으로 현존하게 되는 원인은 아이 부모 편에서의 무언가(쾌락, 복수, 성취, 권력, 불멸 등등)에 대한 욕망이었다. 두 부모 모두나 둘 중의 한 명은 무언가를 원했다. 그리고 아이는 이러한 원함의 결과이다. 사람들이 아이를 갖는 동기는 종종 매우 복잡하며 다층적이다. 또한 아이의 부모는 그들의 동기들과 관련해 심하게 다툴 수도 있을 것이다. 두 부모 모두나 둘 중의 한 명은 아이 갖는 것을 전혀 원하지 않았을 수도 있으며, 특정한 성의 아이만을 원했을 수도 있다.

그 복잡한 동기들이 무엇이건 그것들은 세계 속에 아이가 물리적으로 현존하게 되는 원인으로서 아주 곧바로 기능한다. 그리고 그들의 동기는 아이가 태어난 이후에도 아이에게 계속해서 작용하여 언어 안에서의 주체로서의 아이의 도래에 대해 상당한 정도로 책임이 있다. 이러한 의미에서 **주체는 타자의 욕망에 의해 야기된다.** 이는 단순히 언어에 의한 소외가 아닌 욕망에 의한 소외에 대한 기술로 이해될 수 있다. 분명 그것들은 동일한 직물의 씨실과 날실인 것이어서, 언어에는 욕망이 실려 있고 또 욕망은 언어 없이 생각할 수 없는, 언어라는 바로 그 재료로 이루어진 것이기는 하지만 말이다.

주체의 출생에 선행하는 **타자**의 욕망에 의해, 주체 자신이 만들지 않은 어떤 욕망에 의해 주체가 야기된다는 데 소외가 있는 것이라면, 분리는 소외된 주체가 **타자**의 욕망을 그 욕망이 주체의 세계에 현시되는 대로 움켜쥐려고 하는 시도에 있다. 아이가 어머니-**타자**의 욕망을—욕망은 본질적으로 어떤 다른 것에 대한 욕망이므로, 끊임없이 움직이고 있는 욕망을—헤아려보려고 할 때, 아이는 자신이 그녀의 (적어도 대부분의 경우에는) 유일한 관심이 아니라는, 그녀의 전부가 아니라는 사실과 타협하지 않을 수 없다. 총체적인 어머니-아이 통일성—아이가 어머니가 생에서 원하는 모든 것들을 충족시켜줄 수 있고 역으로도 그러한 통일성—은 극히 드물다. 실로 어머니는 종종 아이가 원하는 것을 잠시 소홀히 할 때가 있는데, 이는 그녀의 주의가 다른 관심사에 이끌리기 때문이다. 아이는 종종 어머니가 돌아오기를 기다리지 않을 수 없는데, 이는 단지 현실의 요구들(그녀는 아이에게 먹을 것과 여타의 필요한 것들을 제공해야 하며, 당연히 이를 구입하기 위한 돈이 있어야 한다) 때문만이 아니며 또한 아이와는 관계가 없는 그녀만의 우선사항들과 욕망들 때문이기도 하다. 어머니를 완벽하게 보충하려는 아이의 시도가 성공적이지 못함에 따라 **타자**의 유일한 욕망의 대상이기를 원하는(wanting-to-be), 하지만 그러기에 실패하는(failing-to-be) 위치로부터 주체는 배제되게 된다. 이러한 배제, 이러한 분리의 이유는 좀 더 상세하게 기술될 것이다.

소외의 vel

소외는 항구적 상태가 아니다. 오히려 하나의 과정이며, 일정한 시기에 발생하는 작용이다. 나는 라캉의 소외 개념의 역사적 발전을 그의

5장 주체, 그리고 타자의 욕망

저작들을 관통하여 추적하지 않을 것이며(그것은 이미 거울 단계에 관한 1936/1949년 논문에 나타난다), 오히려 여기서는 그것을 완전히 발전된 개념으로서 제시하고자 한다.[3]

목숨을 건 투쟁을 통해 결정되어야 할 두 편 사이에서의 **배타적** 선택에 해당하는 양자택일—라틴어로 vel—을 내포하는 소외 개념을 생각해볼 수 있을 것이다. 그와 같은 vel은 두 편 가운데 하나만(하지만, 어느 편이건 간에) 살아남을 가능성을, 혹은 어쩌면 또한 **둘 중 어느 편도** 살아남지 **못할** 가능성을 허용할 것이다. 하지만 라캉의 "소외의 vel"은 동일한 한 편의 생존을 언제나 **배제한다**.

소외의 vel에 대한 라캉의 고전적 사례는 강도의 협박이다. "돈이냐 목숨이냐!"(『세미나 11』, 321쪽). 이 말을 듣게 될 때 분명 당신의 돈은 날아간 것이나 마찬가지다. 돈을 고집할 정도로 무모하다면 당신의 충실한 강도는 당신의 생명을 덜어줄 것이고, 곧이어 분명 당신의 돈도 덜어줄 것이다. (그가 그러지 않는다 해도, 당신은 돈을 쓰러 돌아다닐 수 없을 것이다). 그리하여 당신은 틀림없이 좀 더 신중한 자세를 취하여 지갑을 넘겨줄 것이다. 하지만 그럼에도 불구하고 당신은, 돈으로 향유를 사는 한, 향유의 제약을 겪게 될 것이다. 강도와 투쟁을 벌이고 그리하여 어쩌면 그 거래에서 목숨을 잃게 될 것인지의 여부와 관련해서만 실로 불확실성이 남아 있다.

그렇지만 여기서 우리의 관심사인 소외의 vel의 두 편은 당신의 돈과 목숨이 아니라 주체와 **타자**이며, 이때 주체는 패하는 위치에 놓인다(이는 앞의 사례에서라면 돈의 위치인데, 당신에게는 그것을 잃는 것 말고는 그 어떤 선택의 여지도 없다). 라캉의 vel에서 두 편은 결코 동등하지 않다. **타자**와의 대결에서 주체는 곧바로 그림에서 **떨어져 나간다**. 소외가 주체성에 이르는 필수적 "첫 단계"이기는 하지만, 이 단계는 "자기 자신의" 사라짐에 대한 선택을 내포하는 것이다.

라캉의 manque-à-être로서의 주체 개념은 여기서 유용하다. 주체는 어느 누군가로서, 어떤 특정한 주체로서 출현하는 데 실패한다. 가장 근본적인 의미에서 그/녀는 존재하지 않는다, 그/녀는 아무런 존재도 갖지 않는다. 주체는—말이 그/녀를 무로부터 만들어낸 한에서, 그리고 그/녀에 대해서 말해지고, 이야기되고, 담화될 수 있는 한에서—**실존한다**, 하지만 존재 없이 남아 있다. 소외의 개시 이전에 존재의 문제는 눈곱만큼도 없었다. "우선적으로 거기 있지 않은 것은 주체 그 자신이다"(세미나 14, 1966년 11월 16일). 그 이후에 그/녀의 존재는 엄밀히 잠재적이다. **소외는 존재의 순수한 가능성을 낳는다.** 즉 주체를 발견하리라 기대할 수 있지만 그럼에도 불구하고 텅 빈 상태로 남아 있는 자리를 낳는다. 소외는, 어떤 의미에서, 아직까지는 아무런 주체도 없는 것이 분명한 자리를, 무언가가 분명히 결여되어 있는 자리를 낳는다. **주체의 첫 모습은 바로 이 결여이다.**

라캉의 저술에서 결여는, 일정한 정도까지는, 존재론적 지위를 갖는다.[4] 그것은 무 너머로 나아가는 첫 단계이다. 무언가를 텅 비어 있는 것으로 수식하는 것은 공간적 은유를 사용하는 것이고, 그것이 달리 보면 채워질 수도 있다는 것을, 그것이 채워짐과 텅 빔 너머로 모종의 실존을 갖는다는 것을 암시하는 것이다. 라캉이 사용하는 은유는 종종 qui manque à sa place, 즉 자리에서 벗어난, 있어야 하거나 통상 있는 곳에 있지 않은 어떤 것의 은유이다. 그런데 어떤 것이 누락되어 있으려면, 그것은 우선은 현존했어야 하며 위치되어 있었어야 한다. 그것은 우선은 자리를 가졌어야 한다. 그리고 어떤 것은 오로지 질서잡힌 체계—예컨대 시공간 좌표나 듀이 십진법 도서 분류체계—내부에서만, 다시 말해서 모종의 상징적 구조 내부에서만 자리를 갖는다.

5장 주체, 그리고 타자의 욕망

소외는 상징적 질서의 설치—그것은 매 새로운 주체에게 새롭게 실현되어야 한다—를 나타내며, 거기에서 주체에게 자리가 할당됨을 나타낸다. 그/녀가 아직은 "보유하고" 있지 않은 자리, 하지만 그/녀를 위해서 그리고 오로지 그/녀를 위해서만 지명된 자리. 라캉이 (세미나 11에서) 주체의 존재는 언어에 의해 가려진다고, 주체는 여기서 기표 아래로나 뒤로 미끄러진다고 말할 때, 부분적으로 이는 주체가 언어에 완전히 잠겨버리고 그/녀의 유일한 흔적은 상징적 질서 내의 자리-표식자나 자리-보유자에 불과하기 때문이다(<그림 5.1>).

<그림 5.1>

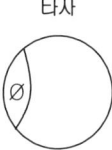

소외의 과정은, 밀레의 말대로, 주체를 공집합 {∅}으로서 산출한다고, 다시 말해서 아무 원소도 없는 집합, 아무것도 아닌 것nothing을 **표식**하거나 **대리**함으로써 어떤 것something으로 바꾸어놓는 상징으로서 산출한다고 볼 수 있을 것이다. 집합론은 이 하나의 상징과 일정한 수의 공리들에 기초하여 그 전 영역을 생성한다. 이와 유사하게 라캉의 주체는 공백의 명명에 기초하고 있다. 기표는 주체를 정초하는 무엇이다. 기표는 존재적 타격을 행사하는 무엇이며, 그것이 표식하면서 지워버리는 실재로부터 존재를 빼앗는다. 그렇지만 그것이 만들어내는 것은 어떤 의미에서도 실체적이거나 물질적이지 않다.

상징적 질서 내의 주체의 자리-보유자로서의 공집합은 주체의 고유명과 무관하지 않다. 그 이름은 종종 아이가 탄생하기 오래 전에 선택되며, 아이를 상징계 내에 기입한다. 선험적으로 이 이름은 주체와 아무런 상관도 없다. 그것은 여하한 다른 기표만큼이나 그/녀에게 외래적이다. 하지만 머지않아 이 기표는—아마도 여하한 다른 기표보다도 더—그/녀의 존재의 뿌리로 가서 그/녀의 주체성과 풀 수 없도록 엮이게 될 것이다. 그것은 그/녀를 대신하면서 그/녀의 바로 그 주체로서의 부재에 대한 기표가 될 것이다.[5]

이제 소외를 "보완하는" 작용을 살펴보도록 하자.

분리에서의 욕망과 결여

소외는 본질적으로 "강제된" 선택에 의해 특징지어지는데, 이 선택은 주체에게서 **존재**를 배제하며, 대신에 상징적 질서를 설치하고 주체를 한낱 그곳의 자리-보유자로서의 **실존**으로 격하시킨다. 다른 한편 분리는 존재를 낳는데, 하지만 그 존재는 현저하게도 덧없고 난포착적인 부류의 것이다. 소외가 아주 뒤틀린 종류의 "이것 아니면 저것either/or"에 토대하고 있다면, 분리는 "이것도 저것도 아닌neither/nor"에 토대하고 있다.

분리는 주체와 **타자** 모두가 배제되어 있는 어떤 상황을 함축한다. 그리하여 주체의 **존재**는 어떤 의미에서 "바깥"으로부터, 주체와 **타자**가 아닌 **다른** 어떤 것으로부터, 정확히 전자도 후자도 아닌 어떤 것으로부터 와야만 한다.

분리에 내포된 본질적 관념 가운데 하나는 **두 결여의 병치, 중복, 혹은 일치**라는 관념이다. 이는 결여의 결여와, 결여가 결여되어 있는 상황과 혼동되지 말아야 한다. 세미나 10에 나오는 다음 구절을 고찰해 보자.

5장 주체, 그리고 타자의 욕망

무엇이 불안을 야기하는가? 사람들이 말하는 것과는 반대로, 어머니의 현존-부재의 리듬도 교대도 아니다. 이를 입증하는 것은 아이가 현존-부재 게임에 탐닉한다는 사실이다. 현존의 안전은 부재의 가능성에서 발견된다. 아이에게 가장 큰 불안을 낳는 것은, 아이가 존재하게 되도록 해 준—아이가 욕망하게 만드는 결여를 기반으로 한—그 관계가 극심하게 교란될 때이다. 즉 결여의 가능성이 전혀 없을 때, 엄마가 항상 뒤에 있을 때 말이다. (1962년 12월 5일)

이 사례는 라캉의 분리 개념에 적합하지 않은데, 왜냐하면 두 부정들(결여들) 모두가 같은 항—어머니, 다시 말해서 **타자**—에 적용되기 때문이다. 어머니-**타자**가 어떤 불완전함이나 틀릴 수 있음이나 결핍의 표지를 보여주어야 분리가 이루어질 수 있고 주체가 $로서 존재하게 될 수 있다. 다시 말해서 어머니-**타자**가 자신이 욕망하는(그리고 그렇기 때문에 결여하고 있고 소외된) 주체임을, 그녀 또한 언어의 분열시키는/빗금치는 작용에 종속되어 있음을 입증해 보여야만 우리는 주체의 도래를 목격할 수 있는 것이다. 세미나 10에 나오는 사례에서 어머니는 장場을 독점한다. 즉 그녀 자신이 분열된 주체로서 존재하게 되었는지의 여부가 분명치 않다.

분리에서 우리는 빗금쳐진 타자에서, 스스로가 분열되어 있는 부모에서 출발한다. 부모는 자신이 원하는 것을 언제나 자각(의식)하고 있지는 않으며, 또한 부모의 욕망은 애매하고, 모순적이며, 항상적 유동 속에 있다. 주체는—은유들을 다소간 변경한다면—소외를 통해 분열된 부모 내부에서 발판을 마련하게 되었다. 즉 **주체는 저 타자의 결여의**

"자리"에 자신의 존재의 결여(manque-à-être)를 들여놓았다. 분리에서 주체는—어머니-타자의 다른 무언가에 대한 욕망의 다양한 현시들을 통해 입증된—어머니-타자의 결여를, 자기 자신의 존재의 결여를 가지고서 채우려고 시도한다.

아이는 부모가 말하는 것에서 해독불가능한 것에 집착한다. 아이는 부모의 말들 사이에 있는 간극에 놓여 있는 저 어떤 그 무언가에 관심을 갖는다. 아이는 행간을 읽어서 **왜**를 해독하려고 노력한다. 부모는 X를 말한다, 하지만 왜 그것을 내게 말하는 것일까? 그녀는 내게서 무엇을 원하는 것일까? 그녀는 일반적으로 무엇을 원하는 것일까? 아이들의 끊임없는 **왜**는, 라캉이 보기에, 어떻게 일들이 작동하는지에 대한 만족을 모르는 호기심의 표지가 아니라 오히려 자신들이 어디에 들어맞는 것이며 어떠한 지위를 갖는 것이며 부모에게 어떠한 중요성을 갖는지에 대한 관심의 표지이다. 아이들은 자리를 (그들 스스로) 확보하는 데, 부모의 욕망의 대상이 되려고 하는 데 관심이 있다. 즉, 말들이 욕망을 표현하려는 시도 속에서 사용되고 있지만 적합하게 그렇게 하는 데 언제까지나 실패하는 가운데, 욕망이 얼굴을 내미는 저 행간의 "공간"을 점유하는 데 관심이 있다.

결여와 욕망은 라캉에게 동연적coextensive이다. 아이는 어머니의 결여의 전체, 그녀의 욕망의 전체 공간을 채우기 위해 상당한 노력을 바친다. 아이는 어머니의 욕망의 현장을 파들어가는 과제를 스스로 설정하며, 어머니의 모든 변덕과 취미에 자신을 조율시킨다. 그녀의 소망은 아이의 명령이며, 그녀의 욕망은 아이의 요구이다.[6] 아이의 욕망은 어머니에 완전히 종속되어 탄생한다. "Le désir de l'homme, c'est le désir de l'Autre"라고 라캉은 몇 번이고 되풀이한다.[7] 두 번째 "de"를 당분간 주어 속격으로 취하면(『에크리』, 814쪽), 다음과 같은 번역들이

5장 주체, 그리고 타자의 욕망

가능하다. "인간의 욕망은 **타자**의 욕망이다(Man's desire is the Other's desire)", "인간의 욕망은 **타자**의 욕망과 동일하다(Man's desire is the same as the Other's desire)", "인간은 **타자**가 욕망하는 것을 욕망한다(Man desires what the Other desires)". 이들 모두는 의미의 일부를 전달한다. 인간은 타자가 욕망하는 **무엇**을 욕망할 뿐만 아니라 그것을 **동일한 방식으로** 욕망하니까 말이다. 다시 말해서 그의 욕망은 정확히 **타자**의 것과 같이 구조화된다. 인간은 **타자로서**, 그가 마치 어떤 다른 사람인 양 욕망하는 법을 배운다.

여기서 정립되는 것은 어머니의 결여와 아이의 결여를 전적으로 겹쳐놓으려는 경향이다. 다시 말해서, 그들의 욕망을 전적으로 일치하게 만들려는 시도가 이루어지는 것이다(<그림 5.2>).

<그림 5.2>

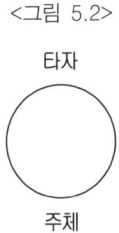

타자

주체

그렇지만 이것은 키마이라적인, 실현될 수 없는 계기이다. 왜냐하면 사실상 아이는 아무리 노력을 하더라도 어머니의 욕망의 공간을 완전히 독점하기 힘들며 또한 독점하도록 허용되기(혹은 강제되기) 힘들기 때문이다. 아이는 어머니의 유일한 관심사가 되기 힘들며, 그리하여 두 결여는 결코 전적으로 겹칠 수 없다. 주체는 욕망의 "공간"의 적어도 일부라도 보유하는 것이 가로막힌다.

제3항의 도입

여기서 우리는 분리가 이러한 두 결여를 완전히 일치시키고자 하는 주체의 시도를, 갑작스럽게 좌절되는 저 시도를 내포한다고 볼 수 있을 것이다. 우리는 세미나3 및 『에크리』에 실린 「모든 가능한 정신병 치료를 위한 예비적 질문」에 나오는 정신병에 대한 라캉의 재개념화를 검토함으로써 어떻게 그리고 왜 그러한 시도가 좌절되는가를 이해하기 시작할 수 있다. 왜냐하면 내가 보기에 1964년에 정식화된 라캉의 분리 개념은 어떤 면에서 그가 1956년에 "부성적 은유" 혹은 "부성적 기능"이라는 작용으로 지칭한 것과 등가적이기 때문이다.8)

라캉에 따르면 정신병은 아이가 어떤 "원초적" 기표를 동화하는 데 실패한 데서 결과하는데, 이 기표는 그렇지 않은 경우 아이의 상징적 우주를 구조화했을 것이다. 이 실패로 인해 아이는, 방향을 잡을 기초가 되는 나침반도 없이, 언어 속에 비정박된 채로 남게 된다. 정신병적 아이는 언어를 얼마든지 **동화**할 수 있는 있겠지만 신경증적 아이와 동일한 방식으로 언어 **안에 있게 될** 수는 없다. 저 근본적 정박점이 결여되어 있으므로 나머지 동화된 기표들은 표류할 운명인 것이다.

그 "원초적" 기표는 라캉이 부성적 은유나 부성적 기능이라고 부르는 것의 작용을 통해 들어앉게 된다. 우리가 시초의 아이-어머니 통일성을 (시간적인 계기가 아니라면, 논리적인 즉 구조적인 계기로서) 가정할 경우, 서양의 핵가족에서 아버지는 전형적으로 제3항으로 그곳에 개입하여 그러한 통일성을 파열하는 방식으로 작용한다(이는 종종 외래적인 것으로, 그리고 심지어 바람직스럽지 않은 것으로 지각된다). 감각-운동 조율이 결여되어 있으며 일체의 자기 감각이 결여된, 아직은 일종의 분화되지 않은 감각 꾸러미로서의 아이는 아직은 자신의 어머니와 구분될 수 없는바, 어머니의 신체를 자신의 것의 단순한

5장 주체, 그리고 타자의 욕망

연장으로 여기며, 그것과의 일종의 "직접적, 무매개적 접촉" 속에 있다. 그리고 어머니는 사실상 모든 관심을 아이에게 바치려 할 수도 있으며, 아이의 모든 필요를 예상하고 자신이 아이에게 100퍼센트 접근가능하고 소용될 수 있게 하려 할 수도 있다. 그러한 상황에서 아버지나, 가족의 어떤 다른 구성원이나, 혹은 어머니의 어떤 다른 관심사는 매우 특별한 기능에 복무할 수 있다. 즉 어머니-아이 통일성을 폐기하고 어머니와 아이 사이에 필수적인 공간이나 틈새를 창조하는 기능. 어머니가 아버지나 다른 가족 구성원에게 아무런 관심도 기울이지 않으며 그들에게 아무런 중요성도 부여하지 않는다면, 어머니-아이 관계는 결코 삼각화되지 않을 수도 있다. 혹은, 아버지나 다른 가족 구성원이 무관심해서 그 통일체가 파열되지 않도록 묵시적으로 내버려 둔다면, 제3항은 결코 도입되지 않을 수도 있다.

라캉은 이 제3항을 아버지의 이름이라고 부른다. 하지만 부성적 은유나 기능의 형식 속에서 그것의 작용을 정식화함으로써 라캉은 그것이 생물학적 아버지나 사실상의 아버지에게, 혹은 그 문제라면 아버지의 고유명에 불가피하게 묶여있는 것이 아님을 분명히 한다. 세미나 4에서 라캉은 프로이트의 "꼬마 한스"의 경우 부성적 기능에 복무할 수 있는 유일한 기표가 "말"이라는 기표임을 제안하기까지 한다. 분명 꼬마 한스의 경우 "말"은 아버지의 **한** 이름이지만 확실히 그의 "고유한" 이름은 아니다. 그것은 한스의 아버지를 대신하는데, 한스의 아버지는 아들을 아내와 분리시킬 수 없기 때문에 부성적 기능에 복무할 수 없다.[9]

3장에서 본 것처럼, 상징계는 실재를 말소시키는 데, 실재를 사회적인—사회적으로 용납가능한 것은 아니더라도—현실로 변형시키는 데 복무한다. 그리고 여기서 부성적 기능에 복무하는 그 이름은 실재적인 분화되지 않은 어머니-아이 통일성을 빗금치고 변형시킨다. 그것은 어머니와의 유쾌한 접촉에 대한 아이의 손쉬운 접근을 빗금치며, 아이에게 아버지 형상과/이나 어머니-**타자**(어머니가 아버지에게 중요성을 부여해 주어야만 아버지가 부성적 기능에 이바지할 수 있는 한에서)에게 더 수용가능한 길을 통해 쾌락을 추구할 것을 요구한다. 프로이트의 용어로, 그것은 현실원리와 상관적인데, 이 원리는 쾌락원리의 목적을 부정하기보다는 그것을 사회적으로 지정된 통로로 돌려놓는다.[10]

부성적 기능은 **타자**의 욕망을 중화하는 어떤 이름을 동화하거나 들어앉히는 것으로 귀결된다(이 이름은, 앞으로 보게 되겠지만, 전치가 능하지 않기 때문에 아직 "어엿한 기표"가 아니다). 라캉이 보기에 그 **타자**의 욕망은 아이에게 잠재적으로 매우 위험한 것이며, 아이를 삼켜버릴 우려가 있다. 세미나 17에 나오는 인상적인 구절에서 라캉은 수년 동안 그가 말해온 것을 매우 도식적 용어로 요약한다.

> 어머니의 역할은 그녀의 욕망이다. 그것은 으뜸가는 중요성을 갖는다. 그녀의 욕망은 무관심한 문제인 양 당신이 쉽게 견딜 수 있는 어떤 것이 아니다. 그것은 언제나 문제를 낳는다. 어머니는 커다란 악어이며 당신은 그녀의 입 속에 있는 자신을 발견한다. 당신은 무엇이 그녀를 작동시켜서 그 턱이 닫히게 할 것인지를 전혀 알지 못한다.
>
> 따라서 나는 안심시키는 무언가가 있음을 설명하려 노력했다. 나는 여러분에게 단순한 것들을 이야기하고 있다. 실로 나는 즉석에서 말하고 있다. 굴림대가, 물론 돌로 만들어진 굴림대가 있다. 그것은 그곳 그 덫의 층위에 잠재적으로 있으면서 그것이 열려 있도록 끼워져 있다. 그것이 우리가 남근이라고 부르는 것이다.

5장 주체, 그리고 타자의 욕망

그것은 턱이 갑자기 닫힐 때 당신을 보호하는 굴림대다. (Seminar XVII, p. 129)

내가 어머니의 욕망이라고 번역하고 있는 프랑스어(désir de la mère)가 불가피하게 애매하다는 것을 명심해야 한다. 그것은 어머니에 대한 아이의 욕망과 어머니의 욕망 그 자체를 모두 암시한다. 그런데 둘 가운데 어떤 것을 선택하여 고찰하건 간에, 혹은 우리가 그 상황을 하나의 전체로서 보고 싶어 하건 그렇지 않건 간에, 요점은 동일하다. 즉 언어는 잠재적으로 위험한 이원적 상황으로부터 아이를 보호하며, 이는 어머니의 욕망을 하나의 이름으로 대체함으로써 이루어진다.

$$\frac{\text{아버지의 이름}}{\text{어머니의 욕망}}$$

문자 그대로 읽을 때, 이러한 종류의 정식화(『에크리』, 465쪽)는 어머니의 욕망이 아버지(혹은, 가족에서 그를 대신할 수 있는 아무거나)에 대한 것임을 보여주며, 또한 그렇기 때문에 바로 그의 이름이 어머니-**타자**의 욕망을 명명함으로써 이러한 방어적인 부성적 기능에 복무한다는 것을 보여준다.

이제 이름이란, 솔 크립키를 따르면, 고정지시어다.[11] 다시 말해서 그것은 언제나 변함없이 동일한 것을 지시한다. 우리는 이름을 기표라고 부를 수도 있겠지만, 유별난 종류의 기표, "원초적" 기표라는 단서를 달고서만 그렇다. 어머니-**타자**의 욕망을 대체하거나 대신하는 것이 "어엿한" 기표로 기능하기 위해서는 한 단계가 더 필요하다. 즉 그것은 기표들의 변증법적 운동의 본질적 부분이 되어야 한다. 다시 말해서 시간이 경과하면서 상이한 일련의 기표들로 채워질 수 있는 의미작용

위치를 점유하는바, 전치가능한 것이 되어야 한다. 이것은 이 장에서 나중에 논의될 종류의 "추가적인 분리"를 요구한다. 그리고 오로지 그러한 추가적인 분리만이 라캉으로 하여금 부성적 기능 속에서 작용하는 그 상징적 요소를 다양한 방식으로 지칭할 수 있게 해준다. 아버지의 이름(le mon du père)으로서, 아버지의 아니-말하기(le non du père)나 금지로서, (욕망의 기표로서의) 남근으로서, 그리고 **타자**의 욕망의 **기표**인 S(Ⱥ)로서 말이다.

$$\frac{기표}{어머니의\ 욕망}$$

아버지 은유가 함축하는 대체는 언어에 의해서만 가능해지며, 따라서 "제2의" 기표인 S_2(처음엔 아버지의 이름, 그러고 나서는 보다 일반적으로 **타자**의 욕망의 기표)가 들어앉게 된 한에서만 어머니의 욕망은 사후적으로 "최초의" 기표(S_1)로 상징화되거나 변형된다:

$$\frac{S_2}{S_1}$$

그리하여 여기서 S_2는 아주 정확한 역할을 하는 기표이다: 그것은 어머니-**타자**의 욕망을 상징화하며, 그것을 기표들로 변형한다. 그렇게 함으로써, 그것은 어머니(**타자**)-아이 통일체 속에 균열을 생성하며, 아이에게 편안하게 숨 쉴 수 있는 자신만의 공간을 허용한다. 아이가 **타자**의 욕망을 다가오지 못하게 하고 한층 더 완벽하게 상징화하면서 그 욕망을 매개하려는 시도를 할 수 있는 것은 바로 언어를 통해서이다. 1950년대에 라캉은 여기에 관련된 S_2를 아버지의 이름으로 이야기했으며 1960년대에는 남근으로 이야기했다. 우리는 그것을 가장 일반적으로

5장 주체, 그리고 타자의 욕망

로는 **타자**의 욕망을 의미화하게(즉, 대체하게, 상징화하게, 혹은 중화하게) 되는 기표로서 이해할 수 있을 것이다. 그것에 대해 라캉이 우리에게 제공하는 상징(특히, 세미나 6과 20을 볼 것)은 S(A)인데, 이는 보통 "**타자** 속의 결여의 기표"로 읽히지만, 결여와 욕망이 동연적이므로, "**타자**의 욕망의 기표"로 읽힐 수도 있을 것이다. (남근적 기표와 S(A)는 8장에서 자세히 논의된다.)

이러한 대체 혹은 은유의 결과는 주체 그 자체의 도래, 즉 더 이상 단순히 잠재성이 아니며 채워지길 기다리는 상징계 내의 자리-보유자가 아닌 욕망하는 주체의 도래이다. (다음 장에서 대체적 은유에 대한 논의에서 보게 되겠지만, 모든 그와 같은 은유는 유사한 주체화 효과를 갖는다.) 도해적으로 말하자면, 분리는 **타자**로부터 주체의 배제를 초래하는데, 그 속에서 그/녀는 아직은 자리-보유자 외에 어떤 것도 아니었다. 단순하게 기술하면, 이는 (적어도 남자 아이들에 대한) 오이디푸스 콤플렉스의 결과에 대한 프로이트의 견해와 연결될 수 있는데, 그것에 의해 아버지의 거세 위협들—"엄마에게서 떨어져 있어라. 그러지 않으면!"—은 궁극적으로 아이를 어머니-**타자**로부터 떼어놓는다. 이러한 시나리오에서 아이는 어떤 의미에서 어머니-**타자**로부터 축출되는 것이다(<그림5.3>).

<그림5.3>

이와 같은 논리적으로 식별할 수 있는 계기(일반적으로 이는 개인사의 그 어떤 특정한 연대기적 계기에서도 분리해내기가 상당히 어려우

며, 그와 같은 계기들이 각각 이전의 것들 위에 세워지면서 여러 번 발생할 것을 요구할 것이다)는 라캉의 메타심리학에서 근본적인 것이다. 그의 대수의 모든 핵심적 요소들—S_1, S_2, $, a$—은 여기서 동시에 나오는 것이다. S_2가 들어앉게 될 때, S_1은 사후적으로 규정되며, $는 재촉되며, 타자의 욕망은 새로운 역할을, 대상 a의 역할을 맡게 된다.

대상 a: 타자의 욕망

타자의 욕망 속에서 본질적으로 해독불가능한 것으로 남아 있는 것—라캉이 X라고 부른 것, 변항, 혹은 (더 낫게는) 미지의 것—을 파악하려는 아이의 시도 속에서 아이 자신의 욕망이 정초된다. **타자**의 욕망은 아이의 욕망의 원인으로서 기능하기 시작한다. 그 원인은 한편으로는 주체에 대한 (결여에 기초한) **타자**의 욕망이다—그리고 여기서 우리는 "Le désir de l'homme, c'est le désir de l'Autre"라는 라캉의 언명의 다른 의미와 조우하게 된다. 그것을 여기서 우리는 예컨대 "인간의 욕망은 **타자**가 그를 욕망할 것에 대한 욕망이다" 또는 "인간은 그에 대한 **타자**의 욕망을 욕망한다"라고 번역할 수 있다. 그의 욕망의 원인은 누군가의 목소리의 형태를 취할 수도 있고, 누군가가 그에게 주는 눈길의 형태를 취할 수도 있다. 그러나 그것의 원인은 또한 그와는 전혀 상관이 없는 것처럼 보이는 어머니-**타자**의 욕망, 그녀로 하여금 그녀의 귀중한 주의를 다른 이들에게 돌리도록 이끌면서 그로부터 그녀를 (물리적으로건 다른 방식으로건) 앗아가는 어머니-**타자**의 욕망의 바로 그 부분에서 비롯되기도 한다.

어떤 의미에서 우리는 다음과 같이 말할 수 있다. 즉 아이가 욕망할 만한 것으로서 발견한 것은 바로 어머니의 욕망함desirousness이다. 세미나 8에서 라캉은, 플라톤이 (『향연』에서) "아갈마"라고 부르는, 소크라테스 안의 "모종의 어떤 것"—라캉이 소크라테스의 욕망 그 자체로, 소크라테스의 욕망함으로 해석하는, 고귀하고 빛이 나고 번득이는 어떤 것—에 대한 알키비아데스의 매혹당함을 지적한다. 이 고귀하게 평가되는—식별자에게 욕망을 고취시키는 것—"아갈마"는, 여기서, 라캉이 대상 a라고 부른 것, 욕망의 원인에 대한 한 가지 접근으로서 기여할 수 있다(이는 7장에서 상세히 논의될 것이다).

라캉의 언명에 대한 이러한 두 번째 정식화는, **타자**에 의해 욕망되고자 하는 욕망과 관련되는바, **타자**의 욕망을 대상 a**로서** 드러낸다. 아이는 자신의 어머니의 애정의 유일한 대상이 되고자 하지만, 그녀의 욕망은 거의 언제나 아이를 넘어선다. 그녀의 욕망에는, 아이를 벗어나는, 아이의 통제를 넘어서는 무언가가 있다. 아이의 욕망과 그녀의 욕망 간의 엄격한 동일성은 유지될 수 없다. 그녀의 욕망이 아이의 욕망과 독립되어 있다는 사실은 그것들 사이에 균열을 낳는다. 그 틈 속에서 그녀의 욕망은, 아이한테는 불가해한바, 어떤 유일무이한 방식으로 기능하는 것이다.

분리에 대한 이러한 대략적인 설명은, 욕망의 바로 그 본성 때문에 가정상의 어머니-아이 통일성에 균열이 야기되며 이러한 균열은 대상 a의 도래로 이어진다는 것을 정립한다.[12] 여기서 대상 a는 가정상의 통일성이 무너질 때 산출되는 **잔여물**remainder로서, 그 통일성의 마지막 흔적으로서, 그것의 마지막 **상기물**reminder로서 이해될 수 있다. 분열된 주체는 **타자**로부터 배제되었음에도 불구하고 그 잔여물/상기물에 달라붙음으로써 전체성의 환영을 유지할 수 있다. 주체는 대상 a에 달라붙음으로써 자신의 분열을 무시할 수 있다.[13] 라캉이 환상으로 의미한 바가 바로 그것이다. 그는 그것을 $\$ \lozenge a$라는 수학소로 정식화하는데, 이는 다음과 같이 읽혀진다: 대상 a와의 관계에서의 분열된 주체. 주체가 전체성, 완전성, 충족성, 안녕의 환영적 감감을 성취하는 것은 바로 대상 a에 대한 주체의 복합적 관계 속에서다(라캉은 이 관계를 "싸기-펼치기-연언-선언(envelopment-development-conjunction-disjunction)" 중 하나로 기술한다[『에크리』, 634쪽]).

분석자들이 분석가에게 환상들에 대해 이야기할 때, 그들은 자신들이 대상 a에 관계되기를 원하는 방식, 다시 말해 그들이 **타자**의 욕망과 관련하여 위치지어지고 싶은 방식에 대한 정보를 분석가에게 제공하고 있는 것이다. 대상 a가 주체들의 환상 속으로 들어갈 때, 그것은 그들이 좋아하는 방식대로 가지고 노는 도구나 놀이감이 된다. 그들은 그것을 마음대로 조작하면서, 최대의 흥분을 이끌어내는 방식으로 환상 시나리오 속에서 사물들을 편성한다.

그러나 주체가 자신에게 가장 흥분이 되는 역할을 **타자**의 욕망에 부여한다고 할 때, 그 쾌락은—주체에게 가장 흥분이 되는 것이 또한 가장 유쾌한 것이라는 아무런 보장도 없을 때—역겨움이나 심지어 전율로도 화할 수도 있다. 그러한 흥분은, 의식적인 쾌감과 상관적이건 의식적인 고통감과 상관적이건, 프랑스인들이 jouissance라고 부르는 그 무엇이다. 프로이트는 쥐인간의 얼굴에서 그것을 간파했으며, 그것을 "그 자신도 모르게 쾌락을 느끼는 것에 대한 공포"로 해석한다(열린전집 9, 22쪽). 그리고 프로이트는 "환자들은 자신들이 고통을 받는 것에서 어떤 만족을 얻는다"라고 확실하게 진술한다(37쪽). 이러한 쾌락은—양심에 의해 긍정적으로 보여지건 부정적으로 보여지건, 무구하게 유쾌한 것으로 간주되건 아니면 혐오스럽도록 역겨운 것으로 간주되건, 섹스, 바라봄 그리고/또는 폭력에서 기인하는 이러한 흥분은—향유라고 명명된다. 주체가 자신을 위해서 환상 속에서 편성하는 것은 바로 이것이다.

5장 주체, 그리고 타자의 욕망

그러므로 향유는 잃어버린 "어머니-아이 통일성"을, 단지 아이의 희생이나 주체성 포기 덕택에 통일성이었으므로 아마도 그렇게까지 통일되지는 않았을 어떤 통일성을 대체하게 되는 그 무엇이다. 우리는 일종의 문자 이전의 향유, 상징계의 설치 이전의 향유(J_1)―어머니와 아이의 매개되지 않은 관계, 즉 그들 간의 실재적 연계에 상응하는 향유―를 상상해볼 수 있다. 그것은 기표 앞에서 길을 내주며, 부성적 기능의 작용에 의해 취소된다. 그러한 실재적 연계의 한 모금이 환상 속에서 재발견된다(문자 이후의 향유, J_2). 상징화의 잔여물이나 부산물에 대한, 즉 대상 a에 대한 주체의 관계 속에서 말이다(<표 5.1>). (앞으로 보게 될 것처럼, 대상 a는 S_2가 S_1을 사후적으로 규정하고 주체를 재촉해 낼 때 생산되는 그 무엇이다.)

<표 5.1>

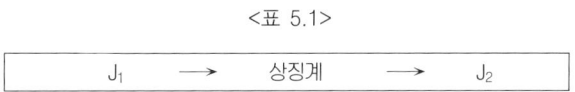

이 2차적 향유는 이전의 "전체성"이나 "완전성"을 대신하며, (이 2차적 향유를 무대화하는) 환상은 주체를 그/녀의 무 너머로, 소외의 층위에 있는 한낱 표지로서의 실존 너머로 데리고 가며, 존재감을 제공한다. 그리하여 분리에 의해 가능해진 환상을 통해서만 주체는 라캉이 "존재 being"라고 부르는 것의 한 모금을 자기 자신에게 조달할 수 있는 것이다. 실존existence은 상징계를 통해서만 부여되는 반면(소외된 주체는 거기서 한 자리를 할당받는다), 존재는 실재에 달라붙음으로써만 공급된다.

그리하여 우리는 어떻게 분리가, 즉 주체와 **타자**에서 어느 쪽도 아님

neither/nor이 존재를 낳는지를 보게 된다. 주체-**타자** 전체 속에 균열을 창조함으로써 **타자**의 욕망은—실로 언제까지나 다른 어떤 것을 추구하면서—주체를 벗어난다. 그러나 주체는 **욕망의 존재, 욕망하는 존재**로서 주체 자신을 존재 속에서 지탱해줄 그것의 어떤 잔여물/상기물을 되찾을 수 있다. 대상 a는 주체의 보충물이며, 주체의 욕망을 언제까지나 불러일으키는 환상적 파트너이다.14) 분리로 인해 주체는 자아와 무의식으로 분열되며, 이에 상응하여 **타자**는 결여하는 **타자**(A)와 대상 a로 분열된다. 이러한 "파당들parties" 중 어느 것도 애초부터 거기에 있지는 않았다. 하지만 분리는 일종의 교차를 낳으며, 그것에 의해 주체가 자기 자신의 것으로 간주하고 주체의 실존에 필수적인 **타자**의 무언가(여기서는 **타자**의 욕망)가 **타자**로부터 떨어져 나오며 이제는 분열된 주체에 의해서 환상 속에서 보존된다(<그림 5.4>).

<그림 5.4>

추가적 분리: 환상을 가로지르기

분리라는 개념은 1964년 이후로 라캉의 저술에서 대체로 사라지며, 1960년 후반에는 분석의 효과에 대한 좀 더 정교한 이론에 길을 내준다. 세미나 14와 15에서 "소외"라는 용어는 1960-64년에 제공된 바로서의

5장 주체, 그리고 타자의 욕망

소외와 분리 모두를 의미하게 되며, 새로운 역동적 개념이 첨가된다. 즉 la traversée du fantasme, 근본적 환상의 가로지르기 혹은 횡단하기.

이 재정식화는, 어떤 의미에서, 분석가가 대상 a의 역할을, 언어로서의 **타자**가 아닌 욕망으로서의 **타자**의 역할을 해야 한다는 생각에 대한 라캉의 세공과 더불어 시작된다. 분석가는 분석자들이 종종 그에게 부여하는 역할을, 그들의 인간으로서의 가치에 대한 궁극적 판관이며 모든 진리의 물음들에 대한 최종적 권위인 모든 것을 알고 모든 것을 보는 **타자**의 역할을 피해야 한다. 분석가는 분석자에게 모방해야 할 **타자**, 닮고자 노력해야 할 **타자**, 욕망을 모방해야 할 **타자**(욕망의 경향은 **타자**의 욕망을 모델로 삼는 것이기에), 요컨대 동일화할 **타자**, 그 이상들을 채택해야 할 **타자**, 그 견해를 자기 자신의 것으로 만들 수 있는 **타자**로서 봉사하는 것을 피해가야 한다. 대신에 분석가는 욕망함 desirousness을 체현하려고 해야 하며, 그런 가운데 개인적인 선호나 이상이나 의견을 가능한 한 드러내지 말아야 하며, 자신의 성격, 야망, 취미에 대한 구체적 정보를 가능한 한 분석자에게 제공하지 말아야 한다. 그러한 것들은 모두가 동일화가 뿌리를 내릴 수 있는 비옥한 토양을 제공할 테니까 말이다.

분석가의 이상과 욕망에 대한 동일화는 영미 전통의 어떤 분석가들에 의해 제출된 신경증에 대한 해결책이다. 분석자는 분석가의 강한 자아를 모델로 삼아서 자신의 약한 자아를 강화해야 한다. 분석자가 분석가와 성공적으로 동일화할 수 있을 때 분석은 성공적인 종결에 이르게 된다. 라캉적 정신분석에서 분석가와의 동일화는 덫으로 간주된다. 그것은 실로 분석자를 언어로서의 그리고 욕망으로서의 **타자** 안에서 한층 더 큰 소외로 이끌게 된다. 다른 무언가에 대한 자신의 수수께끼 같은 욕망을 유지하면서 라캉주의 분석가는, 자신의 욕망이 분석자의 욕망의 모델이 되게 하는 것을 목표로 하는 것이 아니라, 오히려 분석자의 환상의 배치를 흔들어 놓고, 주체가 욕망의 원인(대상 a)과 맺고 있는 관계를 변경하는 것을 목표로 한다.

이러한 환상의 재배치는 몇 가지 상이한 것들을 함축한다. 분석 과정에서의 어떤 새로운 "근본적 환상"의 구성(그것은 분석자의 다양한 개별 환상들의 기저에 놓여 있으면서 주체가 **타자**의 욕망과 맺고 있는 가장 심원한 관계를 구성하는 환상이다). 4장에서 제시된 분열된 주체의 도식에서, 왼쪽 하단 모서리로 이동하는 사각형의 횡단. 분열된 주체가 원인의 자리를 떠맡게 되는, 즉 그/녀 자신의 주체로서의 도래의 외상적 원인을 주체화하며, **타자**의 욕망—외래적이고 이질적인 욕망—이 있었던 저 자리 안에 있게 되는, 근본적 환상 내부에서의 위치들의 "교차"(<그림 5.5>).

<그림 5.5>

환상의 횡단은 언어로서의 **타자**와 욕망으로서의 **타자**와 관련하여 새로운 위치를 주체가 떠맡는 것을 내포한다. 그/녀를 분열된 주체로서 실존하게 했던 어떤 것에 투여를 하고 거주하려는, 그/녀를 **야기했던** 어떤 것이 되려는 움직임이 취해진다. 그것—**타자**의 욕망이 실린 **타자**의 담화—가 있었던 그곳에서 주체는 "나"라고 말할 수 있다. "그런 일이 어쩌다 내게 일어났어"라든가 "그들이 내게 이런 일을 했어"라든가 "그 일은 운명처럼 닥쳐왔어"가 아니라 "나였어", "내가 했어", "내가 보았어", "내가 소리쳤어".

이 "추가적" 분리는 자기 자신의 원인이 되려는, 원인의 자리에서 주체로서 존재하게 되려는 주체의 시간적으로 역설적인 움직임에 있다. 외래적 원인, 주체를 세계에 데리고 온 저 **타자적** 욕망은 어떤 의미에서 내면화되고, 책임져지고, (프랑스어 assomption의 의미에서) 떠맡아지고, 주체화되고, "자기 자신의 것"이 된다.15)

외상을 아이가 **타자**의 욕망과 조우하는 것으로 생각할 때—그리고 프로이트의 수많은 사례들은 이러한 견해를 지지한다(한 가지 사례만을 들자면, 꼬마 한스가 어머니의 욕망과 외상적으로 조우하는 것을 고려해보면 된다)—외상은 아이의 원인으로서 기능한다. 그/녀의 주체로서의 도래의 원인, 그리고 아이가 **타자**의 욕망과의 관계에서 주체로서 채택하는 자리의 원인. **타자**의 욕망과의 조우는 쾌락/고통 혹은 향유의 외상적 경험을 구성한다. 프로이트는 이를 sexual über, 성적 과부하라고 기술하는데, 이때 주체는 저 외상적 경험에 대한 방어로서 출현하게 된다.16)

환상의 횡단은 주체가 외상을 주체화하는, 외상적 사건을 스스로 떠맡는, 그 향유에 대한 책임을 떠맡는 과정이다.

원인을 주체화하기: 시간적 수수께끼

시간적으로 말해서, **나를 외상적 원인 속에 놓는** 이 작용은 역설적이다. 외상의 계기(들)에는 주체가 인지하고 책임을 져야 하는 주체적 연루가 있었는가? 하지만 주체적 연루는 사후에 발생되는 것처럼 보인다. 이러한 견해는 고전적 논리의 시간순서와 필연적으로 모순된다. 고전적 논리에서 효과는 말끔하고 정돈된 방식으로 원인을 뒤따른다. 그럼에도 불구하고 분리는 기표의 작용들을 따르는데, 이를 통해 문장 첫 단어의 효과는 마지막 단어를 듣게 되거나 읽게 된 이후에야 드러날 수 있으며, 따라서 그것의 의미는 오로지 그것의 발화 이후에 제공되는 의미론적 맥락에 의해 사후적으로 구성되는바, 그것의 "완전한" 의미는 역사적 산물인 것이다. 플라톤의 대화편들이 철학 초심자들에게 어떤 첫 의미를 띠게 되고 그들이 더 깊이 있게 공부를 함에 따라서 다양한 의미를 획득하게 되는 것과 마찬가지로, 플라톤의 『향연』은 세미나 8에서의 라캉의 독해 이후로 어떤 다른 것을 의미하는 것으로 보여지게 되었고 또한 앞으로의 수백 년 수천 년 동안 해석되고 재해석되면서 계속해서 새로운 의미들을 띠게 될 것이다. 의미는 즉각적으로 창조되는 것이 아니라 오로지 사후적으로, 문제가 되는 사건 이후에, 창조되는 것이다. 정신분석적 과정과 이론에서 작동하는—고전적 논리가 질색을 하는— 시간적 논리는 바로 이러한 것이다.

라캉은 결코 주체가 정면에 출현하는 연대기적 순간을 정확히 지적하지 않는다. 그/녀는 언제나 **막 도래하려 하거나**—도래에 인접해 있거나—아니면 시간상 좀 더 나중의 어떤 순간이 되면 **이미 도래해 있을 것이다**. 라캉은 주체의 시간적 지위를 예증하기 위해 프랑스어의 애매한 반과거 시제를 이용한다. 그는 한 사례로 다음 문장을 든다. "Deux secondes plus tard, la bombe éclatait." 이는 "2초 뒤에, 폭탄은 폭발했다"를 의미하거나 아니면 "폭탄은 2초 뒤에는 폭발했을 것이다(The bomb would have gone off two seconds later)"를 의미할 수 있다. 후자의 경우 암묵적인 "만약"이나 "그리고"나 "그러나"가 있다. 즉 그것은 2초 뒤에는 폭발했을 것이다, 만약 신관이 제거되지 않았다면. 유사한 애매성이 다음의 영어 문장에도 암시되어 있다. "The bomb was to go off two seconds later."

주체에 적용될 때 프랑스어 반과거 시제는 주체가 출현했는지 않했는지에 대해서 우리가 확신을 할 수 없게 한다.[17] 그/녀의 무척이나 덧없는 실존은 떠있는 상태로 혹은 미정된 상태로 남아 있다. 여기에는

5장 주체, 그리고 타자의 욕망

주체가 있었는지 없었는지를 실제로 결정할 아무런 방법도 없어 보인다.

주체의 시간적 지위를 논의하면서 라캉은 (미래완료로 알려져 있기도 한) 전미래를 좀 더 자주 사용한다. "당신이 돌아올 때쯤이면 나는 이미 떠나있을 것입니다(By the time you get back, I will have already left)." 이러한 진술은, 미래의 어떤 순간에 어떤 일이 이미 발생해 있을 것임을, 정확히 언제인지를 명기하지 않은 채로 우리에게 말한다. 이 문법적 시제는 프로이트의 Nachträglichkeit, 지연된 행위, 소급행위, 혹은 사후적 행위와 관련되어 있다. 첫 사건(E_1)이 발생한다, 하지만 둘째 사건(E_2)이 발생할 때까지는 결실을 맺지 않는다. 사후적으로 E_1은 예컨대 외상으로서 구성된다, 다시 말해서 외상(T)의 의미를 취한다. 그것은 전에는 결코 의미한 적이 없는 어떤 것을 의미하게 된다. 그것의 의미와 효과는 변했다(<그림 5.6>).

<그림 5.6>

"당신이 돌아올 때쯤이면 나는 이미 떠나있을 것입니다"라는 진술에서 나의 떠남은 사전의 것으로서 사후적으로 결정된다. 당신의 돌아옴이 없다면 그것은 결코 그와 같은 지위를 갖지 못할 것이다. 이전과 이후를 창조하기 위해서는 두 개의 계기가 필요하다. 첫 계기의 의미는 나중에 오는 것에 따라서 변한다.

이와 유사하게, 아래에서 보게 될 것처럼, 첫 기표는 둘째 기표가

장면에 나타날 때까지는 주체화의 효과를 창출하는 데 충분치 않다(<그림 5.7>). 두 기표의 관계는 주체가 저 길을 통과했다는 것을 우리에게 증명해준다. 하지만 우리는 시간상에서건 공간상에서건 주체를 결코 정확히 집어낼 수가 없다(이는 다음 장에서 좀 더 전개될 것이다).

<그림 5.7>

「논리적 시간과 예상된 확실성의 단언」(『에크리』)이라는 라캉의 논문은 일련의 명시적 제약들을 갖는 매우 정확한 상황 속에서 주체의 출현을 정확히 집어내는 일에 착수한다.[18] 이 논문에서 세공된 계기들—응시의 순간, 이해를 위한 시간, 그리고 결론의 계기—은 나중에 라캉에 의해 분석 과정 자체의 계기들로 지칭되었다.

이해를 위한 시간이 그 논문에서 설명된 세 명의 죄수 문제에서 외부인에게는 불확정적인 것과 마찬가지로, 분석에서의 이해를 위한 시간 역시 불확정적이다. 다시 말해서 그것은 선험적으로 계산불가능하다. 하지만 분석의 종결을 죄수들의 결론의 계기와 연결시키면서(세미나 20), 라캉은 논리적이고/이거나 분석적인 조건들의 순조로운 결합을 통해 발생이 강제될 수 있는 주체화의 계기의 최종 순간을 제시한다.

그리하여 전미래 속에 영원히 중지되어 있어 보이기는 하지만, 그럼에도 라캉은 논리적으로 특정하면서도 연대기적으로 계산불가능한 계기에서 원인의 주체화의 전망을 우리에게 제시한다. 어떤 의미에서 우리는 소외가 그러한 가능성을 열어놓으며 이러한 "추가적 분리"가

5장 주체, 그리고 타자의 욕망

그 과정의 종결을 표시한다고 생각해 볼 수도 있을 것이다. 그럼에도 불구하고, 앞으로 보겠지만, 분리는 일정한 상황들 속에서, 예컨대 분석 세션의 절단이나 절분의 계기에, 논리적인 동시에 연대기적인 계기에 촉진될 수 있다.

환상의 횡단은, 놀랍지 않게도, 또한 **타자**의 욕망의 점증하는 "기표화" —기표들로의 전환— 를 통해 정식화될 수 있다. 주체가 이 추가적 분리 속에서 대상 a(**타자**의 욕망)와 관련하여 새로운 위치를 발견하는 한, **타자**의 욕망은 더 이상—부성적 은유 작용을 통해 그러했듯이— 단순히 명명되는 것이 아니다. 원인이 주체화될 때, **타자**의 욕망 역시 기표들의 운동 속으로 들어오게 된다. 그리고 세미나 6에서의 햄릿에 대한 라캉의 논의에서 볼 수 있듯이, 바로 이러한 지점에서 주체는 마침내 **타자**의 욕망의 **기표**인 S(Ⱥ)에 대한 접근을 획득한다.[19] 다시 말해서, **타자**의 욕망은 분리를 통해 단순히 명명되었던 반면에, 바로 그 이름은 그 불변하는 효과에 있어서 고정되고 정적이고 사물 같은 것이며, 그 제한된 지칭력에 있어서 경직된 것이다.

  신경증에서 이름은 일반적으로 **타자**의 욕망으로부터 적절하게 분리되어 있어야 할 것으로 남아 있다. 이름은 사물의 죽음이 아니다. 기표가 그렇다. **타자**의 욕망과 아버지의 **한** 이름 사이에 엄격한 연계가 존속하고 있는 한, 주체는 행위할 수 없다. 라캉에 따르면 햄릿은 셰익스피어의 희곡의 종결부에서 레어테스와의 결투 이전에는 남근적 **기표**에 전혀 접근하지 못한다. 바로 그렇기 때문에 그는 아무런 행동도 취할 수가 없는 것이다. 결투 와중에서야 그는 "왕 배후의 남근"을 식별할 수 있으며, 왕이 남근(욕망의, 즉 **타자**의 욕망의 기표인 남근[20])에 대한 한낱 대리물에 불과하며 모든 것을 의문에 던져놓지 않으면서도 일격이 가해질 수 있다는 것을 깨달을 수 있다. 햄릿이 마침내 왕과 남근을 분리할("왕은 아무것도 아니다") 수 있을 때까지 행동은 불가능했는데, 왜냐하면 왕에게 복수를 한다면 햄릿의 전 세계가 붕괴할 위험이 있었을 테니까 말이다. 왕(여왕의 욕망의 대상)이 기표화될 때에서야 어떤 권력이 왕 너머에서 식별될 수 있다. 왕에게 홀로 체현되어 있는 것이 아니라 왕 너머의 상징계 속에서 존속하고 있는 적법성이나 권위가 말이다.

타자의 욕망의 이름은—어머니의 파트너에서 시작해서 교사, 학교, 경찰관, 법규, 종교, 도덕법칙에 이르기까지—운동 상태에 놓여야 하며, **타자**의 욕망의 **기표** 앞에서 길을 내주어야 한다, 주체화가 발생하려면, 즉 주체가 기표는 내버려둔 채 **타자**의 욕망이 되기 위해서는 말이다. 이런 의미에서 환상의 횡단은 언어 자체로부터의 분리를 함축한다. 즉 (원인이 되어 있어야 할) 주체가 **타자**의 욕망과 관련한 문제—즉 **타자** 안에서 식별된 결여를 다룰 수 없고, **타자**에 대한 올바른 거리와 관계를 유지하지 못하는 등등—에 대한 자기 자신의 담화로부터 분리되는 것을 함축한다.

신경증은 담화 속에서 유지된다. 그리고 우리는 라캉의 환상 횡단의 개념에서 일종의 신경증 너머에 대한 암시를 본다.[21] 거기서 주체는 (원인으로서, 욕망함으로서) 행위 할 수 있으며, 적어도 잠시나마 담화 바깥에, 담화로부터 분리되어 있으며, 다시 말해서 **타자**의 무게로부터 자유롭다. 이는 라캉이 초기 논문「정신분석에서의 공격성」(『에크리』)에서 언급하는 정신병자의 자유가 아니다. 그것은 문자 "이전"의 자유가 아니라 문자 "이후"의 자유이다.

5장 주체, 그리고 타자의 욕망

분석 상황에서의 소외, 분리, 그리고 환상의 횡단

분석자가—분석가의 침상에 편히 누워서 전날 밤의 꿈에 대해서 이야기하면서 자신의 담화로 방을 가득 채우는 가운데, 환상 모드($◇ a)에서 그것이 분석가에게 흥미롭고 만족스러운 것이기를 희망하고 있다가—갑자기 (어떤 의미에서 그 담화의 수신자라고 할 수 있는 앎의 **타자**에 의해서가 아니라) 분석가에 의해 발화된 어떤 말, 분석자가 서둘러 얼버무렸거나 아니면 자신에게든 분석가에게든 중요하지도 흥미롭지도 않을 것이라고 생각했을 수 있는 어떤 말로 중단을 당했다고 생각해 보자. 분석자들은 전이 사랑 때문에 종종 자신들의 담화를 손질한다. 그들이 말하기를 분석가가 원하는 어떤 것을, 그들 생각에 분석가가 듣기를 원하는 어떤 것을 말하기를 희망하면서 말이다. (헛기침에 의해서건 어떤 말에 의해서건 아니면 세션의 종결에 의해서건) 이와 같은 중단이 있기 전까지, 분석자들은 목적을 성취하고 있다고 계속해서 믿을 수 있다. 그러한 중단은 종종 분석자를 흔들어 놓으며, 분석가가 무엇을 원하거나 의도하는지를 자신들이 알지 못한다는 것을, 분석가가 자신들이 의도하는 것과는 **다른 무언가**를 자신들의 담화 속에서 찾고 있다는 것을, 다시금 별안간 깨닫게 된다.

바로 이러한 의미에서 분석자의 담화를 "구두점찍고" "절분하는"[22] 라캉적 실천은 분석자를 그 담화와 떼어놓는 데, 분석자가 분석가의 욕망의 수수께끼와 대면하도록 하는 데 기여한다. 그 욕망이 수수께끼로 남아 있고 결코 분석자가 있다고 믿는 바로 그곳에 있지 않는—그리고 분석자가 그 욕망을 파악하기 위해서 상당한 노력을 바치는—한에서 분석자의 환상은 분석적 상황에서 반복해서 뒤흔들리게 된다.[23] 대상 a의 형태를 한 **타자**의 욕망은 결코 분석자가 그것이 있을 것이라고 생각하는 혹은 자신의 환상 속에 그것이 있기를 원하는 바로 그곳에 있지 않다. 가짜 대상 a로서, 대상 a의 대리물이나 유사물로서 복무하는 분석가는 $와 a 사이에 추가적인 간극을 도입하며, 환상화된 관계($ \diamond $)를 파열시킨다. 분석가는 그 관계를 유지불가능한 것으로 만들며, 그 안에 변화를 유도한다.

소외와 분리는 분석적 상황에 내내 내포되어 있다. 분석자는 이치에 닿게, 즉 분석가에게 "뜻이 통하는" 방식으로 말하려고 노력하는 가운데, 스스로를 소외시키며, 이때 분석가는 분석자에 의해 모든 의미의 장소로서, 모든 발화들의 의미를 아는 **타자**로서 간주된다. 뜻이 통하게 하려는 시도에서, 분석자는 그/녀가 하는 말들 배후로 미끄러지거나 사라진다. 언어의 바로 그 본성 때문에, 저 말들은 언제나 불가피하게 분석자가 그 말들을 선택하여 의식적으로 말하고자 하는 것보다 더 많거나 더 적은 것을 말한다. 의미는 언제나 애매하고, 다가적이고, 숨겨놓으려고 했던 어떤 것을 누설하거나 표현하려고 했던 어떤 것을 숨긴다.

뜻이 통하게 하려는 이 시도는 분석자를 의미로서의 **타자**의 등록소에 위치시킨다. 분석자는 (부모이건 분석가이건 신이건) **타자**에 의해서만 그 "진정한 의미"가 결정되고 판단될 수 있는 담화 배후로 사라진다. 이러한 종류의 소외는 피할 수 없는 것이며, 라캉주의 분석에서는 (마르크스주의자들이나 비판이론가들이 이해하는 소외와는 달리) 저주받지 않는다.

  그럼에도 불구하고 분석가는 이러한 종류의 소외를 무한정 조장하지 말 것이 요구된다. 분석가가 신경증자와의 작업에서 **타자**에 대한 분석가의 관계를 초점에 두면서, 그 과정 속에서, 분석자가 자신과

5장 주체, 그리고 타자의 욕망

유사한 타자들과 맺고 있는 상상적 관계로부터 연원하는 "간섭"을 일소하려고 노력한다 하더라도, 이는 결코 과정의 종결을 의미하지 않으며, 그 상태로 남겨질 경우 분석자가 **타자**로서의 분석가와 동일화하는 일종의 미국 자아심리학식 해결책으로 나아갈 수도 있다.

라캉주의 정신분석가는 분석자의 것과는 근본적으로 다른 담화를, 즉 분리의 담화를 채택한다. 분석가가 의미의 선을 따라서 무언가를 분석자에게 제공한다면, 그럼에도 불구하고 분석가는 상이한 방향들로 나아가는 용어를 사용하여 애매하게, 한 번에 몇 가지 층위에서 말함으로써 "분석가는 분석자의 담화의 의미를 제공한다"라는 매트릭스를 폭발시킬 수 있는 무언가를 목표로 한다. 몇 가지―끝나지 않는 파노라마는 아니더라도―연속적인 의미들을 내비침으로써, 의미의 등록소 그 자체가 문제화된다. 분석자가 분석가의 신탁 같은 말의 의미를,[24] 분석가의 다가적인 말의 요지를, 혹은 그/녀가 저 정확한 순간에 세션을 종결하는 이유를 헤아리려고 할 때, 분석자는 의미로부터 분리되며 분석가의 욕망의 수수께끼와 직면하게 된다. 수수께끼는 분석자가 **타자**의 욕망과 맺고 있는 뿌리 깊은 환상 관계에 효과를 미친다. 자유연상의 기본 규칙은 분석자가 **타자**의 욕망에 대한 그 관계를 한층 더 표명하고, 말로 옮기고, 상징화하고, 기표화할 것을 요구한다. 반면에 분석가의 조치는 주체가 그것과 관련하여 꾸며내야 하는 바로 그 담화로부터 주체를 한층 더한 정도로 분리시키는 데 복무한다.

우리는 특정한 운명의, 우리가 선택하지 않았지만 처음에 아무리 무작위적이거나 우연적으로 보여도 우리가 주체화해야만 하는 운명의 주체이다. 프로이트의 견해로, 우리는 그것의 주체가 되어야 한다. 원초적 억압은, 어떤 의미에서, 분열을 창조하고 구조를 작동시키는, 우리의 우주의 시작에서의 주사위던지기이다. 저 무작위적인 던지기를—부모의 욕망의 저 특정한 배치를—붙잡아야 하고, 여하간 그것의 주체가 되어야 한다. "Wo Es war, soll Ich werden." 나는 외래적 힘들—언어로서의 **타자**와 욕망으로서의 **타자**—이 한때 지배했던 곳에 있게 되어야 한다. 나는 저 타자성을 주체화해야 한다.

바로 이러한 이유 때문에 우리는 라캉적 주체는 윤리적으로 동기화되어 있다고, 라캉의 저술에서 그토록 자주 반복되는 이 프로이트적 명령에 실로 기반하고 있다고 말할 수 있다. 프로이트의 명령은 내속적으로 역설적이어서, 우리에게 "나"를 (다시) 원인에 놓을 것을, 우리 자신의 원인이 될 것을 요구한다. 하지만 이 역설을 기각하는 대신에 라캉은 거기에 함축된 운동을 이론화하려고 하며, 그것을 유도해낼 기법을 찾으려고 한다. "나"는 무의식 속에 이미 있지 않다. 그것은 거기서 어디에서나 전제되어 있을지도 모른다. 하지만 그것은 나타나도록 만들어져야 한다. 그것은 어떤 의미에서 언제나 이미 거기에 있을지도 모른다. 하지만 본질적인 임상적 과제는 **그것**이 있었던 거기에서 그것이 나타나게 만드는 것이다.

6장 은유와 주체성의 재촉

앞 장에서 기술된 주체성에 대해 구성적인 세 계기는 세 가지 대체나 대체적 은유로서 도식화될 수 있다. 소외에서 **타자**는 주체를 지배하거나 주체의 자리를 차지한다. 분리에서 **타자**의 욕망으로서의 대상 a는 전면으로 나서서 주체에 우선하거나 주체를 예속한다. 그리고 환상의 횡단에서 주체는 자신의 실존의 **원인**(**타자**의 욕망, 대상 a)을 주체화하며, 일종의 대상 없는 순수한 욕망—욕망함desirousness—에 의해 특징 지어진다.

$$\frac{타자}{\$} \quad \frac{대상\ a}{\$} \quad \frac{\$}{대상\ a}$$

이러한 방식으로 진술했을 때, 우리는 주체 구성의 이 세 가지 근본 계기들을 은유화의 세 계기로 볼 수 있다. 라캉의 대체적 은유들에서 하나가 다른 하나에 의해 취소되어 버리는 것은 라캉적 메타심리학의 뿌리에 있다. 여기서 주체는 은유(혹은 일련의 은유들)로부터 결과하는 것으로서 이해될 수 있다.

하지만 일반적으로 은유는 새로운 의미를 낳는, 다시 말해서 새로운 의미작용signification를 낳는 것으로 이해되며, 새로운 혹은 근본적으로 다른 주체를 낳는 것으로 이해되지 않는다. 이 책에서 나의 주요 논제 가운데 하나는 정신분석적 주체가 본질적으로 두 얼굴을 갖는다는 것이다. **응결물**precipitate로서의 주체와 **틈**breach으로서의 주체. 첫 경우 주체는 한 기표를 다른 기표로 대체하는 것에 의해 혹은 한 기표가 다른 기표에(혹은 하나의 상징화된 사건이 다른 사건에) 미치는 사후적 효과에 의해 결정되는 의미들의 침전물에 불과하다. 이는 "하나의 기표가 다른 기표에게 대표하는 어떤 것"으로서의 주체라는 라캉의 "정의"에 조응한다.1) 둘째 경우 주체는 두 기표들 사이의 연계를 확립하면서 실재 안에 틈을 낳는 어떤 것인데, 이때 (이번에는 응결물로서가 아니라 재촉precipitation으로서) 주체는 바로 그 틈에 다름 아닌 것이다.

그리하여 거의 배타적으로 기의 혹은 의미작용인 주체의 한 얼굴— 거세의 주체(의미, "죽은" 의미 안에서 소외되고, 그러한 의미에 흡수되는 주체)—이 있으며, 두 기표들 사이에서 틈을 구성하는(하나의 기표에서 또 다른 기표로 날아가는 불꽃으로서, 그 둘 사이에 연계를 창조하는) 또 다른 얼굴이 있다. 주체의 이 이중적 개념은 「논리적 시간과 예기된 확실성의 단언」(1946) 같은 초기 저술에서 발견되는 "주체성의 재촉"이라는 표현에서 멋지게 구현되어 있다. 거기서 우리는 응결물인 동시에 "황급한 운동"으로서의 주체를 발견한다.2)

황급한 운동 혹은 재촉으로서 주체는 "은유의 창조적 불꽃이 (……) 두 기표들 사이에서 번쩍"이는 바로 그때3) 두 기표들 사이에서 쇄도한다. 다시 말해서 은유의 창조적 불꽃이 주체**이다**. 은유는 주체를 창조한다. 그렇다면 모든 은유적 효과는 주체성의 효과이다(그리고 역으로도 그렇

6장 은유와 주체성의 재촉

다). 주체적 재촉 없는 은유는 없다. 그리고 은유화 없는 주체화는 없다.

은유의 창조적 불꽃으로서 주체는 아무런 항구성이나 지속성도 갖지 않는다. 그것은 두 기표들 사이에서 번쩍이는 불꽃으로서 존재하게 된다. 그렇지만 세계 속에 생겨난 새로운 의미의 결과로, 주체—앞서 본 첫 두 은유에서 빗금 아래에서 발견되는 분열된 주체—는 고착되거나 예속된 것으로 남으며 일종의 항구성 자체를 획득한다. 주체의 증상적 고착은 은유적 구조를, 즉 무의미한 기표가 주체를 대신하거나 주체 위에 있는 구조를 갖는다: $S_1/\$$.

잠정적으로 우리는 증상을 그러한 대체 구조를 갖는 것으로 볼 수 있다. 여기서 의미로서의 주체는 새로운 은유가 성취되지 않는 한 무한정 그 예속된 상태에서 존속한다. 바로 이런 의미에서 분석은, 라캉의 이론에서, 새로운 은유들이 만들어져야 한다는 요구로 볼 수 있다. 왜냐하면 매 새로운 은유는 주체의 위치를 변경할 수 있는 주체성의 재촉을 가져오기 때문이다. 증상 그 자체가 하나의 은유라고 할 때, 분석 과정에서 새로운 은유의 창조는 모든 증상들의 해소를 초래하는 것이 아니라 오히려 증상의 재배치, 새로운 증상의 창조, 혹은 증상과 관련한 변경된 주체적 위치를 초래한다. 분석의 종결은 앞에 나온 세 번째 은유 $\$/a$에서 볼 수 있는 대체의 실행으로 볼 수 있다. 이를 통해 주체는 **타자**의 그리고 **타자**의 욕망(대상 *a*)의 자리를 떠맡으며, 더 이상 그것에 의해 예속되지도 그것에 고착되지도 않는다.

기의

[여러분은] 이것을 이미 여러분에게 친숙한 어떤 유사한 것과

제2부 라캉적 주체

> 비교하려고 노력함으로써 이것을 이해하려고 노력해야 합니다. 여러분은 이것 안에서 근본적으로 새로운 사실을 인지해야 합니다.
>
> — 프로이트, 『새로운 정신분석 강의』

새로운 은유는 새로운 의미를 세계 속에 가져온다. 그것은 의미로서의 주체를 변경한다. 하지만 라캉적인 사물 도식에서 의미란 무엇인가? 은유가 창조하는, 은유가 영향을 주거나 변경하는 것은 정확히 무엇인가?

기의는 우리가 흔히 사고나 관념으로 지칭하는 것이 아니라면 무엇이겠는가? 그리고 사고는 기표들의 특정한 조합이 아니라면, 즉 특정한 방식으로 연결된 기표들이 아니라면 무엇이겠는가? 어떤 사람이 말하는 어떤 것의 의미를 "포착"할 때, 그 진술을 다른 진술들, 사고들, 용어들의 맥락 속에 위치시키는 것 말고 다른 무엇이 진행되고 있겠는가? 이해한다는 것은 어떤 하나의 배치를 다른 배치 안에 위치시키거나 삽입하는 것을 의미한다. 대부분의 경우, 그것은 우리가 바랄 수 있을 만큼이나 비의식적인 것이며, 주체 편에서의 아무런 조치도 요구하지 않는다. 사물들은 이미 "동화된" 사고들 사이의 다양한 연계들의 망 내부에 자리를 잡게 된다.

라캉에 따르면, 어떤 것이 선재하는 사슬에 들어맞을 때 그것은 뜻이 통하는 것이다. 그것은 사슬을 근본적으로 변경하지 않고서도 혹은 풍파를 일으키지 않고서도 사슬에 무언가를 덧붙일 수 있다. 다른 한편 은유는 사고들의 새로운 배치를 가져오며, 새로운 조합이나 순열을, 기표사슬에서의 새로운 **질서**를 확립하며, 옛 질서를 흔들어 무너뜨린다. 기표들의 연계들은 결정적으로 변경된다. 이러한 종류의 변경은 주체를 끌어들이지 않고서는 발생할 수 없다.

6장 은유와 주체성의 재촉

　위에서 말했듯이, 이해는 기표들의 어떤 한 배치를 또 다른 배치 안에 위치시키는 것 말고는 아무것도 내포하고 있지 않으며, 바로 그런 한에서 라캉은 그토록 완강하게 이해하기를 거부하며, 이해를 지연시키려고 분투한다. 왜냐하면 이해의 과정 속에서 모든 것은 현상태의 층위로, 이미 알려진 것의 층위로 되돌아가기 때문이다. 라캉의 글 자체는 엉뚱하고 터무니없고 뒤섞인 은유들로 넘쳐나는데, 정확히 이것은 이해의 바로 그 과정에 내속하는 손쉬운 환원주의로부터 벗어나도록 우리를 흔들어놓기 위해서이다. 독일 사상가들이 그 과정에 바친 상당한 관심에 대립되는바,[4] 라캉의 틀에서 verstehen은 "동화하다"로 번역될 수도 있을 것이다. 의미(당신이 이해했다고 상상하는 어떤 것으로서의 의미)는 상상적이라는 라캉의 주장의 요점이 이것이다. 어떤 것을 동화함으로써 당신은 누군가가 되었다는 감각을 갖는다. 혹은 당신은 스스로를 어떤 어려운 과제를 완수한 누군가(하나의 자아 혹은 자기)로서 상상한다. 당신은 스스로를 한 명의 사상가로서 그린다. 다른 한편 "진정한 이해"는—아마 불어로는 재귀법에 강조가 주어지는 se saisir de quelque chose라는 표현으로 옮겨질 수 있을 것인데—사실상, 상징적 질서의 자동적 작동을 넘어서는 그리고 실재 속으로의 상징계의 침입을 내포하는 과정이다. 기표는 실재 속에 새로운 어떤 것을 낳거나 실재의 더 많은 것을 상징계 안으로 배출한다.

　"진정한 이해"는 물론 잘못된 명명이다. 정확히 이해라는 것은 단락되는 것이고, 분석 과정에 불필요하고 무관한 것이라는 점에서 말이다. [분석 과정에] 진정으로 함축된 것은 무언가가 변한다는 것이며, 바로 그것이 라캉적 분석의 요점이기도 하다. 상징계와 실재의 경계에서 이해와는 아무런 상관도 없는 어떤 일이 일어난다. 따라서 분석 과정에서 "통찰insight"이라는 용어는 무관한 용어다. 무엇이 진행되고 있으며 어떻게 분석 과정이 작동하는 것으로 가정되고 있으며 자신의 신경증이 근본적으로 실제로 무엇인지 등등을 **이해하지** 못하는 데 대한 분석자의 주체적 좌절은 정신분석의 유효성을 결코 방해하지 않는다. 때때로 프로이트는 분석 과정에서 최대한을 성취하는 분석자가 종종 그것에 대한 거의 아무것도 기억하지 못하며 그 과정에서 발생한 일에 대해 전혀 이해하지 못한다는 언급을 한다.

정신분석적 주체의 두 얼굴

정신분석적 주체의 두 얼굴(의미들의 응결물, 그리고 틈)은, 어떤 측면에서는, 4장에서 논의한 의미와 존재 사이의 분열에 조응한다. 그렇지만 여기서 분열은 무의식적 의미와 자아의 거짓된 존재 사이에 있는 것이 아니라 오히려 무의식적 의미와 일종의 "틈 속의 존재" 혹은 라캉이 한 지점에서 말하듯이 "실재 속의 주체" 사이에 있다.5)

기의로서의 주체

실재 속의 주체는 분석자가 이야기하는 인물, 즉 능력이 제한되어 있고 상이한 행동 방침 가운데서 결정을 내릴 수 없고 **타자**의 변덕에 종속되어 있고 친구나 연인이나 제도나 문화-종교적 성장배경 등에 좌우지되는 인물이 아니다. 이 인물은, 프로이트와 라캉 양자 모두에게서 오는 (8장에서 상세하게 설명될) 매우 애매한 개념을 차용하자면, "거세된" 주체라고 부를 수 있을 무엇이다. 거세 개념은 정신분석에서나 통용되는 용법에서 엄청난 지반을 포괄하고 있다. 나는 이 개념을 여기서 매우 정확한 방식으로만 사용할 것이다. **타자**에 의한 그리고

6장 은유와 주체성의 재촉

타자 안에서의 주체의 소외와 **타자**로부터의 분리를 지칭하는 것으로 서 말이다.

거세된 주체는 언어 안에 존재하게 된 주체이다. "부적합하게" 혹은 "불충분하게" 거세된 주체란 분리가 완전하지 않은 주체에 해당한다. 1960년대 초부터의 라캉의 용어로는, 환상 속에서 **타자**의 요구(D)를 **타자**의 욕망(*a*)으로 "착각"하는 주체(그/녀의 환상은 $\$ \lozenge a$ 대신에 $\$ \lozenge D$에 해당한다).[6] "자신의 거세를 **타자**의 향유에 희생"하기를 거절하는 주체(『에크리』, 826쪽)는 환상의 횡단으로 알려진 추가적 분리를 겪지 않은 주체이다. 왜냐하면 원인의 주체화가 발생하려면 거세는 희생되어야 하고, 포기되어야 하고, 혹은 양도되어야 하기 때문이다. 주체는, **타자**의 욕망을 자신에 대한 원인으로서 취하기 위해서는, **타자**에 종속된 바로서의—거세된 바로서의—자신의 다소간 안락한, 만족스럽게 초라한 위치를 포기해야 한다. 그리하여 환상의 횡단은 거세를 넘어가는 것을 내포하며, 신경증 너머의 유토피아적 계기를 내포한다.

따라서 거세된 주체는 **타자**의 욕망을 주체화하지 않은, 그리고 **타자**에 대한 자신의 증상적 복종에 전염되어 있지만 그로부터 "부차적 이득"을 얻는 주체이다. 그 주체는 이 장을 시작하면서 제시한 첫 두 은유에 의해 특징지어질 수 있으며, 세 번째에 의해서는 특징지어지지 않는다. 증상들은 **타자**를 위해 꾸며진 주체에 관한 메시지들로서 이해될 수 있으며, 주체가 자신의 메시지와 존재가 의미를 띠는 저 자리/목적지로부터 분리될 수 있을 때까지 주체는 거세된 채로 남아 있다.

이러한 라캉적 맥락에서 거세는 분명 생물학적 기관과는 혹은 그에 대한 위협들과는 아무 상관이 없다. 그럼에도 불구하고 그러한 위협들은 특정한 맥락에서는 남자 아이를 쾌락의 선호 대상으로서의 어머니-**타자**에 대한 애착으로부터 분리하는 데 기여할 수도 있다. 하지만 거세를

이겨내는 데 요구되는 추가적 분리를 초래할 역량은 없어 보인다.[7)]

분리의 첫 번째 유형을 통해 모종의 존재가 획득된다. 환상에 의해 제공되는 존재 말이다. 그럼에도 불구하고 라캉은, 다시금 일반적으로, 대상-원인이 각광limelight을 훔쳐가는 것에 기인하는 환상 속에서의 신경증적 주체의 "소멸aphanisis"이나 사라짐에 대해서 말한다. 대상 a는 환상 속에서 전면에 나서고 주도적인 역할이 부여되며, 그로써 주체는 그늘에 가리게 된다.

그리하여 자아의 거짓된 존재와 환상에 의해 제공되는 난포착적 존재는 결여적인 것으로서 라캉에 의해 차례로 거절된다. 둘 중 어느 것도 주체를 신경증 너머로 데리고 갈 수 없다. 두 경우 모두 주체는 거세된 채로, **타자**에게 종속된 채로 머문다. 그럼에도 불구하고 라캉은 신경증 너머의 존재라는 개념을 유지한다.[8)]

거세된 주체는 대표되는 주체이다. 거세된 주체는 언제나 자신을 **타자**에게 제시한다, **타자**로부터 관심과 인정을 얻기를 바라면서 말이다. 이 주체는 자신을 더 많이 제시하면 할수록, **타자**에 의해 그리고 **타자** 안에서 대표되면서 더더욱 불가피하게 거세된다. 거세된 주체는 빗금쳐진 주체이며, 빗금 아래 있는 주체이다. 즉 그것은 **타자**에게 의미화하려는 모든 시도와 의도의 산물이다. 이 주체는 주체가 **타자**로부터 역전된 형태로 수신하는 메시지에 의해 구성된다(『에크리』, 807쪽).

이 빗금쳐진 주체를 이해하기 위해서 우리는 하나의 기표(S_2)가 다른 기표(S_1)에 미치는 효과를 통한 의미의 창조 과정을 보다 면밀하게 검토할 필요가 있다.

단항적 기표와 이항적 기표

분리를 통한 주체의 취임은 원초적 억압이라는 프로이트의 개념과

6장 은유와 주체성의 재촉

관련이 있다. 프로이트에 따르면, 무의식은 Vorstellungsrepräsentanzen을, 문자 그대로 "(재)현시나 관념의 대표들"을 포함한다. 하지만 이 용어는 영어에서 통상 "ideational representatives(관념적 대표들)"로 옮겨진다. 그것들은 Triebe(충동들)의 심적 대표들이다. 프로이트가 보기에, 억압되는 것은 (지각이나 정서가 아니라) 바로 그와 같은 대표들이다.[9] 하지만 프로이트는 결코 이 대표들의 지위를 실제로 정확하게 규정하지 않는다. 그에 따르면, 무의식은 "억압의 첫 국면인 **원초적 억압**"을 통해 구성되는데, "이는 충동의 심적(표상적) 대표가 의식으로 진입을 거부당하는 것에 있다. 이와 더불어 **고착**이 확립된다. 문제가 된 그 대표는 그때부터 변경되지 않은 채로 계속해서 존속하며 충동은 그것에 달라붙어 있게 된다."[10] 원초적 억압은 무의식의 **중핵**을 창조한다. 다른 (표상들의) 대표들은 그 중핵과의 연계를 확립하며, 이러한 연계는 그 대표들이 궁극적으로 무의식으로 이끌리게 할 수도 있다.

라캉은 이 대표들을 기표들과, 표상적 층위(표상과 사고의 층위)에서 충동을 대리하는(즉, 충동의 대표로서 기능하는) 단어들과 등치시키자는 제안을 한다. 기표들은 충동이 대표되도록, 언어의 존재로서의 **우리에게 제시되도록** 해주는 그 무엇이다. Vorstellungsrepräsentanzen과 기표들의 이와 같은 등치에서 시작해서,[11] 라캉은 기표들의 짝지어진 쌍을 토대로 무의식의 생성으로 이어지는 것으로서 억압을 개념화한다. 그 짝지어진 쌍이란 라캉이 S_1으로 표시하는 "단항적 기표"와 "이항적 기표" S_2를 말한다(『세미나 11』, 330쪽). 이항적 기표는 원초적 억압에서 억압되는 무엇이다.

다른 모든 기표들이 [그것에게] 주체를 대표하는 기표

타자의 욕망의 기표, 아버지의 이름은 원초적으로 억압되는 이항적 기표이다.

이 기표는 아주 유일무이한 것이다. 그것은 다른 모든 기표들이 그것에게 주체를 대표하는 기표이다. 이 기표가 빠진다면, 다른 기표들은 아무것도 대표할 수 없다. 이러한 생각은 「주체의 전복과 욕망의 변증법」(『에크리』)에서 매우 도식적으로 해설되며, 나는 그것을 여기서 펼쳐놓으려고 노력할 것이다.

앞장에서 보았듯이, 라캉은 거기 있거나 있지 않거나 하는 어떤 원초적 기표를 가정한다. 그것이 있지 않으면 우리는 폐제에 대해서 말하며, 따라서 정신병에 대해서 말한다. 본연의 주체의 실존을 위한 가능성이 전혀 없는 것이다. 그 원초적 기표는 주체성의 필수조건이다.

그리하여 아버지의 이름은 우리의 "지브롤터의 바위"이다. 라캉은 그것이 기표라고 말하는데, 하지만 그것은 전부는 아니더라도 대부분의 다른 기표들과는 아주 다른 기표이다. 한 언어의 어떤 단어가 한물 간 것이 되어버리면, 연관된 다른 단어들이 느슨함을 죄는 경향이 있다. 다시 말해서 그 단어들의 의미가 확장되어 사라진 단어의 의미를 포함하게 된다. 이와는 대조적으로 아버지의 이름은 대체될 수도 발화될 수도 없다.

정신병에서는 그 이름에 의해 제공되는 어머니와 아이 사이의 장벽이 충분히 견고하게 세워지지 않는다. 아버지 형상은 어머니에 대한 아이의 접근을 제한하는 데 성공하지 못한다. 그 기표는 아이의 향유를 중화할 수 없으며 그 향유는 아이를 압도하고 침공하면서 아이의 삶에 침입해 들어간다. 정신병의 상이한 형태들은 향유가 환자를 습격하는 상이한 방식과 관련된다. 분열증의 경우 향유는 신체를 침공하며, 편집증의 경우 **타자** 그 자체의 자리를 침공한다.[12]

6장 은유와 주체성의 재촉

정신병에서 아버지의 이름은 자신의 입지를 견지하지 못한다.

신경증의 사례로 돌아가면, 우리는 아버지의 이름을 위해 다른 모든 기표들이 주체를 대표한다는 것을 본다. 신경증자가 사용하는 모든 기표(S', S'', S''' 등등)는 어떤 식으로 아버지의 이름과 연계되어 있으며, 그리하여 신경증자는 자신이 발화하거나 듣는 모든 단어에, 크게든 적게든, 연루되어 있다. 그 무엇도 무구하지 않다. 그녀의 이른바 "공허한 말"조차도 **타자**에 대한 주체 위치를 함축한다. 그리고 모든 항목은 여하간 그 위치를 그 위치로 만드는 데 기여했다.

<그림 6.1>

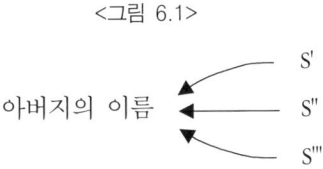

우리는 신경증에서의 기표의 본질적 작용들을 끄집어내기 위해 정신병 사례로 계속해서 역으로 이끌리게 된다. 이 "다른" 기표들을 라캉이 종종 그렇게 하듯 S_2라고 부르도록 하자.[13] 1960년대와 1970년대에 S_1은 "주인기표", 의미를 결여하는 무의미적 기표의 역할을 부여받는다. 그것은 다양한 S_2들의 작용을 통해서만 언어의 운동 속으로 들어오게—다시 말해서, 앞으로 설명하게 될 용어로 말해보자면, "변증화"—된다.

그리하여, 라캉의 나중의 용법을 따르면, 아버지의 이름은 S_1, 주인기표와 상관적인 것처럼 보인다. S_1이 자리에 있지 않다면, 모든 S_2는 여하간 묶이지 않게 된다. S_2들은 자기들 사이에서 관계를 갖는다. 그것들은 정신병자의 경우에도 완벽하게 정돈된 방식으로 함께 묶일 수 있다. 하지만 그것들은 그 어떤 의미에서도 정신병자에게 영향을 미치는 것처럼 보이지 않는다. 그것들은 여하간 정신병자와는 독립해 있다. 신경증자는, 어떤 생소한 단어를—예컨대 "antidisestablishmentarianism(국교폐지반대론)"—들었을 때, 그가 이 단어를 처음 들었던 때나 이 단어를 알려준 사람 등을 상기할 수 있을 것이다. 반면에 정신병자는 그것의 엄밀히 음성적인 측면에 집중할 수 있을 것이다. 그는 그 무엇에서도 의미를 보지 못할 수 있으며, 혹은 사실상 모든 것에서 순전히 개인적인 의미만을 발견할 수 있을 것이다. 단어는 사물로서, 실재적 대상으로서 취해진다.

신경증자의 경우 모든 S_2는 S_1과 개별적으로 연계되어 있다. S_1은 주체가 아니며 S_2도 아니다. 주체는 하나의 기표가 다른 기표에게 혹은 다른 기표를 위해 대표하는 무엇이다. 여기서 대표는 무엇에 있는 것으로 가정되는가? S_2는 S_1에게 주체를 대표한다, S_2가 S_1에게 사후적으로 의미를, 처음에 그것이 가지고 있지 않았던 의미를 준다는 의미에서 말이다(<그림 6.2>). 라캉이 소쉬르적 기호에 대한 자신의 판본을 제공할 때 (소문자로) "s"라고 쓰여진 이 의미는 기표의 사후적 효과의 더 완전한 판본에서는 $에 의해 대체된다(예컨대 세미나 17을 볼 것). 이는 <그림 6.3>에서 도식화된다. 여기서 주체는 **의미들**의 성좌나 덩어리에 불과하다. 주체가 모든 S_2들과 S_1의 관계에 의해 생성된 의미들의 전체 집합에 있는 것이라면, 주체는 **타자**에 의해 제공된 의미들의 침전물처럼 보인다(이때 주체의 진술들은 **타자** 안에서만 의미를 지니거나 **타자**에 의해 의미를 부여받을 뿐이다).

한 기표의 다른 기표에 대한 효과로부터 자리를 잡는 의미**로서의** 주체는 의미에 의해 가려진 주체에 조응하며, 이때 의미는 언제나 **타자**의 장에 있다. 의미—무의식적 의미 혹은 **타자** 안의 의미—로서의 주체는 분열된 주체의 도식에 위치시킬 수 있다(<그림 6.4>). 오른쪽

6장 은유와 주체성의 재촉

하단 모서리에서 무의식적 의미가 창조된다. 하지만 주체는 존재를 박탈당한다.

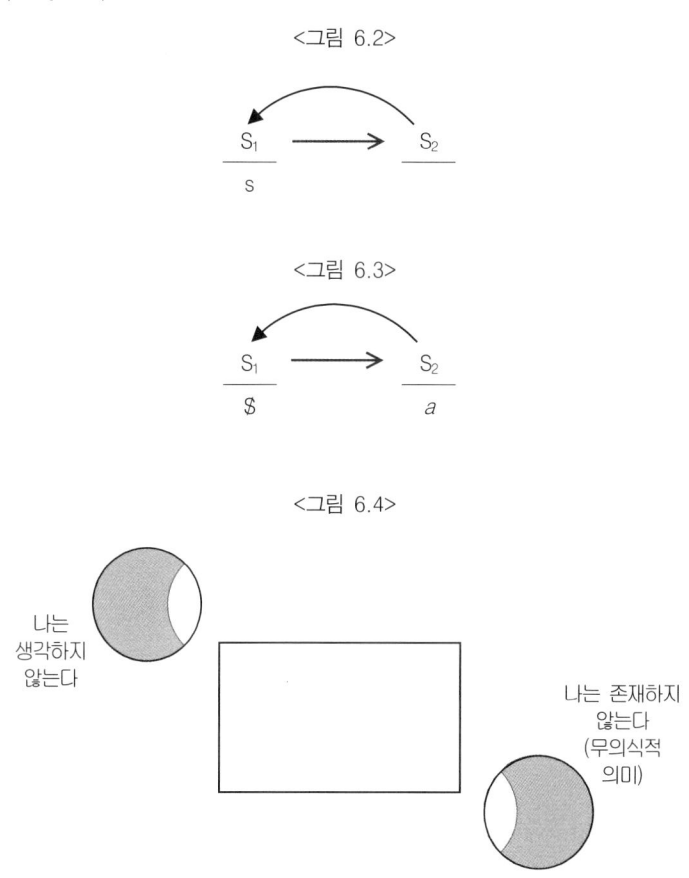

틈으로서의 주체

이와 같은 해석에는 주체성 같은 것은 거의 없어 보이지만, 그럼에도 불구하고 주체는 S_1과 S_2 사이에 연결고리를 형성해낼 때 **실현된다**. 주체는 단순히 (다음 수학소의 빗금 아래에 있는) 의미들의 침전에

불과한 것이 아니며,

$$\frac{S_1 \longrightarrow S_2}{s}$$

또한 **기표들 사이의 연결고리의 형성**이기도 하다. 『과학적 심리학 초고』14)의 심리에 대한 생리학적 스케치에서 뉴런에서 뉴런으로 이어지면서 형성되는 통로들을 일컫는 프로이트의 용어는 Bahnung이다(이 용어는 서툴게도 영어로 "facilitation"이라고 옮겨졌다). 라캉은 이를 frayage로, 일종의 틈 혹은 길트기로 번역한다. 라캉은 프로이트가 이른바 개념적 기억들 사이에 연결고리(혹은 접합)를 확립하는 돌파에 대해 생각하고 있다고 보며, 이러한 뉴런적 연결고리들을 기표들 사이의 연결고리와 기꺼이 연관짓는다. 주체는 기표들 사이에 형성된 통로이다. 다시 말해서, 주체는, 어떤 의미에서, 그것들을 서로 연결하는 그 무엇이다.

   라캉이 네 가지 담화를 세공할 때쯤이면(세미나 17), S_1은 위치적 개념이 되어 있다. 그 어떤 단일한 유일무이한 S_1도 없다. S_1은 단순히 담화의 나머지로부터 고립된(혹은, 프로이트가 『꿈의 해석』에서 말하듯이, 의식적 사고들의 "심리적 사슬"로부터 단절된)15) 어떤 기표를 지칭한다. 이러한 S_1은 종종 분석 도중에 인지가능하다. 분석자가 어떤 용어와 반복해서 충돌한다는 사실에서 말이다. 그것은 예컨대 "죽음" 같은 용어일 수도 있고, 또는 분석자에게 불투명해 보이는, 사태를 열어놓는 대신에 언제나 연상을 종결시키는 것처럼 보이는, 여하한 다른 용어일 수도 있다. 여기서 분석자는, 어떤 의미에서, 의미의 전적인 불투명성과 조우하고 있는 것이다. 그/녀는 그 단어들이 모국어에서

6장 은유와 주체성의 재촉

무엇을 **의미**하는지 잘 알고 있을 테지만, 그것들이 **그/녀에게** 무엇을 의미하는지를, 모종의 주관적 함축을 가진 그것들의 특별한 개인적 의미를 여전히 알지 못한다. 주체는 여기서 의미 없는 주인기표에 의해 가려진다(eclipsed).

$$\frac{S_1}{\$}$$

바로 이런 의미에서 주인기표는 무의미한(nonsensical) 것이다.

주체성의 재촉: 주인기표를 변증화하기

분석의 목표 가운데 하나는 그와 같은 고립된 용어들, 환자의 연상의 흐름을 중단시키고 주체를 동결시키는—혹은 오히려, 그/녀를 무화하는—이 단어들을 "변증화"하는 것이다. 여기서 "변증화"는 이 S_1의 "외부"를 도입하려는, 즉 그것과 또 다른 기표 S_2 사이에 대립을 확립하려는 노력을 나타내기 위해 라캉이 사용하는 용어이다. 이 S_1이 또 다른 기표와 모종의 관계를 맺도록 할 수 있다면, 주체를 예속시키는 주인기표로서의 그것의 지위는 변한다. 그것과 또 다른 언어적 요소 사이에 다리가 세워지며, 어떤 상실이 발생한다.

$$\frac{S_1}{\$} \longrightarrow \frac{S_2}{a}$$

(나는 여기서 "상실"—대상 a—의 복잡한 문제를 다루지 않을 것이다. 아래 7장을 보라.) 쉽게 말해서, 분석자는 더 이상 자신의 연상의 저 특정한 지점에 들러붙게 되지 않는다. 연이어 몇 개월이 될 수도 있는 기간 동안 동일한 용어와 단속적으로 충돌한 뒤에, 그것은 누그러지기

시작한다. 주체를 위한 주인기표의 의미가 창조된다. 그리고 주체는—S_1과 S_2 사이에 연결고리를 형성하는 가운데 순간적으로 존재하게 되었다가—다시금 의미와 존재 사이에서 분열된다.

$$\text{의미} \quad \dfrac{S_1}{\$} \xrightarrow{S} \dfrac{S_2}{a} \quad \text{존재}$$

S_1과 또 다른 기표적 요소 사이에서의 대립의 창출은 주체적 **위치**를 허용하는 그 무엇이다. 여기서 S_1과 S_2 사이에서의 다리 건설을 통해—어떤 의미에서, 화살표를 따라서16)—**존재하게 된 주체와 의미의 빗금 쳐진 혹은 소외된 주체** $\$$(가로선 아래의 위치로 좌천된 주체) 사이의 대립에 주목하라.

각각의 격리된 S_1은, 출현할 때, 무의미적이다. S_1은, $S(\mathsf{A})$와는 달리, 발화될 수 없는 것이 아니다. 그것은 어느 날 심층으로부터 마침내 솟아오르는 어떤 신비한 숨겨진 기표가 아니다. 그것은 분석자가 일상생활에서 사용해온 단어나 이름일 수도 있다. 그렇지만 그것은 분석자를 내포하는 것처럼 보이는 맥락 속에서 그것이 나타날 때 무의미의 영역 속에서 존속한다, 분석자가 어떻게인지나 왜인지를 알지 못하더라도 말이다. 무의미는 물론 여타의 형태를 취할 수도 있다. 그것은 말장난의 차원에서도 아무것도 암시하는 바가 없기에 아무런 의미도 여하간 부여될 수 없는 이해할 수 없는 불분명한 말들에서 나타날 수도 있다.

여하간 무의미의 중요성에 대한 라캉의 강조는, 분석 치료 과정에서 분리된 주인기표들로서 전면에 나오는 기표들을 변증화하는 분석적 목적과 연관되어 있다. 자폐증은 변증화하기가 사실상 불가능한 하나

의 혹은 단지 소수의 주인기표들이 있는 사례로서 볼 수 있을 것이다. 신경증의 경우에는, 일반적으로, 치료 과정에서 스스로를 드러내는, 일종의 정지점이나 막다른 지점으로서 우리의 관심을 끄는 전 계열의 주인기표들이 있다. 분석은 바로 저 막다른 지점들을 돌파하여 길거리로 통하게 만들려고 한다. 주체는 궁지에서 장애물을 제거하고 그로써 출구를 만들어내는 과정에서 나타난다. 주체는, 어떤 의미에서, 저 장애물이 두 개의 분리된 부분으로, S_1과 S_2로 분열됨이다(<그림 6.5>).

<그림 6.5>

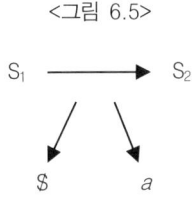

논의의 이 지점까지 나는 정신분석이 성취하고자 하는 것을 이해하기 위한 적어도 네 가지 별도의 방식을 제공했다. 주인기표의 변증화, 주체성의 재촉, 새로운 은유의 창조, 원인의 주체화나 "떠맡음". 라캉의 한층 더 다가적인 "대수"에 이제 친숙해진 독자는 그것들이 모두 하나의 동일한 것이라는, 그것들 모두가 동일한 기본적 목적을 특성화하는 부분적 방식들이라는 이야기를 들을 준비가 틀림없이 되어 있을 것이다. 주인기표가 변증화될 때, 은유화가 발생하며, 주체가 재촉되며, 주체는 원인과의 관계에서 새로운 위치를 떠맡는다. 이것들 모두는 분리의 과정에, 그리고 라캉이 환상의 횡단이라고 부르는 추가적 분리의 과정에 속한다.

분리는 궁극적으로 신경증자 분석이 다루는 전부다. 부모나 친척 등등과의 동일시에서 연원하는—정신신체적이건 "순수하게" 심적이 건—신경증자들이 나타내는 명백히 철저작업되어야 하는 일체의 증상들과는 별도로, 신경증자와의 상당 부분의 작업은 분리의 완성을 중심으로 선회한다. 충분히 진행되었을 때 분석은 언제나 극복불가능한 "거세의 암반"에 직면하게 된다고 프로이트가 제안한다면,17) 라캉은 분리가 그 지점 너머로 주체를 데리고 갈 수 있다고 제안한다. 자신을 세계 속으로 데려온 자신의 운명을, 저 외래적 원인(**타자**의 욕망)을 주체화할 때 소외는 극복될 수 있다. 라캉의 작업에 있는 모종의 유토피아적 계기인바 거세 너머로의 이러한 이행은 내가 아는 한 라캉의 이후 작업에서 결코 철회되지 않았다. 이는 여타의 유토피아적 계기들(예컨대 충만한 말)과는 다른 것인데, 후자는 "라캉에 반反하는 라캉"(초기 라캉에 반하는 후기 라캉)의 통상적 사례들에서 암묵적으로 비판되었다. 그리하여 저 이행은 프로이트에 대한 라캉의 반박이나 능가함의 초석으로서 서 있다.18)

제3부

라캉적 대상: 사랑, 욕망, 향유

7장 대상 ⒜: 욕망의 원인

대상 *a*와 더불어 라캉은 정신분석에 자신이 가장 의미심장한 공헌을 했다고 느꼈다.[1] 라캉의 저작에서, 그토록 광범위하게 세공된, 1950년대에서 70년대까지 그토록 의미심장하게 수정된, 그토록 다양한 관점들에서 다루어진, 욕망과 전이와 과학에 대한 우리의 통상적 사고방식에서 그토록 많은 변경을 요구하는 개념은 드물 것이다. 그리고 라캉의 저작에서 그토록 많은 아바타를 가지고 있는 개념도 드물 것이다. 타자, 아갈마, 황금수, 프로이트적 사물, 실재, 변칙, 욕망의 원인, 잉여향유, 언어의 물질성, 분석가의 욕망, 논리적 일관성, **타자**의 욕망, 유사물/모조물, 잃어버린 대상 등등. 대부분은 아직 출간도 되지 않은 라캉 저작의 말 그대로 수천 페이지가 이 개념의 발전에 바쳐지고 있기 때문에,[2] 라캉의 설명 전부를 적절하게 해명하거나 망라하는 대상 *a*에 대한 설명을 나는 도저히 제공할 수 없을 것이다. 더구나 그의 세공들 중 다수는 대수적, 위상학적, 논리적 정식화들을 포함하는데, 이것들은 광범위한 주석을 요구할 것이고 대부분의 독자들에게 거의 관심거리가 아닐 것이다.3) 책 한 권 분량의 연구를 정당하다고 보면서도4) 여기서 나는 정신분석에 대한 라캉의 최우선적 공헌의 가장 현저한 측면들 중 일부라고 생각되는 것에 논의를 한정할 것이다.

이 책의 앞 장들에서 나는 주체의 도래와 그에 상응하는 **타자** 안에서의 변화들을 설명하기 위해서 몇 가지 상이한 맥락에서 대상 *a*를 도입하지 않을 수 없었다. 쉽게 예상할 수 있는 것이지만, 라캉의 대상과 주체 개념은 동시적인 수정을 겪는다. 우리는 시간상의 어떤 특정한 지점에서의 라캉의 이론을 두 개념 모두를 고려에 넣지 않고서는 파악할 수 없다. 3장에서 나는 대상 *a*를 상징화의 잔여물—상징화 이후에 혹은 상징화에도 불구하고 남는, 존속하는, 탈-존하는 실재(R_2)—로서, 외상적 원인으로서, 그리고 법칙의 매끄러운 작동과 기표사슬의 자동적 전개를 중단시키는 그 무엇으로 지칭했다. 5장에서 나는 대상 *a*를 주체가 전체성의 감각을 성취하기 위해 환상 속에서 고수하는 가설적 어머니-아이 통일성의 마지막 상기물reminder이나 잔여물로서, **타자**의 욕망으로서, 향유 대상으로서, 분리 과정에서 아이가 가지고 가는 어머니-**타자**의 저 "부분"으로서, 그리고 분석 과정에서 주체가 되어야/주체화해야 하는 주체의 실존의 외래적이고 치명적인 원인으로서 논의했다. 6장에서 잠시 나는 대상 *a*를, 프로이트의 잃어버린 대상이라는 맥락 속에서, 주체의 존재로서 언급했으며, 또한 그것을 주인기표의 변증화의 산물로서 언급했다.

대상 *a*에 대해서 말하는 이 모든 방식들을 "함께 사유함"에 있어서 독자의 과제는 손쉬운 과제가 아니었다. 그리고 나는 이 장에서 이를 부분적으로 교정하고자 희망한다. 그럼에도 불구하고, 이 책의 2장에서 주체와 관련한 라캉의 모든 정식화들을 함께 사유하는 것이 언제나 쉽지는 않았던 것처럼, 대상과 관련한 그의 모든 정식화들을 화해시키

7장 대상 (a): 욕망의 원인

는 것은 단순한 문제가 아니다. 물론 이는 그 개념을 사유의 진전을 위해 그토록 비옥한 개념으로 만드는 일의 일부이기는 하지만, 체계화하려는 사람에게는 너무나도 짜증나는 것이고 "과학적인 성향의" 사람에게는 너무나도 성가신 것이다. 그토록 다가적인 개념이 과학은 고사하고 의미심장한 담론으로서 정신분석을 구성하는 데 조금이라도 가치가 있을 수 있을까? 나는 10장에서 정신분석과 과학의 관계를 다룰 것이다.

여기서는 몇 발짝 물러나서 상상계, 상징계, 실재의 관점에서 대상 개념을 고찰하도록 하자. 이는 1930년대부터 계속된 라캉의 대상 개념의 진화에 대한 어떤 관점을 제공해줄 것이다.

"대상 관계들"

상상적 대상들, 상상적 관계들

최우선적인 상상적 대상은 자아이다. 4장의 첫 하위 절에서 설명했듯이, 자아는 상상적 산물이며,5) 개인의 자기 신체의 이미지들이나 타자들에 의해 그/녀에게로 되반영된 자기이미지들의 결정화이거나 침전물이다. 프로이트와 대조적으로 라캉은 이 결정화가 하나의 심급을 구성하는 것이 아니라 오히려 하나의 대상을 구성한다고 주장한다. 그 대상은 여타의 대상들처럼 리비도 투여되며, 그리하여 유아 "자신의" 자아는 유아의 환경 안에 있는 여타의 대상들(혹은 자아들)보다 반드시 더 리비도 투여되는 것은 아니다. 이 상상적 층위에서 이해된 바로서의 그 대상은 리비도가 그것을 향하기도 하고 그것으로부터 철수되기도 하는 대상이다. 프로이트의 저작에서 우리가 발견하는

제3부 라캉적 대상: 사랑, 욕망, 향유

바로서의 사랑 대상들의 경우가 그렇듯이 말이다.

자아의 내속적으로 외래적이고 대상 같은 본성을 염두에 두면서 라캉은 1950년대에 자아를 타자(프랑스어로 *autre*)라고 지칭한다. 그래서 자아에 대한 그의 약어가 a인 것이다. 이는 통상 이탤릭체로 표기되며, 이는 (라캉의 일반적인 활자 관행에 따라서) 그것이 상상적이라는 것을 표시해준다. 자기 자신의 자아는 a로, 다른 이의 자아는 a'로 지칭된다. 이러한 지칭들은 그것들 사이의 유사성을 부각시킨다.

"상상적" 관계는 환영적 관계—**실제로** 존재하지 않는 관계—가 아니다. 오히려 그것은 자아들 간의 관계인데, 그 안에서는 모든 것이 단 하나의 대립—동일한과 상이한의 대립—을 통해서만 이루어진다. 상상적 관계는 당신이 다양한 이유로 당신 자신 **같다**고 간주하는 다른 사람들을 내포한다. 이는 당신들 그 둘이 아주 많이 닮아 보이기 때문일 수도 있고, 체구나 나이가 유사하기 때문일 수도 있고, 기타 등등이다. 유아의 경우, 그것은 가족이나 대가족이나 친구 집단 안에서 체구나 나이나 관심에서 그 유아와 가장 비슷한 아이, 그리고 부모 형상이나 권위자 형상에 대한 관계에서도 유사성이 있는 아이이다(<그림 7.1>).

<그림 7.1>

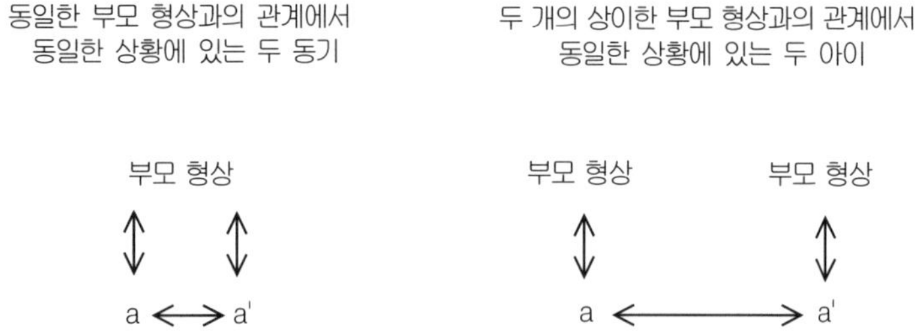

동일한 부모 형상과의 관계에서 동일한 상황에 있는 두 동기	두 개의 상이한 부모 형상과의 관계에서 동일한 상황에 있는 두 아이
부모 형상 ⇕ ⇕ $a \longleftrightarrow a'$	부모 형상 부모 형상 ⇕ ⇕ $a \longleftrightarrow a'$

그리하여, 누가 유사하며 누가 유사하지 않은지에 대한 결정은 또한 상징적 구성성분을 내포한다.6)

동일한(사랑), 상이한(증오)
동일한과 상이한이라는 주요한 상상적 대립에 따라서, 상상적 관계들은 두 가지 현저한 자질에 의해 특징지어진다: 사랑(동일시)과 증오(경쟁). 타자가 나와 같은 한에서, 나는 그/녀를 사랑하고 그/녀와 동일시한다. 나는 그/녀의 기쁨과 고통을 나 자신의 것으로 느낀다. 일란성 쌍둥이의 경우, 우리는 종종 쌍둥이 중 한 명이 자기 자신의 자아만큼이나 다른 쌍둥이 동기의 자아에 리비도를 투여하는 것을 발견한다. 분명 정도가 덜 하긴 하지만, 이는 많은 친밀한 가족에서도 마찬가지다. 이러한 가족에서는 아이들 사이에 상당한 유대감이 있다. 이러한 경우들에서 우리는 너의 이웃을 너 자신처럼 사랑하라는 성경 계명에 대한 매우 드문 완수를 보는 것이다.

이는 또한, 어떤 의미에서, 그와 같은 친밀한 동일시의 뒷면을, 즉 작은 차이(la petite différence)에 의해 생성된 긴장을 설명해준다. 차이는 불가피하게 일란성 쌍둥이 사이에도 기어들어온다. 부모의 차별적 취급 때문이건 아니면 시간이 경과하면서 생기는 외관상의 변화 때문이건 말이다. 처음 관계가 친밀하면 할수록, 미세한 차이들에 대한 격분은 더 커질 가능성이 높다.

동기간의 경쟁은 증오를 내포하는 상상적 관계의 가장 잘 알려진 사례이다. 아주 어린 아이들은 보통은—부모와 자신들의 분명한 차이를 지각하기에—부모에 대한 자신들의 종속을 의문시하지 않는 반면에, 동기들 사이에서는 아주 어린 나이 때부터 자신들의 등급과 지위를 놓고 규칙적으로 겨룬다. 아이들은 일반적으로 자신들의 동기들을 자신과 동일한 범주에 있는 것으로 간주하며, 부모가 자신이 아닌 다른 누군가를 지나치게 우대하거나 이중 기준을 적용하거나 하는 것을 감내할 수 없다. 그들은 동기들이 자신의 특별한 가족 내 자리를 **빼앗아** 가고, 이목을 훔쳐가고, 부모가 높이 평가하는 활동을 자신보다 더 잘해낸다는 이유에서 동기들을 증오하게 된다. 이와 동일한 종류의 경쟁이 일반적으로 시간이 지나면서 급우들, 사촌들, 이웃 친구들 등으로까지 확장된다. 이러한 관계들에서의 경쟁은 아주 종종 지위 상징들을 중심으로 이루어지며, 또한 여타 온갖 종류의 상징적, 언어적 요소들과도 연관된다. 이러한 관계를 변별시켜 주는 것은 다음과 같다. 즉 그 두 편은 스스로를—근소한 나이차나 등수나 사회적 성공 등과는 무관하게—다소간 동등자로 보며, 쉽사리 스스로를 다른 편의 입장에 있는 것으로 상상할 수 있으며, 이러한 비교로부터 경쟁심이나 시기심이 생겨난다.

우리가 우리 자신 같다고 생각하는 자들은 일반적으로 **타자**에 대해서, 우리가 **타자**와 맺는 것과 유사한 관계에 있다. 그리고 **타자**는—우리의 부모에서 학교의 타자, 법, 종교, 신, 전통 등에 이르기까지—일반화되기 때문에, 상상적 관계는 초기 아동기만을 특징짓는, 시간이 지나면서 여하간 벗어나게 되는 관계가 아니다. 그것은 평생 동안 중요한 관계로 남는다.

1950년대 초에서 중반까지, 타자로서의 a는 유일한 라캉적 대상이며, 라캉의 저작에 그 어떤 다른 대상도 보이지 않는다. 라캉이 das Ding을 탐구하는 세미나 7, 라캉이 플라톤의 『향연』에서 아갈마를 분리해내는 세미나 8, 그리고 세미나 9에 와서야 라캉은 전적으로 다른 종류의 대상을 개념화하기 시작한다. 즉 실재적 대상, 욕망의 원인. 그 후로 계속해서 라캉은 이것에 사실상 그의 전 관심을 기울인다. 하지만

7장 대상 (a): 욕망의 원인

그 어떤 의미에서도, 상상적 층위에 위치한 대상의 중요성을 무효화하지 않는다. 예컨대 분석적 상황을 고려해보자.

분석에서 분석가는 종종 분석자에 의해 (특히 분석 초기에) 상상적 타자의 대리물로 간주된다. 분석자가 분석가와 분석자 **같은** 것으로서, 문화나 관심이나 정신분석적 방향성이나 종교 등등의 차원에서 분석자와 동일한 것으로서 동일화하려고 시도할 때 우리는 이를 확인할 수 있다. 나 자신의 임상적 실천에서 보면, 분석자가 두세 번의 세션 이내에 우리가 책장에 같은 책을 가지고 있다고 하면서 우리의 관심사나 관점이 같다는 것을 암시하는 언급을 하는 것은 아주 흔한 일이다. 유사성을 찾으려는, 타자로서의 나와 동일화하려는 이러한 시도는 처음에는 사랑을 낳을 수 있지만 궁극적으로 경쟁으로 이어진다. 분석자는 처음에는 나를 자신과 유사한 것으로 간주할 수 있다. 하지만 그런 연후에 결국 분석자는 자신이 다른 영역, 자신이 우월하거나 열등한 영역을 찾게 된다.

경쟁의 이러한 층위는 대부분의 미국 분석가들이 "역전이"라고 부르는 어떤 것을 라캉이 위치시키는 층위이다. 이 층위는 분석가가 자기 자신을 분석자들과 비교하는 그 동일한 게임에 붙잡히는 층위이다. 분석가는 분석자의 담화를 자신의 것에 비추어 재어본다. "그들은 여기 분석적 상황이나 다른 상황에서 진행되고 있는 일을 이해함에 있어 나보다 앞서 있는가 뒤처져 있는가? 그들은 나의 소망에 복종적인가? 나는 상황을 여하간 통제하고 있는가? 나는 우세한 것인가? 어떻게 해서 이 사람은 내 신경을 건드리고 내가 나 자신을 마음에 들어하지 않게 만드는 것인가?" 라캉의 관점은 역전이적 감정들이 존재하지 않는다는 것이 아니라, 그것들이 언제나 불가피하게 상상적 층위에 위치하고 있으며 때문에 분석가는 그것들을 옆으로 치워놓아야 한다는 것이다. 그것들은 분석자에게 노출되지 말아야 한다. 그러한 감정의 노출은 분석가와 분석자를—유사한 감정과 고민과 불안정을 가질 수 있는 서로에 대한 상상적 타자로서—동일한 층위에 위치시키게 된다. 이러한 위치시킴은 분석자가 분석가에게 어떤 **다른** 역할에 부여하지 못하게 가로막는다.

대상으로서의 타자, 상징적 관계들

> 이 모든 것들은 어떤 다른 사람을 겨냥하고 있다. 그러나 대개 태곳적의 잊을 수 없는 다른 사람을, 이후에 어떤 사람도 필적할 수 없는 다른 사람을 겨냥하고 있다.
>
> — 프로이트, 『정신분석의 탄생』, 118-119쪽

상징적 관계는 언어, 지식, 법, 경력, 학계, 권위, 도덕, 이상 등등으로서의 **타자**에 대한 관계이며, **타자**에 의해 지칭된(혹은, 좀 더 강하게 말해 보자면, 요구된) 대상들과의 관계이다. 그러한 대상들로는 등수, 졸업장, 성공, 결혼, 아이 등이 있는데, 이 모두는 신경증에서 불안과 통상 관련되어 있는 일체의 것들이다. 그럼에도 불구하고, 분석 상황에서 상징적 관계의 층위에서 진정으로 중요한 유일한 "대상"(느슨하게 그렇게 불릴 수 있다면)은 **타자**로서의 분석가, **타자**의 아바타나 대리자로서의 분석가이다.[7]

1950년대 초에서 중반까지 라캉의 작업을 특징짓는바 분석 상황에 대한 라캉의 두 층(상상적 층과 상징적 층) 모델에서, 신경증자 분석의 목표는 상상적 관계로 인해 상징적 관계 안에 초래된 간섭을 제거하는 것이다. 다시 말해서, 상상적 관심사를 치워버려서 분석자가 **타자** 그

7장 대상 (a): 욕망의 원인

자체와의 문제와 대면하도록 하는 것이다. 예를 들어 이성애 신경증자의 경우, 이는 일반적으로 같은 성을 가진 사람과의 상상적 동일화를 철저작업하여 일소시키는 것을 내포한다(<그림 7.2>).

<그림 7.2>

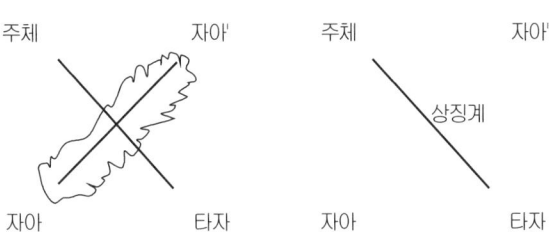

라캉의 작업의 이 초기 단계에서, **주체는 이 타자와의 관계에서 채택된 자세에 있다.** 주체가 **타자**와의 "올바른" 거리를 유지하려고 노력하는, 결코 **타자**의 요구들을 완전하게 충족시키지 않지만 또한 결코 그 요구들을 좌절시키지도 않는, 결코 **타자**에 의해 공표된 저 목표들을 성취하는 데 너무 가까이 이르지 않지만 또한 그것들을 성취하는 데서 너무 멀리 떨어져 있지도 않는 어떤 증상적인 자세 말이다.

분석가들은 종종 그들의 분석자들에 의해 **타자**의 위치에 놓여지게 된다. 분석가는 분석자에 의해서 안다고—심리적 문제들이 발생할 때, 증상들이 나타날 때 무엇이 문제인지를 안다고—가정된 주체로서 보여진다고 말함으로써 라캉은 이를 정식화한다. 서구 사회들에서 종종 분석가는 평생 분석가와 상담을 전혀 하지 않는 사람들에 의해서도 그와 같은 지식을 가지고 있는 것으로 가정된다. 이러한 가정은 오늘날 세계의 일정한 지역들에서의 정신분석의 사회적 기능과 관련이 있다.

그렇지만, 분석가가 안다고 가정된 주체의 역할을 맡는 데 동의한다면, 사전에 결코 알려질 수 없고 분석 과정에서 구성될 수 있을 뿐인 어떤 것을 정말로 자신이 안다고 믿어버리는 덫에 빠진다면, 문제가 생기게 된다. 그로써 분석가는 그릇된 지배력의 감각에 빠져들게 된다. 그리고 이는 분석자와의 상상적 관계를 낳는다. 분석은 수많은 사람들을 위해서 예전의 고백의 역할을, 그리고 다른 수많은 사람들을 위해서 기도/보상의 역할을 넘겨받았으며, 정상과 비정상, 옳고 그름, 좋고 나쁨 등의 모든 문제들에 대해서 숙고할 것만 같은 전지적 **타자**의 신 같은 위치에 분석가를 놓는다. 한 지점에서 라캉은, 분석가가 분석자의 증상, 욕망, 환상, 쾌락에 대한 일정한 지식을 보유하고 있다고 하는 분석자의 가정을 전이의 주된 동기로 파악한다(다른 이에게로 지식을 투사하는 것은 사랑을, 전이사랑을 이끌어낸다).8) 하지만 이 모든 요인들이 분석가를 **타자**의 역할로 예정짓는다고 해도, 분석가는 그러한 위치에서 해석하는 덫에 빠지지 말아야 한다.

물론 프로이트는 처음에는 바로 그러한 것을 했다. 여러 해 동안 그는 분석자들에게 무의식, 억압, 증상 형성 등에 대한 자신의 이론을 설명해주었다. 그는 분석자들이 그에게 말한 것을 그것에 근거하여 해석하고 그들로부터 동의나 믿음의 표현을 이끌어내려고 했다.9) 다행히도 그는 그러한 표현이 나타나지 않을까봐 그리 염려하지 않았으며, 점차로 그가 생각한 모든 것—상황을 이해하는 그의 전 방식—을 분석자에게 설명해주는 접근법을 포기했다. 분석 상황에서 이론에 대한 신봉은 분석자들로 하여금 (『꿈의 해석』에서 프로이트가 다루는 정육점 주인의 아내가 모든 꿈은 소망의 충족이라는 프로이트의 이론을 반증하는 꿈을 꾸었다고 주장했던 것처럼)10) 그 이론을 반증할 방법

7장 대상 (a): 욕망의 원인

을, 분석가의 이론보다 더 나은 이론을 들이댈 방법을 찾도록 이끌게 된다. 그렇게 하여 분석가에게서 안다고 가정된 위치를 박탈하고, 그 대신 분석가를 분석자 같은 평범한 인간으로, 언제나 옳지는 않으며 심지어 분석자보다 우둔한 것으로 판명날 수도 있는 인간으로 만들기 위해서 말이다.

분석가가 그 어떤 비용을 치르더라도 안다고 가정된 주체의 위치에 머물러야 한다는 말이 아니다. 오히려 반대. 그와 같은 주체인 것처럼 명시적으로 행동하는 것은 분석자 편에서 상상적인 경쟁 관계를, 분석가와 분석자의 가능한 최악의 관계를 이끌어내는 경향이 있다. 이것이 함정 1이다. 함정 2: 분석가들이 저 가정된 지식을 정말로 가지고 있다고 믿는다면, 그들은 설교단에서 강연을 하듯 해석을 전달하게 되어 있다. 즉 분석자들에게 거의 아무런 유익한 효과도 주지 못하고 단지 분석자들이 분석가에게 더욱 더 의존적이 되게 할 뿐인 해석을 제공하게 되는 것이다. 다시 말해서, 조언이나 해석을 달라는, 증상에 대한 "이해"를 제공해 달라는 분석자의 요구에 응답함으로써 분석가는 자신이 가지지 않은 것(결여, 다시 말해서 욕망) 대신에 가진 것(지식)을 제공하는 것이고, 그리하여 분석자로 하여금 욕망하기보다는 요구할 것을, 분리되기보다는 소외된 채로 남아 있을 것을 장려하게 된다.

분석가는, 스스로를 분석 상황에서의 지식의 대리자로 간주하기보다는, 분석자의 무의식을 지식의 대리자로 취해야 한다. 무의식은—그것이 말할 때, 혹은 분석자의 말의 중단이나 실수나 얼버무림, 실수 행위, 약속의 망각, 달러 가격의 착오 등을 통해서 스스로를 현시할 때—분석가에 의해 궁극적 권위로서, **타자**로서, 안다고 가정된 주체로서 취해져야 한다.

그럼에도 불구하고 처음에 분석자는 분석가에게 요구의 **타자**,[11]

제3부 라캉적 대상: 사랑, 욕망, 향유

다시 말해서 분석자가 지식이나 도움이나 양육이나 인정이나 관심이나 애정이나 찬성이나 불찬성에 대한 자신의 요구를 전달하는 **타자**의 역할을 부여한다. 이 모든 요구들은, 라캉에 따르면, 결국 하나의 동일한 것이 된다. 사랑에 대한 요구.12) 분석자가 정식화하는 일체의 특정한 요구들에 더하여 분석자가 요구하고 있는 것은 언제나 사랑이다.

(예컨대 위니콧을 포함한) 어떤 분석가들은, 분석자의 신경증이 "부적절한 어머니의 보살핌"을 표시하기 때문에 분석자에게 어머니 역할을 해주는 것이 분석가의 의무라고 믿는다. 그들에 따르면 분석가는, 분석자가 성장하면서 받은 부적절한 관심, 찬성, 불찬성, 사랑, 훈육 등을 보충해주면서, "충분히 좋은 어머니"가 되려고 노력해야 한다. 분석가는, 숨 막히게 하지도 부재하지도 않으면서, 완벽한 사랑 대상이 되어야 한다. 라캉에 따르면 문제는 이렇다. 즉 그렇게 하면 분석자는 분석가에게 더더욱 의존적이 되며, (분석자의 환상 속에 표현되는 바로서의) 분석자의 욕망은 전적으로 분석가의 요구—분석자가 좋아져야 한다거나 꿈을 꾸거나 백일몽을 꾸거나 반성을 해야 한다는 등을 비롯해서 분석가가 요구하는 혹은 분석자가 분석가가 요구하고 있다고 생각하는 기타의 여하한 것—를 중심으로 선회하게 된다($ ◇ D).

분석가들은 약속시간이나 세션의 빈도나 보수나 말(예컨대 분석자에게 마음속에 떠오르는 무엇이건 말하라고 요구하면서)과 관련해서 분석자에게 언제나 어떤 요구들을 한다. 하지만 분석가에게 부모로서의 **타자**의 역할이 부여되면, 그러한 요구들은 사랑의 신호로 읽히게 되고, 이는 다시금 분석자의 요구들에 기름을 붓게 되어, 분석자를 하나의 사랑 대상에 고정시킨다. (요구와 상관적인) 사랑은 대상을 **가지니까** 말이다.13) 프로이트가 "대상 선택"에 대해서 말할 때, 이는 동일한 종류의 사랑 대상에 대한, 혹은 어떤 사랑 대상과의 동일한

7장 대상 (a): 욕망의 원인

종류의 관계에 대한 주체의 반복적인 요구와 관련이 있다. 그리고 라캉이 초기 저작에서 "욕망의" 혹은 "욕망 안의" 대상에 대해서 말할 때(특히 세미나 6을 볼 것), 이러한 대상들은 분명 사랑 대상들이며, 다시 말해서, 주체가 사랑에 대한 자신의 요구를 전달하는 대상들이다.

요구 ⟶ 대상

1950년대 초에서 중반까지, 라캉은 분석자의 상상적 관계들을 점진적으로 일소시키고 또한 분석자의 상징적 관계들, 즉 **타자**에 대한 관계들을 점진적으로 초점에 들어오게 하는 과정을 내포하는 것으로서 분석을 생각한다. 그의 이론의 이 지점에서 분석은 궁극적으로 **타자**와의, 분석가에 의해 체현되지 **않은 타자**와의 관계에서 주체의 위치를 "교정"하는 데 있다. 라캉은 이 시기에 그와 같은 재위치설정이 **타자**의 지배력에서 자유로운 일종의 완전하게 자란 욕망을 초래한다고 믿는다. 그렇지만 나중에 라캉은 그러한 층위에서 수행된 분석이 주체를 욕망으로서 구성하는 데서 충분히 멀리까지 나아가지 않으며 분석자를 **타자**의 요구에 의존하는 채 요구의 층위에 붙잡혀 있게 한다는 것을 알게 된다. 세미나 1에서 라캉은 이미 (언어, 전통 등등으로서의) **타자**를 분석가와 분석자 사이에 위치시킨다.[14] 하지만 분석가의 탈-중심적ex-centric 역할은 그곳 어디에서도 명기되지 않는다. 이 시점에서 라캉이 강조하는 전부는 **타자**에 대한 분석자의 관계다. 그리고 이미 본 것처럼, 분석가가 어떤 **다른** 위치를 떠맡음으로써 **타자**의 역할을 진정으로 포기하거나 단념하지 않는다면, 분석자는 요구의 층위에 붙잡히게 되고, **타자**의 요구에 매달려 있게 되고, 진정으로 욕망할 수 없게 된다.

제3부 라캉적 대상: 사랑, 욕망, 향유

분석자의 대상으로서의 분석가의 다양한 역할들—타자(*a*) 혹은 **타자**(A)—을 검토하면서 우리는 분석가가 상상적인 것의 함정(자신이 분석자 같다고—아무리 여러 측면들에서 정말로 그런 것 같더라도—생각하는 것)을 피해야만 하며 전지적인 **타자**의 위치에서 해석해서는 안 된다는 것을 보았다. 그렇다면 분석가는 자신을 어디에 위치시켜야 하는가? 분석가가 상상적 경쟁자도 **타자**의 대표도 아니어야 한다면, 어떤 종류의 대상이 되는 것이 남아 있는가? 분석가에게는 어떤 역할이 남아 있는가? 분석가는 분석자의 심적 경제 안에서 어떤 몫을 맡는가? 라캉이 이 물음들에 답할 수 있게 해주는 것은 바로 욕망의 본성에 대한 그의 세공이다. 욕망과 관련하여 그의 결론들로 곧바로 도약해보자.

실재적 대상들, 실재와의 조우들

> 욕망은 만족에 대한 갈망도 아니고 사랑에 대한 요구도 아니다. 욕망은 후자로부터 전자를 뺄 때 결과하는 차*差*이다. 즉 그것들의 분열 현상 자체이다.
>
> — 라캉, 『에크리』, 691쪽

> Je te demande de refuser ce que je t'offre parce que ce n'est pas ça![15]
>
> — 라캉

> 사람들이 당신에게 어떤 것을 청한다고 해서, 그것이 그들이 정말로 당신이 주기를 원하는 것이라는 뜻은 아니다.[16]

7장 대상 (a): 욕망의 원인

— 라캉, 세미나 13, 1966년 3월 23일

욕망은, 엄밀히 말해서, 대상을 가지지 않는다. 본질적으로 욕망은 다른 무언가에 대한 끝없는 탐색이며, 이를 만족시킬 수 있는, 다시 말해서 이 불을 끌 수 있는 그 어떤 특정한 대상도 없다. 욕망은 근본적으로 하나의 기표에서 그 다음 기표로의 변증법적 **운동**에 붙잡혀 있으며, 고착과는 정반대되는 것이다. 그것은 만족을 찾지 않으며, 오히려 그것 자체의 지속이거나 진전이다. 더 많은 욕망을, 더 큰 욕망을! 그것은 단지 계속해서 욕망하기를 바란다. 그리하여 욕망은, 라캉에 따르면, 일상적 어법에서 그 용어로 통용되는 모든 것은 아니다. 왜냐하면 그것은 요구와 엄밀하게 구별되니까 말이다.

욕망에 내포된 유일한 대상은 욕망을 **야기하는** 저 "대상"(우리가 이를 여전히 대상이라고 지칭할 수 있다면)이다. 욕망은 그 어떤 본연의 "대상"도 가지지 않는다.[17] 욕망은 원인을, 욕망을 존재하게 하는 원인을 갖는다. 이를 라캉은 대상 (a), 욕망의 원인이라고 칭한다. 대상의 괄호넣기는 —「「도둑맞은 편지」에 대한 세미나」의 1966년 후기(간단히 불리기로는, "Suite")(『에크리』)에서 가장 분명하게 볼 수 있는바 — 대상이 상상적 등록소에서 실재적 등록소로 전위되는 것의 표지이다. 라캉은 더 이상 ("a"를 이탤릭체로 하여) 대상 *a*라고 쓰지 않는다. 분명 원인에 대해 이야기하면서 "대상"이라는 용어를 유지하는 것도 여러 측면에서 오도적이다. 하지만 의미를 바꾸면서도 그 용어를 유지함으로써 어떤 의미에서 라캉은 정신분석 이론에서 "대상"이라는 이름으로 더 흔하게 통용되는 그 무엇에 대한 논의를 선매하려고 하는 것이다. 그것이 단지 이차적인 중요성만을 갖는 것임을 암묵적으로 암시하면서 말이다.[18]

제3부 라캉적 대상: 사랑, 욕망, 향유

욕망의 원인으로서의 대상 (a)은 욕망을 이끌어내는 무엇이다. 그것은 욕망의 도래에, 문제가 되는 욕망이 취하는 특수한 형태에, 그리고 그것의 강렬도에 책임이 있다. 도식적으로 그려보면 이렇다.

원인 ⟶ 욕망 ⟶ 하나의 대상에서 다음 대상으로의 환유적 미끄러짐[19]

잠시 뒤로 물러나보자. 아이에게서 욕망을 불러일으키는 것은 **타자**의 욕망이다. 그것은 **타자**의 요구도 아니며, 또한 심지어 이런 저런 특수한 사물이나 사람에 대한 **타자**의 욕망도 아니다. **타자**의 욕망은, 특정한 대상이나 사람을 향할 때, 아이의 욕망을 그쪽으로 이끌기는 하지만 그 욕망을 야기하지는 않는다. 아이에게서 욕망을 불러일으키는 것은—어떤 사물이나 사람을 향하고 있기는 하지만 그 사물이나 사람과는 구분되는 **타자**의 응시에서 현시되는—순수한 욕망함desirousness으로서의 **타자**의 욕망이다. 아이의 욕망을 불러일으키는 것은 바라봄의 대상이라기보다는 바라봄 그 자체이며, 예컨대 바라봄의 바로 그 행위에서 현시되는 욕망이다.

분석자가 자신의 "대상 선택"에서 어떤 역할을 맡고 있는 것으로서 분석가에게 언급하는 다양한 성질들이나 속성들—머리카락 색깔, 눈 색깔 등등—과는 별도로, 분석자는 종종 다루거나 말로 옮기기가 훨씬 더 어려운 무언가에 대해서 이야기한다. 남자가 여자를 바라보면서 갖는 일정한 방식은 그 여자에게는 그녀가 남자에게서 실제로 원하는 모든 것을 요약할 수도 있다. (이는 필요들에 관한 전형적인 미국식 담화에 호소하면서("나는 애정과 지지와 격려를 필요로 해") 그녀가 남자에게서 원한다고 **말하는** 그 무엇이 아니다. 왜냐하면 그것은 전적으로 의식적인 자아 담화이기 때문이다. 참으로 **타자**의 담화, 사회적인

7장 대상 (a): 욕망의 원인

미국적 **타자**의 담화 말이다.) 그 특수한 바라봄의 방식, 예컨대 그 부적절하고도 태연한 바라봄의 방식은 실제로 그녀가 욕망하도록 만드는, 자아에 의해 요구되는 일체의 세세한 성질들—보살펴주는 남자, 좋은 아버지, 좋은 부양자, 기타 등등—에 의해 소진될 수 없는 욕망을 그녀 안에서 자극하는 그 무엇일 수 있다. 바로 이 욕망을 야기하는 바라봄은 그녀에게서 프로이트가 "대상 선택"이라고 부르는 것을, 그리고 내가 **동반자의 선택**이라고 부르는 것을 결정한다. 세계 안에서 발견되는 바로서의 그 바라봄은 어떤 사람—어떤 "개인"—과 연결되어 있으니까 말이다. 이 개인은 욕망을 자극하는 바라봄과의 친밀한 근접성을 유지하려는 희망 속에서 주체의 동반자로서 채택된다.

원인으로서의 대상   ⟶   욕망   ⟶   동반자
응시/바라봄 (a) $
목소리 (a)

하지만 문제의 사실은 (일체의 개인적 특성들, 결점들, 변별적 성질들 등등을 지닌) 그 동반자가 원인과 비교해 욕망에 대해 (거의) 아무런 가치도 지니고 있지 않다는 것이다. 그 여자는 그녀의 동반자에 대해서 저 바라봄을 그녀에게 제공할 수 있는 그의 능력 말고는 거의 아무것에도 관심이 없을 수도 있다. 그들의 관계에서의 어떤 전환으로 인해 그가 더 이상 그럴 수가 없다면, 그녀는 일정한 종류의 바라봄에 대한 저 욕망을 부추기는 관계 속에 자신을 새롭게 정위하려는 탐색을 하면서 계속 나아갈지도 모른다.

  어떤 남자들의 경우 일차적으로 중요한 것은 여자의 목소리이다. 그들의 욕망을 불러일으키는 것은 그녀가 말하는 것이라기보다는 그녀가 말하는 방식, 그녀의 목소리의 어조와 특성이다. 예컨대, 어떤 남자가 그의 어머니의 목소리와 동일한 방식으로 욕망을 표현하는 목소리를 가진 누군가를 발견했을 때 그는, 추구하라는 가르침을 받은 일체의 성질을 지닌 여자에 대한 탐색을 포기하면서, 공공의 의견이나 사회적 압력이나 관례적 도덕에 대항할 수도 있다.

  흔히 생각하듯 반드시 사랑을 위해서가 아니라, 욕망을 위해서―욕망하는 주체로서의 위치를 유지할 수 있기 위해서.

내가 지금까지 대상 (a)과 관련하여 제공한 두 사례들이 목소리와 응시에서 현시되는 바로서의 **타자**의 욕망이라는 것에 주목해보자. 둘 모두 거울반사가 불가능하다. 여러분은 그것들을 그 자체로 볼 수 없다. 그것들은 아무런 거울 이미지도 갖지 않는다. 또한 그것들은 상징화하거나 형식화하기가 극히 어렵다. 그것들은 라캉이 실재라고 부르는 등록소에 속하며 이미지화와 상징화에 저항한다. 그럼에도 불구하고 그것들은 쾌락과 고통, 흥분과 실망, 스릴과 전율에 대한 주체의 가장 결정적인 경험들과 밀접하게 관련되어 있다. 그것들은 분석 활동(분석 활동은 말을 내포하며, 사물들을 말로 옮겨놓으며, 문제가 무엇인지를 말하려고, 그것을 말로 표현하려고 노력한다)에 저항하며, 주체의 바로 그 존재를 정의하는 향유와 관련되어 있다.

  실재는 본질적으로 상징화에 저항하는 그 무엇이다. 그리하여 실재는 상징적 질서를 특징짓는 변증화에 저항하는데, 변증화 속에서 하나의 것은 또 다른 것으로 대체될 수 있다. 모든 것이 대체가능한 것은 아니다. 어떤 것들은 "기표화signifierized"될 수 없다는 단순한 이유에서 교환될 수가 없다. 그것들은, **사물** 같은 성질을 가지고 있으며 주체에게 반복해서 그것들에게로 되돌아올 것을 요구하기 때문에, 그 어떤 다른 곳에서 발견될 수 없다.

7장 대상 (a): 욕망의 원인

라캉주의 정신분석이 인정하는 도전은 실재를 맞히고 그것이 생성하는 반복을 뒤엎고 고립된 사물을 변증화하고 주체가 원인과의 관계에서 자신을 구성하는 근본적 환상을 뒤흔들어 놓을 방법을 발명하는 것이다.

잃어버린 대상들

라캉은 대상 (a)이라는 개념에 이르는 길에서 도움을 준 몇 명의 정신분석가들에게 진 빚을 인정한다. 칼 아브라함, 멜라니 클라인("부분-대상"), 도널드 위니콧("이행대상").20) 하지만 그럼에도 불구하고 라캉은 "잃어버린 대상"이라는 개념의 정식화에서 분명 프로이트에게 가장 큰 빚을 지고 있다. 그렇지만, 종종 그렇듯이, 라캉의 "잃어버린 대상"은 프로이트의 저술에서 "발견된" 여하한 것 너머로 멀리 나아간다. 맥락 안에서 검토해볼 때 프로이트는 대상들이 되돌이킬 수 없이 상실된 것이라고, 혹은 어떤 대상의 "재발견"이 언제나 이미 상실되어 있는 대상을 함축한다고 결코 주장하지 않는다.

예컨대 「부정」에서 프로이트가 하는 말을 고찰해보자.

> 경험은 가르쳐주었다. 어떤 사물(만족대상)이 "좋은" 성질을 소유하는가, 그래서 나 안으로 받아들일 가치가 있는가 하는 것만이 중요한 것이 아니라 또한 그것이 저기 외부세계에 있는가, 그래서 필요에 따라서 그것을 차지할 수 있는가 하는 것도 중요하다는 것을. ["좋은"이나 "나쁜"이라는 성질을 귀속시키는 단순한 판단으로부터 존재의 판단으로의] 이러한 전진을 이해하기 위해서는 모

든 표상이 지각으로부터 유래하며, 지각의 반복이라는 것을 상기해야만 한다. 따라서 기원적으로, 이미 표상의 존재만으로도 표상된 [마음속에 상상되거나 그려진] 것의 현실성[외부 세계에서의 존재]에 대한 보증이다. 주관적인 것과 객관적인 것의 대립은 처음부터 존재하는 것이 아니다. 그것은 사고가 한번 지각된 무언가를, 외부의 대상이 더는 현존해야 할 필요가 없이, 표상 속에서의 재생을 통해 다시금 현재하는 것으로 만드는 역량을 소유함으로써 처음 형성된다. 따라서 현실성검사의 첫 번째, 가장 가까운 목적은 [마음속에서] 표상된 것에 상응하는 대상을 현실적 지각 속에서 발견하는 것이 아니라, 그것이 아직 현존한다는 것을 확인하기 위해서 그것을 재발견하는 것이다. 주관적인 것과 객관적인 것의 멀어짐에 대한 추가적인 기여는 사고능력의 또 다른 역량으로부터 온다. 표상 속에서의 지각의 재생은 언제나 그것의 충실한 반복인 것은 아니다. 그것은 생략을 통해 수정될 수 있으며, 상이한 요소들의 융합을 통해 변경될 수 있다. 그렇다면 현실성검사는 이러한 왜곡들이 어느 정도에까지 다다르는가를 조사해야 한다. 하지만 우리는 이전에 현실적 만족을 가져다주었던 대상들이 상실되어 있다는 것이 현실성검사의 설정을 위한 조건임을 인식한다. (열린전집 111, 448-449쪽.)

프로이트는 여기서 대상이 그 어떤 절대적인 의미에서도 바로 그 본성상 상실되어 있다고 주장하지 않는다. 대상은 아이가 처음에 **조우하는** 것이지, 아이가 능동적으로 추구하는 것은 아니다. 아이는 그와 같은 조우 **이후**가 될 때까지는 대상을 추구할 수 없으니까 말이다. 나중에 만족 경험의 기억이 마음속에 상기되며(이를테면 재활성화되

7장 대상 (a): 욕망의 원인

고, 혹은 다시 리비도 투여되고), 만족은 환각되거나(일차 과정) 아니면 "외부" 세계에서 추구될 것이다. 따라서 시초적인 Objektfindung이라는 것은 없으며, 단지 Widerzufindung만 있을 뿐이다. 대상의 의도적인 **발견**이라는 것은 없으며, 단지 언젠가 한 번 **조우된**(τυχή) 만족 경험의 기억에 조응하는 "외부" 세계 안의 어떤 대상의 **재발견**만 있을 뿐이다. 반면에 동물들은 (일종의 각인된, 미리 새겨진, 암호화된 지식으로서의) 본능이 찾으라고 지시하는 것을 **발견**하게 된다.21) 무엇이 만족을 제공할 것인지에 대한 그와 같은 타고난 지식을 결여하는 인간은 행운을 통해 그것과 우선 조우해야만 하고, 그런 연후에야 만족스러운 경험을 반복하려는 활동을 개시할 수 있다.

이와 유사하게, 프로이트가 『성욕에 관한 세 편의 에세이』에서 "대상의 발견은 사실상 그것의 재발견이다"라고 말할 때(열린전집 7, 125쪽),* 그는 잠복기 이후의 대상선택이 아이의 첫 대상선택 ― 가슴 ―을 반복한다는 사실을 언급하고 있는 것이다. 여기서도 최초로 조우된 대상은 시간상 어떤 나중의 시점에 새롭게 발견된다.

그럼에도 불구하고 프로이트의 언어는 매우 암시적이며, 라캉은 일종의 프로이트의 텍스트에 대한 (라캉 스스로 Seminar VII, p. 58에서 말하고 있듯이) 탈무드적 독해를 제공한다. 즉 텍스트의 명백한 의미보다는 텍스트의 문자에 더 큰 중요성을 부여한다. 대상이 엄밀히 말해서 결코 발견되지 않았던 것이라면, 이는 아마도 그것이 본성상 환상적이고, **기억된** 만족 경험에 조응하지 않기 때문일 것이다. 애초에 그와 같은 대상은 결코 없었다. "잃어버린 대상"은 결코 있지 않았다. 주체가 그것을 환상이나 꿈에서가 아니라면 그 어떤 곳에서도 발견할 수 없다

* 국역본에는 해당 문장이 누락되어 있다. 누락된 부분은 "충분한 이유가 있다"로 끝나는 문장 다음이며, 그곳의 127번 주는 누락된 문장에 달린 것이다.

는 점에서, 그것은 단지 사후에 상실된 것으로서 구성되는 것이다. 프로이트의 텍스트를 도약판으로 이용하자면, 대상은 언제나 이미 상실된 것으로 볼 수 있다.[22]

우리는 상실된 대상을 또 다른 방식으로도 설명해볼 수 있을 것이다. 가슴은, 최초의 만족 경험 속에서, 전혀 대상으로서 구성되지 않으며, 유아의 신체의 일부가 아닌, 유아의 통제에서 멀리 벗어나 있는 대상으로서는 더더욱 그렇지 않다. 그것은 오로지 사후적으로만, 즉 어머니가 현존하지 않거나 아이를 돌보기를 거부할 때 저 최초의 만족 경험을 반복하려는 유아의 수많은 헛된 시도들 이후에 구성된다. 가슴의 부재, 즉 만족 성취의 실패야말로 가슴이 본연의 대상으로서, 아이와 분리되어 있고 아이에 의해 통제되지 않는 대상으로서 구성되도록 하는 것이다. 일단 구성되면(즉, 비록 아이가 타인들이 여하간 이해할 수 있는 방식으로 아직은 말할 수 없더라도, 상징화되면), 아이는 가슴을 처음 경험된 바로서—자신의 입술이나 혀나 입으로부터 혹은 자기 자신으로부터 **분리되지 않은** 바로서—결코 다시 재발견할 수 없다. 일단 대상이 구성되면, 유아와 가슴 사이에 혹은 주체와 대상 사이에 아무런 구분도 없는(왜냐하면 주체는 결여하는 가슴이 대상으로서 구성될 때에만, 그리고 그 대상에 대한 관계로서만, 존재하게 되므로) "원초적 상태"는 결코 재경험될 수 없으며, 그리하여 처음으로 제공된 만족은 결코 반복될 수 없다.[23] 일종의 무구함은 영원히 상실되며, 이후로 발견되는 현실의 가슴들은 결코 **그것이 아니다. 대상 (a)은 대상을 구성하는 과정의 잔여물이며, 상징화의 손아귀를 벗어나는 찌꺼기이다.**[24] 그것은 어떤 다른 것이 있다는, 어쩌면 상실된, 어쩌면 아직 발견되어야 할 어떤 것이 있다는 상기물이다.

이것이 바로 내가 5장에서 대상 (a)에 대해서 말한 것이다. 그것은 잃어버린 가설상의 어머니-아이 통일성의 상기물/잔여물rem(a)inder이다.

프로이트적 사물

라캉적 대상의 다른 측면들은 유사한 방식으로 프로이트의 저작으로부터 "도출"된다. Das Ding(사물)은, 앞서 인용된 「부정」에 나오는 구절에서 이미 볼 수 있는바, 프로이트의 『과학적 심리학 초고』의 토대를 다루고 있는 세미나 7에서 라캉에 의해 광범위하게 논의된다. 『초고』에서 프로이트는 사물을 신경학적 용어로, 가령 가슴에 대한 유아의 다양한 지각들 속에서 불변하는 어떤 것으로 기술한다. "지각 복합체의 항상적인 부분"에 상응하는 "뉴런 복합체" 속의 하나의 뉴런(프로이트의 원고에서 이는 절묘하게도 "뉴런 a"로 지칭된다)(『정신분석의 탄생』, 257쪽). 가변적인 뉴런("뉴런 b")은 다른 뉴런들(다른 특정한 지각들의 기억 장소)과 연합되어 연결고리를 형성하게 된다. 라캉이 프로이트의 뉴런을 기표로, 그리고 그것들 사이의 이른바 facilitation(*Bahnungen*, 틈)을 기표들 사이의 절합이나 연결고리로 "번역"할 때(Seminar VII, p. 39), 우리는 기표 사슬의 나머지로부터 분리되거나 단절되어 남아 있는 어떤 것(뉴런 a)을—비록 그 사슬은 필연적으로 그것 주위를 선회하지만—발견한다. 이는 사물이며, 일명 대상 (a)이다.

프로이트는 자신의 기술을 타자—무기력한 상태에 있는 유아를 처음으로 돌보는 동료 인간 존재, 동료 피조물, 혹은 이웃(*Nebenmensch*)—에게로 확장한다. "동료 피조물의 콤플렉스는 두 부분으로 나뉜다. 그중 하나는 항상적인 구조라는 인상을 남기며 응집된 '사물'로서 남는다"(SE I, p. 331). 이 항상적 부분이 다른 뉴런들—다시 말해서, 기표들—

과의 연합적 연결고리들로부터 단절되어 남아 있는 한에서, 라캉은 자신의 "번역"을 다음과 같이 이어갈 수 있다. "Das Ding은, 처음부터, 내가 의미화되지 않은 것nonsignified[혹은 기의-너머, hors-signifié]이라고 부르는 그 무엇이다. 주체는 이 의미화되지 않은 것으로부터, 그것에 대한 정서적인 관계로부터 거리를 유지한다. 주체는 그 어떤 억압에도 선행하는, 원초적 정서에 의해 특징지어지는, 일종의 관계 속에서 스스로를 구성한다"(Seminar VII, p. 54).

여기서 das Ding은 **타자**(혹은 "**타자-콤플렉스**") 내부에 있는—**타자 안에** 있지만 **타자** 이상의 혹은 **타자** 너머의25)—의미화되지 않고 의미화될 수 없는 대상으로서 나타난다. 바로 이 대상으로부터 주체는, 너무 가깝게 다가가지도 너무 멀리 떨어지지도 않으면서, 거리를 유지한다. **주체는 그것에 대항한, 그것과 연합된 쾌락/고통의 원초적 경험에 대항한 방어로서 존재하게 된다.** 그것에 대한 주체의 관계는 원초적 정서에 의해 특징지어진다. 그것이 히스테리에서처럼 혐오감이나 반감이건 아니면 강박증에서처럼 회피로 이어지는 압도당함이나 정복당함의 감각26)이건 말이다. 실로 차이나는 "원초적 정서들", 동료 피조물(부모로서의 **타자**)과의 관계에서 유아에 의해 조우되는 "사물"과 관련해 채택되는 원초적 자세들은 히스테리를 강박증과 구별하는 구조적인 진단적 기준을 구성한다. 특히 플리스에게 보낸 프로이트의 편지들에서 볼 수 있는바, 히스테리는 다른 사람과의 성적으로 충전된 "원초적" 조우에 대한 특수한 종류의 정서적 반응으로 정의되며, 반면에 강박증은 어떤 상이한 반응—쾌락, 압도당함의 감각, 죄책감—을 통해서 다양하게 정의된다.27)

여기서 우리는 라캉이 "프로이트적 사물"이라고 부르는 것이 대상 (a)의 초기 판본이라는 것을 알 수 있으며, 또한 프로이트에 의해 기술되

7장 대상 (a): 욕망의 원인

고 있는 그것과의 원초적인 관계가 앞서 5장과 6장에서 기술된 바로서의 근본적 환상에 의해 구성된 그 무엇과 동일하다는 것을 알 수 있다.

잉여가치, 잉여향유

세미나 16에서 라캉은 대상 (a)을 마르크스의 잉여가치 개념과 등치시킨다.28) 주체에 의해 가장 높이 평가되는 것으로서 대상 (a)은 이전의 금본위와, 즉 다른 모든 가치들(예컨대, 통화, 귀금속, 보석 등등)의 측정 기준이었던 가치와 연관된다. 주체에게 그것은 주체가 자신의 모든 활동과 관계 속에서 찾고 있는 저 가치이다.

잉여가치는 양적으로 자본주의에서 "이익"이나 "이윤"이라고 불리는 무엇에 상응한다. 그것은 자본가가 고용인들에게 지불하는 대신에 자신을 위해 따로 챙겨놓는 어떤 것이다. (그것은 또한 "재투자 자본"이라는 이름으로, 그리고 다른 수많은 완곡어구로 불린다.) 그것은, 느슨하게 말해서, 고용인의 노동의 **결실**이다. 미국영어로 쓰여진 법률 문서에서 어떤 사람이 신탁된 어떤 특정한 재산이나 금전의 결실이나 "용익 usufruct"에 대한 권리를 갖는다고 할 때, 이는 그 사람이, 반드시 그 재산이나 금전 자체에 대한 권리는 아니더라도, 그것에 의해 생성된 이윤에 대한 권리를 갖는다는 것을 의미한다. 다시 말해서, 그것은 소유의 권리가 아니라 "향유"의 권리이다. 일상적인 프랑스 어법에서는 그 사람이 그 재산이나 금전에 대한 la jouissance를 갖는다고 말할 수 있다. 좀 더 정확한 프랑스 재정학 용어로, 그것은 그 사람이 토지나 건물이나 자본 그 자체(la nue-propriété: 문자 그대로, "벌거벗은 재산")가 아니라 단지 그것의 과잉 결실을, 즉 그것을 유지하고 경작하는 등에

드는 비용으로 상환이 요구되는 것—한 마디로, 그것의 운영비—을 넘어서는 그것의 산물을 향유한다는 것을 의미하게 될 것이다. (프랑스의 법률 용어로 jouissance는 소유와 좀 더 긴밀하게 연관되어 있다는 데 주목하라.)[29]

고용인은 저 잉여 산물을 결코 향유하지 못한다. 그/녀는 그것을 "상실한다". 노동 과정은 그/녀를 "소외된" 주체($)로서 산출하며, 동시에 상실(a)을 산출한다. **타자**로서의 자본가는 저 잉여 산물을 향유하며, 그리하여 주체는 **타자**의 향유를 위해 자신을 희생하면서, **타자**의 향유를 위해 일하는 부러워할 것 없는 상황에 놓여 있음을 발견한다. 이는 바로 신경증자가 혐오하는 그 무엇이다!

잉여가치처럼, 이 잉여향유는 주체 "바깥에서" **타자** 안에서 순환하는 것으로 보여질 수 있을 것이다. 그것은 신체 바깥에서 hors corps 순환하는 리비도 부분이다. (이점에 대한 추가적인 논의는 8장의 "거세"를 다루는 절을 볼 것.)

욕망**의** 대상과 욕망을 **야기하는** 대상의 구분은 실로 중요한 구분이다. 불행하게도 문헌들에 나오는 대상 (a)에 대한 설명들은 종종 프로이트적 대상에 대해 논의할 때 사용되는 것과 동일한 기초적 언어로 표현된다. 어머니는 아이의 최초 대상이다, 남자아이는 더 나아가 어머니와 동일한 성을 가진 또 다른 사랑 대상을 발견해야 한다, 여자아이는 더 나아가 자신의 첫 주요한 대상과 반대 성을 가진 사랑 대상을 발견해야 한다, 기타 등등. 이는 라캉 이론의 이미 고도로 복잡한 부분을 포착하는 어려움을 심화시킬 뿐이다.

여기서 내가 제공한 논의는 결코 포괄적이지 않으며, 대상 (a)의 추가적인 국면들이 앞으로의 장들과 부록에서 다루어질 것이다.

8장 성적 관계 같은 것은 없다

부분과 전체의 변증법은 성적 차이, 혹은 (라캉의 표현대로라면) "성구분sexuation"의 공식화에서 매우 중요하다. 이 주제에 대한 불어권과 영어권 양쪽 모두의 문헌에서는 라캉의 논의가 all과 some의 변증법을 중심으로 하고 있는 것으로 종종 잘못 이해되고 있다. 이 오해는 특히 『여성 섹슈얼리티』*에 번역되어 있는 『앙코르』(세미나 20)의 장들에서 현저하다.

all과 some의 변증법은 옳든 그르든 아리스토텔레스까지 거슬러 올라가는 것이 보통인 반면 부분part과 전체whole의 변증법은 으레 소크라테스 이전 철학자들과 헤겔의 것으로 간주된다. 하지만 라캉의 것은 약간 뒤틀린 부분과 전체의 변증법이다. 전체는 결코 전체가 아니다(**타자**는 존재하지 않는다). 그리고 부분은 정의될 수도, 자리매김될 수도, 특정화될 수도[1] 없으며, "전체와는 아무 관계가 없다."[2] 그래서 라캉의

* * * *
* Jacques Lacan and the *école freudienne*, *Feminine Sexuality*, eds. Juliet Mitchell and Jacqueline Rose, NY: Norton, 1982.

변증법은 보다 전통적인 철학적 배경을 갖고 있는 이들보다는 후구조주의자들과 현대 집합론의 발전에 친숙한 수학자들에게 훨씬 이해되기 쉬울 것이다.

성적 차이에 대한 라캉의 견해를 제시하는 데에는 극복해야 할 많은 장애물이 있다. 영어로 글을 쓰는(혹은 저술이 영어로 번역된) 몇몇 저자들은 라캉 사유의 다른 측면들에 대한 확실한 파악 없이 성구분에 대한 라캉의 작업을 논의해 왔다. 그래서 그들은 독자 대중에게 명백하게건 부분적으로건 잘못된 해석을 제공해 왔으며, 라캉이 결코 지지한 바 없는 견해를 비판해 왔다.[3] (데리다가 「진리의 공급자」에서 그리 하듯이) 다소 형이상학적으로 들리는 라캉의 주장들 중 하나("편지는 언제나 목적지에 도착한다")에 들러붙어서, 그것을 맥락에서 떼어내고, 그것이 의도하지 않는 것을 놓고 그것을 공격하는 것은 어렵지 않은 일이다. 그리고 라캉의 텍스트에서 "남근"이라는 단어를 찾아내고는 그에게 남근중심주의라는 딱지를 붙이는 일도 누구나 할 수 있다. 훨씬 더 어려운 일은 성적 차이에 대한 그의 방대한 설명들(세미나 18에서 21까지, 그리고 여타의 것들)을 면밀히 따라가면서 그의 중심적인 관심사를 식별해내고 그의 주요 논제들을 골라내는 일이다.

여기서 내가 하려고 하는 것은 (1) 거세, 남근, 그리고 남근 기능 등을 통해 라캉이 말하려고 하는 바가 무엇인지 설명하고, (2) 성적 관계 같은 것은 없다고 하는 관념으로 라캉이 붙잡으려고 하는 바가 무엇인지 지적하고, (3) 성적 차이에 관한 논쟁을 라캉이 실제로 말한 것들 주위로 다시 집중시키기 위해서 그의 복잡한 "성구분 공식들"을 전부는 아니더라도 얼마간 펼쳐 보이고,[4] (4) 그의 설명에 의해 제기되는 보다 폭넓은 일정한 쟁점들을 다루는 것이다. 라캉은 분명 그 자신의 몇몇 정식화들에 나오는 프로이트적 용어들 너머를 볼 수 있는 수단을 제공해준다. 즉 우리는 거세를 소외로, 남근을 욕망의 기표로, 아버지의 이름을 S(A)로 봄으로써, 상당히 문화-특수적인 프로이트의 용어들을 넘어서는 성구분 이론을 어렴풋이나마 그려볼 수 있다.

거세

세미나 14에서 라캉은 묻는다.

> 거세란 무엇인가? 그것은 분명 꼬마 한스가 내놓는 정식화, 즉 누군가가 고추를 잘랐다 같은 것이 아니다. 그럼에도 불구하고 그것은 제자리에 달려 있으니까 말이다. 여기 걸려 있는 문제는 그가 그의 향유를 자기 내부에서 취할 수 없다는 것이다. (1967년 4월 12일)

거세는 우리가 어떤 시점이 되면 어떤 향유를 포기하도록 요구받는다는 사실과 관련이 있다. 이것이 직접적으로 함축하는 바는 이렇다. 즉 라캉의 거세 개념은 본질적으로 음경에 초점이 맞추어져 있는 것이 아니라 향유의 포기에 초점이 맞추어져 있으며, 따라서 그것은 남자들과 여자들 모두에 적용된다. 그들이 그들의 향유의 일부를 (마르크스적인 용법에서) "소외"시키는 한에서 말이다.

라캉의 작업에서 거세는 소외와 분리에 매우 밀접하게 관련되어 있다. 이미 본 것처럼, 소외 속에서 말하는 존재가 출현하며, 그/녀가 언어 속에 존재하게 될 때 무언가를 포기하도록 강제된다.[5] 분리는 이차적 포기를 요구한다. 즉 요구로서의 **타자**로부터 도출되는, **타자**의 요구를 환상 속의 대상으로 배치하는 것($◇a 대신 $◇D)으로부터 도출되는 쾌락, 다시 말해서 충동들로부터 획득되는 쾌락에 대한 포기 말이다.

희생된 향유는 어떻게 되는가? 그것은 어디로 가는가? 그것은 단순히 무화되는 것인가? 그것은 단순히 사라지는 것인가? 아니면 어떤 다른 층위나 장소로 이동하는가? 대답은 분명해 보인다. 그것은 **타자** 쪽으로 이동한다. 말하자면 그것은 **타자**의 계좌로 이체된다.6) 그렇다면 과연 이것은 무엇을 의미할 수 있는 것일까? 신체에서 "짜내어진" 일정한 향유는 말 속에서 재발견된다. 언어로서의 **타자**가 우리 대신 즐긴다. 달리 말해서, **타자** 안에서 우리 자신을 소외시키고, **타자**의 담화를 지탱하기 위해 우리 자신을 명부에 올리는 한에서만 우리는 **타자** 안에서 순환하는 향유의 일부를 나누어 가질 수 있다.

『피네건의 경야』를 읽을 때 우리는 기표 안에, 언어로서의 **타자** 안에 향유가 담겨져 있음을 감지한다. 문자들의 사슬은, 그리고 언어 속에서 채굴되기만을 기다리고 있는 듯 보이는 언어적 "광물들"은 우리 자신의 삶에서 독립되어 있는 언어의 삶을 암시한다. 엄밀히 말해서 언어는 분명 스스로에게 흥분하지 않는다. 그러나 언어로서의 **타자**가 우리 "안에" 있는 한에서 우리는 그로부터 일정한 향유를 끌어낼 수 있는 것이다.

거세에 내포된 희생은 일정한 향유를 **타자**에게 넘겨주고 그것이 **타자** 안에서 순환하도록 하는, 즉 그것이 어떤 의미에서 우리 "외부"에서 순환하도록 하는 것이다. 그것은 예컨대 글쓰기의 형태를 취할 수도 있고, 혹은 "지식체"의 확립이라는 형태를, 즉 창조자로부터 독립되어 타인들에 의해 첨가되거나 수정될 수도 있는 "자기 나름의 생"을 갖는 지식의 확립이라는 형태를 취할 수도 있다.

8장 성적 관계 같은 것은 없다

 따라서 거세는 다른 분야들의 다른 과정들과 연관될 수 있다. 예컨대 경제적 영역에서, 자본주의는 노동자로부터 일정한 양의 가치, "잉여가치"를 뽑아내거나 제하는 것을 요구한다. (노동자의 관점에서 볼 때, 플러스나 잉여라기보다는 마이너스인) 그 가치는 노동자에게서 빼앗아—노동자는 상실의 경험에 종속된다—"자유" 시장으로서의 **타자**에게 이전된다. 7장에서 잉여향유(라캉의 plus-de-jouir)와 등치된 바 있는 잉여가치는 "추상적인 시장의 힘들"의 "외래적" 세계 속에서 순환한다. 자본주의는 자신의 장 안에 상실을 만들어내며, 이는 거대한 시장 메커니즘이 발달할 수 있게 한다. 마찬가지로 우리의 말하는 존재로서의 도래는 상실을 만들어내며, 이 상실은 문명과 문화의 중심에 있다.

 프로이트는 그가 모든 문화적 성취에 필수적인 것으로 간주한 "본능의 포기"라는 측면에서 그 상실에 대해 이야기했다. 그는 일반적으로 그것을 오이디푸스 콤플렉스와 그것의 해결(하나의 사랑 대상을 포기하고 어떤 다른 곳에서 또 다른 대상을 찾아야만 하는 것)에 관련지었고, 여자아이들에게 요구되는 포기는 남자아이들에게 요구되는 것보다 덜하다고 믿었다. 그래서 전체로서의 문화에 대한 여성들의 기여가 덜하다고 간주된 것이다.

 라캉의 작업에서 향유의 희생은—그런데 그 희생의 정도는 과소평가되어서는 안 되는데, 왜냐하면 그것은 "눈곱만큼의 쾌락"만을 남겨 놓기 때문이다—우리가 말을 해야만 한다고 하는 **타자**의 요구로 인해 필연적인 것이 되며, 자폐증자만이 이러한 희생을 물리친다. 이 요구는 분명 문화의 모든 것들에, 모든 지식체들에 묶여 있는 것인데, 왜냐하면 언어가 없다면 우리는 그것들 중 그 어떤 것에도 접근할 수 없을 것이기 때문이다.

 클로드 레비-스트로스는 친족 규칙들에서도 유사한 구조가 작동하고 있음을 제시한 것으로 이해해 볼 수 있을 것이다. 즉 여자의 교환 혹은 순환은 근친상간 금기에 의해 야기된 근본적 상실에 근거한다.[7] 그가 『구조인류학』에서 말하는 것을 고찰해보자.

> 사회 혹은 문화를 언어로 환원하지 않고 우리는 이 "코페르니쿠스적 혁명"을 시작할 수 있다. …… 그 혁명은 사회 일반을 소통 이론의 견지에서 해석하는 것으로 구성될 것이다. 이 시도는 세 가지 층위들에서 가능할 것인데, 왜냐하면 경제적 법칙들이 상품과 서비스들의 순환을 보증하는 데 봉사하는 것처럼, 그리고 언어 법칙들이 메시지의 순환을 보증하는 데 봉사하는 것처럼, 친족 및 혼인 법칙들은 집단들 사이에서의 여자의 순환을 보증하는 데 봉사하기 때문이다.[8]

이 인용문을 살짝 수정해서 소통 이론을 기표 이론으로 바꾸고, 여자의 순환을 욕망의 기표의 순환으로, 상품과 서비스들의 순환을 잉여가치의 순환으로, 메시지의 순환을 향유의 결여(와 그에 상응하는 잉여향유)의 순환으로 바꾼다면, 우리는 세 가지 '체계들' 모두에서 동일한 구조를 발견하게 된다. 결여나 상실이 발생하고 그런 다음 그것이 **타자** 내부에서 순환한다는 것을 말이다.

라캉 그 자신은 정치적 영역에서 가져온 사례를 제공한다.

> 나 자신의 신체의 향유 말고는 그 어떤 향유도 내게 주어지지 않으며, 주어질 수 없을 것이다. 이는 직접적으로 분명한 것이 아니라, 그렇지 않을까 추정되는 것이다. 그리고 사람들은, 이 좋은 향유, 그래서 나의 유일한 자산인 이 향유 둘레로 인권이라고 불리

8장 성적 관계 같은 것은 없다

는 소위 보편적인 법의 보호막을 친다. 아무도 내가 나에게 적절해 보이는 방식대로 내 신체를 사용하는 것을 막을 수는 없다는 것이다. 그 제한의 결과는 …… 모두에게 향유가 고갈된다는 것이다.

(세미나 14, 1967년 2월 22일)

제한은 법이라는 형식으로 만들어지는데, 처음에 그 법은 나 자신의 신체에 대한—타인들이 **그들**에게 적절해 보이는 방식대로 그것을 사용하는 것을 막는—배타적 향유의 권리를 나에게 부여하기 위해 고안된 것이다. 그러나 그럼에도 불구하고 바로 그 동일한 제한은 나 자신의 향유를 파괴하는 것으로 귀결된다.

이와 같은 생각은 예컨대 세미나 7에 있는 라캉의 프로이트 독해에서 중심적이다. 현실원리는 궁극적으로 쾌락원리에 이익이 되는 제약들을 쾌락원리에 부과하는 것이지만, 너무 멀리 나아간다. 현실원리가 부과하는 포기는 현실원리가 수행한다고 가정된 기능, 즉 쾌락원리를 우회와 지연의 방식으로 유지하는 기능에 **부합하지 않는다**. 프로이트의 초자아가—어떤 의미에서, 가장 윤리적으로 행위하는 이들에게 가장 가혹한 처벌을 가하면서9)—자신의 한도를 넘어버리는 것과 마찬가지로, 법은 불가피하게 자신의 권한을 초과한다. 즉 상징적 질서는 우리 안에 있는 살아 있는 존재나 유기체를 죽이고, 그것에 기표를 재기입하거나 덧기입한다. 그리하여 존재는 죽고("문자는 죽인다"), 기표만 살아간다.

제한, 결여, 상실. 이것들은 라캉적 논리에서 중심적이며, 라캉이 거세라고 지칭하는 것을 구성한다. 그것들은, 특수한 사례사에서 그리고 서구문화의 특수한 부문과 국면들에서, 종종 생식기와, 남성 기관의 팽창이나 감퇴와, 성과 아기가 나오는 곳에 대한 아이들의 이론과 관련될 수도 있을 것이다. **그렇지만 그런 특수성들은 결여/상실 그 자체의 구조에 비해 우연적인 것이다.**

남근과 남근 기능

사랑과 관심을 추구해 가면서 아이는 조만간 자신이 부모의 유일한 관심 대상이 아니라는 사실에 직면한다. 부모의 다중적인, 그리고 명백히 다종다양한 관심 대상들은 모두 한 가지를 공유한다. 즉 그것들은 부모의 관심을 아이가 아닌 다른 곳으로 돌려놓는다. 부모의 관심은 아이의 우주 속에서 최고의 가치를 갖는 그 무엇이다. 그것은 말하자면 금본위인 것이며, 다른 모든 가치들을 측정하는 기준이 되는 가치다. 아이로부터 부모의 관심을 돌려놓는 모든 대상들이나 활동들은 그렇지 않았더라면 결코 갖지 않았을 중요성을 띠게 된다. 한 기표가 아이를 넘어서는 부모의 욕망의 그 부분을 의미하게 된다는 것은 (그리고 확장되어 부모의 욕망 일반을 의미하게 된다는 것은) 놀랄 일이 아니다. 라캉은 그것을 "욕망의 기표"라고 지칭한다. 그리고 "인간의 욕망은 **타자**의 욕망이다"라는 점 때문에, 그것은 또한 "**타자**의 욕망의 기표"라고 지칭될 수 있다. 그것은 욕망할 가치가 있는 것, 욕망함직한 것의 기표다.

  정신분석적 실천은, 다른 실천들이 그러하듯, 서구문화 일반에서 그 기표가 남근이라고 제안한다. 그것이 선입관에 불과하다고 많은 이들이 주장하고 있지만, 정신분석은 그것이 임상적 관찰이며 그 자체로 우연적인 것이라고 주장한다.[10] 그것은 임상실천에서 되풀이되어 입증되며, 따라서 그것은 필연적이고 보편적인 규칙이 아니라 하나의

8장 성적 관계 같은 것은 없다

일반화를 구성한다. 그것이 다른 어떤 것이 될 수 없을 것이라는 아무런 이론적 근거도 없다. 그리고 어쩌면 어떤 다른 기표가 욕망의 기표의 역할을 하는(혹은, 했던) 사회들이 있을지도(그리고 있었을지도) 모르는 일이다.

우리 사회에서는 왜 남근이 그 역할을 수행하게 되었는가? 라캉은 다양한 가능한 이유들을 제시한다.

> 우리는 이 기표가 실재적인 것으로서의[상상적이거나 상징적인 것이 아닌 실재적인 행위로서의] 성적 교접copulation에서 붙잡을 수 있는 것 가운데 가장 두드러진 것으로서 선택되었다고 말할 수 있을 것이다. 또한 그것이 문자 그대로의 (활자상의) 의미에서, 가장 상징적인 어떤 것으로서 선택된 것이라고 말할 수도 있을 것이다. 교접에서 그것은 (논리적) 계사copula에 상응하는 것이니 말이다. 또한 부풀어오름(팽창) 덕분에 그것은 세대를 거쳐 이어져 온 생명의 흐름의 이미지인 것이라고 말할 수도 있을 것이다. (『에크리』, 692쪽.)

남근의 사실상의 지위에 대해 어떤 이유들이 제안되든―그러한 이유들 모두는 그 본성상 "인간학적"이거나 상상적인 것이며, 구조적인 것은 아니다―우리 문화에서 남근이 일반적으로 욕망의 기표로 봉사하고 있다는 사실에는 변함이 없다.[11]

그런데 욕망의 기표는 욕망의 원인과 동일하지 않다. 욕망의 원인은 의미작용signification 너머에서 의미화 불가능한 것으로서 머문다. 라캉의 정신분석이론에서 "대상 a"라는 용어는, 분명 주체의 욕망의 원인으로 이바지하는 한에서 **타자**의 욕망을 의미하는 하나의 기표다. 그러나

제3부 라캉적 대상: 사랑, 욕망, 향유

"이론 바깥에서" 어떤 역할을 담당하는 것으로 간주될 때의 대상 a는, 즉 실재로서의 대상 a는 아무것도 의미하지 않는다. 즉 그것은 **타자**의 **욕망이다**. 그것은 의미된 것이 아닌 실재로서의 욕망함desirousness이다.

다른 한편 남근은 단지 기표일 뿐 다른 어떤 것도 아니다. 일상 언어에서와 마찬가지로 이론에서도 그것은 욕망의 기표다. 따라서 대상 a는 실재적인, 말할 수 없는 욕망의 원인인 반면 남근은 "욕망의 이름"이고 따라서 발음될 수 있다.

욕망이 항상 결여와 상관적인 한에서, 남근은 **결여의 기표**이다. 욕망의 전치와 변동은 전체로서의 구조 내부에서의 결여의 운동을 지시한다. 거세가 그 구조를 작동시키는 원초적 상실을 지칭한다면, 남근은 그 상실의 기표이다. 라캉이 1959년 논문 「어네스트 존스의 상징 이론에 관하여」에서 말하듯이, "남근은 …… 주체가 기표에 의해 야기된 파열 [morcellement du sinificant] 때문에 겪게 되는 바로 그 상실의 기표이다" (『에크리』, 715쪽). 같은 논문의 다른 곳에서 라캉은 "남근은, 주체가 기표와 맺는 관계 속에서 주체를 규정하는, 존재의 결여[존재에서의 결여 혹은 존재하기를 원함(통상적으로 붙이는 대시부호가 없는 manque à être)]의 기표로서 기능한다"라고 말한다. 따라서 그것은 주체가 기표와 맺는 바로 그 관계의 이면에 있는 존재의 상실이나 부재의 기표이다. 즉 처음에 주체는 없으며, 기표는 주체가 도래하게 될 아직은 비어 있는 공간에 이름을 붙인다. 앞의 논문에 1966년에 붙인 후기에서 라캉은 "전치의 차원(상징적 유희 일체는 이 차원으로부터 도출된다)의 개시를 위해 필수적인 '자기 자리에 없음'[혹은 자기 자리에서 누락됨 (manque à sa place)]에 의해 구성되는 결여의 자리로 하나의 상징이 온다" 라고 쓴다(『에크리』, 722쪽). 라캉은 존스의 상징 이론에 대해 언급하고 있기 때문에 '기표' 대신 '상징'이라는 단어를 사용하고 있다). 여기서 분명한 것은 상징계를 작동시키기 위해서는 어떤 것의 결여나 상실이 요구된다는 것이다.[12]

  이를 설명하는 가장 간단한 방법은 아마 다음과 같을 것이다. 만약 아이의 모든 필요들이 미리 처리된다면, 즉 아이가 배고픔이나 축축함이나 추위나 그 밖의 여하한 다른 불편을 느낄 기회를 갖기도 전에 보호자가 먹여 주고, 갈아 주고, 온도를 잘 맞춰 주는 등등을 한다면, 아이가 왜 수고스럽게 말을 배우려 하겠는가? 혹은 아이가 울기 시작하자마자 젖가슴이나 젖병이 늘 즉각 아이의 입에 물려진다면 말이다. 먹을 것이 없는 일이 절대로 없다면, 아이가 바라는 따뜻함이 결코 결여되지 않는다면, 아이가 왜 말을 하려고 고생하겠는가? 불안에 대해 논의하는 맥락에서 라캉이 말한 대로, "아이에게 가장 큰 불안을 낳는 것은, 아이가 존재하게 되도록 해 준―아이가 욕망하게 만드는 결여를 기반으로 한―관계가 극심하게 교란될 때이다. 결여의 가능성이 전혀 없을 때, 어머니가 항상 아이 뒤에 있을 때 말이다"(세미나 10, 1962년 12월 5일). 결여가 없다면 주체는 결코 존재하게 될 수 없으며, 욕망의 변증법의 개화開花 전체는 으깨어지고 만다.[13]

  남근의 경우 문제가 되는 결여는 "여하한 특수하거나 전면적인 **요구의 좌절**로 인해 야기되는 소유의 결여[가지거나 소유하는 것에서의 실패(manque à avoir)]이다"(『에크리』, 730쪽. 강조는 인용자). 주체로 하여금 단순히 요구하게 만드는 것이 아니라 욕망하게 만드는 바로 그 결여 말이다.

  라캉이 말한 **"남근 기능"**은, 이제, 결여를 설치하는 기능이다. 즉 언어의 소외시키는 기능이다. 앞으로 보겠지만, 남근 기능은 라캉이 남성적 구조와 여성적 구조를 정의하는 데 핵심적 역할을 한다. 즉 그 두 구조는 소외에 의해 설치되는, 우리가 언어를 사용함—혹은 차라리 언어에 의해 사용됨—으로써 발생하는 분열에 의해 설치되는 저 결여, 저 상실을 통해서 상이하게 정의된다.14)

역시 앞으로 보겠지만, (남근 기능에 의해 도입되는) 결여와 그것의 순환이 이야기의 전부는 결코 아니다. 라캉의 향유의 경제는 한 지점에서 희생된 것은 다른 지점에서 가감 없이 재발견된다고 하는 "향유 보존" 법칙에 의해 지배되는 닫힌 경제가 아니다. 프로이트의 경제에서 프로이트가 반복에 대해서나 초자아의 과잉적이고 불균형적인 본성에 대해서 말할 때를 **제외하고는** 리비도가 보존되는 듯 보이는 것과 마찬가지로, 라캉의 경제에서도 우리가 의미작용을 하는 바로서의 기표에 의해 정의되는 상징적 우주에 관심을 국한하는 **한에서만** 결여와 욕망의 원활한 전치가 있는 듯 보인다. 실재를 포함하고 기표의 기표성 signifierness을 포함하는 데까지 우리의 관점을 넓힐 경우 모든 것은 달라진다.15)

"성적 관계 같은 그런 것은 없다"

> L'être sexué ne s'autorise que de lui-même.
> — 라캉, 세미나 21, 1974년 3월 9일16)

사랑, 성, 언어를 연구하는 데 반세기를 바친 뒤, 1960년대 후반에 라캉은 그를 널리 알려지게 했던 폭탄 같은 표현들 중의 하나를 내놓았다: "성적 관계 같은 그런 것은 없다"("il n'y a pas de rapport sexuel").17)

8장 성적 관계 같은 것은 없다

프랑스어 표현은 애매하다. 즉 rapport sexuel은 단순히 성교를 지칭하는 데 사용할 수도 있다. 그렇지만 라캉이 사람들은 섹스를 하지 않는다고 주장한 것은 아니다. 이는 좋게 말한다 해도 우스꽝스러운 주장이다. 여기서 그가 사용하고 있는 단어 rapport는 좀 더 "추상적인", 관념들(관계, 비례, 비율, 분수 등등)의 영역을 암시한다.

라캉에 따르면 남자들과 여자들 사이에는, 그들이 남자이고 여자인 한에서 **그 어떤 직접적인 관계도 없다**. 달리 말하면 그들은 남자로서 여자에게 그리고 여자로서 남자에게 서로 "상호작용"하지 않는다. 그들이 그와 같은 방식으로 관계를 맺는 도정에는 항상 무언가가 끼어든다. 무언가가 그들의 상호작용을 어긋나게 한다.

그러한 관계가—만약 존재한다면—무엇을 내포하겠는지에 대해 생각해보는 다양한 방법들이 있다. 만약 남자와 여자를 상호적인 견지에서 가령 음과 양이라는 대쌍들로 정의할 수 있다면, 혹은 그들을 능동성/수동성(프로이트 자신도 흡족해하지 않았던 프로이트의 모델) 같은 단순한 상보적 역전의 견지에서 정의할 수 있다면, 우리는 남녀의 관계라는 노선을 따라서 무언가를 얻게 될 것이라고 생각할 수 있을지도 모른다. 심지어 우리는 남성성을 사인 곡선과 그리고 여성성을 코사인 곡선과 연결하는 것도 상상해볼 수 있을지 모르겠다. 그렇게 하면 우리가 성적 관계로 간주할 수 있을 무언가를 다음과 같이 공식화할 수도 있을 테니 말이다: $\sin^2 x + \cos^2 x = 1$ (<그림 8.1>).

이 특수한 공식의 장점은 남자들과 여자들이 서로에게서 찾고 있는 서로 다른 종류의 것들을 기술하면서 프로이트가 했던 말을 매우 시각적인 방식으로 설명해주는 것처럼 보인다는 데 있다. "우리는 남자의 사랑과 여자의 사랑이 어떤 심리적 위상차에 의해 분리된다는 인상을

<그림 8.1>

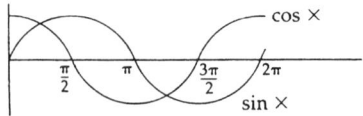

받는다'(열린전집 2, 191쪽). 여기서 우리는, 남성 곡선과 여성 곡선의 겉보기의 이질성에 불구하고, 즉 그것들의 위상지연phase-lag에도 불구하고, 그것들이 더해져서 하나가 되게 하는 그러한 방식으로 그것들을 결합할 수 있을 것이리라.*

그러나 라캉에 따르면 그러한 방정식은 불가능하다. 성들 간의 진정한 관계로서의 자격을 가질 그 어떤 것도 말해지거나 쓰여질 수 없다. 성들의 관계에는 그 어떤 상보적인 것도 없으며, 단순한 역전의 관계도 없으며, 그것들 간의 평행관계 같은 것도 없다. 오히려 **각각의 성은 제3항과 관련해서 따로따로 정의된다**. 따라서 오직 비관계만이 있으며, 성들 사이의 생각해볼 수 있는 여하한 직접적 관계의 부재만이 있다.

라캉이 보여 주려고 하는 것은 이것이다. (1) 성들은 따로따로 상이하게 정의된다. (2) 성들의 "파트너들"은 대칭적이지도 겹치지도 않는다. 분석자들은 생물의학적/유전적으로 결정된 자신들의 성(생식기, 염색체 등등)이 사회적으로 규정된 남성성과 여성성의 관념들과 어긋날 수 있으며 또한 (여전히 많은 사람들이 재생산 본능에 근거한 것으로 가정하는) 성적 파트너에 대한 자신들의 선택과도 어긋날 수 있다는 것을 날이면 날마다 입증해 보여준다. 그리하여 분석가들은 성적 차이를 생물학적 견지에서 정의하는 것의 부적절성과 날마다 부딪히게

* 앞에서 제시된 공식 $sin^2 x + cos^2 x = 1$을 염두에 둔 말이다.

된다. 라캉은 세미나 18에서 남자들과 여자들을 정의하는 엄격히 정신분석적인 접근법을 탐색하기 시작하며 이를 1970년대 중반까지 계속한다.

그의 시도는 처음에는 불필요하게 복잡해 보일 것이고, 프로이트적 기원을 갖는 상당량의 "외적 재료"를 포함하는 것처럼 보일 것이다. 그렇지만 라캉이 성들을 구별하는 이 새로운 방법을 발전시켰을 때 발명의 작업을 하고 있었다는 것을, 그리고 자신이 어디로 가고 있는지에 대한 명료한 관념을 반드시 언제나 갖고 있지는 않았다는 것을 염두에 두어야 한다. 나는 우선 그의 이론의 주요 윤곽을 간략히 설명하려고 할 것이며, 그런 다음에야 어떤 독자들에게 처음에 심각한 장애물이 되는 수학소들에 대한 논의로 나아갈 것이다.[18]

성들 사이의 구별

> "순수한 남성성과 여성성은 불확실한 내용의 이론적 구성물로 남아 있다."
>
> — 프로이트, 열린전집 7, 314쪽

라캉에 따르면 남자와 여자는 언어와 관련해서, 즉 상징적 질서와 관련해서 서로 다르게 정의된다. 신경증과 정신병의 이해를 위한 라캉의 공헌은 정신병의 경우 상징계의 일부가 배척되고 실재에서 귀환하는 반면 신경증에서는 그렇지 않다는 것을 보여준다. 이와 마찬가지로, 남성성과 여성성은 상징적 질서에 대한 상이한 종류의 관계로서, 언어에 의해 분열되는 상이한 방식으로서 정의된다. 그리하여 그의 성구분 공식들은 오로지 말하는 주체들과, 그리고 내 생각에 오로지 신경증적 주체들과 관련이 있다. 이 공식들에서 정의된 남자와 여자는 임상적으로 말해서 신경증자다. 신경증적 남자와 신경증적 여자는, 상징적 질서에 의해서 혹은 상징적 질서 내에서 그들이 소외되는 그 방식에서 다르다.

남자들
생물학적/유전학적 구성과는 관계없이, 정신분석적 관점에서 남자들로 간주되는 이들은 "남근 기능"에 의해 전적으로 규정된다. 남근 기능은 언어에 의해 초래되는 소외를 가리키기 때문에, 남자에 대한 라캉의 주요 논점은 다양한 방식으로 표현될 수 있다.

· 남자들은 언어 내에서 전적으로 소외된다.
· 남자들은 상징적 거세에 완전히 종속된다.
· 남자들은 남근 기능에 의해 철저하게 규정된다.

욕망의 구성에서 언어에 의해 허용되는 무한한 변환들에도 불구하고, 남자는 상징적 등록소와 관련하여 경계지어져 있거나 유한하다고 볼 수 있다. 욕망의 용어로 번역해보자면, 그 경계는 아버지와 그의 근친상간 금기이다. 남자의 욕망은 결코 근친상간적 소망 너머로 나아가지 못한다. 그것은 실현 불가능한데, 왜냐하면 이는 아버지의 경계선들을 넘어가는 것을 함축할 것이며, 따라서 신경증의 바로 그 "정박점"—le nom du père, 아버지의 이름, 하지만 또한 le non du père, 아버지의 "안 돼!"(nom과 non은 불어에서 동음이의어다)—을 뿌리 뽑는 것을 함축할 것이기 때문이다. 라캉의 작업에서 남성적 구조가 어떤 측면에서는 강박신경증과 동의어라는 점이 바로 여기서 아주 분명해 보인다.

8장 성적 관계 같은 것은 없다

언어학적으로 말해서, 남자의 한계는 상징적 질서 그 자체를 설치하는 그 무엇이다. 그것은 기표적 사슬의 기원점이며 또한 원초적 억압(무의식과 신경증적 주체를 위한 자리의 설치)에 내포되어 있는 저 첫 번째 기표(S_1) — 아버지의 "안 돼!" — 이다.[19]

남자의 쾌락도 유사하게 제한되며, 그것의 경계선은 남근 기능에 의해 규정된다. 남자의 쾌락은 기표 자체의 유희에 의해 허락되는 것들에 — 라캉이 남근적 향유라고 부른 것에, 그리고 유사하게는 상징적 향유라고 불러 볼 수 있는 것에[20] — 제한되어 있다. 여기서 사유 자체는 향유가 실려 있는데(세미나 20, p. 66을 볼 것), 이는 강박증적 의심에 대한 프로이트의 연구("쥐 인간"의 사례 참조)에 의해 충분히 뒷받침되며 "정신적 자위"라는 표현에 적절하게 반영되어 있는 결론이다. 몸과 관계하는 한 남근적 혹은 상징적 향유는 기표에 의해 지시되는 기관만을 내포하며, 그리하여 그것은 기표의 단순한 연장延長이나 도구로 봉사한다. 바로 그렇기 때문에 라캉은 이따금씩 남근적 향유를 "기관 쾌락"이라고 지칭한다(열린전집 1, 437쪽을 볼 것).

남자들의 환상은, 상징적 질서에 이를테면 배서背書하는 실재의 저 국면,* 즉 대상 (a)에 묶여 있다. 대상 (a)은 상징계가 실재를 항상적으로 **회피**하면서 동일한 순환로 안에서 움직이도록 유지한다.[21] "남자들"이라는 범주 아래 들어오는 이들의 경우 주체와 대상 사이에, 상징적인 것과 실재적인 것 사이에 — 그 둘 사이에 적절한 거리가 유지되는 한에서 — 일종의 공생관계가 존재한다. 여기서 대상은 다른 사람과 단지 지엽적으로만 관계될 뿐이다. 그래서 라캉은 그로부터 연원하는 향유를 본성상 자위적이라고 한다(세미나 20, p. 75).

― ― ― ―
* 원문은 "that aspect of the real that under-writes, as it were, the symbolic order"이다.

여자들

남자들이 남근 기능에 전적으로 속박되어 있고 전적으로 기표의 지배권 아래 있는 것으로 정의되는 데 반해, 여자들(즉 생물학적/유전학적 구성과는 무관하게 정신분석적 관점에서 여자로 간주되는 이들)은 전적으로 속박되어 있지는 **않은** 것으로 정의된다. 여자는 남자와 동일한 방식으로 분열되어 있지 않다. 소외되어 있기는 하지만, 상징적 질서에 완전히 종속되지는 않는다.[22] 남근 기능은 여자의 경우에도 작동하지만 절대적으로 지배하지는 못한다. 상징적 질서와 관련하여 여자는 전체가 아니며, 경계지어져 있거나 제한되어 있지 않다.

남자들의 쾌락이 기표에 의해 완전히 규정되는 데 반해, 여자들의 쾌락은 기표에 의해 부분적으로 규정되며 전적으로는 아니다. 남자들은 라캉이 남근적 향유라 칭한 것에 제한되는 반면, 여자들은 남근적 향유**와** 다른 종류의 향유 둘 모두를 경험할 수 있다. 그 다른 종류의 향유를 라캉은 **타자적** 향유*라고 부른다. "여자들"로 분류될 수 있는 모든 주체가 그것을 경험한다는 것은 아니다. 종종 증명되듯이, 그렇기는커녕이다. 하지만 그것은, 라캉에 따르면, 구조적 잠재성이다.

정신분석적으로 여자들로 분류될 수 있는 이들에게 가능하다는 저 **타자적** 향유란 무엇인가? 라캉이 "Other"를 대문자 O로 썼다는 바로 그 사실은 **타자적** 향유가 기표와 연관되어 있음을 보여 준다. 하지만 그것은 S_2가 아니라 S_1과 연관되어 있다. 즉 "그저 아무거나의" 기표가 아니라 (새로운 표현을 만들어 써보자면) "**타자적 기표**"와

----
*. Other jouissance. "다른 향유"라고 옮길 수도 있다.

연관되어 있다. 단일 기표와, 근본적으로 **타자적**인, 여타의 모든 기표들과 근본적으로 다른 것으로 남아 있는 기표와 말이다. S_1(아버지의 "안 돼!")이 남자에게는 그의 움직임과 쾌락의 범위에 대한 제한으로서 기능하는 반면에, 여자에게 S_1은 하나의 선택적 "파트너"이며, 그것과의 관계는 언어에 의해 설정된 경계선 너머로, 언어가 허용하는 눈곱만큼의 쾌락 너머로 나아가는 것을 허락한다. 남자들에겐 종점인 S_1이 여자들에겐 열린 문으로 기능하는 것이다.[23]

여성적 구조는 남근 기능이 한계들을 갖는다는 것을, 기표가 전부는 아니라는 것을 증명한다. 그리하여 여성적 구조는 히스테리 담화(세미나 17과 이 책의 9장을 볼 것)에서 정의되는 바로서의 히스테리와 밀접한 유사성을 갖는다.

생물학을 넘어서

남자와 여자를 정의하는 라캉의 방식은 생물학과는 아무 상관이 없으며, (유전적으로) 남성인 히스테리증자와 (유전적으로) 여성인 강박증자의 존재에 대한 설명으로 이해될 수 있다. 남성 히스테리증자는, 나의 라캉 해석이 여기서 정확하다면, 여성적 구조에 의해 특징지어진다. 그는 잠재적으로 남근적 향유와 **타자적** 향유 둘 다를 경험할 수 있을 것이다. 여성 강박증자는 남성적 구조로 특징지어지며, 그녀의 향유는 그 성격이 배타적으로 상징적일 것이다.

임상이라는 유리한 지점에서 보면, 많은 수의 생물학적 여자들이 남성적 구조를 갖고 있는 것으로 판명되며, 많은 수의 생물학적 남자들이 여성적 구조를 갖고 있는 것으로 판명된다.[24] 그래서 분석가 훈련과정의 일부는 반드시, 여성은 히스테리적이며 따라서 여성적 구조를 갖는 것으로 특성화될 수 있다고 즉각적으로 가정하는 오래된 사고

습관을 깨는 작업이어야 한다. 개개인이 기표와 맺는 관계와 개개인의 향유 양태는 보다 신중하게 검토되어야 한다. 우리는 생물학적 성에 기초해서 곧장 결론으로 비약할 수는 없다.25)

그토록 많은 사람들이 단단히 고정된 생물학적 구별을 가로지른다는 사실은 아마도 "경계선boderline"이라는 범주가 미국에서 널리 사용되고 있다는 사실을 부분적으로 설명해주는 것 같다. 정신과 의사들이나 정신분석가들이나 심리학자들이 경계선 사례로 진단한 사람들은 이러한 경계선을 가로지르는 바로 그 환자들인 때가 종종 있는 것이다. (라캉은 경계선 범주를 노골적으로 거부한다.)

남성성과 여성성을 정의하는 라캉 특유의 방식은 어째서 성들 사이의 관계 같은 것은 없는지를 보여준다. 그러나 이 논점이 명확해지려면 남자의 파트너와 여자의 파트너들이 아래에서 더 상세하게 설명되어야 한다. 라캉의 논리학적 유람이 전혀 싫은 사람들은 "파트너들의 비대칭"이라는 제목의 절로 건너뛰는 편이 좋을 것이다.

성구분 공식들

세미나 20에서 라캉은 하나의 도식(<그림 8.2>)을 제공한다. 이 도식의 일부를 그는 이미 수년 동안 연구해왔다. 그리고 이 도식의 어떤 일부는 세미나에서 칠판에 처음 그리기 전 바로 그날 아침에 별안간 만들어냈다고 주장한다.

나는 세미나 20의 몇몇 구절들을 설명함으로써 이 도식에 대한 해석을 시작하겠다.

<그림 8.2>

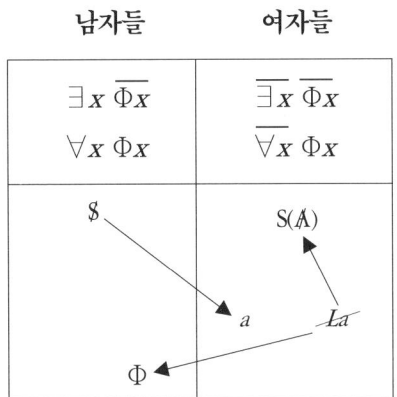

남성적 구조

우리는 표의 맨 위에 있는 네 개의 명제적 공식들에서 시작할 것이다. 그중 둘은 왼쪽에 있고, 나머지 둘은 오른쪽에 있다. 모든 말하는 존재는 자신을 어느 한 쪽에 위치시킨다. 왼쪽 아래 줄— $\forall x\, \Phi x$ —은 **전체로서의** 남자가 위치지어질 수 있는 것은 바로 남근 기능을 통해서라는 점을 가리킨다. (세미나 20, p. 74, 강조는 저자)

따라서 공식 $\forall x\, \Phi x$는 **한 남자의 전체는 남근 기능 아래로 들어간다**는 것을 의미한다(여기서 x는 임의의 주어진 주체나 그의 일부분을 나타내며, Φx는 그 주체나 그의 일부분에 적용 가능한 바로서의 남근 기능을 나타내며, $\forall x$는 x의 전체를 나타낸다).[26] 이 공식을 말바꿈해 본다면, 남자는 상징적 거세에 의해 완전히 규정된다. 즉 그의 모든 것은 남김없이 기표의 지배권 아래로 들어간다는 것이다. 하지만 인용문으로 돌아가면 우리는 하나의 예외가 있다는 것을 보게 된다.

전체로서의 남자는, 기능 Φx를 거부하는 어떤 x의 존재 — $\exists x \overline{\Phi x}$ — 때문에 이 기능이 제한된다는 조건 하에서, [남근 기능에 의해 규정된 것으로서] 위치지어질 수 있다. 그것은 아버지의 기능이라고 알려진 그 무엇이다. …… 따라서 여기서 전체는 예외에 근거한다. Φx를 전적으로 부정하는 항으로서 정립된 그 예외 말이다. (p. 74, 강조는 저자)

남자는 그의 한계를 정하는 어떤 것이 있기 때문에 하나의 전체로서 간주될 수 있다(남근 기능이 폐제되는 $\overline{\Phi x}$, 어떤 x[어떤 주체나 그의 일부분]가 존재한다($\exists x$). 남자는 그의 집합에 대한 한정 가능한 경계가 있기 때문에 전체로서 간주될 수 있다(<그림 8.3>).

<그림 8.3>

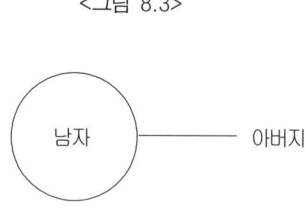

성적 차이에 대한 라캉의 작업은 그 자신의 기표의 논리학을 통해 고전 논리학을 재가공하는 것에 근거하고 있으며 그러한 재가공과 동연적coextensive이라는 점을 명심해야 한다. 기표는 결코 홀로 서지 않는다. 주위에 암흑밖에 없다면, 즉 검정이 발견되지 않는 경우가 없다면,

8장 성적 관계 같은 것은 없다

우리는 검정에 대해 이야기할 수 없을 것이다. 검정이 의미를 갖게 되는 것은 검정이 아닌 어떤 것이 때때로 나타나기 때문이다. "검정"이라는 단어가 의미를 갖게 되는 것은 "하양"을 비롯한 여타의 모든 색깔어들과의 대립 속에서이다.

라캉은 60년대 초반에는 집합론의 언어들을 사용하는 반면, 70년대 초반에는 고전 논리학의 상징들을 독창적으로 사용하면서 같은 생각을 계속 발전시킨다. 예컨대, 『에투르디』에서 그는 "그 어떤 보편적인 진술이라도 그것을 부정하는 어떤 존재를 통해서 통제되어야 한다"라고 말한다.27) 잘 알려진 프랑스 격언을 말바꿈해서 달리 말하자면, **모든 보편적 주장은 규칙을 증명하는 어떤 예외의 탈-존**ex-sistence**에 근거한다.**28)

따라서 (남근 기능에 의해 전적으로, 보편적으로 규정되는) 남자의 본질은 필연적으로 아버지의 존재를 함축한다. 아버지가 없다면, 남자는 아무것도 아닌 게 될 것이고, 형식이 없게(informe) 될 것이다. 그런데 (직유를 계속하자면) 경계로서의 아버지는 아무런 지역도 점유하지 않는다. 즉 그는 그의 경계 안에 2차원 평면을 규정하지만, 어떠한 공간도 차지하지 않는다. 남자의 남자다움의 한계를 표시하는 이 아버지는 단지 여하한 나이든 아버지인 것이 아니다. 라캉은 그 아버지를 프로이트의 『토템과 타부』에서 제시된 원초적 아버지와 관계짓는다. 원시 무리의 아버지인 그는 거세에 복종하지 않았으며, 무리 안의 모든 개별 여자들을 통제한다고 가정된다. 모든 남자들이 상징적 거세에 의해 표식되지만, 그럼에도 불구하고 남근 기능이 적용되지 않는 한 남자가 존재/존속한다. 상징적 거세에 복종함으로써 자기 자리에 놓이게 된 적이 결코 없는 남자 말이다. 그는 법에 종속되어 있지 않다. **그는 그 자신의 법이다.**

이 원초적 아버지는—라캉의 남성적 구조 위쪽 공식($\exists x \overline{\Phi x}$)에서, 존재하는 것으로 주장되고 있는 듯 보이는데—통상적인 의미에서 존재하는가? 아니다, 그는 탈-존한다. 그의 경우 남근 기능은 단지 다소 온건한 의미에서 부정되는 것이 아니다. 그것은 폐제된다(라캉은 양화사 위의 부정의 가로선은 불일치discordance를 나타내는 반면, 남근 기능 위의 부정의 가로선은 폐제를 나타낸다고 한다).[29] 그리고 폐제는 상징적 등록소로부터 무언가가 철저하고도 완전하게 추방된다는 것을 함축한다. 상징적 질서로부터 **폐제되지 않은** 것만이 존재한다고 할 수 있으므로, 존재는 언어와 나란히 가는 것이므로, 그와 같은 폐제를 함축하는 원초적 아버지는 상징적 거세 바깥에 서서 탈-존해야만 하는 것이다. 우리는 분명 그를 위한 이름을 갖고 있으며, 따라서 그는 어떤 의미에서는 우리의 상징적 질서 내에 존재하는 것이지만, 또 한편으로는 그에 대한 바로 그 규정이 그 질서에 대한 거절을 함축하며 따라서 그는 정의상 탈-존하는 것이다. 그의 지위는 문제적이다. 1950년대로 돌아간다면 라캉은 그 원초적 아버지를 '외밀한extimate' 것, 즉 내부로부터 배제된 것으로서의 자격을 부여했을지도 모를 일이다. 그러나 그는 탈-존한다고 말해질 수 있는데, 왜냐하면 대상 (a)이 그렇듯이 원초적 아버지는 쓰여질 수 있기 때문이다. $\exists x \overline{\Phi x}$라고 말이다.

이제 원시 무리의 신화적 아버지는 거세에 복종하지 않았다고 말해진다. 그리고 상징적 거세는 제한이나 한정이 아니면 무엇이겠는가? 따라서 그는 어떠한 제한도 알지 못한다. 라캉에 따르면 원초적 아버지는 모든 여자들을 동일한 범주로, "접근 가능한"이라는 범주로 묶어 버린다. **모든** 여자들의 집합은 그를 위해, 그리고 그만을 위해 존재한다 (<그림 8.4>). 그의 어머니와 여자 형제들은 그의 이웃들, 육촌들과 다를 바 없는 먹잇감들일 뿐이다. 거세(이 경우엔 근친상간 금기)의 효과는 저 신화적 집합을 적어도 두 개의 범주로 분할하는 것이다. "접근 가능한"과 "접근 불가능한"으로 말이다. 거세는 어떤 배제를 야기한다. 엄마 mom와 누이sis는 접근 금지이다(<그림 8.5>).

<그림 8.4>

모든 여자들

<그림 8.5>

다른 모든 여자들 / 엄마

그러나 거세는 남자가 접근할 수 있는 대상으로 남아 있는 저 여자들과 맺는 관계조차도 변화시킨다. 즉 그 여자들은 어떤 의미에서 단순히 접근 금지가 **아닌** 것으로서 규정되게 된다. 세미나 20에서 라캉은 남자는 비거세라는 위치에서만 진정으로 여자를 향유할 수 있을 것이라고 말한다. 여자를 향유한다*jouir d'une femme*는 것은 한 여자를 즐긴다는 것, 그녀를 진정으로 만끽한다는 것, 그녀를 충분히 활용한다는 것을 의미한다. 이는 우리의 쾌락이 — 예컨대 그녀의 모습이라고 상상하는, 그녀의 모습이길 원하는 어떤 것, 혹은 어리석게도 그녀의 모습일 것이라고 믿는 어떤 것으로부터가 아니라 — 진정 그녀로부터 나온다는 것을 함축한다. 오로지 원초적 아버지만이 진실로 여자들 그 자체를 즐길 수 있다. 평범한 남성적 유한자들은 그저 체념하고 그들의 파트너, 대상 (a)을 즐기는 것으로 만족해야만 한다.

따라서 오직 신화적인 원초적 아버지만이 어떤 여자**와 더불어** 진정한 성적 관계를 가질 수 있다. 그에게는 성적 관계 같은 그런 것이 있다. 다른 모든 남자는 여자 그 자체가 아닌, 대상 ⒜—즉, 환상—과 "관계"를 갖는다.

모든 개개의 남자가 그럼에도 불구하고 두 공식—한 공식은 그가 전적으로 거세된다는 것을 규정하고 있고 다른 공식은 어떤 심급(Instanz)이 거세를 부정하거나 거부한다는 것을 규정하고 있다—에 의해 정의된다는 사실은 근친상간적 소망이 무의식 속에서 언제까지나 살아남는다는 것을 보여준다. 모든 남자는 거세(여자들의 범주가 두 개의 구분되는 그룹으로 분열되는 것)에도 불구하고 근친상간적 꿈을, 즉 쾌락을 찾아내는 그 한계를 모르는 상상된 아버지의 특권을 자신에게 부여하는 꿈을 갖는다.

잠시 **계량적인**quantitative 용어들로 말해보자면, 여기서 라캉 또한, 언젠가 한 번은 거세 법칙에 예외가 있었지만 이제는 언제든 한 남자를 만날 때 그가 거세되어 있다고 절대적으로 확신할 수 있을 것이라고 말하고 있는 것으로 볼 수 있을 것이다. 그래서 생물학적으로가 아니라 정신분석학적 용어로 남자인 모든 사람들은 거세되어 있다고 말해도 무방할 것이다. 그러나 남자들은 전적으로 거세되어 있는 것이지만, 그럼에도 불구하고 어떤 모순이 있다. 즉 비거세—어떤 경계도, 어떤 제한도 알지 못함—의 저 이상은 모든 각각의 남자들에게 어딘가에서, 어떤 식으로든 살아남는다.

<그림 8.6>

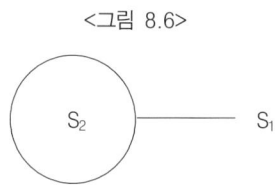

8장 성적 관계 같은 것은 없다

<그림 8.3>을 수정하자면, 남성적 구조는 <그림 8.6>처럼 그릴 수 있다. S_2는 $\forall x\, \Phi x$에 대응하며 여기서는 아들을 나타낸다. 반면 S_1은 $\exists x\, \overline{\Phi x}$에 대응하며 아버지를 나타낸다.

아버지　$\exists x\, \Phi x$　S_1
아들　　$\forall x\, \Phi x$　S_2

성구분 공식에 대한 이런 부분적인 설명으로도 라캉의 논의가 어느 정도로까지 다층적이며 프로이트뿐만 아니라 논리학과 언어학으로부터 오는 재료를 포함하고 있는지가 이미 분명해질 것이다.

여성적 구조

여성성을 정의하는 두 공식에 대해 말하자면, 우선 우리는 해부학과는 무관하게 "**여자들**"이라는 정신분석적 범주로 귀속되는 어떤 사람의 **전부가** 남근 기능에 의해 규정되는 것은 **아니라는** 것을 발견한다($\overline{\forall x\, \Phi x}$). 즉 한 여자의 전부가 기표의 법 아래에 오는 것은 아니다(남근 기능이 x에 적용되는 것은(Φx) x[주어진 주체]의 전체에 대해서 혹은 x의 모든 부분에 대해서인 것은 아니다($\overline{\forall x}$)). 라캉은 이 생각을 긍정적인 어구들로 표현하고 있지 않다. 예컨대 **모든 개개의 여자의 일부는** 남근의 지배에서 벗어난다와 같은 진술로 말이다. 그는 그것을 어떤 필연성이 아니라 하나의 가능성으로 남겨 둔다. 그러나 그럼에도 불구하고 그 가능성은 성적 구조의 결정에 있어서 결정적이다.

　두 번째 공식($\overline{\exists x\, \Phi x}$)은, 남근 기능이 전적으로 작동하지 않는 단 한 명의 여자도 발견할 수 없다는 것을 진술한다. 즉 모든 여자는 **적어도 부분적으로는** 남근 기능에 의해 결정된다는 것이다(남근 기능이 적용될 수 없는($\overline{\exists x}$) 단 하나의 x[주체 혹은 주체의 부분]조차도 존재하지 않는다($\overline{\exists x}$)). 만일 남근 기능이 **전적으로** 작동하지 않는 주체가 있다면, 그/녀는 정신병자일 것인데, 이때 남근 기능 위에 있는 가로선은 폐제를 지시한다.31)

여성적 구조에 대한 두 공식을 처음 설명할 때 유용하다고 생각되는 종류의 이미지는 탄젠트 곡선이다(<그림 8.7>).

<그림 8.7>

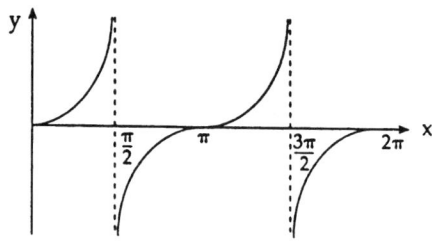

π/2 지점에서 곡선은 도표 바깥으로 나가버리며, 그러다가 신비롭게도 다른 쪽에서 재등장한다. 우리는 π/2 지점에서 그것에 어떤 실제 값도 부여할 수 없다. 그리고 "y의 값은 x가 0에서 π/2로 가면서 양의 무한대로 접근해가고 x가 π에서 π/2로 가면서 음의 무한대로 접근한다" 정도의 표현에 의존할 수밖에 없다. 아무도 곡선의 두 면이 어떻게 만나는지 실제로 알 수는 없다. 그러나 우리는 그 지점에서 그것의 값에 대해 말하기 위해 어떤 상징체계를 채택한다. 여성적 구조에 대한 아래쪽 공식($\overline{\forall x}\ \Phi x$; <그림 8.2>를 볼 것)과 연관되어 있고 "여자들"의 범주로 귀속되는 이들에 의해 잠재적으로 경험될 수 있는 **타자적** 향유의 지위는 π/2 지점에서 탄젠트 곡선의 값에 가깝다. 그것은 좌표 바깥으로,

표상의 도표 바깥으로 나가버린다. 그 지위는 논리적 예외의 지위, 즉 전체를 의문에 빠뜨리는 어떤 사례에 가깝다.

공식 $\overline{\exists x \Phi x}$는 어떤 의미에서 다음과 같은 사실을 요약한다: 한 여자의 전부가 남근 기능에 의해 결정되는 것은 아님에도 불구하고, 남근 기능을 거부하는 그녀의 어떤 부분의 **존재**를 주장하는 것은 남근 기능에 대해 "아니오"라고 말하는 그 무언가는 그래도 남근 기능에 종속되어 있다고, 상징적 질서 안에 위치한다고 주장하는 것이 될 터이다. 왜냐하면 존재한다는 것은 상징적 등록소 안에서 자리를 차지하는 것이기 때문이다. 라캉이 남근을 넘어서는 여성적 심급이 **존재한다**고 주장하지 않은 것은 그 때문이다. 그는 로고스와 관련하여, 욕망의 기표에 의해 구조화되는 상징적 질서와 관련하여, 여성적 심급의 근본적 타자성을 주장한다. 공식 $\overline{\exists x \Phi x}$는, 이 "남근을 넘어서는 영역"의 **존재**를 부인하는 반면, 앞으로 보게 되겠지만 결코 그것의 **탈-존**을 부인하지는 않는다.[32]

따라서 여자는 남자보다 여하간 덜 "완전한" 것이 아니다. 즉 **남자는 남근 기능과 관련해서만 전체이다.**[33] 여자는 남근 기능의 견지에서 고려될 때를 제외한다면 남자보다 결코 덜 "전체적"인 것이 아니며, 남근 기능과의 관계를 제외한다면 남자보다 결코 더 "비규정적"이거나 "부정不定적"이지 않다.

파트너들의 비대칭

남근: 여자의 파트너들 중의 하나

이제 성구분 공식들의 아래쪽에 자리 잡고 있는 상징들, 혹은 라캉이 수학소라 부르는 것들을 검토해보자. <그림 8.8>에서 우리는 어떤 의미에서 여자는 전체가 아니라는 것을 상징하는 횡선 그어진 La―이것의 한 의미는 여자는 전체가 아니라는 것을 상징화하는 것에 있다—를 보게 되는데, 그것은 한편으로는 (**여자**의 파트너들을 가리키는 화살표에 의해) Φ(파이, 즉 기표로서의 남근)에 연결되어 있고, 다른 한편으로는 S(Ⱥ), 즉 **타자** 안의 결여의 기표에 연결되어 있다.

나는 이 장의 도입부에서 욕망의 기표로서의 남근에 대해 얼마간 상세히 논의했다. 라캉이 여기에 덧붙이는 것은 한 여자는 우리 문화에서는 일반적으로 한 남자 혹은 한 "남성 사례", 그러니까 "남자들"이라는 정신분석학적 범주 아래로 들어오는 어떤 사람을 통해서 욕망의 기표에 접근하게 된다는 관념이다.

<그림 8.8>

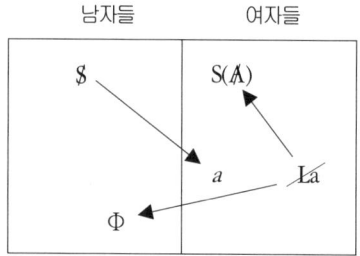

S(Ⱥ): **여자의 다른 파트너**

Si quelque chose ex-siste à quelque chose, c'est très précisément de n'y être pas couplé, d'en être "troisé," si vous me permettez ce néologisme.

8장 성적 관계 같은 것은 없다

— 라캉, 세미나 21, 1974년 4월 19일[34]

도표를 다시 보면, 여자들은 한편으로는 남근과 "짝지어져coupled" 있지만, 또한 **타자** 안의 결여/구멍의 기표와도 함께 풀리지 않게 "삼항조를 이루고tripled"(troisées) 있음을 보게 된다.*

그 결여는 언어에 욕망이 적재되어 있음을 보여 주는, **타자**의 화신으로서의 어머니와 아버지가 완전하지 않으며 무언가를 원한다(결여한다)는 것을 보여주는—욕망과 직접적으로 상관적인—결여가 아니다. 왜냐하면 욕망을 함축하는 결여(혹은 결여를 함축하는 욕망)의 기표는 남근 기표 그 자체니까 말이다. 라캉은 70년대에는 S(A)에 대해서 그리 말을 많이 하지는 않기 때문에, 여기서 그것의 기능에 대한 나 자신의 설명을 제공하려고 한다.[35]

5장에서 나는 라캉이 세미나 6에서 햄릿에 관해 논의할 때의 그 맥락에서 S(A)를 "타자의 욕망의 기표"라고 말했다. 라캉 작업의 그 단계에서 S(A)는 기표로서의 남근을 가리키는 라캉의 용어처럼 보인다. 그래서 어떤 의미에서 그것은 라캉이 처음으로 상상적 남근(-φ)과 상징적 남근(Φ)을 구별할 수 있게 한 것이다. 라캉의 텍스트에서 상징들의 의미는 종종 상당히 오랜 시간에 걸쳐 진화되는바, 나는 S(A)가, 세미나 6과 20 사이에서, **타자**의 결여 혹은 욕망의 기표를 지칭하는 것에서 "최초의" 상실[36]의 기표를 지칭하는 것으로 이동한다고 제안하려 한다. (라캉의 텍스트에서 흔히 그렇듯이, 저 이동은 등록소에서의 변화, 즉 상징적인 것으로부터 실재적인 것으로의 변화에 상응한다. "남자들" 아래에서 발견되는 모든 원소들이 상징계와 관계하는 반면,

▪ ▪ ▪ ▪
* 앞에서 이미 저자는 남자의 파트너를 단수로, 여자의 파트너를 복수로 표시한 바 있었다.

"여자들" 아래의 모든 원소들은 실재와 관계한다.)

저 최초의 상실은 매우 다양한 방식으로 이해할 수 있다. 그것은 원억압이 일어날 때, 상징계와 실재의 접경지대에서의 "첫째" 기표(S_1, 어머니-**타자**mOther의 욕망)의 상실로서 이해할 수 있을 것이다. 첫째 기표의 "사라짐"은 의미화 질서 그 자체의 설치에 필수적이다. 즉 **배제는 다른 어떤 것이 존재하게 되기 위해서 발생해야만 한다.** 배제되는 저 첫째 기표의 지위는—(상징계와 실재 사이에 있는) 보다 경계선적인 현상이라는 점에서—다른 기표들의 그것과는 매우 다르며, 주체의 기원에 있는 원초적 상실이나 결여의 지위와 밀접한 친연성을 갖는다. 나는 최초의 배제나 상실은 하나의 표상이나 기표, 즉 $S(Ⱥ)$를 아무튼 **발견한다**고 제안하려 한다.

그렇다면 실재적인 그 무엇(실재적인 상실이나 배제)이 하나의 기표를 발견한다는 것은 무엇을 의미하는가? 왜냐하면 실재는 일반적으로 의미화될 수 없는 것으로 간주되니 말이다. 만약 실재가 하나의 기표를 발견한다면, 그 기표는 매우 일반적이지 않은 방식으로 작동하고 있는 것이 분명하다. 기표는 일반적으로 실재를 대체하고, 횡선 긋고, 무화시키니까 말이다. 즉 그것은 한 주체를 다른 기표에 대해 의미화하지만, 실재 그 자체를 의미화하지는 않는 것이다.

나의 생각은 이렇다. 라캉이 세미나 20에서 특별히 여성적 향유와 연결시키고 있는 <그림 8.8>에 나오는 $S(Ⱥ)$는 일종의 충동들의 프로이트적 승화를, 충동들이 완전히 만족되는 그 승화(이 **다른** 종류의 만족은 라캉의 "**타자적** 향유"라는 표현 배후에 있는 것이다)를 가리키며, 또한 일종의 라캉적 승화를, 평범한 대상이 **사물**의 지위로 격상되는 승화를 가리킨다(세미나 7을 볼 것).37) 프로이트적 **사물**은 하나의 기표를 발견하는데, 간단한 예로는 "신", "예수", "마리아", "성처녀", "예술", "음악"

8장 성적 관계 같은 것은 없다

등이 있을 것이다. 그리고 기표의 **발견**은 어떤 조우($\tau v \chi \eta$)*로서, 즉 어떤 의미에서는 우연적인 것으로 이해해야만 한다.

우리가 종교적 열락이나 황홀, 혹은 예술가나 음악가의 작품과 관련 지을 수 있을 상상적 만족과는 별개로 획득되는 어떤 **실재적** 만족이 있다. 그리고 그것이 라캉이 말한바, 여성적 구조를 갖는 이들에게 주어지는 "신경증 너머"가 뜻하는 바라고 난 생각한다. 5장과 6장에서 나는 신경증 너머에 대한 라캉의 첫 번째 개념화를 (처음엔 역설적으로 들리겠지만) 원인을 의미화하기, 그 자신의 원인이 되기로 특징지었다. 세미나 20에 이르면 라캉은 그것을 신경증 너머로 가는 **하나의** 길로, 남성적 구조로 특징지어지는 이들의 길로 보고 있는 듯하다. **다른 길―승화의 길―은 여성적 구조로 특징지어지는 이들에게 특수한 것이다.**[38)]

남성적 길을 욕망(자신의 욕망의 원인이 되기)의 길이라고 할 수 있다면 여성적 길은 사랑의 길일 것이다. 그리고 앞으로 보게 되겠지만, 남성적 주체화가 작용인(기표)[39)]으로서 타자성을 자기 자신의 것으로 만들기를 수반한다고 간주할 수 있다면, 여성적 주체화는 질료인(문자)[40)]으로서 타자성을 자기 자신의 것으로 만들기를 수반할 것이다. 그렇다면 이 둘은 모두 원인 혹은 타자성의 주체화를 요구하는 것이되, 그것의 상이한 국면의 주체화를 요구하게 될 것이다. 나는 이 주제로

----
* "tyche"를 가리킨다. 이는 (행/불)운, 우연, 운명 등을 의미하는데, 라캉은 실재와의 대면이 늘 '우연'의 형식으로 일어난다는 점을 말하면서 이를 아리스토텔레스의 tyche의 개념과 연결시킨다. "우선 '투케', 이것은 지난 시간에 언급했듯이 아리스토텔레스가 원인에 관해 연구하면서 사용한 용어에서 빌려온 것입니다. 우리는 그것을 '실재(와)의 만남'이라 번역했지요. '오토마톤', 즉 기호들의 회귀, 재귀, 되풀이가 우리 자신이 쾌락원칙의 명령 아래에 있음을 보여준다면, 실재는 바로 그런 것들 저 너머에 위치합니다. 실재는 항상 오토마톤 뒤편에 자리 잡고 있는 것으로, 그것이 프로이트의 연구 전반에 걸쳐 주된 관심사를 이뤘다는 것은 아주 분명한 사실입니다." (『세미나 11』, 88쪽.)

잠깐 되돌아올 것이다.

여자는 존재하지 않는다

성구분 공식 아래 쪽 표에서 La는 "**여자**는 존재하지 않는다"라는 관념에 대한 라캉의 속기速記이다. 즉 **여자** 그 자체를 위한 기표나 **여자** 그 자체의 본질은 없다는 것이다. **여자**는 따라서 지워지는 한에서만 쓰여질 수 있다: **여자**. 라캉이 제안한 바대로 만약 그러한 기표가 없다면—기저에 놓여 있는 생각은 아무튼 남근은 **남자**의 기표 혹은 **남자**의 본질이라는 것이리라, 남근 기능은 그를 정의하는 것이니까 말이다—, $S(\cancel{A})$가 **여자**의 파트너들 중 하나라는 사실은 하나의 기표가 조우되고 채택될 수 있을 것임을, 하나의 기표가 어떤 의미에서는 저 잃어버린 정의 혹은 본질의 자리를 차지하게 됨을 암시한다. $S(\cancel{A})$는 레디-메이드도 아니고 프레 타 포르테prêt à porte*도 아닌 어떤 기표를 대리하며, **어떤 새로운, 하지만 여자가 종속되어 있지는 않은, 주인기표(S_1)**의 버림을 나타낸다. 남자는 항상 어떤 주인기표에 종속되는 반면, 주인기표에 대한 한 여자의 관계는 근본적으로 달라 보인다. 주인기표는 남자에게는 한계로 기능한다. 하지만 여자에 대한 관계에서 $S(\cancel{A})$는 그렇지 않다.

사회적으로 말해서, **여자의/여자**를 위한 기표는 없다는 라캉의 단언은, 틀림없이, 우리 문화에서 여자의 위치가 그녀가 파트너로 채택하는 그 남자에 의해 자동적으로 규정되거나, 아니면 엄청난 곤란을 통해서만 규정된다는 사실과 관련이 있다. 달리 말하면, 그녀 자신을 규정하는 또 다른 방법을 찾는 일은 장시간이 걸리는 일이며 장애를 동반하는

----
* 원뜻은 "주문 제작식 고급 기성복"이다.

8장 성적 관계 같은 것은 없다

일이다.[41] 서구의 사회적 **타자**는 그런 시도들을 결코 호의적으로 보지 않으며, 그렇기 때문에 그로부터 도출될 수 있는 만족은 종종 망쳐지곤 한다. 음악, 예술, 오페라, 연극, 무용이나 여타의 "고급예술"은 저 **타자**에 의해 아주 잘 받아들여지지만, 남자와의 관계가 일차적인 것으로 증명되지 않을 때는 덜 그러하다. 그리고 과거에는 여자들이 수녀원에서 신앙생활에 헌신하고 남성과의 규정적 관계를 기피하는 것이 꽤 많이 용납되었던 반면, 오늘날에는 그러한 의지依支에 대해서조차도 눈살을 찌푸리는데, 다시 말하면 **타자**는 일정한 종교적 기표들을 채택하는 것을 점점 더 어렵게 만들고 있는 것이다. 왜냐하면 S(A)와의 관계가 조우에 의해 확립되는 것이라면, 그러한 조우는 여자 자신이 속해 있는 문화와 하위문화(들)에 의해 촉진되거나 방해될 수 있기 때문이다.

이는 여자들을 위한 자동적이거나 레디-메이드한 기표가 결코 없을 것임을 결코 의미하지 않는다. 라캉의 진단법을 받아들인다면, 사태들의 이러한 상황은 우연적일 뿐 필연적이지 않다.

또한 라캉은 여자들이 그들 자신의 성적 정체성을 갖지 않는다고 어떤 식으로도 암시한 적이 없다. 라캉은 여자들을 단순히 무언가가 빠져 있는 남자들로 규정하지 않는다. 이따금씩 그렇다고 말하는 문헌들이 있기는 하지만 말이다.[42] 라캉의 용어에서 성적 정체성은 적어도 두 가지 서로 다른 층위에서 구성된다. (1) 자아를 구성하는 잇따른 동일화들(대개는, 한쪽 부모나 양쪽 부모 모두와의 동일화들)—이는 성적 정체성의 **상상적** 층위를 설명하는데, 이 견고한 층위는 종종 다음의 둘째 층위와 매우 실질적인 갈등을 일으키기도 한다. (2) 앞서 정의된 바 있는, 라캉의 성구분 공식의 양쪽 편과 관계된, 남성적 혹은 여성적 구조—그 어떤 주어진 **주체**이든 자신을 어느 한 쪽에 위치시킬 수 있다. 그리하여 종종 갈등을 일으키기도 하는 이 두 층위(43)는 각각 자아와 주체에 상응한다. 자아 동일화의 층위에서 여자는 그녀의 아버지(혹은 사회적으로 "남성"으로 간주되는 어떤 인물)와 동일화할 수 있는 반면에 욕망의 층위에서 그리고 향유에 대한 주체적 역량의 층위에서 그녀는 여성적 구조로 특성화될 수 있을 것이다.

한 여자의 성적 정체성은 사실 서로 다른 많은 가능한 조합을 내포할 수 있는데, 왜냐하면 라캉의 관점에서 양자택일either/or을 구성할 뿐 그 사이에 어떠한 중간 지대도 없는 남성적/여성적 구조와는 달리, 자아 동일화는 수많은 다양한 남성적male, 여성적female 인물들로부터 유래하는 요소들을 포함할 수 있기 때문이다. 달리 말해서, 성적 정체성의 상상적 층위는 그 자체로 극도로 자기모순적일 수 있는 것이다.

자아의 층위와는 **다른** 어떤 층위에서의, 즉 주체성의 층위에서의 성적 정체성(라캉적 용어로, 성구분sexuation)의 바로 그 존재는, 라캉의 이론에서 여자는 하나의 주체로 전혀 간주되고 있지 않다는 영어권에 널리 퍼져 있는 잘못된 관념을 불식시킬 것이다. **여성적 구조는 여성적 주체성을 의미한다.** 한 여자가 한 남자와 관계를 맺고 있는 한에서, 그녀는 그의 환상 속에서 하나의 대상—대상 (a)—으로 환원되기 십상이다. 그리고 그녀가 남성적 문화의 관점에서 보여지는 한에서, 그녀는 단지 문화적으로 판에 박힌 의상을 입은 남자적 환상 대상들—i(a), 즉 대상 (a)을 포함하고 있지만 또한 그것에 위장을 씌우는 어떤 이미지—의 수집물로 환원되기 십상이다. 이는 상식적이고 일상적인 의미—"자기 삶을 통제할 수 있는", "행위자로서 참작되어야만 하는" 등등(44)—에서의 주체성의 상실을 함축할 수는 있을 것이다. 그러나 그것은 라캉적인 의미에서는 결코 주체성의 상실을 함축하지 않는다. **향유**(의 경험)**와 관련하여 하나의 위치나 자세를 채택함 그 자체가 주체성을 내포하고 함축한다.** 일단 채택되고 나면, 여성적 주체는 존재하게 된 것일 것이다. 저 특수한 주체가 자신의 세계를 어느 정도까지 주체화하느냐 하는 것은 또 다른 문제다.

오늘날 몇몇 여성주의자들이 하고 있는 작업의 일부는, 그간 결코 재현, 상징화, 주체화되어 본 적이 없는 그들 경험 속의 일정한 실재를 현시, 재현, 상징화하고 그로써 주체화하려는 시도를 내포하는 것으로 이해될 수 있을 것이다. 이전에는 말해지지 못했고 쓰여지지 못한 그 실재란 라캉이 **타자적** 향유 그리고 **타자적** 성(**여자**는, 심지어 한 여자에게도, **타자적** 성을 구성한다. 이 점은 아래에서 더 자세히 논의될 것이다)이라고 부르는 것과 관계가 있을 것이다. 후자는 말해지지 않고, 쓰여지지 않고, 재현되지 않고, 혹은 주체화되지 않는 한에서만 **타자적** (누군가에게 낯설거나 외래적)이다. 비록 많은 여성주의자들이 그들의 작업을 다른 견지에서—특별히 여성적인, 경험의 상상적인 혹은 선-명제적/기호학적인 층위와 관련이 있는 것으로서—바라보겠지만, 환원주의의 위험을 감수하고 보다 엄격한 라캉적 용어로 표현하자면, 그것은 실재(실재적 **타자**, 혹은 향유로서의 **타자**)를 주체화하기 위한 시도로서 이해될 수 있을 것이다.[45]

남성적/여성적—기표/기표성 signifierness

내 해석을 한 걸음 더 밀고 나아가보겠다. 라캉은 남자는 욕망의 기표 (Φ)에 의해 **정의된다**고 대놓고 말한 적은 결코 없지만, 당분간, 남자는 그렇게 정의된다고 가정해보자. 이는 남자가 정의되는 한 여자는 결코 정의될 수 없다는 것을 필연적으로 함축하는가? 그리고 이번에는 그것 은 만일 여자가 욕망의 기표와 동일시될 경우 남자는 정의될 수 없다는 것을 함축하는가? 욕망의 기표가 한 번에 오직 하나의 성과만—비록 이론적으로는 둘 중 어느 하나일 수 있겠지만—동일시될 수 있는 데는 어떤 구조적인 이유가 있는가? 만약 그렇다면, 나머지 반대 성은 필연적으로 욕망의 원인으로서의 대상과 연결되는 것인가? 하나의 성은 기표에 의해 정의되어야만 하고 다른 성은 대상으로서 정의되어야 하는 어떤 이론적인 이유가 있는가?

아마 있을 것이다. 분리가 **타자**를 빗금쳐진 **타자**와 대상 (a)으로 분할시키는 것으로 이어지는 한에서, **타자**(예컨대, 부모라는 **타자**, 즉 핵가족에서 어머니와 아버지)는 두 개의 "부분들"로 쪼개진다. 그 중 하나(A)는 분명 기표와 연계될 수 있을 것이고, 다른 하나는 대상과 연계될 수 있을 것이다(<그림 8.9>). 우리 사회처럼 조직화된 사회들에서 작동하는 라캉의 욕망의 변증법의 견지에서 볼 때, 기표와 대상의 역할이 서로 다른 성에서 체현되는 데 대한 이론적인 이유가 아마도 **있을** 것이다.

<그림 8.9>

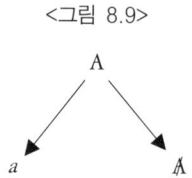

성구분에 관한 라캉의 작업이 함축하는 바는, 주체화는 서로 다르게 성구분된 존재들에게서 서로 다른 층위에서 발생한다는 것인 듯하다. 남성적 구조를 갖는 이들은 대상과의 새로운 관계를 주체화하거나 발견해야만 하는 반면, 여성적 구조를 갖는 이들은 기표와 새로운 관계를 주체화하거나 발견해야만 한다는 것이다. 두 성들 모두는 처음

에 **타자**인 것을 주체화하지만, 그러나 이 **타자**에 대한 그들의 접근방식과 그들이 다루는 **타자**의 국면은 다르다. **타자**는 남자들에게서 완전히 들어앉혀져 있으며, 남자들의 "문제"는 대상과의 문제인 반면에, 여자들에게서 **타자**는 결코 그 자체로 완전하게 들어앉혀져 있지 않은 것도 같다. 그래서 여자의 "문제"는 **타자**를 존재하게 하는 것 혹은 그것을 완성하는 것—이는 결국 도착증자의 기획이다—이 아닐 것이며 차라리 그것을 주체화하는 것, 그것을 그녀 자신 안에 구성하는 것일 터이다. 따라서 여성적 구조로 특징지어지는 이들에게 주체화는 5장과 6장에서 개괄된 그것과는 매우 다를 것이며, 어떤 기표와의 조우를 요구할 것이다.[46]

남자들과 여자들은, 언어 속에서 그리고 언어에 의해, 근본적으로 다른 방식으로 소외된다. 그들이 **타자**에 대해 그리고 S_1과 S_2에 대해 맺고 있는 전혀 다른 관계를 통해 입증되듯이 말이다. 주체로서 그들은 상이하게 분열되어 있으며, **이 분열상의 차이는 성적 차이를 설명한다**. 그리하여 성적 차이는 남자들과 여자들이 기표와 맺는 서로 분기하는 관계들에서 기원하는 것이다.

각각의 성은 언어의 바로 그 토대와 관련된 어떤 역할을 담당할 것을 요청받는 것처럼 보인다. 남자는 기표 역할을 담당하며, 반면 여자는 라캉의 표현대로 "l'être de la signifiance[기표성의 존재]"(세미나 20, p. 71)의 역할을 담당한다. 내가 아는 한 현재까지 영어권의 그 누구도 signifiance를 번역하려고 시도하지 않았다.[47] 그러나 라캉의 용법을 보면 그가 언어학에서 넘겨받은 이 용어로 무엇을 뜻하려고 하는지는 아주 명확하다. (언어학에서 그것은 단지 "의미 있음의 사실"을 지칭하는 반면, 라캉은 그것을 거꾸로 세운다는 의미에서, 그것은 "넘겨받은taken over" 것이다.) 나는 그것을 "기표성signifierness"으로 번역할 것을 제안했다.

즉 기표임being a signifier의 사실, 기표들이 탈-존한다는 사실, 기표들의 자존subsistence, 기표들의 기표적signifying 성격.48) 라캉이 이 용어를 사용한 것은 기표의 무의미적 성격을, 즉 기표가 가질 수도 있는 그 어떤 가능한 의미나 의미작용으로부터도 유리되고 분리되어 기표들의 바로 그 실존을 강조하기 위해서다. 즉 기표의 바로 그 실존이 그것의 의미화하는 역할을 초과한다는 사실, 기표의 그 실체는 그것의 상징적 기능을 초과한다는 사실을 강조하기 위해서다. 기표의 존재는 그것의 "지정된 역할", 로고스 안에서의 역할, 의미화하는 역할 너머로 나아간다. 따라서 "의미 있음의 사실"을 가리키기보다는 차라리 "의미 효과와는 **다른 효과를 갖는다는 사실**"을 가리키기 위해 라캉은 그 용어를 사용한다.

우리는 라캉의 signi*fiance*에서 *defiance*[도전]를 읽어내야 한다! 기표는 그것에 할당된 역할에 도전하며, 전적으로 의미작용의 과제만을 위임받기를 거부한다. 의미-만들기, 뜻-만들기 너머와 바깥에서, 그것은 탈-존을 갖는다.

라캉의 저작에서 존재being는 문자와 관계한다. 1970년대에 문자는 기표의 질료적이고 비의미적인 국면이며, 의미화 없는 효과, 즉 향유 효과를 갖는 부분이다. 문자는 **언어의 질료성**과 관계하며, Seminar 20(p. 26)에 나오는 라캉의 표현대로라면 "substance jouissante[향유하는 실체]"와 관계한다.49) 즉 향유, 혹은 "향유하는jouissing" 실체, 흥분하고 즐기는 실체 말이다. 남성적인 것을 기표와, 여성적인 것을 문자와 관련짓는 것은 적어도 플라톤까지 거슬러 올라가는 저 오래된 형식과 질료의 은유로 되돌아가는 것과 다르지 않아 보일지도 모른다. 그러나 라캉의 작업에서 그 되돌아감에는 언제나 어떤 뒤틀림이 가해진다. 즉 실체는 형식을 이기고, 형식에게 한두 가지 계책을 가르친다.

그녀 자신에게 타자적인, 타자적 향유

어떤 의미에서 여자는, 라캉이 제안하는 것처럼, 그녀 자신에게도 하나의 **타자**인 것으로 간주될 수 있는 것일까? 그녀가 스스로를 한 남자의 견지에서(그 남자를 경유하여 남근의 견지에서) 규정하는 한 저 다른 국면—S(Ⱥ)와의 잠재적 관계—은 불투명하고 낯설고 **타자적**인 것으로 머문다. 라캉이 1958/1962년에 말하는 바를 생각해보자. "여기서 남자는 [거세와 관련하여] 여자가 그에게 그러한 것처럼 그녀 자신에게 어떤 **타자**가 되기 위한 하나의 중개물로 봉사한다"(『에크리』, 732쪽). 그녀가 남근의 견지에서만 그녀 자신을 볼 경우, 즉 그녀의 위치를 한 남자와의 관계 속에서 규정되는 것으로만 볼 경우, 그렇게 규정되는 것처럼 보이지 않는 다른 여자들은 **타자**로서 내던져진다. 그러나 그 **타자적** 잠재성이 실현될 때, 즉 S(Ⱥ)와의 관계가 확립될 때, 여자는 더 이상 그녀 자신에게 **타자**가 아니다. 그것이 실현되지 않는 한에서 그녀는, 라캉이 남자homme와 동성애homosexual를 합성해서 쓴 것처럼, hommosexuelle로 남는다. 즉 그녀는 남자들을 사랑하고, 남자처럼 사랑하며, 그녀의 욕망은 남자의 그것처럼 환상 속에서 구조화된다.

남성적 구조로 특징지어지는 이들에게서 여자는, 라캉이 음탕하다고 부르는 **타자적** 향유를 체현하거나 혹은 그것의 표상으로서 보이는 한에서, **타자**로서—근본적인 **타자**, 향유의/향유로서의 **타자**로서—내던져진다. 왜 "음탕한"인가? 왜냐하면 그것은 남근과의 그 어떤 관계도 요구하지 않기 때문이며, 충동들이 (남성적 구조의 경우에서처럼) 상징계로 완전히 종속되어버린 이후 남겨지는 눈곱만큼의 쾌락인 남근적 향유의 보잘 것 없음을 드러내기 때문이다. 충동들의 이런 종속은 승화의 어떤 프로이트적 형태, 즉 실재가 상징계로 방출되어버리고[50]

향유가 **타자**에로 옮겨지게 되는 승화에 상응한다.

타자적 향유는 충동들의 완전한 만족을 제공하는 사랑을 통해 이루어지는 승화 형태와 관련이 있다. **타자적** 향유는 사랑의 향유이고,51) 라캉은 그것을 종교적 열락과 관계지으며, 또한 남근적 향유처럼 성기로 국지화되지 않는 일종의 육체적 향유와 관계짓는다(라캉이 분명히 진술하고 있듯이, 이것은 클리토리스 오르가슴과 대립되는 소위 질 오르가슴은 아니다). 라캉에 따르면 **타자적** 향유는 비성적asexual이다(반면에 남근적 향유는 성적이다). 그러나 그것은 몸의, 몸에서의 향유다52)(남근적 향유는 단지 기표의 도구로서의 기관과만 관계한다).

라캉이 S(A)에 관해서 직접 언급하는 바는 얼마 되지 않지만, 그래도 그것은 S(A)가 지시하는 **타자적** 향유가 **타자**의 절대적인 근본성이나 **타자성**과 관련 있다는 것을 말하고 있다. **타자**의 **타자**(즉, 외부)는 없다는 것을 말이다. **타자**는 어떤 특수하고 한정된 내부에 **상대적인** 외부에 불과한 것이 아니다. 그것은 항상 그리고 불가피하게 **타자적**이며, 그 어떤 일체의 시스템들에 대해서도 "외부"이다.53)

나는 **타자적** 향유에 관한 더 자세한 설명을 다른 기회로 넘길 것이고,54) 여기서는 다만 그것이 승화의 한 형태를 통해 제공되는 충동들의 완전한 만족은 "탈성화된desexualized" 것이라는 프로이트의 생각과 관련되어 있다는 것만을 제안하고자 한다.55) "탈성화된 리비도"는 라캉의 **비성적인 타자적** 향유와 밀접히 관련되어 있는 듯 보인다. 우연히도 라캉은 (좀 다른 맥락에서) 승화를 내가 4장과 6장에서 제시한 논리적 사각형의 왼쪽 하단 모서리에 배치한다(<그림 8.10>을 볼 것).

여기서 나의 코멘트는 해석의 시작에 불과하다. 하지만 이것은 <그림 8.8>을 이해해볼 수 있는 어떤 일반적인 의미인 것 같다.

8장 성적 관계 같은 것은 없다

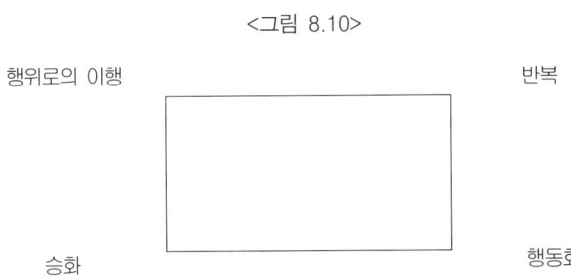

<그림 8.10>

앞서 지적했듯이, 라캉은 (1) 성들은 따로따로 상이하게 정의된다는 것과 (2) 각 성의 파트너들은 대칭적이지도 중첩되지도 않는다는 것을 보여주려고 한다. <그림 8.8>에서 보았듯, 남자의 파트너는 대상 (a)이며, 여자 자체가 아니다. 따라서 남자는 한 여자에게서 얻는 무언가에서 흥분할 수는 있을 것이다. 그녀가 이야기하는 어떤 방식, 그녀가 그를 바라보는 어떤 방식에서 말이다. 그러나 이는 단지 그가 그의 욕망을 불러일으키는 그 귀중한 대상을 그녀에게 투여했던 한에서 그러하다. 그래서 그는 (생물학적으로 정의된) 여자를 대상 (a)의 기층, 버팀목, 혹은 매체로서 필요로 할 수는 있을 테지만, 결코 그녀가 그의 파트너가 될 수는 없을 것이다.

그 역시 그녀의 파트너 그 자체가 될 수 없을 것이다. 그녀는 아마도 그녀를 위한 남근을 구현하고 육화하는, 혹은 남근의 버팀목으로서 봉사하는 (생물학적으로 정의된) 남자를 요구할 수는 있을 것이다. 그러나 그녀의 파트너가 되는 것은 남근이지 남자가 아니다. 이 단절 혹은 비대칭은 그녀의 **타자적** 파트너인 S(A)에 이르면 한층 더 근본적인 것이 된다. 왜냐하면 그 파트너는 전혀 "남자들"이라는 범주에 들어가지 않고, 따라서 여자는 그것에 "관계하거나" "응하기" 위해서 남자에게 의지할 필요가 전혀 없으니까 말이다.

만일 남자와 여자의 성적 파트너들이 동일한 것임이 판명된다면—가령 대상 (a)이 양쪽 편 모두에 대해서 유일한 파트너로 기능한다면—적어도 성구분된 존재로서의 그들의 욕망은 모종의 평행한(hommosexuelle) 방식으로 구조화될 것이며, 우리는 이에 기초하여 그들 사이의 성적 관계를 그려보려는 시도를 해볼 수도 있을 것이다. 그러나 그들의 파트너들의 비대칭은 전적인 것이고 완전한 것이다. 따라서 성들 사이의 어떠한 있음직한 관계도 어떠한 형태로든 가정되거나, 표명되거나, 쓰여질 수 없다.

정신분석의 진리

이것이 라캉이 일반적으로 정신분석의 바로 그 진리 *the truth*라는 자격을 부여하는 무엇이다. 그럼에도 그는 때때로 모든 진리는 수학화될 수 있다고 제안한다. "'수학화되지' 않는, 쓰여지지 않는, 즉 **진리**로서 단지 공리들에만 근거하지는 않는, 그런 진리 같은 것은 없다. 다시 말해서, 오직 그 어떤 의미도 갖지 않은 것의 진리, 즉 수학적 연역의 [등록소] 내부에서가 아니라면 그에 관해 도출될 그 어떤 다른 결과도 없는 그러한 것의 진리만 있다"(세미나 21, 1973년 12월 11일).

그러나 이 논평은 우리가 예컨대 "진리표"와 기호논리학에서 보는 진眞(*le vrai*)에만 적용된다(10장을 볼 것). 라캉에 따르면 정신분석의 유일한 **진리**는 성적 관계 같은 그런 것은 없다는 것이며, 문제는 주체를 그 진리와 조우하는 지점으로 데려가는 것이다.

8장 성적 관계 같은 것은 없다

존재와 탈-존

N'existe que ce qui peut se dire. N'ex-siste que ce qui peut s'écrire.
[말해질 수 있는 것만이 존재한다. 쓰여질 수 있는 것만이 탈-존한다.]

존재를 포함하는 역설적으로 보이는 라캉의 많은 진술들―"**여자**는 존재하지 않는다", "**타자적** 향유는 존재하지 않는다"―과 "*il y a*[~가 있다]"와 "*il n'y a pas*[~가 없다]"를 포함하는 진술들―"성적 관계와 같은 그런 것은 없다", "**하나**는 있다(*Il n'y a pas de l'Un*)", "**타자**의 **타자**는 없다(*Il n'y a pas d'Autre de l'Autre*)"―이 주어져 있고, 나는 여기에 라캉의 탈-존ex-sistence 개념에 대해서 한마디를 보태고 싶다.

내가 아는 한, "탈-존"이라는 단어는 하이데거(예컨대 『존재와 시간』)를 번역하면서, 그리스어 ekstasis와 독일어 Ekstase의 번역어로 최초로 프랑스어에 도입되었다. 이 그리스어 단어의 어원적 의미는 무언가의 "외부에 서있는", 혹은 무언가로부터 "떨어져 서있는"이다. 그리스어에서 그것은 일반적으로 어떤 것의 제거나 자리바꿈을 가리키는 데 사용되었는데, 하지만 그것은 또한 오늘날 우리가 "무아경"이라고 부르는 마음 상태에 적용되게 되었다. 그래서 그 단어의 파생적 의미는 "무아경ecstasy"이며, 그 때문에 **타자적** 향유와 연결된다. 하이데거는 종종, 자신의 "외부에 서있는"이나 자신의 "밖으로 나간"이라는 저 단어의 어원적 의미로 말장난을 할 뿐만이 아니라, 그리스어에서 그 단어가 "존재existence"라는 단어의 어근과 밀접한 관련이 있다는 것으로도 말장난을 했다. 라캉은 그것을 "~로부터 떨어져 서있는 어떤 존재", 말하자면 외부로부터 존속하는insist from the outside 존재에 관해 말하기 위해 사용한다. 내부에서는 포함되지 않는not included on the inside 어떤 것, 내밀하기보다는 차라리 "외밀한extimate" 어떤 것 말이다.*

타자적 향유는 상징계를 넘어서 있고, 상징적 거세로부터 떨어져 있다. 그것은 탈-존한다. 우리는 우리의 상징적 질서 내부에서 그것을 위한 장소를 식별할 수 있고, 심지어 그것을 명명할 수도 있다. 그러나 그럼에도 불구하고 그것은 형언할 수 없는 것으로, 말해질 수 없는 것으로 남는다. 우리는 그것이 ($\overline{\forall x\, \Phi x}$라고) 쓰여질 수 있는 것이기 때문에 탈-존하는 것으로 간주할 수 있다.

그러나 성적 관계는 다음과 같은 측면에서 변별된다. 즉 그것은 쓰여질 수 없고, 따라서 존재하지도 탈-존하지도 않는다. 단순히 **그런 것은 없다.**

탈-존이라는 개념, 그리고 탈-존으로서의 **타자적** 향유라는 개념은 라캉의 "향유의 경제" 혹은 "리비도 경제"를 열려 있는, 총체화될 수 없는 경제로 만든다. 향유의 보존은 결코 없으며, 희생된 향유와 획득된 향유 사이의 비례적 관계는 결코 없다. 그 어떤 의미에서도 **타자적 향유**는 남근적 향유의 부적절함이나 부족함을 보완하거나 벌충하지 않는다. 한마디로, 그 어떤 **상보성**이나 균형도 없다. **타자적 향유**는 근원적으로 불균형적이며, 계량불가능하고, 불비례적이며, "정숙한 사회"에는 음탕한 것이다. 그것은 "남근적 경제"나 단순한 구조주의 안으로 결코 만회될 수 없다. 탈-존으로서의 대상 (a)처럼, **타자적** 향유는 "구조의 매끄러운 작동"에 치유될 수 없는 효과를 남긴다.

* * * *

* "외부로부터 존속하는"이나 "내부에서는 포함되지 않는"과 같은 비통상적이고 모호한 표현은 '탈-존'을 '외부에 있고 내부에 없는' 어떤 것이라는 식으로 편리하게 이해하는 것을 막는다. 이 표현들의 모호성은 "탈-존"이나 "외밀한ex-timate" 등의 위상 자체로부터 온다.

8장 성적 관계 같은 것은 없다

성적 차이에 대한 새로운 은유

기표는…… 위상학적 용어들로 구조화되어야 한다.

— 라캉, 세미나 20, p. 22

내가 여기에서 펼쳐 보이려고 했던 성적 차이에 대한 라캉의 견해를 어떻게 볼 것인가? 그것은 진지하게 간주되어야 하는가? 그것은 우리에게 어떻게 도움이 될까?

분명 라캉은 성적 차이의 새로운 은유를 제공한다. (프로이트 자신도 만족하지 않았던) 능동과 수동의 변증법, (적어도 문법적/언어학적 관점에서 훨씬 더 흥미로운) 소유와 존재의 변증법 등등을 넘어서는 은유를 말이다.56) 오늘날 대부분의 비평가와 정신분석가들이 동의할 만한 한 가지는 생물학적 구분은 부적합하다는 것이다. 너무나도 많은 사람들이 생물학적으로 결정된 성적 차이의 "단단한" 구분선을 심적 층위에서 넘어가는 듯 보인다. 따라서 우리는 (어떤 방식으로 규정된) 여성적 구조를 가진 남성들과 (어떤 다른 방식으로 규정된) 남성적 구조를 가진 여성들이 존재한다는 가설에서 시작한다.

라캉이 남성적/여성적 구조를 정의하는 방식은 어떤 점에서 흥미로운가? 우선 그것은 새로운 위상학을 내포한다. 즉 그것은 일련의 동심원들 혹은 구球로서의 세계라는 서구의 오래된 개념과 단절하며, 그 대신 뫼비우스 띠, 클라인 병, 크로스 캡 같은 역설적인 위상학적 표면을 모델로 채택한다. 이 후자는 특히 우리의 사고방식을 혁명적으로 바꾸는 풍요로운 표면이다. "위상학과 구조 사이의 엄밀한 등가성"(세미나 20, p. 14)이 있다고 한다면, 새로운 위상학적 모델들은 체계에 대해 사고하는 데 도움을 줄 수 있을 것이다.

제3부 라캉적 대상: 사랑, 욕망, 향유

본질적으로 크로스 캡은 비틀림이 있는 구다. 말하자면, **라캉적 비틀림**. 저 작은 비틀림은 구의 모든 위상학적 속성들을 변화시킨다. 사물에 관한 오래되고 친숙한 개념에서와는 달리, 아무것도 그 자신에게로 되돌아오지 않는다. 그 비틀림은 아마도 50년대와 60년대에 라캉의 그토록 많은 용어들을 상징계로부터 실재로 이동시킨 라캉적 비틀림과 동일한 것일 터이다. (어떤 의미에서 이 과정은 라캉이 상상계, 상징계, 실재라는 세 등록소를 동등하게 중요한 것으로 다루는 보로매오의 매듭과 만났을 때 비로소 종결된다고 할 수 있다.) 라캉적 비틀림은 아마도 철학과 구조주의가 단지 똑같은 옛 사물만을 보고 있는 상징계 너머에서 어떤 것을 보는 능력일 것이다.

뫼비우스의 띠와는 달리 크로스 캡은 **불가능한** 표면이다. 전자는 구성될 수 있다. 따라서 그것은 상상가능한(혹은 "상상화가능한imaginarizable") 것이다. 그것은 마음속에 그려질 수 있다. 반면 크로스 캡은 위상학에서의 다른 많은 표면들과 동일한 방식으로, 즉 반대 면들이 합쳐지는 방식을 지시해주는 화살표가 모서리를 따라 있는 작은 사각형을 가지고서 묘사될 수는 있지만, 구성하기는 불가능한 표면이다. <그림 8.11>에 재현되어 있는 표면들을, 그것들의 상징적 재현과 함께 검토해보라.

<그림 11>

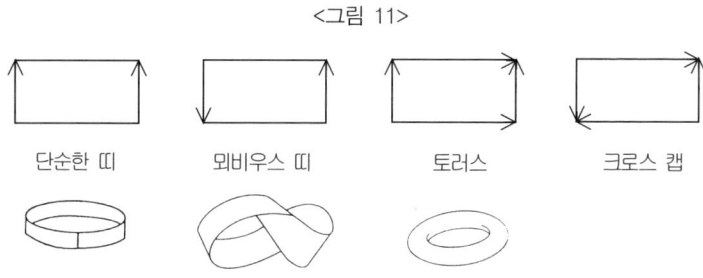

이 모든 표면들은 크로스 캡을 제외하고는 정확하게 시각적으로 재현할 수 있다. 크로스 캡은 위상학적 용어들로 상징적으로 표현할 수 있는 반면(단어 위의 사각형을 볼 것), 정확하게 시각화할 수도 구성할 수도 없다. 그것을 상상하려고 해보자. 당신은 어떤 특정한 지점이 잘려나가 있고 잘린 곳 각각의 측면에 있는 각각의 지점이 재연결되어 있는, 그러나 상처를 봉합하듯 그것으로부터 직접적으로 가로질러지는 지점으로 연결되는 것이 아니라 <그림 8.12>에서 a'가 b'에, a''가 b''에 연결되듯 반대 측면 위의 대칭적 지점에로 재연결되어 있는 구를 떠올릴 수 있을 것이다.

<그림 8.12>

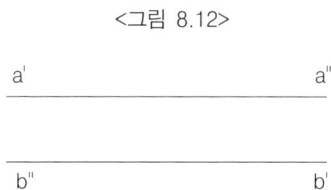

크로스 캡은 이런 의미에서 불가능하다. 그러나 쓰여질 수는 있다. 그것은 상징적 기입을 허용한다. 상징계는 여기서 실재적인 어떤 것을, 상징계-외적인extra-symbolic 어떤 것을 묘사하기 위해서 이용될 수 있다.

만약 동심원이나 구에 관한 오래된 관념이 그 무언가에 여하간 적용될 수 있다고 한다면, 라캉은 그것이 부성적 기능에 의해 경계지어져 있는 바로서 남성적 구조에 적용된다고 제안하는 것 같다(<그림 8.13>).

<그림 8.13>

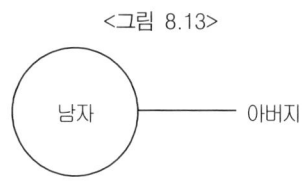

프로이트는 여자는 법에 대해서 이와는 다른 관계를 맺는다고 제안한다. 그것을 그는 아직 덜 고도로 발달된 자아이상이나 초자아와 상관짓는다. 그러나 여성적 구조에 의해 특징지어지는 주체들이 경계와 맺는 관계는 근본적으로 다르다는 것을 함축하는 것으로 이를 이해하는 편이 더 좋을 것이다. 즉 내부와 외부의 대립이 적용될 수 없다는 것이다. 바로 그처럼 크로스 캡의 표면은 밀폐된 경계를 구성하지 않으며, 내부와 외부에 대한 국지적으로 유효한 관념만이 있을 뿐 결정적인 관념이 있는 것은 아니다. 그것의 "표면"에 있는 작은 변칙적 틈이 그것의 모든 속성들을 바꾸어 놓는다. 라캉의 새로운 은유를 정식화할 또 다른 방법은 집합론과 위상학에서 끌어온 "열린"과 "닫힌"이라는 용어를 사용하는 것이다. **남자**에 의해 구성되는 집합처럼, "닫힌 집합"은 그 자신의 경계나 한계를 포함한다. 그리고 **여자**처럼, "열린 집합"은 그 자신의 경계나 한계를 포함하지 않는다. 라캉이 성적 차이를 새로운 방식으로 정식화할 수 있었던 것은 적어도 부분적으로는 (대다수의 정신분석가들에게는 다소간 이례적인 연구 영역인) 집합론, 논리학, 위상학에서의 그의 작업 덕분이라고 주장할 수도 있을 것이다.[57]

성적 차이에 대한 라캉의 새로운 은유는 새로운 증상을 구성한다. 성적 차이를 보는 새로운 증상적 방식, 이전의 방식보다 더할 것도 덜할 것도 없이 증상적인 방식 말이다. 증상은 항상 우리로 하여금 어떤 것들을 보게 해주고 다른 어떤 것들을 보는 것을 멈추게 한다.

나는 이 증상적인 봄의 방식을 "괴델식 구조주의"라고 부르고 싶기도 하다. 그것이 구조의 중요성을 고수하면서도 구조의 필연적 불완전성을, 그리고 구조 안에서 이루어지는 특정 진술들의 근본적 결정불가능성을 지속적으로 지적하는 한에서 말이다. 라캉은 모든 유의미한 형식적 체계들은 어떤 결정불가능한 진술들을 포함하며 한 언어의

8장 성적 관계 같은 것은 없다

진리를 그 동일한 언어에서 규정하는 것은 불가능하다는 괴델적인 관념을 분명하게 채택한다. 라캉의 작업에서는 예외가 단순히 규칙들을 증명하는 것이라기보다는 보다 근본적으로 그 예외가 우리로 하여금 규칙들을 재정의하도록 강요한다. 그의 작업은 히스테리의 바로 그 구조를 체현한다. 즉 그는 어떤 체계를 공식화하는 일에 접근하면 할수록, 더 왕성하게 그것을 재검토하고 의문에 부친다. 만약 그것이 "모든 체계들을 끝낼 어떤 체계"라면, 우리에게 바로 이 표현을 새로운 방식으로 듣도록 가르치는 것이 바로 라캉이다.

제4부

정신분석 담화의 지위

9장 네 가지 담화

전체는 없다. 그 무엇도 전체이지 않다.

— 라캉, Scilicet 2/3 (1970): 93

담화의 우주 같은 것은 없다.

— 라캉, 세미나 14, 1966년 11월 16일

메타언어 같은 것은 없다.

— 라캉, 세미나 14, 1966년 11월 23일

라캉적 정신분석은 매우 강력한 이론을 구성하며 사회적으로 의미심장한 실천을 구성한다. 하지만 그것은 Weltanschauung(세계관)이 아니다. 그것은 총체화된 혹은 총체화하는 세계관이 아니다.[1] 많은 이들이 그것을 그러한 것으로 만들고 싶어 하지만 말이다. 그것은 하나의 담화이며, 그러한 것으로서 세계에 효과를 미친다. 그것은 여러 가지

가운데 단지 하나의 담화이며, 최종적이고 궁극적인 유일한 담화인 것은 아니다.

오늘날 세계에서 지배적인 담화는 분명 권력의 담화이다. x, y, z를 성취하기 위한 수단으로서의 권력, 하지만 궁극적으로는 권력을 위한 권력. 라캉적 정신분석은, 그 자체로, 권력의 담화가 아니다. 그것은 분석적 상황에서 일정한 종류의 권력을 배치한다. 그것은 많은 미국의 심리학 학파들에 따르자면 정당화될 수 없는 권력인데, 그러한 학파들에서 "고객의" 자율성(이른바, 자아)은 신성불가침한 것이어서 족쇄를 채워서도 도전해서도 안 되는 것이다. 정신분석은 분석자의 욕망의 재구성을 초래하기 위해서 욕망의 원인의 권력을 배치한다. 그러한 것으로서 분석적 담화는 권력의 담화와는 다르게 구조화되어 있다. 라캉의 "네 가지 담화들"은 담화들 간의 구조적 차이들을 설명하고자 한다. 나는 잠시 후에 이러한 설명으로 돌아갈 것이다.

우선은 상대주의에 관한 물음을 던져보자. 정신분석이 여하간 궁극적 담화가 아니라면, 여러 가지 가운데 하나의 담화라면, 왜 그것에 주목해야 하는가? 왜 우리는 성가심을 무릅쓰고 도대체 분석적 담화에 관심을 가져야 하는가? 그것이 단지 몇 가지 가운데 하나 혹은 수많은 것 가운데 하나에 불과하다면 말이다. 나는 여기서 한 가지 단순한 답만을 제공할 것이다. 즉 **그것은 우리로 하여금 상이한 담화들의 작용을 유일무이한 방식으로 이해할 수 있도록 해준다.**[2]

라캉의 네 가지 담화 각각을 다루기에 앞서 지적할 것이 있다. 라캉은 담화들 가운데 하나를 "히스테리자 담화"라고 부르지만, 어떤 주어진 히스테리자가 언제나 불가피하게 히스테리자의 담화를 채택한다거나 그 안에서 기능한다는 뜻은 아니다. 분석가로서 히스테리자는 분석가

9장 네 가지 담화

의 담화 내에서 기능할 수도 있다. 대학교수로서 히스테리자는 대학 담화 내에서 기능할 수도 있다. 히스테리자의 심적 구조는 그/녀가 담화를 변경할 때 바뀌지 않지만 그/녀의 효력은 바뀐다. 자신을 분석가 담화 내에 위치시킬 때 타자들에 대한 그/녀의 효과는 그 담화에 의해 허용된 효과에 조응하며, 그 담화 고유의 장애와 결함을 겪는다. 어떤 특정한 담화는 어떤 것을 촉진하고 어떤 다른 것들을 방해한다. 어떤 것들을 볼 수 있게 해주고 어떤 다른 것들에 대해서 눈멀게 한다.

다른 한편으로 담화들은 의지대로 쓰고 벗을 수 있는 모자 같은 것이 아니다. 담화의 변동은 일반적으로 일정한 조건이 충족될 것을 요구한다. 분석가가 언제나 분석적 담화 안에서 기능하는 것은 아니다. 예컨대 분석가는, 가르치는 한에서, 대학 담화나 주인 담화를 채택할 수도 있는 일이고, 또한 그 문제라면 히스테리자의 담화를 채택할 수도 있는 일이다(라캉 자신의 가르침은 종종 히스테리자 담화라는 표제하에 들어가는 것처럼 보인다).

곧바로 인상적인 한 가지는, 라캉이 히스테리자의 담화를 만들어내면서도, 강박신경증자나 공포증자나 도착증자나 정신병자의 담화 같은 것은 없다는 점이다. 그들의 담화는 분명 어느 정도까지는 정식화될 수 있다. 그리고 라캉은 공포증, 도착증 등등에서 환상의 구조를 정식화하기 위해 오랜 길을 걸었다.[3] 하지만 그것들은 그가 개괄하는 네 가지 주요 담화의 일차적 초점이 아니다. 나는 네 가지 담화를 그 **일체의** 복잡성 속에서 다루지는 않을 것이다. 특히, 그것들이 도입되는 세미나 17에서 시작해서 그것들이 얼마간 재가공되는 세미나 20과 그 이후 작업에 이르는 기간에 걸친 그것들의 발전을 다루지는 않을 것이다. 그 대신 나는 네 가지 담화 각각의 기본적 특징을 제시할 것이고, 그런 다음에 다음 장에서 라캉이 세미나 21에서 제시하고 있는, 상이한 종류의 담화들에 대해서 말하는 **제2의** 방식을 논의할 것이다.

주인의 담화

라캉의 담화들은 어떤 의미에서 주인의 담화에서 시작된다. 역사적인 이유에서도 그렇고, 또한 그 담화가 우리 모두가 종속되어 있는 기표의 소외 작용을 체현하고 있기 때문에도 그렇다. 그러한 것으로서 그것은 네 가지 담화들 가운데 특권적 자리를 차지한다. 그것은 (계통발생적으로나 개체발생적으로나) 일종의 일차적 담화를 구성한다. 그것은 (4-6장에서 본 것처럼) 소외를 통한 주체 발생의 기본 매트릭스이다. 하지만 라캉은 그의 네 가지 담화의 맥락에서 그것에 어떤 다소간 다른 기능을 부여한다.

$$\frac{S_1}{\$} \longrightarrow \frac{S_2}{a}$$

주인의 담화에서 지배적인 혹은 지휘하는 위치(상단왼쪽)를 채우는 것은 S_1, 무의미한 기표, 까닭도 이유도 없는 기표, 한 마디로 주인기표이다. 주인에게 복종해야 하는 것은 우리가 그렇게 해서 형편이 좋아지기 때문도 아니고 어떤 다른 그와 같은 이유가 있기 때문도 아니다. 단지 주인이 그렇게 말하기 때문이다.[4] 주인의 권력에는 그 어떤 정당화도 주어지지 않는다.

(여기서 S_1으로 표시되는) 주인은 노예(S_2)에게 지시하며(이 지시는 화살표로 표시된다), 노예는 노동자의 위치에 있다(상단 오른쪽. 라캉

9장 네 가지 담화

은 이 위치를 타자의 위치라고도 부른다). 노예는, 주인을 위해 뼈 빠지게 일하는 가운데, 무언가를 배운다. 노예는 지식을(생산적인 바로서의 지식을) 체현하게 된다. 지식은 여기서 S_2로 표시된다. 주인은 지식에 관심이 없다. 모든 것이 잘 돌아가는 동안은, 자신의 권력이 유지되거나 성장하는 동안은, 모든 것이 괜찮은 동안은 말이다. 주인은 어떻게 그리고 왜 일이 돌아가는지를 아는 것에는 아무런 관심도 없다. 자본가를 여기서 주인이라고 하고 노동자를 노예라고 한다면, 하단 오른쪽에 나오는 대상 (a)은 생산된 잉여를, 잉여가치를 나타낸다. 노동자의 활동에서 오는 이 잉여는 자본가에 의해 전유된다. 우리는 그것이 자본가에게 모종의 향유를 조달한다고 가정할 수 있을 것이다. 잉여향유를 말이다.

주인은 약함을 보여서는 안 되며, 따라서 자신이 다른 사람들과 마찬가지로 언어의 존재라는 사실을, 상징적 거세에 굴복했다는 사실을 조심스럽게 숨겨야 한다. 기표에 의해 초래된 의식과 무의식의 분열($)은 주인의 담화에서 은폐되며 진리의 위치에서 드러난다. 숨겨진 진리.

네 가지 담화들 각각에 있는 여러 위치들은 이제 다음과 같이 지칭될 수 있다.

$$\frac{\text{행위자}}{\text{진리}} \longrightarrow \frac{\text{타자}}{\text{산물/상실}}$$

이 네 위치들 중 하나에 라캉이 어떤 수학소를 놓든지 간에 그것은 그 위치에 부여된 역할을 맡는다.

나머지 세 담화들은 첫 번째 담화의 각 요소를 시계반대방향으로

4분의 1만큼 회전 혹은 "공전revolution"시킴으로써 그 첫 번째 담화로부터 생성된다.5) 이 추가적 혹은 "파생적" 담화들은 시간상 나중에 존재하게 되었거나 아니면 적어도 포착되었다고 제안할 수 있을 것이다. 이는 그 넷 중 적어도 마지막 둘에 대해서는 참인 것처럼 보인다. 왜냐하면 분석가의 담화는 19세기 말에서야 존재하게 되었고 또한 히스테리자의 담화가 포착될 수 있었던 것은 분석가의 담화 덕분이었으니까 말이다. (주인의 담화는 오래전에 헤겔에 의해 인지되어 있었다.)

대학 담화

> 여러 세기 동안 앎은 진리에 대항한 방어책으로서 추구되어왔다.
> — 라캉, 세미나 13, 1996년 1월 19일

대학 담화에서

$$\frac{S_2}{S_1} \longrightarrow \frac{a}{\$}$$

"앎"은 지배적인, 지휘하는 위치에서 무의미한 주인기표를 대체한다. 체계적인 앎은 눈먼 의지를 대신하여 통치하는 궁극적 권위이다. 그리고 모든 것은 이유를 갖는다. 라캉은, 거의, 주인의 담화에서 대학 담화로 이어지는 일종의 역사적 운동 같은 것을 제안하기까지 하는데, 이때 대학 담화는 주의의 의지에 대한 일종의 적법화나 합리화를 제공한다. 이러한 의미에서 라캉은 1960년대와 1970년대에 나왔던, 대학은 자본주의 생산의(당시에 불리기로는 "군산 복합체"의) 무기라는 주장에 동의하는 것처럼 보이며, 대학 담화 배후에 숨겨진 진리는 결국 주인기표라는 제안을 한다.

여기서 앎은 잉여가치(노동자 편에서의 가치의 상실이나 감축이라는 형태를 취하는, 자본주의 경제의 산물)를 탐문하며, 그것을 합리화하거나 정당화한다. 여기서 산물 혹은 상실은 분열된, 소외된 주체이다. 대학 담화에서 행위자는 아는 주체이므로, 알지 못하는 주체 혹은 무의식의 주체는 산출되는 것이며, 하지만 동시에 배제되는 것이다. 라캉이 말하기를, 철학은 언제나 주인에게 **봉사**해왔다. 철학은 언제나 *스스로를 주인의 담화를 합리화하고 뒷받침하는 봉사의 자리에* 놓았다.

라캉이 처음에는 대학 담화를 과학적 정식화에, 과학의 점증하는 수학화에 연결시키다가 나중에는 진정한 과학을 대학 담화와 분리시키고 대신에 히스테리자의 담화와 연결시킨다는 사실에 주목하자. 처음에는 놀랍게 보일 수도 있겠지만, 진정한 과학적 활동에 대한 (예컨대 「과학과 진리」에서 설명된)[6] 라캉의 견해는 히스테리자 담화의 구조에 실로 조응하는 것이다. 나는 이를 나중에 설명하려고 할 것이다.

이러한 변동은 『텔레비전』에서 과학적 담화와 히스테리자 담화의 연결을 통해 반영되어 있으며, 또한 1975년 벨기에에서 행한 강연 「히스테리에 대하여」에서 그것들을 전적으로 등치시킨 것에서 반영되어 있다. 이는 대학 담화에 내포된 앎이 가장 경멸적인 프로이트적 의미에서 한낱 합리화에 불과하다는 것을 함축한다. 우리는 그것을 실재를 파악하려고 노력하는, 겉보기의 논리적인/이거나 물리적인 모순들에 의해 제기되는 곤란들을 유지하려고 노력하는 그런 유형의 사유로서가 아니라 오히려 하나의 장을 망라하려는 백과사전적 노력으로 상상해볼 수 있다(샤를르 푸리에의 810가지 성격 유형7)이라든가 오귀스트 콩트의 총체적 사회학이라는 목표를 생각해보라).

주인기표를 위해 봉사할 때, 이성과 합리성이라는 가장을 취하는 한, 여하한 종류의 논변도 더 많게든 더 적게든 소용이 있을 것이다.

히스테리자의 담화

히스테리자의 담화에서(나는 여기서 이를 세 번째로 제시하지만, 실제로는 4분의 1 회전에 의해 생성되는 네 번째 담화이다)

$$\frac{\$}{a} \longrightarrow \frac{S_1}{S_2}$$

분열된 주체가 지배적인 위치를 차지한다. 이 주체는 S_1에게 말을 걸며, 그것을 의문시한다. 대학 담화는 주인기표로부터 단서를 얻어서, 모종의 날조된 체계를 가지고서 주인기표를 그럴듯하게 치장한다. 반면에 히스테리자는 주인에게 가서, 가진 것을 보여 달라고, 지식을 통해서 무언가 진지한 것을 산출함으로써 능력을 보여 달라고 요구한다.[8] 히스테리자 담화는 대학 담화의 정반대이며, 모든 위치들이 뒤바뀌어 있다. 히스테리자는 주체적 분열의 우선성을, 의식과 무의식의 모순을 주장하며, 그리하여 욕망 그 자체의 갈등적이거나 자기모순적인 성격을 주장한다.

오른쪽 하단 모서리에서 우리는 지식(S_2)을 발견한다. 이 위치는 또한 라캉이 향유를, 담화에 의해 산출된 쾌락을 위치시키는 위치이기도

9장 네 가지 담화

하며, 따라서 라캉은 여기서 히스테리자가 지식에 흥분한다는 것을 제안하고 있는 것이다. 지식은 다른 곳보다도 히스테리자의 담화에서 훨씬 더 큰 정도로 성애화될 것이다. 주인의 담화에서 지식은 다른 무언가를 산출하는 한에서, 주인을 위한 작업에 사용될 수 있는 한에서 칭송된다. 하지만 지식 자체는 주인에게 접근불가능한 것으로 남는다. 대학 담화에서 지식은 목적 그 자체라기보다는 학자의 바로 그 실존과 활동을 정당화하는 어떤 것이다.9) 그리하여 히스테리는 지식과 관련하여 유일무이한 배치를 제공한다. 그리고 나는 라캉이 바로 그렇기 때문에 궁극적으로 과학의 담화를 히스테리 담화와 동일시한다고 믿고 있다.

1970년에 세미나 17에서 라캉은 과학이 주인 담화와 동일한 구조를 가지고 있다고 본다.10) 그는 과학이, 고전 철학이 그랬듯이, 주인에게 봉사한다고 보는 것 같다. 1973년 『텔레비전』에서 라캉은 과학의 담화와 히스테리자 담화가 **거의** 동일하다(p. 19)고 주장하며, 1975년에는 그 둘을 유보 없이 동일시한다.11) 무엇 때문에 그는 그렇게 하는 것일까?

하이젠베르크의 불확정성 원리를 생각해보자. 간단히 말해서 이 원리는 우리가 입자의 위치와 입자의 운동량을 동시에 정확히 알 수는 없다고 진술한다. 한쪽 요인을 확인할 수 있게 되었다면, 다른 하나는 필연적으로 미지의 것으로 남는다. 그 자체로 이 원리는 과학자가 제출하기에는 놀라운 명제이다. 소박하게 우리는 종종 과학자들을 극미한 크기나 어마어마한 속도에 아랑곳하지 않고 모든 것을 측정할 수 있을 때까지 가차 없이 도구를 정교화하는 사람들로 생각한다. 그렇지만 하이젠베르크는 우리의 측정 능력에 한계를 설정했으며, 그리하여 과학적 지식에 진정한 한계를 설정했다.

당분간 과학적 지식이라는 것을 확장하는 것이기는 해도 하나의 전체 혹은 집합으로 본다면(우리는 그것을 현재와 미래의 모든 과학적 지식의 이상적 집합으로 상상해볼 수 있을 것이다), 우리는 하이젠베르크가 그 집합이 불완전하다고, 전체는 전체가 아니라고 말하고 있다고 이해할 수 있을 것이다. 그 집합에는 "메울 수 없는" 구멍이 있으니까 말이다(<그림 9.1>).12)

<그림 9.1>

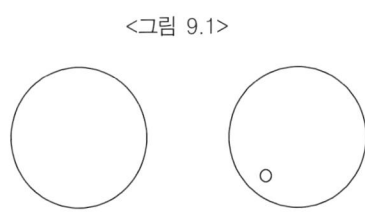

이제 이것은 라캉이 히스테리자에 대해 말하는 것과 유사하다. 히스테리자는 주인의 지식이 결여되어 있음을 발견할 수 있는 지점까지 (파트너나 교사나 아니면 여하한 사람에게서 체화된) 주인을 몰아붙인다. 주인이 모든 것에 대한 설명을 가지고 있지 않거나, 아니면 주인의 추리가 정연하지 않은 것이다. 주인에게 말을 걸면서 히스테리자는 주인에게 지식을 산출할 것을 요구하며, 더 나아가 주인의 이론들을 논박한다. 역사적으로 말해서, 히스테리자들은 히스테리에 관한 이론들의 의학적, 치료학적, 정신분석적 세공작업 배후에 있는 진정한 원동력이었다. 히스테리자들은 프로이트가 정신분석적 이론과 실천을 발전시키도록 이끌었으며, 그러는 동안 내내 그의 상담실에서 그에게 그의 지식과 기법의 부적절함을 입증해보였다.

히스테리자들은, 훌륭한 과학자들처럼, 이미 가지고 있는 지식을 가지고서 모든 것을 필사적으로 설명하는 일에 착수하지 않는다(이는 체계화하는 사람의 혹은 더 나아가 백과사전주의자의 일이다). 또한 그들은 언젠가 모든 해결책들이 나오리라는 것을 당연시하지도 않는다. 하이젠베르크는, 구조적으로 말해서 알려질 수 없는 어떤 것 — 우리가 인식하는 것이 불가능한 어떤 것, 일종의 개념적 변칙 — 이 있다고 단언했을 때, 물리학 공동체에 충격을 주었다.

3장과 7장에서 보았듯이, 유사한 문제들과 역설들이 논리학과 수학에서 발생했다. 라캉의 용어로, 이러한 불가능성들은 대상 (a)이라는 이름으로 알려진 실재에 관계된다.

이제 히스테리자의 담화에서, 대상 (a)은 진리의 위치에 나타난다. 이는 히스테리자 담화의 진리가, 그것의 숨겨진 원동력이 실재라는 것을 의미한다. 물리학 또한, 진정으로 과학적인 정신에서 수행될 때, 실재에 의해서, 즉 작동하지 않는 그 무엇에 의해서, 들어맞지 않는 그 무엇에 의해서 명해진다. 그것은 이론이 어느 곳에서도 결여되어 있지 않다는 것 — 이론이 모든 사례에서 작동한다는 것 — 을 입증하려는 시도에서 역설과 모순을 조심스럽게 덮는 일에 착수하는 것이 아니라 오히려 그와 같은 역설과 모순을 갈 수 있는 데까지 끌고 가는 일에 착수한다.

분석가의 담화

이제 분석적 담화를 다루어보자.

$$\frac{a}{S_2} \longrightarrow \frac{\$}{S_1}$$

욕망의 원인으로서의 대상 (a)은 여기서 행위자이며, 지배적인 혹은 지휘하는 위치를 점유한다. 분석가는 순수한 욕망함(순수한 욕망하는 주체)의 역할을 한다. 그는, 의식과 무의식의 분열이 드러내는 바로 그 지점들—말실수, 실수행위와 의도되지 않은 행위, 불분명한 말, 꿈 등등—에서, 분열된 주체를 탐문한다. 이러한 방식으로 분석가는 환자가 작업하도록, 연상하도록 만들며, 힘든 연상의 산물은 새로운 주인기표다. 환자는 여하한 다른 기표와 아직 관계를 맺지 않고 있었던 어떤 주인기표를, 어떤 의미에서, "자백한다".

주인의 담화를 논하면서 나는 S_1을 까닭도 이유도 없는 기표라고 했다. 주인기표는, 분석적 상황에서 구체적으로 나타날 때, 막다름으로, 중지점으로, 연상에 종지부를 찍고 환자의 담화를 멈추게 만드는 단어나 문구로 등장한다. 6장에서 보았듯이, 그것은 고유명사(환자의 이름이나 분석가의 이름)일 수도 있고, 사랑하는 사람의 죽음에 대한 지칭일 수도 있고, 질병의 이름(에이즈, 암, 마른버짐, 시력상실)일 수도 있고, 아니면 다양한 여타의 것일 수도 있다. 분석의 과제는 그러한 주인기표들이 다른 기표들과 관계를 맺도록 하는 것, 즉 분석이 산출하는 주인기표들을 변증화하는 것이다.

이는 주인의 담화에 대한 의존을, 혹은 여기서 볼 수 있듯이, 의미작용의 근본적 구조에 대한 의존을 내포한다. 주체화가 일어날 수 있도록 매 주인기표와 이항적 기표 사이에 연결고리가 확립되어야 한다. 증상 자체는 스스로를 주인기표로서 제시할 수 있다. 사실상 분석이 진행됨에 따라서, 그리고 개인사의 점점 더 많은 측면들이 증상으로서 취해짐에 따라서, 매 증상적 활동이나 고통은 분석 작업 중에 단순하게 있을 뿐인 어떤 단어나 문구, 주체에게 아무것도 의미하지 않는 것처럼 보이는 단어나 문구로서 스스로를 제시한다. 세미나 20에서 라캉은

9장 네 가지 담화

분석가 담화의 S_1을 la bêtise(어리석음 혹은 "웃기는 일")라고 부른다. 이는 꼬마 한스의 사례를 역 참조하는 것인데, 꼬마 한스는 자신의 말 공포증 전체를 라캉이 그렇게 번역하듯이 la bêtise라고 부른다(세미나 20, p. 17). 그것은 분석 과정 자체에 의해 산출된 무의미 자체이다.[13]

S_2는 분석 담화에서 진리의 자리(하단 왼편 위치)에 나타난다. S_2는 여기서 지식을 나타낸다. 하지만 분명, 대학 담화에서 지배적 위치를 차지하는 종류의 지식은 아니다. 여기서 문제되는 지식은 무의식적인 지식, 기표사슬에 붙잡혀 있지만 아직 주체화되어야 하는 저 지식이다. 그 지식이 있었던 곳에 주체가 있게 되어야 한다.

이제, 라캉에 따르면, 분석가가 분석 담화를 채택하는 동안, 분석자는 분석 과정에서 불가피하게 히스테리화된다. 분석자는, 자신의 임상적 구조와는 상관 없이 ─ 공포증자이건 도착증자이건 강박증자이건 ─ 히스테리자 담화 속으로 물러나게 된다.

$$\frac{\$}{a} \longrightarrow \frac{S_1}{S_2}$$

왜 그런가? 왜냐하면 분석가는 주체를 분열된 상태에, 자기모순적인 상태에, 말하자면 사선射線 위에 놓기 때문이다. 분석가는 예컨대 도스토예프스키의 시학에 대한 강박신경증자의 이론에 대해, 그/녀의 지적인 견해들이 어디에서 비일관적인지를 보여주려는 시도에서 질문하지 않는다. 그러한 강박증자는 분석 세션에서 대학 담화의 S_2의 위치에서 말하려고 할 수 있다. 하지만 분석자를 그 층위에 연루시키는 것은 분석자가 그 특수한 자세를 유지하도록 허용한다. 오히려 분석가는, 도스토예프스키의 대화체 양식에 대한 바흐친의 견해에 대한 30분에 걸친 비판 전체를 무시하면서 분석자의 말에 있는 가장 사소한 말실수나 애매성에 초점을 맞출 것이다. 예를 들어 분석자가 바흐친에 대한 자신의 논문 발표 타이밍이 나빴던 것을 설명하기 위해 "near misses"라는 생생한 은유를 사용한 것에 말이다. 이때 분석가는 분석자가 예기치 않은 원치 않는 결혼 프로포즈를 막 거절하고서("near Mrs") 그녀의 모국에서 도망쳤었다는 것을 알고 있는 것이다.

그리하여 분석가는, 분석자가 자신의 담화의 주인이지 않다는 사실을 지적함으로써, 분석자를 의식적인 말하는 주체와 같은 입을 통해서 동시에 말하고 있는 어떤 타자(적 주체) 사이에서 분열된 바로서, (히스테리자 담화에서처럼) 분석 과정에서 산출된 S_1들이 탐문되고 S_2와의 연결고리를 산출하게 되는 담화의 행위자로서 임명한다. 분명 이 과정의 원동력은 대상 (a), 즉 순수한 욕망함으로서 작용하는 분석가이다.[14]

정신분석의 사회적 상황

나는 앞에서 정신분석은 그 자체로 권력의 담화가 아니라는 언급을 했다. 정신분석은 주인의 담화로 무너져내리지 않는다. 하지만—프랑스와 그 밖의 곳에서의—라캉주의 정신분석 장면에 대한 미국인의 견해는 종종 개인 분석가나 학파가 다른 분석가나 학파에 대항해 벌이는 권력 투쟁 이상을 담고 있지 않다.[15] 정신분석이 사회적 실천인 한에서, 분명 그것은 경쟁하며 종종 적대적인 담화들을 포함하는 사회적, 정치적 환경 속에서 작동한다. 정신적 "무질서[장애]disorders"의 생리학적 토대와 치료를 장려하는 의학 담화, 정신분석의 이론적, 임상적 기반들을 침식하고자 하는 "과학적", 철학적 담화들, 정신분석 치료의 시간과 비용을 축소하려는 정치적, 경제적 담화들, 환자들을 신봉자로 끌어들이려는 심리학적 담화 등등. 이와 같은 상황에서 정신분석은 수많은 정치적 로비스트 가운데 하나가 되며 끊임없이 변화하는 정치적 맥락들에서 생존할 권리를 방어하려는 노력 이상을 할 수 없다.

라캉주의 정신분석이 주요한 운동이 되어 있는 파리와 여타의 도시들에서, 개인들과 학파들은 이론적이고/이거나 임상적인 지배력을 위해 경쟁한다. 그들은 정치적 영향력, 대학의 지원, 병원에서의 위치, 환자 등을 얻기 위해서, 혹은 단순한 인기를 얻기 위해서 다툰다. 이는 분석적 상황에서 작동하는 바로서 우리가 보고 있는 정신분석 담화의 필연적인 생장물인가? 나는 그렇게 생각하지 않는다. 그것은 분석적 상황에서의 분석적 담화를 완전히 고수할 수 있는 개인의 능력에 분명 부정적 영향을 미칠 수 있을 것이다. 하지만 그것은 분석적 담화 그 자체에 내속적인 것으로 보이지 않는다. 정신분석의 오랜 분열과 내분의 역사를 놓고 보면 이러한 주장은 많은 이들에 의해 틀림없이 논박될 것이다. 하지만 나는 이러한 역사가 분석적 담화 자체로부터 결과하는 것이 아니라 제도화(학파의 형성, 학설의 공고화, 새로운 분석가들의 훈련, 자격 요건의 규정 등등)가 시작되자마자 분석가들이 다른 담화들을 채택한 것 때문에 결과하는 것이라고 주장할 것이다. 분석적 담화가 분석적 상황이 아닌 다른 맥락에서 어느 정도로까지 고수될 수 있으며 고수되어야 하는지는 한계가 있다!

메타언어 같은 것은 없다

지금까지 논의된 담화들의 한계를 여하간 피해갈 수 있는 메타언어나 메타담화 같은 것은 없다. 왜냐하면 우리는 담화에 대해서 일반적 용어로 이야기하는 동안에도 언제나 어떤 특정한 담화 내에서 작업하고 있는 것이니까 말이다. 정신분석의 명예 청구권은 **담화 바깥의** 아르키메데스적 지점을 제공한 데 있는 것이 아니라 단순히 담화 자체의 구조를 해명한 데 있다. 모든 담화는 향유의 상실을 요구하며16)(8장 참조), 자신만의 (종종 신중하게 은폐되는) 주된 동인 혹은 진리를 가지고 있다. 각 담화는, 상이한 주된 동인에서 출발하여, 저 상실을 상이하게 규정한다. 마르크스는 자본주의 담화의 일정한 특징들을 해명했다. 그리고 라캉은 다른 담화들의 특징도 해명했다. 어떤 담화에 특유한 특징들을 확인하기 전까지는 우리는 그 담화가 어떻게 작용하는지를 알 수 없다.

라캉이 세 가지 담화를 처음 제시할 때, 그는 그 어떤 다른 담화도 없다는 것을 암시하는 것처럼 보인다. 이는 담화 활동의 모든 구상가능한 형태가 저 네 가지 가운데 하나에 속한다는 것을 의미하는가? 과학의 문제를 다루는 다음 장까지 나는 이 물음을 열린 물음으로 남겨놓을 것이다.

10장 정신분석과 과학

과학과 관련한 정신분석의 지위는 일반적으로 미국에서 가장 소박한 용어들로 논의된다. (대문자 S의) 과학, Science는 (뜨겁게 논쟁되는 일군의 다양한 사회적 실천들에 대립되는 바로서) "지식 집성체"의 자명한 집합을, 그리고 검증과 논박 절차, 모형 수립 방법, 개념 정식화 절차 등의 고정된 집합을 지칭하는 것으로 가정된다. 다시 말해서, 과학을 논하는 사람들이 도대체 과학적 노력에 대해서 조금이나마 알고 있는 경우라면 말이다.

그렇지만 과학은 실증주의자들과 일상적인 미국적 상식이 주장하듯 획일화된 건축물이 아니다. 개별 과학들 자체에서의 작업도 그렇고 또한 과학사나 과학철학에서의 작업은[1] 모든 과학이 수학화가능한 공리적 명제들, 측정가능한 경험적 실체들, 그리고 순수 개념들의 어떤 집합에 토대하고 있다는 생각을 결정적으로 물리쳤다. 무엇이 과학을 구성하며 무엇이 구성하지 않는지에 대하여 과학자들과 철학자들과 역사학자들 사이에 사실상 아무런 일치도 **없다**. 그렇지만 이는 미국에서 과학에 대한 존중을 결코 꺾어놓지 못했다. 그곳에서는 모든 주장은 공인된 과학 당국의 인증 도장을 구해야만 하며, 모든 문제에 대한 해결책은 "경성 과학"에 의해 제공될 것으로 기대된다.

담화로서의 과학

과학은 하나의 담화다라는 사실은 여전히 남는다. 이러한 진술이 진부해 보일 수도 있다. 하지만 이 진술은 과학이 왕위에서 물러남을 함의하며, 과학을 수많은 담화 가운데 **하나의** 담화로서 재평가하는 것을 함의한다. 프로이트는 "합리성"을 "합리화"로 번역한 것으로 해석될 수 있을 것이고, 라캉의 담화 이론은 상이한 담화들이 있는 것과 동일한 만큼 합리성에 대한 상이한 주장들이 있다는 것을 암시한다. 각각의 담화는, 그 자체의 목표를 추구하고 그 자체의 주된 동기를 가지고 있는바, 그 자체의 합리성의 형식이 우세해지도록 만들기 위해서 노력한다.

분명, 현존하는 몇 개의 과학적 담화 형태들이 있다. 그 가운데 어떤 것(최악의 것)은 지난 장에서 논의된 대학 담화(주인의 권력에 대한 정당화로서의, 주인의 권력의 확장 수단으로서의 과학)에 포함될 수 있으며, 어떤 것은 히스테리자의 담화에 포함될 수 있으며, 기타 등등이다.

정신분석적 담화와 과학적 담화의 관계를 이해할 한 가지 유용한 방법은, 내가 보기에, 세미나 21에서 시작된 1970년대의 라캉의 담화 이론에 대한 공헌을 통하는 것이다. 그렇지만 그렇게 하기 전에 정신분석과 과학의 관계에 대한 1960년대 중엽의 라캉의 접근을 간략하게 개괄하도록 하자.

주체의 봉합

당시에 과학으로서의 정신분석을 확립하는 것에 상당히 관심을 두었던 라캉은 다음과 같은 물음을 제기한다. 현재 존재하는 모든 과학적 담화들은 공통적인 무언가를 가지고 있는가? 나는 이미 다른 곳에서, 「과학과 진리」에 대한 주해에서,[2] 이 물음에 대한 라캉의 답을 논의한 바 있으며, 이를 여기서 아주 간략하게 이렇게 요약하려고 한다. 과학은 과학의 장에서 주체를 배제함으로써 주체를 "봉합한다", 즉 주체를 무시한다. 적어도 과학은 가능한 한 가장 완전한 정도로 그렇게 하려고 노력하며, 하지만 결코 완전하게 성공하지 못한다.[3] 이는 뉴턴 물리학에 대해서 참일 뿐 아니라 레비-스트로스식 구조주의에 대해서도 참이다. 말하는 주체는 그 장과는 무관한 것으로 간주된다. 처음에 라캉은 언어학과 구조인류학의 토대들과 유사한 토대들 위에 과학으로서의 정신분석을 정초할 수 있는 전망에 흥분했다. 하지만 나중에 그는 정신분석을 전자의 두 분야와 구별했다. 그것들이 **진리**를—**원인**을, 그리고 따라서 그 원인으로부터 결과한 것이 될 주체를—고려에 넣지 않는다는 점에서 말이다.

과학이 진리를 다룬다고 말해질 수 있다면, 이는 과학이 오로지 진리를 일종의 가치로 환원하는 한에서이다. <표 10.1>에서처럼, 진리표에서 문자 T(참)와 F(거짓)에는 다양한 가능한 명제 조합이 할당된다. 만일 내가 라캉은 프랑스 사람이었다(명제A)라고 주장하고, 그가 결코 프랑스를 떠나지 않았다(명제B)고 주장하되, 나의 진술 전체가 참이 되도록 그렇게 주장하는 것이라면, 이때 A와 B 모두는 각각 참이어야 한다. 진리표의 네 열은 이러한 종류의 명제 논리에 의해 고려되는 가능한 모든 네 가지 조합을 제시한다. A는 참이거나 거짓일 수 있고, B는 참이거나 거짓일 수 있다. 그리하여 이들의 **진리값**truth values의 어떠한 조합이든 이론적으로 가능하다. 이들 중 하나만 참이면, 나의 진술 전체는 거짓이다. 둘 다 참일 때만 나의 진술 전체는 참이다(1열).

<표 10.1>

A	B	A 그리고 B	
T	T	T	1열
T	F	F	2열
F	T	F	3열
F	F	F	4열

과학은 "참"과 "거짓"이라는 지칭들에 의존한다. 하지만 이 지칭들은 명제 논리나 기호 논리 안에서만 의미를 띤다. 그것들은 저 과학에 의해 규정된 장 내부에서 이해가능한 가치들이며 독자적인 타당성에 대한 주장을 전혀 하지 못한다.[4]

그리하여 "참"과 "거짓"은 플러스와 마이너스, 0과 1처럼, 과학적 담화 안의 단순한 가치들이다. 그것들은 특정한 맥락에서 역할을 하는 이원적 대립항들이다. 다른 한편, 대문자 T를 갖는 **진리**Truth는 다른 분야(시와 문학이건 종교와 철학이건)로 넘겨버려지게 된다.

이와는 대조적으로 정신분석은 자신의 공리들의 자기확증적 성격에 의문을 던지는 어떤 것—실재, 불가능한 것, 작동하지 않는 것—에 우선권을 부여한다. 그것이 정신분석에서 책임을 떠맡는 **진리**이다. 그것이 취하는 주요한 형식은 성관계의 불가능성이다.

10장 정신분석과 과학

과학이 주체를 다룬다고 말할 수 있다면, 그것은 오직 의식적인 데카르트적 주체, 사유가 자신의 존재에 상관적인 자기 사유의 주인이다. 기존 과학들은 분명 분열된 주체를, "나는 내가 생각하고 있지 않은 곳에 **있다**"와 "나는 내가 있지 않은 곳에서 생각한다"의 분열된 주체를 고려에 넣지 않는다.

미국에서 가장 선두에 있는 메타언어인 과학은 라캉적 주체를 봉합하며, 동일한 제스처에서 그것의 (**진리**로서의) 원인을 봉합한다.[5] 과학은 정신분석적 주체와 대상을 배제하기 때문에, 1960년대의 라캉의 견해는 정신분석이 과학의 영역 안에 포함될 수 있으려면 과학이 어떤 심각한 변화를 겪어야 한다는 것이다. 다시 말해서, (그 단계에서 라캉의 작업을 그토록 특징짓고 있었던바) 정신분석을 수학소들과 엄밀하게 정의된 임상적 구조들로 형식화하는 것으로는 정신분석을 과학으로 만들기에 충분하지 않은데, 왜냐하면 과학 그 자체는 아직 정신분석을 포함할 역량이 되지 않기 때문이다. 과학은 우선 정신분석적 대상의 특이성을 파악해야만 한다.[6] 그렇다면 그 당시에 라캉의 견해는, **과학은 아직 정신분석을 수용하는 과제를 감당할 역량이 없다**는 것이다.

세미나 10에서 라캉은 과학의 발전이라고 하는 것을 "원인"이라는 범주를 사고할 수 없는 점증하는 무능력과 연결한다. 원인과 결과 사이의 "틈새"를 지속적으로 메우면서 과학은 "원인"이라는 개념의 내용을 점진적으로 제거하는데, 이때 사건들은 잘 알려진 "법칙들"에 따라서 매끄럽게 다른 사건들로 이어지는 것으로 이해된다. 라캉은 원인을 좀 더 근본적인 의미로 이해한다. 법칙적인 것 같은 상호작용들의 매끄러운 작동을 파열하는 어떤 것으로서 말이다. 과학에서의 인과성은 구조라고 부를 수 있는 그 무엇 속으로 흡수된다―원인은 더더욱 포괄적인 법칙들의 집합 내에서 결과로 이어진다. 과학적 지식의 관점에서 해명될 수 없는 채로 남아 있으면서 법칙을 따르지 않는 것처럼 보이는 어떤 것으로서의 원인은 사고불가능한 것이 되었다. 우리의 일반적 경향은, 과학이 이를 설명하는 것은 단지 시간의 문제라고 가정하는 것이다.

정신분석을 과학과 구별시키는 것은 이렇다. 정신분석은 원인을 고려에 넣으며, 원인에 대한 주체의 리비도적 관계에서 주체를 고려에 넣는 반면에, 예컨대 언어학은 주체를 상징적 질서에 의해, 즉 기표에 의해 규정된 바로서만 고려에 넣는다. 그리하여 정신분석은 주체의 두 얼굴과 맞붙는다. (1) 조합 혹은 매트릭스의 "순수한 주체"— 말하자면, 원인 없는 주체와 (2) 라캉이 그렇게 부르는바, "포화된 주체"[7]— 즉, 향유의 대상(리비도적 대상)과의 관계에 있는 주체, 향유와의 관계에서 채택된 자세로서의 주체.

라캉주의 정신분석의 기획은, 1960년대에, 이 두 원초적인 개념들— 원인과 주체—을, 아무리 그것들이 역설적으로 보일지라도, 유지하고 더욱더 탐구하는 것이다. 라캉의 작업의 이 단계에서 과학과 정신분석의 차이는 전적으로 극복불가능한 것처럼 보인다.

과학, 히스테리자의 담화, 그리고 정신분석적 이론

이러한 상황은 앞 장에서 내가 언급했듯이 라캉이 진정한 과학적 담화를 히스테리자의 담화와 동일시할 때 일정 정도 변한다. 즉 진정한 과학적 작업은 법칙적 활동의 매끄러운 작용을 방해하는 어떤 것으로서의 원인을 배제하지 않으며 오히려 하이젠베르크의 불확정성 원리의 경우처럼 그것을 어떤 방식으로 고려에 넣으려고 노력한다. 여기서 과학이 마주하는 실재는 말끔하게 에둘러지는 것이 아니라 오히려 그것이 망쳐놓는 이론 안으로 들어오게 된다. 실재와의 조우로서의 진리는 누락되는 것이 아니라 정면으로 만나게 된다. 여기서 물리학자는 자기 자신이 농간을 당하도록 허용한다고, 아는 주체가 아닌 다른 무언가로서 작동한다고도 말해볼 수 있을 것이다.8)

하지만 이는 정신분석을 어디에 남겨놓는가? **분석적 상황에서 작동하는 바로서의** 정신분석적 담화는 분명 히스테리자의 담화와 구분되며, 이론 구성에 연루되어 있지 않고 오히려 특별히 정신분석적인 목적들로 규정되는 프락시스에 연루되어 있다. 분석가의 수수께끼 같은 욕망에 기반하여 정신분석은 주체화, 분리, 환상의 횡단 등등을 목표로 한다. 그것은 분석가에게건 분석자에게건 이해에 기반하고 있는 실천이 아니며, 오히려 어떤 (아리스토텔레스적 의미에서의) 유효성에 기반하고 있는 실천이다.

다른 한편, **이론 구성에서 작동하는 바로서의** 정신분석적 담화는 (실재적 원인과의 조우를 정식화하려고 시도하면서) 진리를 진지하게 취하는 한에서, 히스테리자 담화처럼, 따라서 과학적 담화처럼 기능한다. 내가 보기에, "기초 과학"을 "응용 과학"(즉 목표 지향적 과학)과 구분하는 것이 ─ 과잉단순화를 내포함에도 ─ 중요한 것과 마찬가지로, 정신분석의 엄밀히 이론적인 측면을 임상적 측면과 분리하는 것도 중요하다.

전체로서의 정신분석은 하나의 프락시스이다. 그럼에도 불구하고 정신분석의 상이한 측면들은 담화 이론을 통해서 따로따로 검토될 수 있다. 다시 말해서 분석 상황에서의 **정신분석적 실천**은 분석적 담화를 채택한다. 최선의 경우들에서 말이다. 즉 다수의 분석가들은 분명 대학 담화의 노선을 좀 더 따르는 무언가를 채택한다. **정신분석적 이론과 가르침**은 히스테리자 담화를 채택한다. 다시금, 최선의 경우들에서 말이다. 종종 그것들은 일체의 답변되지 않은 물음들을 그럴듯하게 얼버무리기 위한 교리 사업에 불과한 것이 되고 마니까 말이다.9) 사회정치적 제도로서의 **정신분석 협회들**은 다양한 담화들(히스테리자 담화, 주인 담화, 혹은 대학 담화)을 채택할 수 있다. 라캉은 이 협회들이 어떤 특정한 방식으로 기능해야 한다고 분명하게 믿고 있었지만, 나는 라캉에 따라서 그것들이 이상적으로 채택해야 하는 담화와 그것들이 사실상 채택하고 있는 담화(들)에 대한 논의를 다른 기회를 위해 남겨두겠다.

분석가들에 의해 채택되는 담화의 이와 같은 다양성 때문에 놀랄 필요는 없다. 다른 프락시스들에서도 마찬가지니까 말이다.

- 임상 실천에서 의사는 환자들이 건강을 되찾게 하기 위해서 암시, 위협, 플라시보, 부풀린 사례비, 악의 없는 거짓말을 비롯하여 그 무엇이건 이용할 수도 있을 것이다. 좀 더 이론적인 작업에서 의사는 특정한 역사적 계기에 승인된 과학적 담화를 채택할 수 있을 것이다. 그리고 권력이나 위신이나 아니면 순전한 생존을 위해서 의사는, 편의의 담화(주인 담화)를 채택하면서, 정치 로비스트가 될 수도 있을 것이다.
- 정치가는 "작전실war room"에서 권력의 담화(주인 담화)를 채택하며, 공중의 눈앞에서는 민주주의와 정의의 담화(대학 담화)를 채택하고, 또한 어쩌면 고문顧問들과의 조사 논의에서는 히스테리자 담화를 채택할 수도 있다.
- 이론 물리학자조차도—그녀의 장은 내가 말하는 프락시스일

10장 정신분석과 과학

재를 단순히 연구만 하는 것이 아니라 실재를 변화시키려고 하는 프락시스)로서 구성되지는 않지만10)――실험실에 있느냐 교실에 있느냐, 분과 모임에 있느냐, 국립과학재단 같은 기금 지원처와 상의 중이냐, 펜타곤 관리들과 인터뷰중이냐에 따라서 상이한 담화를 채택한다.

그 어떤 프락시스에서건 그리고 사실상 그 어떤 장에서건, 상이한 계기들에서 그리고 상이한 역사적, 사회적, 정치적, 경제적, 종교적 맥락들에서 상이한 담화들이 적합하다.

세 가지 등록소와 상이하게 "분극화된" 담화들

> 실재는 그것에 대한 나의 관념에 의존하지 않는 어떤 것이다.
> ― 라캉, 세미나 21, 1974년 4월 23일

> 여러분은 여러분이 그것과 더불어 원하는 그 무엇이건 할 수는 없다.
> ― 라캉, 세미나 13, 1966년 1월 5일

앞서 언급했듯이, 정신분석적 담화와 과학적 담화의 관계를 이해하기 위한 또 다른 유용한 방법은 1970년대 라캉의 담화 이론에 대한 공헌을 통하는 것이다. 세미나 21에서 라캉은 "네 가지 담화"에서 제공되는 것과는 약간 다르며 그 네 가지 담화 곁에서 존속하는 담화들에 대해서 생각할 방법을 제공한다. 아마도 그 한 세미나의 바로 그 시작에서 그렇게 한 것일 뿐이지만 말이다.

상이한 담화들에 대한 이러한 새로운 사고 방법은 각각의 담화를 세 가지 등록소—상상적, 상징적 실재적 등록소—가 그 담화 안에서 취해지는 **순서**에 따라서 정의한다(<그림 10.1>). 시계 방향으로 도는 담화들(RSI, SIR, IRS)은 시계반대 방향으로 도는 담화들(RIS, ISR, SRI)과 구분된다. 라캉은 시계 방향에 대해서 "우분극화"(*dextrogyre*)라는 용어를, 그리고 시계반대 방향에 대해서 "좌분극화"(*levogyre*)라는 용어를 채택한다. 이는 그의 보로메오 매듭 같은 매듭들의 "정향"을 기술하기 위해 사용되는 용어들이다(세미나 21, 1973년 11월 13일을 볼 것).

<그림 10.1>

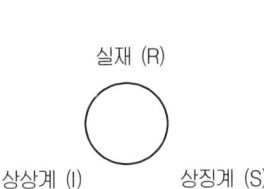

내가 알고 있는 한, 라캉은 이 특수한 조합에 의해 망라될 담화들 전체에 대한 상세한 설명을 제공한 적이 없다. 그는 단지 두 가지에 대해 언급한다. 상상계의 상징계를 실현하는 종교적 담화(RSI)와 상징계의 실재를 상상하는 정신분석적 담화(IRS). 라캉에 따르면, 이 두 담화는 공통점이 있다. 즉 둘 다 "우분극화되어" 있다. 하지만 나는, 그것들의 가능한 유사성들에 대해서 논의하기보다는, 라캉이 "상징계의 실재를 상상하는" 것으로써 무엇을 의미하고 있는가를 여기서 해명하고자 하며, 어떻게 과학이 이 새로운 조합을 통해 위치지어질 수 있을 것인가를 제안하고자 한다.

10장 정신분석과 과학

 라캉에 따르면 수학은 상징적 질서 자체가 실재의 요소들을 포함한다는 것을 상상하는—즉, 일별하는, 지각하는, 착상하는—첫 담화였다. 상징적 질서 안에는, 논리적 아포리아나 역설을 구성하는 뒤틀림들이 있으며, 이것들은 근절될 수 없다. 더 나은 "더 순수한" 상징적 체계로도 그것들을 제거할 수는 없다. 상징적 질서 안에는—예컨대 (3장과 7장에서 간략하게 논의된) 괴델이 드러낸 것과 같은—불가능성들이 있다. 그리고 수학은 그것들을 상상하고 그것들을 개념화하려고 노력한 첫 번째에 있었다.
 정신분석은 "수학적 절차를 확장"함으로써(세미나 21, 1973년 11월 13일) 수학의 발자취를 따른다—그리하여 정신분석 역시 IRS 담화를 구성하는 것이다. 대상 (a)을 인지함으로써 정신분석은 상징계(안)의 실재를 상상하거나 지각한다.
 이는, 앞서 내가 말했듯이, 정신분석적 **이론 구성**이 이상적으로 히스테리자의 담화에 속한다고 말하는 또 하나의 방식이다. 하지만 이는 또한 동시에 정신분석적 **절차**에 대해서 말할 수 있게 해준다. 분석 상황에서 분석가는 분석자의 상징계 안에서 실재(불가능성들)를 향해 귀를 기울이며 해석을 가지고서 실재를 맞히려고 노력한다.11) 따라서 IRS 분류는 동일한 용어로 정신분석적 이론**과** 실천에 대해서 말할 수 있게 해준다. 그것은 정신분석을 하나의 **프락시스**로서 특성화한다.
 라캉은 이 새로운 조합을 통해 과학을 어떻게 분류할 것인지 결코 말하지 않는다. 하지만 나는 괴델 식의 수학적 논리학 같은 최상의 과학이 IRS 담화12)로 간주될 수 있을 것이라는 제안을 감행하고 싶다. 하이젠베르크의 불확정성의 원리는 분명—여러 과학들에서의 다른 작업이 그러하듯이—현대 물리학에 의해 구성된 상징적 질서의 실재를 인지하며 그 실재와 씨름하고 있다.

물리학은 결코 정신분석이 프락시스를 구성한다는 의미에서 하나의 프락시스를 구성하지 않는다. 정신분석은 (오늘날 유행하는 사회적, 정치적 담화에서 이해되는 바로서의) 분석자의 선이 아닌 분석자의 더 큰 에로스를 목표로 하는 반면에,13) 물리학은 그것이 연구하는 실재를 변화시키려고 하지 않는다. 물리학은 공간, 시간, 물질에 대해서 아무런 목적도 염두에 두고 있지 않다. 그럼에도 불구하고 양자 모두는 IRS 담화를 구성하며, 그리하여 일정한 정향을 공유한다.

형식화와 정신분석의 전달가능성

1950년대와 1960년대에 라캉은 상징이나 자칭 "수학소"를 통해서 정신분석적 개념들을 정식화하고 단축하려는 상당한 노력을 기울인다. "수학소"라는 용어는 말과 의미와 신화의 최소단위인 음소, 의미소, 신화소를 모델로 하고 있다. 라캉이 발명하는 상징들은 본성상 유사-수학적이며, 공식 같은 표현들을 제공한다.

1960년대에 라캉은 정식화/수학화를 과학의 주된 특징 가운데 하나로 간주한다. 그는 그것을 100퍼센트 전달가능성, 한 사람에게서 다른 사람에게로 **어떤 것**$_{something}$을 완전하게 전달할 수 있는 능력의 열쇠로 본다. 각각의 수학소는, 어떤 의미에서, 상당량의 개념화를 응축하고 체현한다. 하지만 각각은 또한, 독자들이 이 책을 읽는 과정에서 알아차리게 되겠지만, 고도로 다가적이다. 수학소나 공식이 그 자체로 자동적으로 한 사람에게서 다른 사람에게로의 어떤 관념이나 개념의 완전한 전달—이는 라캉이 모든 "소통"의 본질은 오소통에 있다고 보면서 단호하게 비판하는 일종의 이상적 소통("나는 네가 의미하는 바를 안

10장 정신분석과 과학

다")이다—을 보장할 수는 없는 반면에, **전달되는 그 무엇은 수학소 자체이다.** 글의 한 조각으로서, 쓰여진 흔적으로서, 수학소는 세대에서 세대로 전달될 수도 있을 것이고, 아니면 심지어 모래 속에 묻혔다가 몇 천 년 뒤에 다시 파내어져서, 주체를 다른 기표에게 의미화하는signify 것으로서 해석될 수도 있을 것이다.

일찍부터 정신분석의 전달가능성에 대한 라캉의 관심은 특히 프로이트의 저작에 대한 영미권의 잘못된 해석에 분명하게 기반하고 있다. 그의 희망은 그와 같은 잘못된 해석을 "경성 과학"의 그것과 유사한 정식화나 형식화를 통해 피할 수 있을 것이라는 것이다. 그렇지만 동시에 그는 단순한 방식으로 말하는 것을 피하려고 노력했으며, 또한 그의 학생들이 프로이트의 텍스트나 그들의 분석자의 말이나 라캉 자신의 말을 이해한다고 너무 성급하게 생각하지 않도록 하려고 노력했다.

라캉은 자신이 정신분석을 집합론으로, 완전하게 전달가능한 담화로 환원시켰다고 한 지점에서 자랑하고 있지만, 라캉주의 정신분석은 결코 정의들과 공리들의 유한한 체계로서 머물지 않는다. 그럼에도 불구하고 그것은 실로 점증하는 "문자화literalization"[14]—문자와 상징들, 다시 말해서 수학소들을 포함하는 정식화들—의 방향으로 나아간다. 양적인 관계들이 아니라 질적인 관계들을 기입하는 상징화 과정으로 말이다. 8장 끝에서 논의된 형상들—그것들의 차원들은 그것들의 근본적인 위상학적 속성들을 전혀 변경하지 않은 채로도 무한하게 변이될 수 있다—처럼, 라캉의 대수를 이용해서 쓰여지거나 암호화되는 관계들은 질적이고 구조적인 관계들이다.

비-양적인 유형의 형식화에 대한 라캉의 추구는 그가 "통과"라고 부르는 그 무엇 속에서 볼 수 있다. 통과는 분석을 겪어낸 어떤 사람이

다른 두 사람(*passeurs*)이 있는 자리에서 자신의 분석에 대해서 상세하게 이야기하고 그 다른 두 사람은 그들이 들은 이야기를 위원회(*Cartel de la passe*)에 보고하는 과정이다. 그 과정은 부분적으로는 분석가 자신이 제공하는 것과는 별도로 분석 과정에 대한 정보를 수집하기 위해서, 그리고 그리하여 분석에서 실제로 일어나는 일에 대한 관념들을 확증하거나 정련하기 위해서 고안되었다. 통과는 정신분석을 알랭 바디우의 표현으로 몇 가지 "유적 절차들"을15), 상이한 분석자와 더불어 몇 번이고 되풀이되는 절차들을 내포하는 실천으로서 확립하는 한 가지 방식으로서 이해될 수 있을 것이다. 이렇게 이해했을 때 통과는 일종의 정신분석 특유의 과학성을 확립하려는 보다 더 넓은 시도의 일환으로 간주될 수 있을 것이다.

정신분석의 지위

> 정신분석은 설사 과학이 아니더라도 진지하게 취해져야 한다.
> — 라캉, 세미나 25, 1977년 11월 15일

좌분극화된 담화와 우분극화된 담화에 대한 라캉의 논의는 "네 가지 담화"가 상상가능한 유일한 담화가 아니라는 것을 암시한다. 그럼에도 불구하고 이 네 가지 담화는 상당한 부분의 지반을 커버하며, 또한 다양한 담화들의 주요동인과 목적을 검토하는 데 극히 유용하다. 여기서 우리의 목적을 위해 가장 주목할 만한 것으로, 그것은 "진정한" 과학적 노력을 히스테리자의 담화의 본질적인 부분으로서 위치시킬 수 있게 해준다.

과학과 정신분석적 이론 구성은 그만큼을 공유하고 있으며, 양자 모두 IRS 담화이다. 하지만 정신분석은 과학이 아니라 과학적 담화의 구조와 작용을 어떤 근본적 층위에서 이해할 수 있도록 해주는 담화이다. 그리하여, 라캉적 판본에서의 정신분석은 그것 자체의 고유한 과학성의 형식들— 정식화("수학화"), 유적 절차들, 엄밀한 임상적 구분들 등등— 을 추구한다. 하지만 그럼에도 불구하고 그것은 과학으로부터의 유효성 확인을 결코 요구하지 않는 독립적인 담화이다. 결국 대문자 S를 가진 과학Science은 존재하지 않는다. "그것은 단지 하나의 환상이다."16) 과학은 여러 담화들 가운데 단지 하나의 담화인 것이다.

라캉적 정신분석의 윤리

> 정신분석의 윤리적 한계들은 그것의 실천의 한계들과 일치한다.
> — 라캉, Seminar VII, pp. 21-22.

라캉은 이론상의 진보들에 토대하여 분석의 목적들을 한층 더 검토하려는 그리고 분석의 목적들에 대한 교정된 견해들에 토대하여 이론화를 한층 더 발전시키려는 부단한 노력을 제공한다. 분석은 그 목적상 실용주의적이지 않다, 실용주의가 사회적·경제적·정치적 규범들과 현실들에 대한 순종을 의미한다면 말이다. 그것은 향유의 프락시스이며, 향유는 결코 실용적이지 않다. 그것은 자본, 건강보험회사, 사회화된 건강관리, 공공질서, "성숙한 성인 관계" 등의 필요들을 무시한다. 정신분석이 향유를 다루기 위해 이용해야 하는 기법들은 시간은 돈이라는 원리와 "직무행위"에 관한 인정된 관념들을 파괴한다. 우리 사회에서 치료사들은 현대의 지배적인 사회적, 정치적, 심리학적 담화들이 환자 자신들의 **선**을 위한[17] 것으로 간주하는 방식들로 환자들과 상호작용할 것으로 기대된다. 반면에 분석가들은 분석자들의 **에로스**를 조장하기 위해 애쓴다. 이러한 목적은 정신분석이라는 프락시스에 대해 구성적이다.

후기

 마르크스는 자본주의 체계에 대해서 이런 말을 한다. 즉 그 체계에 대한 검토를, 그것의 아무런 특징도 놓치지 않으면서, 그 어떤 지점에서건 시작할 수 있다고 말이다. 따라서 우리의 연구 진행의 순서는 아무 중요성도 없다. 자본주의 직물의 실오라기를 어디서나 집어들 수 있다. 라캉주의 정신분석에 대해서도 분명 마찬가지다. 그리고 내가 그것을 여기서 제시하는 논리는 분명 우연적이며, 어떤 라캉주의적 개념들이 내 자신의 마음속에서 분류되었던 순서에 기반하고 있을 뿐이다.

 이 책은 결코 하나의 **전체**로서 구상되지 않았으며, 오히려 매우 다양한 청중을 위해 준비된 특정 주제에 대한 논문이나 강연을 모은 것인데, 사후에 통일성의 유사물을 만들어내기 위해서 함께 묶여 가공되었다. 이러한 통일성은 다소 임의적이지만 **타자**(이 경우는, 미국 출판산업)의 요구를 만족시키기 위해서 제공되어야 했다.[1] 내가 보기에 이 책의 최선의 순간들은 어떤 하위 절이나 주석들 속에 감추어져 있다. 그곳에서 나는 전체 속의 특정한 지점들에 대한 그러한 반추들의 적합성과 무관하게 상당한 길이로 연상작용을 한다.

그렇지만 전체의 비통일된 성격은 어떤 측면들에서 일부 독자들에게 성가신 것일 수도 있다. 라캉에 대한 나의 초기 작업에서 나는 아버지의 이름, $S(\cancel{A})$, Φ, S_1 등등 사이에서의 "진정한 구분"을 포착하는 데 상당히 관심이 있었다. 이때 나는 그것들의 다중적인 의미와 용법, 끊임없는 동음이의어의 도입(le nom du père, 아버지의 이름의 동음이의어로서의 le non du père, 아버지의 "아니"), 도처에 나오는 문법적 애매성(le désir de la mère, 어머니의 욕망 또는 어머니에 대한 욕망) 등으로 괴로움을 겪고 있었던 것이다. 다른 한편 여기서 나는 이 용어들을 느슨하게 다루었으며, 매 상이한 맥락에 적합하게 보이도록 해석했다. 이는 개념들의 사용에서 일정한 유동성을 허용해준다. 하지만 나는 다른 한편으로 아마도 엄밀함의 결여로 인해 비난받게 될 것이다. 수학자들은 아무것도 의미하지 않는 상징들을 이용하고, 정신분석가들은 너무나도 많은 상이한 것들을 의미할 수 있는 상징들을 이용하고, 실증주의자들은 매 용어에 단일하고 애매하지 않은 의미를 할당하려는 성공적이지 못한 시도를 한다면, 무엇을 해야 하는가?

그럼에도 불구하고 수학자들의 작업을 면밀히 들여다보면, 네 가지 상이한 의견을 가진 전설적인 세 명의 랍비들처럼, 빅뱅이나 지구에서의 생명의 기원이나 기타 등등에 대한 이론들이 그런 것처럼 수학의 기초에 대한 다수의 상이한 이론들이 있다는 것을 알게 된다. 아마도 수학자들이 이용하는 아무것도 의미하지 않는 상징들은 여하한 일체의 해석들에 열려 있을 것이다.

라캉의 상징들은 바로 그렇지가 않다. 그것들의 의미는 다중적이다. 하지만 그것들의 의미 변형이나 변동에는 명확한 논리가 있다. 대상 a는 상상적인 것으로서 시작되며, 1950년대 말과 60년대 초에 실재적인

후기

것으로 이동한다. S(A)는 상징적인 것에서 시작되며, 실재적인 것으로 이동한다. 변동은 언제나 실재를 향한다. 그리하여 각각의 상징은 그 나름의 역사적/개념적 맥락을 가지고 있으며, 식별가능한 변형을 겪는다.

아무도 이 책에 궁극적으로 만족할 수 없을 것이다. 모든 사람들은 그들 각자의 분야에서 그들에게 가장 중요한 이론적 쟁점들을 내가 적절하게 다루지 않았다고 생각할 것이다. 문학 비평가는 내가 라캉의 스타일과 수사학, 라캉의 은유 개념을 불충분하게 다루었다고 느낄 것이다. 철학자는 내가 논리학과 집합론의 엄청난 논쟁들을 경솔하게 얼버무리면서 낡은 정식화들을 마치 최근에 진전된 성취인 양 제시한다고 느낄 것이다. 정신분석가는 내가 사변적, 논리적 체계들에 기울이는 관심이 임상적 쟁점들에 부여된 관심보다 더 크다고 느낄 것이고, 또한 죽음이나 향유 같은 주제들이 건성으로 다루어지고 있다고 느낄 것이다. 여성주의자는 내가 성적 차이에 대한 라캉의 견해를 충분히 전개하지 않았고 그리하여 그 결함들을 드러내지 않았다고 느낄 것이다. 학생은 내가 라캉의 개념들의 보다 간단명료한 판본을 제시하는 대신 그 개념들의 종종 추상적인 기원들에 대한 불필요한 주해를 제공했다고 느낄 것이다. 대학 교수는 내가 실망스럽게도 오늘날 라캉에 대한 다른 사람들의 글에서 제출된 견해들과 관련하여 나의 견해를 위치시키는 데 거의 아무런 지면도 바치지 않았다고 느낄 것이다.

모두가 일부분 정당성이 틀림없이 있는 이러한 비판들에 나는 단지 이렇게 답할 수 있을 뿐이다. 즉 라캉은 나 자신이 친숙해지기를 도대체 희망할 수 있는 것보다 훨씬 더 많은 분야에 있는 학자들이나 실천가들에게 관심거리라고 말이다. 분석가로서 나는 라캉이 도달하고 있는 어떤 것을, 나의 분석자들로 인해 어떤 개념들로 불가피하게 이끌리는 가운데, 경험을 통해서 이해하게 될 뿐이다. 아주 빈번하게 다름 아닌 나의 임상적 실천 덕분에 나는 라캉의 저작에 있는 특별히 놀랍지만 모호한 구절에 대한 희미한 해석을 찾아낼 수 있다. 나는 미래의 저술을 통해 이번 책의 분명한 부적합성과 불균형을 교정할 수 있기를 희망한다. 그럼에도 불구하고 내 생각에 어떤 독자들은 그들에게 가장 중요한 쟁점들을 내가 피해가고 있다고 여전히 느낄 것이다. 하지만 라캉의(혹은, 다른 누군가의) 저작이 어떤 분야에 갖는 함축들을 이끌어내는 것은 그 분야의 가장 식견이 있는 사람들이 해야 할 일이다.

책이라는 바로 그 개념이 라캉의 기질에는 아주 이질적인 것이었다. 그가 발표한 글들은 종종 마지못해서, 다른 사람들의 간청 때문에 출판되었다. 그는 단순히 교태를 부리고 있었던 것인가? 부분적으로는 어쩌면 그랬을 것이다. 하지만 좀 더 심원하게는, 그는 그의 "체계"가 열린 체계이기를, 거의 반反체계이기를 원했던 것 같다. 출판은 고정을, 교설의 형성을 의미한다. 그리고 궁극적으로 그것은, 우리가 분석에서 발견해야만 하는 것과 분석 과정에서 발생해야만 하는 것에 관한 미리 구상된 관념들, 정해진 개념들만을 가지고서 시작하는, 정신분석에 대한 어떤 접근을—한마디로, 표준화를—의미한다. "기법"에 대한 논문들에서 프로이트가 임상의들에게 그들의 분석자들에 대한 관념들이나 목표들을 가지고서 머리를 채우지 말고—자유롭게 흐르는 관심을 혹은 균일하게 부유하는 관심을 분석자에게 기울임으로써—분석자들이 말하고 행하는 모든 것에 열려 있어야 한다고 주의를 주었던 것과 마찬가지로, 라캉은 자신의 학생들에게 모든 것을 이해하려는 노력을 멈출 것을 되풀이해서 상기시킨다. 이해라는 것은 궁극적으로

후 기

방어의 한 형태이며, 모든 것을 이미 알려진 것으로 환원시키는 한 형태인 것이다. 더 많이 이해하려고 할수록, 덜 듣게 된다. 즉 새롭고 다른 어떤 것을 덜 듣게 된다.

프로이트와 라캉이 정신분석적 실천과 이론 양자 모두를 통해 평생 동안 실험했다는 것은 그들의 저작을 보건데 절대적으로 명백하다. 실로 라캉은 프로이트의 저작의 정신spirit을 따랐던 몇 안 되는 분석가 중 한 명이다. 그 저작의 문자letter에도 믿기지 않는 관심을 기울일 때조차도 말이다. 그러한 정신은—**선-분석적** 개념들로 회귀하는 다른 사람들의 저작에 대한 신랄한 비판과 양립불가능하지 않는—어떤 개방성을 요구한다. 이는 라캉 자신의 가르치기 스타일과 연결해볼 수 있는 개방성이다. 가르칠 때 그는 정설을 공격하고, 출현하고 있는 그 자신의 정설을 타파하며, 그 자신의 강의—일부는 스스로 만든 것이기도 한—주인기표들에 도전한다.[2] 교사로서의 라캉의 담화는 히스테리자 담화, 권위를 위한 권위를 결코 인정하지 않는 담화에 들어가는 것처럼 보인다. 라캉은 프로이트를 매우 진지하게 취한다. 하지만 그럼에도 불구하고 신중한 고려 뒤에 이따금씩 프로이트와 모순되는 이야기를 한다. 요점은 단지 미리 구상된 개념들의 기초에 대한 사전의 반성 없이 비판하는 것을 삼가라는 것만이 아니라, (대학담화가 요구하듯) 모든 것을 설명하는 체계를 정식화하는 데 강박적으로 사로잡히지 말라는 것이다. 최선의 가르침의 담화는 히스테리자의 담화인데, 라캉은 이를 최선의 과학적 활동과 연결한다. 그것은 그것을 자발적으로 채택하지 않는 사람들이나 미국 학계의 "실적을 내든가, 아니면 짐을 싸든가publish or perish"의 세계에 있는 사람들에게는 언제나 유지하기 쉬운 담화는 아니다.

독서는 결코 여러분에게 이해할 것을 강제하지 않는다. 여러분은 우선 읽어야 한다.

— 라캉, 세미나 20, p. 61.

여기서 라캉 저작에 대한 나의 독서는 오늘날 미국의 지성적 풍토라는 맥락에서 일정한 설명을 요구한다. 이 책이 아직 원고 상태에 있을 때, 그것을 읽고 검토해보라고 출판사들이 선정한 거의 모든 사람들은 내가 라캉에 대해 충분히 비판적이지 않다는 지적을 했다. 이는, 곧바로 비판에 착수하지 않으면서 라캉의 저작에 대한 면밀한 독서를 제공하거나 그것에 대한 상세한 설명을 제공하는 것으로는 충분치 않다는 것을 함의하는 것이었다. 결국 나는 상황이—실로 미칠 노릇이었지만—아주 희극적임을 보게 되기 시작했다. 미국의 학술 출판 세계에서 한 사상가(적어도 현대의 사상가)를 그 사상가의 견해를 동시에 "교정"하지 않으면서 진지하게 연구할 수 있는 때는 이미 지나갔다는 것이 아주 명백해지고 있었다. 그럼에도 불구하고 이 특수한 특권은, 무엇보다도, 라캉에 대해서 쓰는 학자들에게 주어지지 않는다. 데리다나 크리스테바나 푸코나 그 밖의 현대적 인물들에 대해서 쓰는 학자들의 경우는 그만큼 그렇지는 않다. 왜 그런가?

라캉을 읽는 것은 분통이 터지는 경험이다! 그는 거의 언제나 곧바로 말하지 않으며 자신이 무엇을 의미하는지를 말하지 않는다. 이에 대해 지금까지 제출된 설명들로는 온갖 것들이 다 있다. "이 사람은 똑바로는 쓸 수가 없으며, 똑바로 사고할 수는 더욱 없다." "그는 결코 어떤 특정한 이론적 입장으로 고정되기를 원하지 않는다." "그는 전부 고의로 그렇게 했다. 그는 일부러 자신이 의미하는 바를 알아내기—완전히 불가능하게가 아니라면—어렵게 만든다." "그의 글은 너무나도

후 기

많은 층위에서 한꺼번에 작동하며 또한 철학, 문학, 종교, 수학을 비롯해 너무나도 많은 분야들에 대한 지식을 요구하기 때문에, 여러분은 배경이 되는 자료들 전부를 읽고 나서야 그가 말하는 바를 파악할 수 있을 것이다." 기타 등등.

이 모든 진술들은 참인 동시에 거짓이다. 이제 그의 『에크리』의 다섯 편을 번역한 나는 그가 번역하기에는 참기 힘든 저자이지만 프랑스어로 읽는 것은 기쁨인 저자임을 발견한다. 그렇다고 해서 그가 애매함들이나 모호한 정식화들로 이따금씩 나를 빗나가게 하는 일이 더 이상 없다는 것은 아니다. 하지만 그의 저작은 너무나도 환기적이고 도발적이어서, 내가 그보다 더 즐기는 텍스트는 거의 없다. 그가 자신의 생각을 때로 아주 명료하게 표현**할 수 없었다**는 것은 참일 수 있을 것이다. 하지만 이는 모든 사람에 대해서 참이지 않은가? 그의 어떤 정식화들의 번쩍이는 명료함을 보면 그것이 꼭 그런 것만도 아니지 않은가? 그의 광범위한 인유나 참조는 어떤 독자들을 괴롭힐 수도 있을 것이다. 하지만 그를 이해하는 열쇠는 배경이 되는 자료들을 우선 모두 읽는 것이 아니다. 이는 더 큰 혼동으로 이어질 뿐이다.

아니, 문제는 **어떤 특유한 시간적 논리가 라캉 읽기에 내포되어 있다**는 것이다. 여러분은 라캉이 의미하는 바를 많은 적든 알고 있지 않다면 그의 글들(특히 『에크리』)을 읽을 수 없다(그의 세미나의 경우는 덜하다). 다시 말해서, 그의 글에서 무언가를 얻어내기 위해서 여러분은 그가 말하고 있는 것에 대해서 이미 많은 것을 이해하고 있어야 한다. 그리고 심지어 그때에도!

따라서 여러분에게는 다음의 두 길 가운데 하나가 있다. 즉 여러분은 어떤 다른 사람에게서 라캉에 대해—이에 수반되는 일체의 편견들과 더불어—배우고 그런 연후에 그의 텍스트를 검토하여 여러분이 배운

것을 확증하거나 논박해야 한다. 아니면 여러분은 그의 저작을 읽고 또 읽고 또 읽어서 여러분이 나름의 가설을 정식화하고 그런 연후에 이러한 가설을 염두에 두면서 다시금 또 읽어야만 한다. 이는 대부분의 학계의 "실적을 내든가, 아니면 짐을 싸든가"라는 경제적 현실에서—이해와 "생산"을 둘러싸고 심각한 시간적 긴장으로 이어지는—문제일 뿐 아니라, 또한 일정한 미국적 실용주의와 독립정신에 거스르는 일이기도 하다. 내가 어떤 사람의 저작을 비교적 짧은 시간을 두고 나를 위해 이용할 수 없다면, 무슨 의미란 말인가? 무엇보다도 나는 내가 독립적인 사유자임을 입증할 필요가 있다. 따라서 나는 내가 그것을 이해하기 시작했다고 생각하는 순간 그것을 비판해야 한다. 그러므로 나는 그것에 대한 비판을 염두에 두면서 그것을 읽어야 한다. "이해를 위한 시간"을 단락시키고 곧바로 "결론의 계기"로 나아가면서 말이다.

1960년대에 라캉은—복잡한 번역의 과제에 참여하지 않으면서 프로이트에 대해 무언가를 이해할 수 있기라도 한 것인 양—프로이트를 번역하기에 **앞서** 프로이트를 이해하는 것에 대해 말하는 사람들을 비웃는다(이는 결국 상식에 불과하다). 분명 라캉에 대해서도 마찬가지다. 그를 이해함에 있어 어떤 의미에서 번역이 먼저 와야 한다. 하지만 여러분은 일정한 열쇠나 참조점 없이는 번역을 시작할 수도 없다. 여러분은 번역을 해나가면서 이해하기 시작한다고 생각한다. 그리고 여러분의 이해가 늘어남에 따라서 여러분의 번역은 진화한다—비록, 불가피하게도, 언제나 올바른 방향으로이지는 않지만 말이다. 여러분은 그의 저작에 대한 결론들로 비약해야만 하며, 그의 텍스트에서 여하간 무언가가 여러분에게 의미를 띠기 위해서는 가설을 정식화해야 한다. 하지만 동시에 "[여러분이] 이해하는 것은 다소간 재촉된 것이다"(세미나 20, p. 65). 모든 이해는 성급함을 내포하며, 결론으로의 비약을 내포한다. 하지만 그것이 모든 결론을 정확한 것으로 만들지는 않는다!

라캉 같은 저자에 대한 미국에서의 반응은 이렇다:

1. 내가 그를 나 스스로 이해할 수 없다면, 그는 생각해볼 가치가 없다.
2. 그가 스스로를 분명하게 표현할 수 없다면, 그것은 혼란된 생각임에 틀림이 없다.
3. 나는 하여간 프랑스 "이론"을 결코 많이 생각하지 않았다.

이는 이웃에게 손상된 상태로 솥을 돌려주었다고 비난을 받는 사람이 만들어낸 삼중의 부인을 생각나게 한다.

1. 나는 그것을 손상되지 않은 상태로 돌려주었다.
2. 솥을 빌렸을 때 이미 구멍이 나 있었다.
3. 나는 애초에 솥을 빌린 적이 없다.[3]

어떤 저자가 진지하게 읽어볼 가치가 있다면, 여러분은 어떤 관념들이 처음에는 말도 안 되는 것처럼 보이더라도 좀 더 면밀하게 고찰했을 때 더 수긍이 가게 될 수도 있으며 혹은 적어도 그것들을 낳은 아포리아를 이해하게는 될 것이라는 것을 처음에 받아들여야 한다. 이것은 대부분의 사람들이 한 저자에게 기꺼이 주고자 하는 것 이상의 신용이며, 어떤 사랑-증오의 양가적 태도가 독서에서 발현되는 것이다. 그것이 겉보기처럼 말도 안 되는 것이 아니라고 가정하는 것은 저자를 사랑하는 것이며("나는 지식을 가지고 있을 것으로 내가 가정하는 사람을 사랑한다", 세미나 20, p. 64), 반면에 그것을 비판적으로 읽는 것은 증오가 된다(당신은 그를 지지하는 것인가 반대하는 것인가?). 어쩌면 증오는 진지한 독서를 위한 조건이다. "어쩌면 나는 아리스토텔레스가 더 적게 안다고 가정할 때 그를 더 잘 읽게 될 것이다"(같은 곳). 그것이 실로 그 조건이라면, 독자가 저자를 사랑하고 저자가 지식을 가지고 있다고 가정하는 어떤 연장된 기간이 그것에 앞서는 편이 좋다!

그러한 사랑은 미국에서 유지되기 힘들다. 지금까지 영어로 나온 라캉의 저작은 대부분 형편없이 번역되었다. 임상의들이 라캉주의 실천가들이 작업하는 것을 볼 수 있는 그리고 임상적 차원에서 라캉의 구분들과 정식화들의 직접적인 이로움을 볼 수 있는 아무런 정신분석적 맥락도 없다. 그리고 미국에서 다른 어떤 사람에게서 라캉에 대해 배운다는 것은, 일반적으로, 단지 여러분보다 몇 년 전에 이 심원한 텍스트를 읽기 시작한 누군가에게서 배운다는 것을 의미한다.

길거리에 있는 프랑스의 남자와 여자는 라캉에 대해서 아무것도 이해하지 못하며, 그의 정식화들 가운데 단 하나도 설명할 수 없다. 라캉은 전형적으로 프랑스적일 것이고 미국보다는 "프랑스 기질"에 더 가까울 것이다. 하지만 사실상 프랑스의 그 누구도 『에크리』를 읽어서 라캉을 이해하게 되지 못한다! 라캉이 말하는 것처럼, "그것들은 읽혀지도록 의도되지 않았다"(세미나 20, p. 29). 프랑스인들은 대학과/이나 임상에서 라캉에 대해서 배운다. 그곳에서 그들은 라캉과 그의 동료들과 함께 작업했던, 강의에 참석했던, 병원에서 사례 발표에 참석했던, 수년을 분석 침상에서 보냈던 등등의 수천 명의 라캉주의자들

후기

가운데 한 명이나 그 이상에게 가르침을 받는다. 그들은 라캉의 작업에 대해서 직접적으로, 즉 프락시스로서 배웠다.

  미국에서 라캉주의 정신분석은 일군의 텍스트들, 고고학적 발견물 속에 들어 있는 맥락이 사라진 고대 텍스트처럼 발굴된 죽은 담화 이상이 아니다. 라캉의 담화가 여기서 살아나기 위해서는, 그의 텍스트와 더불어 그의 **임상적 접근**이 분석과 감독supervision과 임상작업을 통해서, 즉 주체적 경험을 통해서 도입되어야 할 것이다.

부록 1. 무의식의 언어

이 부록에서 나는 「「도둑맞은 편지」에 대한 세미나」에 대한 아직 번역되지 않은 라캉의 후기(『에크리』, 41-61쪽)에서 제시된 정교한 4-상징 "언어"를 검토할 것이다. 이러한 언어의 훨씬 더 간단한 모델이 2장에서 제시되었는데, 그 덕분에 나는 그러한 언어들의 몇몇 본질적인 특징을 보여줄 수 있었다. 여기서 라캉의 좀 더 복잡한 모델에 대한 정교한 논의는 부록 2에 나오는 카푸트 모르툼의 탐사를 위한 선결요건이다. 카푸트 모르툼은 대상 (a)의 아바타(감히 말하건대, 발굴하기 가장 어려운 것 중 하나)이다.

여기서 두 부록 모두에 포함된 작업은 라캉을 **문자 그대로** 취급하기 위한 시도로, 다시 말해서, 이전에 다른 사람들이 「「도둑맞은 편지」에 대한 세미나」에 기울인 것[1]보다 더 크지는 않더라도 그만큼은 되는 관심을 그의 후기의 **문자**에 기울이려는 시도로 보아야 할 것이다. 사실 그 누구도 지금까지 저 세미나에 대한 라캉의 후기를 읽지 않았다.[2] 하지만 **중층결정된** 상징들을 포함하는 언어의 상대적으로 단순한 모델을 제시함으로써, 라캉은 상징계 내부에서 어떻게 그리고 어디에서 실재가 스스로를 현시하는가를 보여줄 수 있으며, 그리하여 "문자화 literalization"의 한계를 지적할 수 있다.

"재창조적 수학"

여기서(『에크리』, 41-61쪽) 라캉의 설명은 혼돈스럽도록 간결하다. 하지만 그럼에도 불구하고 그의 움직임을 단순하게 펼쳐보일 수 있다.
단계 1: 동전 던지기는 세 가지로 묶이며, 각각의 묶음은 <표 A1.1>에 제시된 범주 가운데 하나로 분류된다.

<표 A1.1>

1 (동일)	2 (외짝)	3 (교대)
+++	++- --+	+-+
---	+-- -++	-+-

라캉은 범주 1과 3의 삼항조를 "대칭적"이라고 하며 범주 2의 삼항조를 "비대칭적"이라고 한다(후자를 "외짝odd"이라고 부르는 것은 그 때문이다). 이러한 지칭들은 앞으로 더 중요해질 것이다.
그리하여, 던지기 결과의 어떤 연쇄를 취하여 우리는 <그림 A1.1>에서처럼 그 결과를 묶고 라벨을 붙인다.

부록 1. 무의식의 언어

<그림 A1.1>

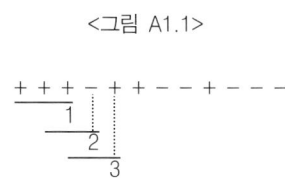

첫 세 번의 던지기 결과들(+++)은 범주 1에 속한다. 그 다음 **중첩되는** 세 묶음(++-)은 범주 2에 속한다. 세 번째(+-+)는 유형 3이다. 그리고 기타 등등. 나는 이를 다음과 같이 요약하겠다.

+ + + - + + - + - - - -
 1 2 3 2 2 2 2 3 2 1 1 1 ...

독자들은 기호의 교대를 시작(또는 제거)하기 위해 2의 개입 없이 1에서 3으로(혹은 3에서 1로) 곧바로 움직일 수 없다는 것을 손쉽게 확인할 수 있을 것이다. 그 밖의 다른 모든 직접적인 연쇄 조합들은 가능하다. 라캉은 모든 허용가능한 움직임들을 시각화하기 위해 <그림 A1.2>의 (『에크리』, 48쪽에서 "1-3 네트워크"라 불리는) 그래프를 제시한다.

<그림 A1.2: 1-3 네트워크>

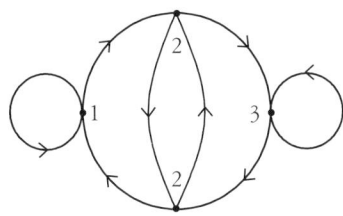

(이와 동일한 그래프가 2장에서 기술된 단순화된 2-기호 던지기-묶음 매트릭스에 일체의 측면에서 적용된다는 점에 주목하라.)

단계 2: 이제 이 수 매트릭스 위에 어떤 상징 매트릭스를 올려놓는다 (<표 A1.2>).

<표 A1.2: 그리스 문자 매트릭스 I>

α	β	γ	δ
1_1, 1_3	1_2	2_2	2_1
3_3, 3_1	3_2		2_3

여기서 숫자 쌍 사이의 빈 칸은 제3의 숫자로 채워져야 한다. 따라서 각각의 그리스 문자는 1단계의 묶음들을 **셋**으로 다시 묶는다. 예컨대 α는 (플러스/마이너스 줄 아래에서) 두 개의 1이 **또 다른 수에 의해 분리되는** 경우들을 포괄한다.

$$+\ +\ +\ +\ +\ -\ -\ -\ +\ -\ -\ -\ -\ -$$
$$\underline{1\ 1\ 1}\ 2\ 2\ 1\ 2\ 3\ 2\ 1\ 1\ 1\ ...$$
$$α$$

이 경우, 그 중간수는 1이어야 한다. 앞에서 보았듯이, 1의 배치에서 3의 배치로 곧바로 가는 것은 불가능하므로(사이에 2가 있어야 한다) 중간수가 3일 수는 없다. 또한 1로 돌아오기 위해서는 두 개의 2가 필요하므로(하나의 2로는 충분하지 않다), 중간수가 2일 수는 없다. 빈 칸을 정확하게 채울 경우 우리는 이제 좀 더 상세한 표(<표 A1.3>)를 제공할 수 있다. 그렇지만 당분간 우리가 유념해야 하는 가장 중요한 것은 각 삼항조에 있는 첫 번째와 세 번째 수이다.

부록 1. 무의식의 언어

<표 A1.3: 그리스 문자 매트릭스 II>

α	β	γ	δ
111, 123	112, 122	212, 232	221, 211
333, 321	332, 322	222	223, 233

라캉은 이를 아주 많은 말로 이야기하지는(혹은, 여하간 쉽게 이해될 수 있을 정도로 명시적으로 이야기하지는) 않는다.[3] 하지만 이 일차 상징들을 여하한 다른 방식으로 묶게 되면 뒤따르는 나머지는 순전한 넌센스가 되고 만다. 수 연쇄는 다음과 같이 다시 묶여야 한다. 다시금 우리의 던지기 결과 줄(즉 +/- 줄)과 수 코드화 줄(두 번째 줄)을 고려하여, 우선 첫 번째 수와 세 번째 수를 묶고, 그 다음에 두 번째와 네 번째를 묶고, 그 다음에 세 번째와 다섯 번째를 묶는다. 기타 등등. 그리고 각각의 연결된 쌍에 그 쌍을 나타내는 상징을 덧붙인다.

<표 A1.4>

슬롯 숫자			1	2	3	4	5	...
+	+	+	−	+	+	−	−	+	...
		1	2	*3*	2	2	2	2	...
				α					
			2	3	*2*				
					γ				
				3	2	*2*			
						β			
					2	2	*2*		
							γ		

나는 이 도식을 다음과 같이 요약하겠다.

```
+  +  +  -  +  +  -  -  +  -  -  -  -  -
1  2  3  2  2  2  2  3  2  1  1  1
   α  γ  β  γ  γ  δ  γ  α  δ  α
```

이 그리스 문자 매트릭스를 규정하면서 라캉이 α는 대칭적인 3-던지기 묶음(즉 범주 1이나 3)에서 또 다른 대칭적 묶음으로 나아가고, β는 대칭적인 것에서 비대칭적인 것(즉 범주 2)으로 나아가고, γ는 비대칭적인 것에서 또 다른 비대칭적인 것으로, δ는 비대칭적인 것에서 대칭적인 것으로 나아간다고 말하는 것에 유의하자. 나는 이점으로 다시 돌아올 것이다.

다음으로 지적해야 할 것은, 임의의 한 문자가 임의의 다른 문자에 **직접적으로** 뒤따를 수 있지만(이는 <표 A1.3>, 그리스 문자 매트릭스 II를 조사해보면 확인될 수 있다), 임의의 한 문자가 임의의 다른 문자에 **간접적으로** 뒤따를 수는 없다는 점이다. 여기서 우리가 살펴볼 사례는, 우선적으로, **세 번째** 위치의 규정 혹은 그 위치에 부과된 제한이다.

문자 α에서 시작한다고 해보자. 다음 문자는 α일 수도, β일 수도, γ일 수도, δ일 수도 있다. 하지만 세 번째 슬롯에는 α나 β만 올 수 있다. 왜 그런가? 네 개의 가능한 α 조합들(즉 111, 123, 333, 321)은 모두가 1이나 3으로 끝난다. 이 삼항조들의 마지막 숫자는 세 번째 슬롯 삼항조들의 첫 숫자가 될 것이므로, 그리고 α와 β는 1과 3으로 시작하는 조합들을 구성하는 유일한 문자들이므로, α와 β만이 세 번째 슬롯을 채울 수 있다.

이러한 추리과정 전체는, α 대신에 문자 δ로 시작할 경우 되풀이될 수 있다. 모든 δ 조합들 또한 1이나 3으로 끝나니까 말이다.

다른 한편, 모든 β와 γ 조합들은 2로 **끝난다**. 그리고 δ와 γ 조합들만이 2로 **시작**하므로, 그것들만이 슬롯 1에 β나 γ가 있을 경우 슬롯

3을 채울 수 있다.

이는 『에크리』(49쪽)에 나오는, 그리고 내가 <표 A1.5>에 재생한, 표징적으로 간결한 공식을 설명해준다. 우리는 윗줄에서, α와 δ의 경우, 시기 2에 어떤 문자가 오건, 시기 3에서 α나 β를 얻는다는 것을 확인한다. 그리고 아랫줄은, γ와 δ의 경우에, 시기 2에서 우리가 시도하는 모든 문자가 시기 3에서 γ나 δ를 낳는다는 것을 보여준다.

<표 A1.5: AΔ 분배>

$$\frac{\alpha, \delta}{\gamma, \beta} \rightarrow \alpha\beta\gamma\delta \rightarrow \frac{\alpha, \beta}{\gamma, \delta}$$

시기   1   2   3

다시 말해서, 세 번째 슬롯은 이미 어느 정도는 첫 번째 슬롯에 의해 결정되어 있다―첫 번째는 세 번째의 "중핵"을 "그 자체 내부에 지니고" 있다. 이 개념을 좀 더 전개하기 전에, 『에크리』의 50쪽에 있는 4-시기 도식을 검토해보자.

우선 표 O를 보자. 거기서 맨 윗줄에는 슬롯에 숫자가 매겨져 있고 (동전 던지기 결과를 코드화하는) 샘플 숫자 줄이 그 아래 두 번째 줄에 제공되어 있다(<표 A1.6>). 라캉은 슬롯 1의 δ로부터 슬롯 4의 β에 이를 수 있는 유일한 길은 그것들 사이에 두 개의 α를 삽입하는 길이라고 주장하지 **않는다**. 사실 δ에서 β에 이를 수 있는 몇 가지 상이한 길이 있다. 여기서 라캉의 요점은 그것들 가운데 그 어느 것도 문자 γ를 포함하지 않는다는 것이다(그리스 문자줄 2). 이는 모든 다양한 가능한 조합들을 시도해봄으로써(기껏해야 까다로운 정도인 과제), 혹은 모든 δ는 1이나 3으로 끝나기 때문에 세 번째 슬롯에서 γ가 가능하

<표 A1.6: 라캉의 표 O>

```
            슬롯 숫자
             1   2   3   4
샘플 숫자 줄:                              그리스 문자 줄:
2  1  1   1   1   2
         δ   α   α   β   γ   γ   δ        1
                     γ           α        2
         β   δ           δ   β            3
```

지 않다는 사실(앞에서, <표 A1.5>, AΔ 분배에서, δ를 따라 세 번째 슬롯에는 α와 β만 올 수 있음을 보았다)과 두 번째 슬롯의 γ는 자동적으로 슬롯-4 삼항조가 2로 시작함을 의미하지만 β는 2로 시작하지 않는다는 사실을 단순히 주목해봄으로써 체크할 수 있다.

표의 그리스 문자줄 3은 슬롯 2에 β를 넣으려고 할 때, 슬롯 4에서 결코 β를 얻지 못한다는 것을 보여준다(β는 슬롯-4 삼항조가 2로 시작하게 하며, β는 2로 시작할 수 없다). 문자줄 3은 또한, 슬롯 3에 δ를 무모하게 넣으려고 할 때, 3-시기 사례에서 이미 보았던 것에 직면하게 된다는 것을 보여준다. 즉 슬롯 1에 δ가 있다면, 슬롯 3에서 δ를 발견할 수 없다

그리스 문자줄 1에서 δααβ 오른쪽에 있는 나머지 부분은 βγγδ 연쇄에서 배제된 항목을 보여주는데, 이는 왼쪽 편과 정확히 동일하게 작동한다.[4]

표 O를 뒤따르는 페이지에서 라캉은 그리스 문자 오버레이의 다른 통사론적 특징에 대해서 언급한다. 예컨대, 두 β가 중간에 δ가 끼어들지 않고서 서로 뒤따를 때, 이는 직접적 연쇄(즉 ββ)이거나, 아니면 한 개나 그 이상의 αγ 쌍에 의해 분리되어 있어야 한다(예컨대, βαγβ, βαγαγβ, βαγα . . . γβ). 여기서 우리에게 더 직접적으로 적실한 것은 다음과 같은 지적이다. 즉 동전던지기의 임의의 연쇄가, 다음 두 사례에 서처럼, 무한히 α들이나 γ들을 재생하는 것이 가능한 반면에,

```
        +  +  +  +  +  +  +  +  +  +  +  +
           1  1  1  1  1  1  1  1  1  1
              α  α  α  α  α  α  α  α  α  α
     -  +  +  -  -  +  +  -  -  +  +  -
           2  2  2  2  2  2  2  2  2  2
              γ  γ  γ  γ  γ  γ  γ  γ  γ
```

그 어떤 임의의 연쇄이건 이러한 방식으로 끝없이 δ들이나 β들을 산출할 수는 없을 것이다. δ들은 삼항조에서 언제나 짝수에서 시작해서 홀수로 끝나며(예컨대 223), 그렇기 때문에 단지 두 번의 반복 이후에는 소진된다. β들은 정반대이며(홀수에서 짝수로 나아가며), 그렇기 때문에 유사하게 소진된다. 다시 말해서 그것들은 다른 문자를 중간에 넣어야만 재개될 수 있으며, 사실 모든 β 쌍은 재개되기 위해서는 적어도 **두 개의** 다른 연속적 문자들이 필요하다. δ에 대해서도 마찬가지다.

확률과 가능성

라캉의 이차 매트릭스로부터 이끌어낼 수 있는 결론 가운데 하나는, 무슨 노력을 하더라도, 사용된 동전에 어떤 식으로 납을 넣더라도, 혹은 아무리 속임수를 쓰더라도, 규정된 문자들 몇몇은, 즉 β와 δ는 시기의 50퍼센트 이상으로 **결코** 나올 수 없다는 것이다. 반면에, 운이

아주 좋거나 납을 약간 넣는다면, γ처럼 α도 시기의 절반 이상으로 나올 **수 있을** 것이다. 이 2-층 상징 매트릭스는 매 그리스 문자에게 다른 것들과 **정확히** 동일한 출현확률을 부여하는 방식으로 고안되었으나,5) 가능성과 불가능성에서의 제약이 말하자면 무로부터 생겨났다.

확률과 가능성은 동일한 것이 아니다. 따라서 놀랍도록 운이 좋은 동전 던지기 조합들이라면 α나 γ가 계속해서 나오게 할 수도 있을 것이며, 반면에 가장 말도 안 되는 운 좋은 조합으로도 결코 β나 δ가 그렇게 되도록 할 수는 없을 것이라는 라캉의 단언은, 확률에 대한 일체의 고려를 넘어서는, 조합의 의미심장한 결과이다.

하지만 내가 보기에 가장 중요한 결과물은 산출된 **통사론**인데, 이는 어떤 조합들을 허용하고 다른 어떤 조합들을 금지한다. 여기서 우리는, (1에서 3으로의 그리고 3에서 1로의 직접적 움직임을 막는) 우리의 숫자 오버레이에 의해 생성된 법칙들이 알파벳 매트릭스의 도입과 더불어 어떤 복잡한 장치가 된다는 것을 확인한다. 2장의 주 6)에서 나는 이러한 종류의 장치와 언어의 몇몇 유사성들을 조사했다. 여기서 생성된 문법은, 다음의 하위 절에서 보겠지만, 라캉의 1-3 네트워크와 유사한 그래프로 제시될 수 있다.

네트워크 매핑들

이 부록의 나머지와 부록 2에서 나는 라캉이 1966년에 첨부한 "괄호들의 괄호"를 검토할 것인데, 이는 「「도둑맞은 편지」에 대한 세미나」의 이 서론/후기를 둘로 나눈다. 나는 이 절을 종결짓는 각주에서 이 절에 대한 나의 논의를 시작하겠다. 거기서 우리는 변형된 1-3 네트워크를

부록 1. 무의식의 언어

보며, 처음으로 그리고 단 한 번 전개된 α, β, γ, δ 네트워크를 본다. 이 새로운 네트워크는 <그림 A1.3>에 나온다.

<그림 A1.3: (약간 수정된) 1-3 네트워크>

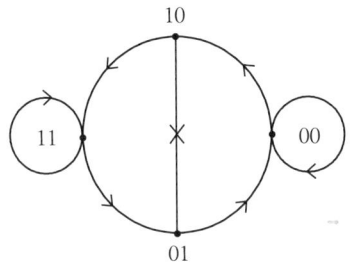

1-3 네트워크의 이 재전사retranscription에서 모든 화살표들은 방향을 바꾸었으며, 숫자 1,2,3 대신 우리는 다음의 네 조합을, 즉 00, 01, 10, 11을 발견한다. 그리하여 다이어그램은 역전되었으며, 코드 체계는 다시금—인지불가능한 정도로—수선된다! 새로운 코드 배후에 있는 논리를 발견하기 위해서 우리는 어떤 던지기 결과 조합이 각 숫자하에 묶이는지를 보여주는 표(<표 A1.7>)로 돌아가지 않을 수 없다.

<표 A1.1>

1 (동일)	2 (외짝)	3 (교대)
+++	++- --+	+-+
---	+-- -++	-+-

라캉은 이 다이어그램을 2-기호 매트릭스(즉 ++, +-, -+, --)로

단순화하지 **않았다**. 첫 눈에 그렇게 보일 수 있겠지만 말이다(하지만 앞서 언급했듯이 1-3 네트워크는 이 단순화된 2-기호 매트릭스의 완벽하게 적합한 도식화이다). 조합 11은 분명, +++와 ---를 포괄하는 이전의 범주 1을 가리킨다. 어떻게 이것이 가능한가? 조합 11에서 1은 "동일한"을 나타낸다고, 즉 첫 두 번의 던지기 결과가 둘 다 플러스이거나 마이너스라는 것을 나타낸다고 가정해보자. 따라서 11은, 던지기 결과의 두 번째 중첩되는 묶음 또한 동일하다는 것을 함축한다. 이런 방식으로 우리는 이전에 범주 1로 분류된 두 조합 모두를 설명할 수 있다. 그렇다면 상징 0은 분명 "다른"을 나타내며, 따라서 00은 +-+와 -+-를 설명할 것이다. 거기 포함된 던지기 결과의 두 쌍 모두가 다른 기호들을 포함한다. 그리고 10은 ++-와 --+(동일한, 그러고 나서 다른)을 포괄할 것이고, 반면에 01은 +--와 -++(다른, 그러고 나서 동일한)을 포괄할 것이다.6)

이 새로운 코드화가 내가 금방 제안한 방식으로 작동한다면, 『에크리』의 56쪽에 제시된 그래프에는 활자상의 오류가 있는 것이다. 던지기 결과 사슬이 왼쪽에서 오른쪽으로 진행한다고 가정할 때(그리고 이는 47쪽의 각주에 있는 라캉 자신의 사례에서의 진행 방식이다), 매 새로운 항목은 오른쪽에 덧붙여질 것이고, 따라서 +++와 ---는 원의 꼭대기를 향해 나아가면서 각각 ++-와 --+가 될 것이고, 둘 모두는 10으로 코드화되어야 한다. 따라서 56쪽에서 01과 10은 잘못 역전되어 있으며, 그래서 나는 <그림 A1.3>에서 필요한 수정을 가했다.7)

라캉은 이제 더 나아가, 상위 등급의 그래프를 확립한다. 그는 모든 수학자들이 이를 어떻게 이끌어낼지를 안다고 경쾌하게 주장한다. 마치 『에크리』라고 알려진 그의 "정신분석적" 저술들의 모음집에 이제 등장하는 그의 텍스트가 능숙한 수학자들에 의해 일차적으로 숙독될 것인 양 말이다! 이 그래프를 한 번에 한 단계씩 "풀어unpack" 보도록 하자.

1-3 네트워크의 주원의 사분선을 구성하는 네 원호들을 반으로 절단하고 그 절단부 각각에 하나의 점(혹은 정점)을 놓음으로써 우리는 이 새로운 네 점에 의해 정의되는 사각형을 얻는다(<그림 A1.4>).

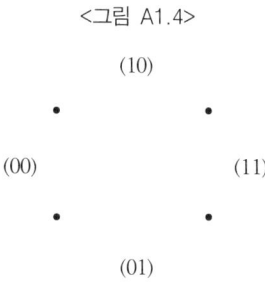

<그림 A1.4>

그런 다음 우리는 00과 11 둘레의 오른쪽과 왼쪽의 원환고리를 반으로 절단하여 추가로 두 개의 점을 정의하며, 또한 10과 01 사이의 중앙 직선을 절단하여 두 개의 점을 추가로 정의한다(이 직선은, 처음의 1-3 네트워크를 보면 생각나겠지만, 실로 두 개의 화살표로 이루어져 있었다). 그러고 나서 우리는 1-3 네트워크에서 방향이 정해진 대로 새로운 화살표를 가지고서 이 점들을 서로 재연결한다(<그림 A1.5>). 그리하여 우리는 1-3 **네트워크의 각 단계를 두 개의 별도의 단계로 쪼갬**으로써 그래프의 형식을 설명했다.

계속해서 라캉이 새로운 점들 각각에 할당하는 숫자들은, 1-3 네트워크에서 발견되는 것들과 겉보기에 유사하기는 하지만, (비록 관련이 있기는 해도) 또 다른 코드로부터 도출된다! 라캉이 동일한 코드를 유지했다면, 그의 새로운 α, β, χ, δ 네트워크는―실제대로, 다섯 기호 연쇄에 조응하는 것이 아니라―네 기호 연쇄(즉 플러스와 마이너스 기호들)에 조응했을 것이다.

<그림 A1.5>

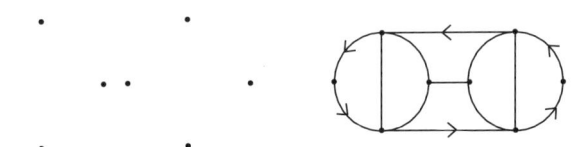

1-3 네트워크의 각 단계를 두 개의 별도 단계로 쪼개는 것으로 이해되는바 상위 등급의 그래프는, 두 배 많은 기호 조합들을 설명한다. 3-슬롯 이진법 조합―3개의 연속적인 플러스나 마이너스 기호를 그 기본적인 건축 블록이나 단위로 삼는 조합―의 경우에, 2^3개(즉 8개)의 가능한 조합이 있다. 하지만 슬롯을 하나 덧붙이면, 2^4개(즉 16개)의 가능한 조합을 얻는다. 이제 앞에서 보았듯이, 1/α(동일한/다른) 오버레이를 이용할 때, 1-3 네트워크상의 각각의 점은 두 개의 상이한 조합에 상응한다. 예컨대 10은 ++-와 --+에 상응하는데, 이때 첫 두 기호는 동일하고 두 번째 두 기호는 다르다. 그리하여, (1-3 네트워크 같은) 3-슬롯 조합의 경우에, (11, 10, 01, 00으로 수가 매겨진) 4개의 점 혹은 정점에 상응하는 8개의 가능한 조합이 있다. 4-슬롯 조합의 경우에, 8개의 정점에 연합된 16개의 가능한 조합이 있다. 그리고 5-슬롯 조합에서는 32개의 가능한 조합과 16개의 정점이 있다(이를 위한 최선의 그래프는 3차원을 포함한다).

이제 **라캉의 α, β, χ, δ 네트워크는 8개의 정점을 가지며, 그리하여**

부록 1. 무의식의 언어

통상 기호들의 4-슬롯 연쇄에 상응한다. 그리고 그가 이 정점들을, 각기 3개의 슬롯을 갖는 1/0 연쇄로(즉, 000, 001, 010, 011, 100, 101, 110, 111) 수매김한다는 사실은 그 네트워크가 4-기호 플러스/마이너스 연쇄를 사상寫像한다는 생각을 확증해주는 것처럼 보일 것이다. 하지만 그렇다면 우리는 α, β, γ, δ 모두가 4-기호 연쇄를 가리킨다는 사실을 어떻게 설명할 것인가?

    1. 1-3 네트워크에서는 1과 0이 각각 동일함과 다름을 가리키는 반면에, 여기서 그것들은 홀수와 짝수를 가리킨다.[8] 다시 말해서 그것들은, 4개의 던지기 결과를 코드화하는(예컨대, 111은 ++++ 와 ----를 지칭하고, 000은 +-+-와 -+-+를 지칭하는 등등) 대신에, 우리의 옛 수 매트릭스를 재코드화한다. 1은 우리의 수 매트릭스 범주 1과 3(<표 A1.7>의 **홀수** 범주)을 나타내고, 0은 수 매트릭스 범주 2(**짝수** 범주)를 나타낸다.

    2. 또 다른 대안으로, 우리는 1이 (<표 A1.7>에서 수 매트릭스 범주 1과 3으로 묶인) 모든 **대칭적** 배치를 가리키고, 0은 (<표 A1.7>에서 범주 2로 묶인) 모든 **비대칭적** 배치를 가리킨다. 다시 말해서, 0은 라캉이 (여기서 "별난"이라는 의미로) "odd[외짝]"로 지칭하는 모든 범주들을 가리킬 것이다. 그리하여, 수 매트릭스를 재코드화하면서도 그것은 또한 3개의 던지기 결과 연쇄에 대한 코드화를 단순화한다.[9]

앞에서 언급했듯이, 라캉은 그의 그리스 문자 매트릭스를 정의하면서 α는 대칭적인 3-던지기 묶음(즉 범주 1이나 3)에서 또 다른 대칭적 묶음으로 나아가며, β는 대칭적인 것에서 비대칭적인 것(즉 범주 2)으로 나아가며, γ는 비대칭적인 것에서 또 다른 비대칭적인 것으로 나아가며 δ는 비대칭적인 것에서 대칭적인 것으로 나아간다고 규정했다. α, β, γ, δ 네트워크는 새로운 삼항조 각각이 지칭하는 상이한 삼항조들을 0과 1만을 이용해서 메움으로써 다시 쓰여질 수 있다(<그림 A1.6>).

그래프의 각 점으로부터 우리는 삼항조 끝에서 홀수나 짝수(즉 0이나 1)의 첨가에 의해서, 혹은 궁극적으로는 (모든 조합을 검토할 열정을 여러분이 가졌다면) 5-기호 연쇄의 끝에서 마이너스나 플러스의 첨가에 의해서 지시되는 두 개의 상이한 방향으로 사슬을 뒤따를 수 있다. 그래프는 모든 허용된 행로를(그리고 그에 따라서, 암묵적으로, 모든 금지된 행로를) 지적하는 장점을 갖는다. 그리고 그것이 사용하는 1/0 코드는 모든 다양한 마이너스/플러스 조합과 삼항조를 3-슬롯 1/0 조합으로 환원한다.

여기서, 라캉이 이 표(p. 57)를 가지고서 제공하는 α, β, γ, δ를 위한 주해들이 다시금 불가해하게 간결하다는 데 주목하라. 마침표는 상징 1이나 0으로 채워져야 할 공백으로서 기능한다. 따라서 1.1은 111이나 101로, 1.0은 110이나 100으로 읽힐 수 있으며, 기타 등등이다. 여기서 우리는 각각의 그리스 문자가 그것의 대칭적-비대칭적 배치를 통해 정의된다는 것을 아주 분명하게 본다. 또한, 11, 10, 01, 00을 정점으로 포함하고 있는 예전의 1-3 네트워크가 이제 α, β, γ, δ 체계를 적절하게 재현할 수 있는 것처럼 보일지라도, 금지된 움직임도 기억 회로도 재현할 수 없다는 사실에 주목하라.

라캉은 처음에 입방체(혹은 평행육면체)의 모서리들에 8개의 가능한 1/0 삼항조를 놓음으로써 이 복잡한 네트워크의 최종적 **형식**으로 이끌리게 된 것처럼 보인다. 입방체에는 정확히 8개의 모서리가 있기 때문

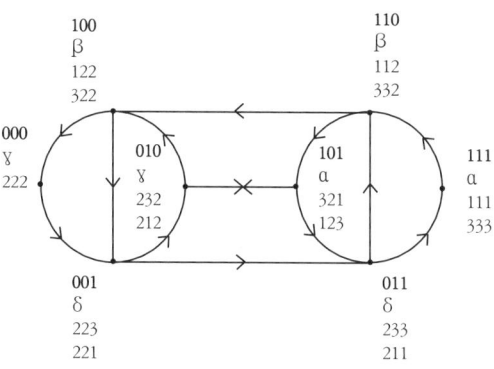

에, 그것은 분명 라캉의 마음에 그럴듯한 재현 장치로 다가왔다(세미나 4, 1957년 3월 20일을 볼 것). 한 쪽 극단에 000을 놓고 다른 쪽에 111을 놓고, 한쪽으로 돌면서 연속해서 0을 더하고 다른 쪽으로 돌면서 1을 더한다면(<그림 A1.7>), 화살표를 채우고 입방체를 2차원으로 펴고 4각형을 원형으로 만들기만 하면 라캉의 마지막 그래프(<그림 A1.6>)를 얻게 된다.10)

미래의 참조를 위해서, α, β, γ, δ 네트워크의 꼭대기 층과 밑바닥 층에 위치한 수 삼항조들이 **거울이미지**라는 사실을 지적하자: 322/223, 122/221, 233/332, 211/112. 새로운 1-0 이진법 삼항조의 경우도 마찬가지다: 100/001, 110/011. 이 거울이미지들은 모두가 라캉의 거울 단계가 함의하는 필연적인 **좌우 반전**을 내포한다. **따라서 β와 δ는 서로의 거울반영이다**. (그것들은, 결국, 각기 대칭에서 비대칭으로의 이행과 비대칭에서 대칭으로의 이행으로 정의된다.) 이는 부록 2에 나오는 라캉의 "L 사슬"을 분석할 때 중요할 것이다.

3. α, β, γ, δ 네트워크가 어떻게 플러스와 마이너스의 5-기호 연쇄를 포괄하는지를 설명할 또 다른 방식이 있다. 우선 우리는 이 연쇄를 1-3 네트워크를 이용해 코드화한다. 그러고 나서 우리는 이 코드화를 동일한 코드를 이용해서 **재코드화한다!** 설명해보자.

<그림 A1.7>

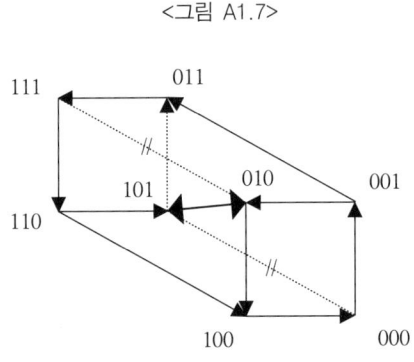

"동일한/상이한" 1/0 코드는 두 번 적용될 수 있다. 우선, 5-기호 연쇄(예컨대 ++-++)에, 그러고 나서는 그것에 상응하는 1/0 코드 (예컨대 1001)에. 왜냐하면 수 연쇄에서 중첩되는 쌍들을 취하여, 두 개의 동일한 수가 있는지(이는 1로 코드화될 것이다), 아니면 두 개의 상이한 수가 있는지(이는 0으로 코드화될 것이다)에 따라서 그것들을 재코드화할 수 있다. 위의 사례(1001이 상응하는 ++-++) 에서, 우리는 1001을 "상이한-동일한-상이한"으로, 즉 010으로 재 코드화한다. 이를 통해서 우리는 5-기호 플러스/마이너스 연쇄를 3-기호 1/0 연쇄로 환원할 수 있게 되며, 이상하게도 그렇게 코드화 된 모든 연쇄는 정확히 α, β, γ, δ 도식에 맞아떨어지게 된다. 예컨대 (두 번 적용된 "동일한/상이한" 코드에 의해) 111과 101로

부록 1. 무의식의 언어

묶음지어진 모든 단일한 +/1 연쇄는 사실상 (1에서 1, 1에서 3, 3에서 3, 혹은 3에서 1로 가는) α 연쇄이다.[11]

이는 다음을 관찰함으로써 쉽게 설명된다. 즉 코드의 두 번째 적용에서의 1은 **네 가지 모든 대칭적인** 플러스/마이너스 3-기호 조합들을 설명한다(즉 첫 번째 적용에서 00과 11을 커버하는데, 이는 이번에는 +-+와 -+-, 그리고 +++와 ---를 각각 커버했다). 두 번째 적용에서의 0은 **모든 비대칭적인** 3-기호 조합들을 지칭한다(이는 첫 번째 적용에서 10과 01에 의해 지칭되는데, 그것들은 이번에는 ++-와 --+, 그리고 +--와 -++를 각각 지칭한다).

그리하여, 동일한/상이한 코드의 이중 적용은 대칭적/비대칭적 코드화와 정확히 동일한 효과를 낳는다. 즉 대칭적이거나 비대칭적인 삼항조의 연속적 집합 각각에게 1이나 0을 할당한다.

동일한 종류의 다이어그램이 흐름도의 도움으로 구성될 수 있다. ++-에서 시작을 하고, 계열 끝에 +나 1을 덧붙임으로써 우리가 나아갈 상이한 방향을 도표화한다. 이렇게 하여 흐름도는 <표 A1.8>에서 보듯이 매 덧붙임과 더불어 두 개의 가지로 분열된다. 여기서 확인할 수 있는바, 흐름도의 제2행은 <그림 A1.6>의 오른쪽 원을 제공하며, 14행과 15행의 연계(211 → 112)는 이 동일한 원의 정향된 직경을 제공한다. 10행은 왼쪽 원을 제공하며, 8행은 그것의 직경을 제공한다. 6행은 두 원을 연결하는 맥동pulsation을 나타낸다. 1행과 8행은 ααα 원환고리와 γγγ 원환고리를 제공한다. 기타 등등.

<표 A1.8>

행수						
1	++++ → 	+++++ → 111				α 루프
2	→ ++++- 112	→ +++-+ 123	→ ++-+- 233	→ +-+-+ 333	→ -+-+- 333	오른쪽 원
3				→ -+-++ 332		
4				→ +-+-- 332	→ -+--+ 322	상단 행
5					→ -+--- 321	
6			→ ++-++ 232	→ +-+++ 321	→ -+++- 212	두 원을 연결한다
7					→ -++++ 211	
8				→ +-++- 322	→ -++-+ 223	왼쪽 직경
9					→ -++-- 222	
10		→ +++-- 122	→ ++--+ 222	→ +--+- 223	→ --+-- 232	왼쪽 원
11					→ --+-+ 233	
12				→ +--++ 222	→ --++- 222	γ 원환고리
13					→ --+++ 221	
14			→ ++--- 221	→ +---- 211	→ ----- 111	하단 행
15					→ ----+ 112	
16				→ +---+ 212	→ ---+- 123	두 원을 연결한다
17					→ ---++ 122	

그와 같은 그래프를 실제로 구성하기 위해서는, 위의 움직임들 전부를 취하여, 수 삼항조들을 홀수들(1들)이나 짝수들(0들)로 재코드화하고, 그런 다음에 동일한 항목들(새로운 삼항조들) 전부를 함께 연결하고, 모든 가능한 움직임들을 그려 넣는다. 각 슬롯에 단지 두 가지

부록 1. 무의식의 언어

선택만 있는 3-슬롯 조합에서 연결되어야 할 3개의 점(000, 001, 010, 011, 100, 101, 110, 111)이 있다는 것을 우리가 알고 있다는 것이 주어질 때, 그리고 이러한 유형의 "네트워크"를 그릴 다양한 방법들 전체가 있는 가운데서도, 라캉의 것은 가장 우아한 것 가운데 하나다. J.-A. 밀레의 말처럼, 이 네트워크는 라캉의 "욕망의 그래프"(『에크리』, 817쪽)와 밀접하게 관련되어 있다.

부록 2. 원인의 추적

라캉은 「「도둑맞은 편지」에 대한 세미나」 후기의 한 부분인 "괄호들의 괄호"(1966년에 추가)를 다소 불성실한 언급으로 시작한다. 즉 그는 그의 "분명하게 언표된" 수와 알파벳의 매트릭스들을 해독하려고 시도했던 사람들 가운데 누구도 그것들을 괄호로 번역해보려고 "꿈도 꾸지" 않았다고 말하고 있다. 마치 그것이 머리에 떠오른 첫 번째인 양 말이다.

그의 의도는 그의 유명한 도식 L[1]을 재번역하고 동시에 1956년에서 1966년 사이에 상당한 시간을 들여 세공했던 개념인 대상 a의 역할을 드러내는 방식으로 그 도식을 새롭게 하려는 것처럼 보인다. 여기서 그의 재번역을 한 걸음 한 걸음 따라가 보도록 하자. 그렇게 해야만 우리는 어떻게 원인으로서의 대상 a가 거기에서 도입되는지를 볼 수 있는 위치에 있게 될 것이다.

나는 부록 1에서, β에서 β로 가기 위해서는 곧바로 나아가거나 아니면 δ의 출현을 금하면서 αγ 쌍들의 사이넣기를 통해서 나아갈 수 있다는 언급을 했다. 라캉이 『에크리』 51쪽에서 제공하는 사례 (βαγα . . . γβ)는 이러한 재전사 과정에서 전적으로 코드화된다. 우리는 라캉의 텍스트에 의해 결코 이론적으로 동기화되지 않았으며 오히려 단순하게 정립된 괄호 구조 (( ) ( ))를 취한다. 여기서 β와 δ는 괄호들로 변형되었다(아래에서 내가 보여주겠지만, β는 개괄호이고 δ는 폐괄호이다). 나아가 우리는 다양한 공백들을 메운다. 공백들을 다음과 같이 번호매기면,

(1 (3) 2 (3) 1a)

우리는 라캉이 정해지지 않은 수의 αγ 쌍들을 공백 1에 놓고 정해지지 않은 수의 γα 쌍을 공백 1a에 놓는다는 것을 본다. 라캉은 이 첫 연쇄를 코트 같은 것의 **안감**lining이라고 지칭하는데, 하지만 프랑스어 doublure는 모종의 이중화를 암시하기도 한다. 채워넣기(αγ와 γα 쌍들)가 라캉에 따르면 무로 환원될 수 있으므로, 여기서 핵심인 것이 이 **이중적 구조**—다시 말해서, 이중적 개폐 괄호들, (( ))—라는 것은 분명하다. 라캉은 또한 이 이중적 괄호들을 인용부호라고 부르는데, 이는 줄잡아 말해도 암시적인 명명법이다.

위치 2에 우리는 정해지지 않은 수의 γα 쌍을 놓으며, 기호들의 전체 수를 홀수로 만들기 위해서 끝에 γ를 추가한다(여기서도 또한 아무 기호도 없을 수도 있다). 위치 3들에 우리는 0개나 그 이상의 γ를 놓는다. 다시 말해서 우리가 원하는 만큼을 놓는다. 그리하여 우리는 다음을 얻게 된다.

(αγαγ ⋯ (γγ ⋯ γ) γαγα ⋯ γ (γγ ⋯ γ) ⋯ γαγα)

부록 2. 원인의 추적

이는, 우리가 가능한 모든 곳에서 아무 기호도 선택하지 않을 경우, (( ) ( ))로 환원될 수 있다.

다음 단계에서, 첫 번째 괄호와 마지막 괄호 바깥에 우리는 일련의 α들을, 다시금 우리가 원하는 만큼 놓는다. 그리고 그 한가운데는 0개나 그 이상의 괄호를 놓는데, 이 괄호는 비어 있거나 아니면 기호들을 홀수로 만들기 위해 α로 끝나는 αγ 연쇄로 채워진다.

(αγαγ ⋯ (γγ ⋯ γ) γαγα ⋯ γ (γγ ⋯ γ) ⋯ γαγα) ααααα (αγαγ ⋯ α)ααα ⋯

이제 우리는 α와 γ를 각각 1과 0으로 대체한다.

(1010 ⋯ (00 ⋯ 0) 010101 (00 ⋯ 0) ⋯ 0101) 11111 (1010 ⋯ 1) 111

라캉이 제공하는 ("도식 L"에 상응하는) L 사슬에서, 그는 이를 약간 다르게 쓴다.

사슬 L: (10 ⋯ (00 ⋯ 0) 0101 ⋯ 0 (00 ⋯ 0) ⋯ 01)11111 ⋯ (1010 ⋯ 1) 111 ⋯

라캉에 따르면, 사슬 L을 도식 L에 일치하게 만들기 위해서는 한 가지 추가적 조건이 필요하다. 괄호 안의 000 연쇄들은 침묵의 계기들로 간주될 것이고, 교대하는 연쇄들 안에 있는 0들은 절분이나 절단들로 간주될 것이다. 이 두 위치에서 0은 동일한 역할을 하고 있지 않은 것이다.

라캉의 α, β, γ, δ 사슬을 이런 식으로 다시 쓰는 것을 한 순간이라도 꿈꾸지 않았기 때문에 **실로** 당혹스러울 것이다. 라캉의 도식 L의 부분을 사슬 L의 각 부분에 계속해서 귀속시키기 전에, 아주 조금이라도, 사슬을 있는 그대로 해부해보도록 하자.

괄호들의 주요 이중 집합(혹은 따옴표들: « »)바깥에서 우리는 다음과 같이 단순화할 수 있는 연쇄를 발견한다: 111(101)111. 1 = α이고 0 = γ라는 것을 (라캉이 적어도 그 정도는 규정해놓고 있으니) 알고 있는 상태에서, 우리는 괄호열림에 대한 기호가 β라는 것과 괄호닫힘에 대한 기호가 δ라는 것을 일방적으로 규정할 수 있다. 연쇄의 첫 부분인 ααα는 오로지 전부 플러스, 전부 마이너스, 혹은 균등하게 교대하는 연쇄(이것들은 우리의 첫 수 매트릭스에서 전부 1이나 전부 3에 상응한다)에 기반해서만 가능하다. 다음 부분인 (αγα)는 괄호열림 이후의 두 번째 위치에서 γ를 보여주며, 또한 γ는 2에서 2로의 움직임을 가리키므로, 괄호는 필연적으로, 우리를 1에서 2로 데리고 가면서 교대(+에서 −로, 혹은 그 역)를 개시하거나, 우리를 3에서 2로 데리고 가면서 균등한 교대를 (한 열에 두 개의 플러스나 두 개의 마이너스를 놓아) 중단시키는데, 두 경우 모두는 β 배치들이다. 예컨대:[2)]

```
   +  +  +  +  +  +  +  −  +  +
      1  1  1  1  1  2  3  2
            α  α  α  β  α  γ
            1  1  1  (  1  0
```

괄호닫기는 동일한 방식으로 규정될 수 있다. 즉 우리는 γ가 언제나 2로 끝난다는 것을 안다. 또한 우리는 두 자리 뒤에서 γ가 아닌 또 다른 기호를 갖게 될 때 그것은 δ이어야 한다는 것을 아는데, 왜냐하면 γ에서 두 슬롯 아래에 γ나 δ만 있을 수 있기 때문이다(부록 1의 AΔ

부록 2. 원인의 추적

참조). 이는 위의 사슬을 계속함으로써 볼 수 있다.

```
+  +  +  +  +  +  +  -  +  +  +  +  +  +  +
   1  1  1  1  1  2  3  2  1  1  1  1  1
         α  α  α  β  α  γ  α  δ  α  α  α
         1  1  1  (  1  0  1  )  1  1  1
```

β와 δ를 개괄호 "("와 폐괄호 ")"에 등치시키는 것은 부록 1의 α, β, γ, δ 네트워크에 대한 논의에서 발견되듯이 β와 δ가 서로의 거울 이미지라는 사실에 의해 추가로 확증된다.

```
+ + + + + + + - + + + - + + + - + + + + + +
  1 1 1 1 1 2 3 2 1 2 3 2 1 2 3 2 1 1 1 1
        α α α β α γ α γ α γ α γ α γ α δ α α α
        1 1 1 ( 1 0 1 0 1 0 1 0 1 0 1 ) 1 1 1
```

여기서 플러스/마이너스 줄에서 우리는 하나의 대립되는 기호를 갖는 세 개의 기호의 교대를 본다.3)

이제 이 (10 ... 1) 묶음들—이에 대해서 라캉은 그것들의 0개나 그 이상을 여하한 길이로 (라캉의 사례에서) 주 인용들 뒤에 위치한 1111 사슬 안에 삽입시킬 수 있다고 말한다—은 이 1111 사슬과 함께 L 도식에 있는 **타자**에 상응하는 것으로서 취해진다. 그리하여 여기서 **타자**는, 원한다면 한 기호 세 개와 다른 기호 한 개의 연쇄에 의해 중단되는, 플러스나 마이너스의 등질적 연쇄(혹은 플러스와 마이너스의 균일하게 교대하는 연쇄)로서 나타내어지는데, 이는 수 매트릭스에서의 사인 곡선 형태를 취한다: 1112321232123111. α = 1, γ = 0 오버레이에서, 이 (10 ... 1) 묶음들은 1들의 끝없는 반복, "단일 특질"의 이 반복을 일시적으로만 중단시킨다. 라캉은 프로이트의 einziger Zug(『집단심리학과 자아의 분석』의 "동일시"에 대한 장)을 단일 특질이라고 부른다. 그리하여 여기서 1은 순수한 차이의, 아직 분화되지 않은 표식의 일자로 보이며, 그것들 안에 묻혀 있는 괄호들은, 만일 있을 경우에, 겉보기에 중요성이 없는—1에서 시작해서 더 길거나 더 짧은 주기 연쇄 이후에 동일한 지점 1로 사슬을 되돌리는—단순히 일시적인 중지들로 보인다.

잠시 부록 1에 나오는 α, β, γ, δ 네트워크를 다시 보면, 오른쪽 끝에 111이 있는 반면에 왼쪽 끝에 000이 있는 것을 확인할 수 있다. 이 네트워크에서 사용되는 0-1 이항 코드(1 = 대칭적, 0 = 비대칭적)는 L 사슬에서 사용되는 0-1 이항 코드(1 = α, 0 = γ)와 섞이지 말아야 한다. 그렇지만 이 네트워크는 흥미로운 시각적 소품을 제공한다. 즉 두 이항 매트릭스를 잠시 뒤섞는 것을 허용하여 000을 빗금쳐지지 않은 주체로, 111을 **타자**로, β와 δ를 괄호로 대체하면, <그림 A2.1>이나 <그림 A2.2>의 배치를 얻게 된다.

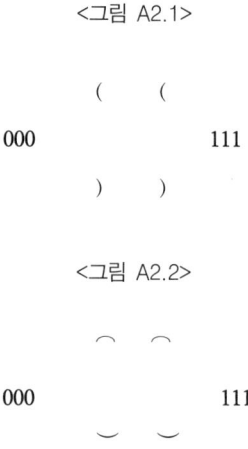

<그림 A2.1>

000   111

<그림 A2.2>

000   111

부록 2. 원인의 추적

네트워크를 45도 회전시키면, <그림 A2.3>을 얻게 된다.

<그림 A2.3>

주체   ) 타자 a'
)
                (
a 자아   (**타자**

여기서 거울반사된 괄호들은 손쉽게 자아(작은 a)와 타자(a)를 나타낼 수 있을 것이다. 이 도식은, 분명, 놀랍게도 라캉의 L 도식과 유사하다. 네트워크의 중간에 있는—여기서는 보여지지 않는—γ-α 교대는 아마도 안팎으로 전환되는 바로서의 **충동**과 등치될 수 있을 것이다(1단계에서 123에서 나와서 2단계에서 232로 가고 3단계에서 321로 가는, 혹은 단순히 101에서 010으로 물러났다 나왔다 하는). 라캉은 예컨대, 충동들이란 어떤 병합적 충동, 즉 잡아먹는 충동이 잡아먹히는 두려움으로 전화될 수 있는 그러한 것이라는 언급을 한다(그는 이를 장갑의 안팎 전환에 비유하며, 결코 궁극적으로 구분되지 않는 뫼비우스 띠의 두 면에 비유한다).[4]

피스톤 같은 γ-α 맥동을 이처럼 충동을 나타내는 것으로 해석하는 것은, "인용들"(이중 괄호들) 사이에 있는 것—예컨대 000)010(000—은 L 도식의 S(Es), 즉 프로이트적 Es 혹은 이드—이드는 충동들의 자리이다(충동에 대한 프랑스어는 pulsion이다)—의 추가에 의해 완성된 주체에 해당한다는 라캉의 진술에 의해 추가적인 무게를 얻는다. 하지만 그는 00 ... 0 사이에 있는 01 교대를 L 도식의 상상적 축 a−a와 등치하지 않는다.

이제 라캉의 L 사슬의 "인용"들 내부에서 우리가 발견하는 것을 더 면밀하게 검토해보자.

(10 . . . (00 . . . 0) 0101 . . . 0 (00 . . . 0) . . . 01)

괄호 안의 0들은 무한정 긴 연쇄의 γ들, 다시 말해서 2들에 상응하며, 그리하여 두 개의 플러스와 두 개의 마이너스의 반복되는 계열에 상응한다. 우리가 앞에서 (1010 . . . 1 사슬에서) 검토한 γ들 혹은 2들은 정현파 패턴의 일부였고, (수 매트릭스에서) 모든 면에서 홀수에 둘러싸인 짝수들이거나 (1/0 이항 매트릭스에서) 언제나 1에 의해 분리된 0들이었던 반면에, 여기서 사슬은 단조로우며, 둘 중 어느 한 쪽 끝에서 괄호에 의해 구성되는 장벽들은 유일한 relief(이 단어의 두 가지 의미 모두에서)를 혹은 이질성을 제시한다. 위의 인용을 (10(000)010(000)01)로 단순화할 때, 우리는 그 아래에 있는 샘플 수 줄을 그것에 할당할 수 있다는 것을 보게 된다.

β α γ β γ γ γ γ δ γ α γ β γ γ γ δ γ α δ
(1 0 (0 0 0 0) 0 1 0 (0 0 0) 0 1)
(. . .1 1) 2 3 2 2 2   2   2 2 3 2   1 2 2 2 2 2 1   2 3   3

중앙에 있는 0과 1의 교대는 도식 L의 상상적 격자 $a-a$를 나타낸다. 두 개의 주요한 괄호 집합 외부에 있는 모든 것은, 여기서 분명 단일특질의 반복에 의해 지배되는 **타자**(대문자 A)의 장을 나타낸다. 그리고 왼쪽과 오른쪽의 "안감"에 있는 10과 01 쌍들은 a와 a' 그 자체의 특권화

부록 2. 원인의 추적

된 지위—라캉은 이것이 그의 나중의 위상학적 탐구들에서 더 적절하게 설명되었다고 주장한다—와 관련이 있다.

$$(10 \ldots \quad \overset{a\text{-}a'}{(000)\ 01010\ (000)} \quad \ldots \ 01) \quad \overline{1111\ (10101)\ 111} \ldots$$
$$\ a \qquad\qquad S(Es) \qquad\qquad a' \qquad\qquad A$$

함께 취해진 안감의 오른쪽과 왼쪽 부분(10 ..... 01)은, 사슬의 나머지로 부터 분리시킬 때, 코기토의 심리학적 자아를, 다시 말해서 라캉이 거짓 코기토라고 부르는 것을 나타낸다. 여기서 자아는 주체를 **타자**로 부터 **고립시키는** 일종의 **안감**이나 **스크린**—이로부터 주체는 일시적으로 (이론적 목적을 위해) 공제된다—이다.

L 사슬과 도식 L사이의 이러한 관계를 정립하고 나서 라캉은 계속해서 이렇게 말한다.

 [도식 L을 사슬 L로 재정식화하려는] 이러한 시도에서 스스로를 내미는 유일한 **잔여물**은 상징적 사슬에 연계된 어떤 기억[mémoration]의 형식주의인데, 그것의 법칙은 사슬 L을 이용해서 손쉽게 정식화될 수 있다.
 (이 법칙은, 0과 1의 교대 속에서, 하나나 몇 개의 괄호 기호들[단일하게 혹은 조합으로 취해진 개괄호나 폐괄호들]의 극복[franchissement]에 의해 구성되는 릴레이에 의해 본질적으로 정의된다.)
 여기서 명심해야 하는 것은 정식화가 성취되는 **빠르기**인데, 이는 주체 안에서의 원초적 기억하기를 시사하는 동시에 안정적인 부등성들disparities이 놀랍게도 [그 안에서] 구별될 수 있는 구조화

311

를 시사한다(사실, 동일한 비대칭적 구조가 예컨대 모든 인용들을 역전시켜도 존속한다).

이는 하나의 연습일 뿐이다. 하지만 그것은 내가 기표의 caput mortuum이라고 불렀던 것이 그 **원인적** 측면을 갖고 있는 **형세** 유형을 거기에 기입하려는 나의 의도를 충족시킨다.

도둑맞은 편지의 허구 안에서만큼이나 여기서 명백한 효과.
(Écrits 1966, p. 56. 강조는 덧붙임)

그리하여 여기에는 설명되어야 할 잔여물이 있다. 라캉은 종종 그의 대상 a, 욕망을 원인을 잔여물, 찌꺼기, 나머지 등으로 말한다. 표 α여기서는 <표 A2.1>)를 다시 한 번 보자.

<표 A2.1>

슬롯 숫자
　　　　1　2　3　4
샘플 수 줄:　　　　　　　　　　　　　　　그리스문자 줄:
2　1　1　1　1　2
　　　δ　α　α　β　γ　γ　δ　　　1
　　　　　　　　γ　　α　　　　　2
　　　　　β　δ　δ　β　　　　　3

우리는 부록 1에서 네 단계로 δ에서 β로 갈 때 γ는 회로에서 철저하게 금지되어야 하고 β는 두 번째 단계에서 그리고 δ는 세 번째 단계에서 금지되어야 한다는 것을 보았다. 이 금지된 문자들은, 여기 회로 안에서 사용될 수 없으므로, 어떤 의미에서 잔여물을 구성한다. 그것들은 옆으로 치워놓아야 하며, 그리하여 우리는 사슬이 그것들 둘레에서 작동한다고, 다시 말해서 사슬이 그것들을 우회함으로써 형성되고 그리하여 그것들의 윤곽을 그린다고 말할 수 있다. 그것들은 라캉이 그 과정의 caput mortuum이라고 부르는 무엇이다(2장을 볼 것).

괄호 구조들

앞서 번역된 인용문을 다시 보자면, 두 번째 문단에 있는 문제의 법이 L 사슬 괄호들이 떠오를 때마다 그것들을 "뛰어넘기hurdle" 위해 필요한 기호들의 조합들에 의해 구현된 법칙이라는 것을 확인하게 된다. 예컨대, 0들과 닫힌 괄호들의 계열 이후에, 우리는 그 다음 닫힌 괄호를 뛰어넘고 무한정 긴 1들의 계열을 얻으려면 01의 쌍이 필요하다.

여기서 모든 질서짓기와 뛰어넘기 작업을 하는 것은 바로 괄호들의 집합들 사이에서 발견되는 01과 10 **쌍**들의 집합들—예컨대 (10 . . .)—이다. 왜냐하면 괄호 안에 있는 0들의 깨지지 않은 계열—예컨대 (00000)—은 여하한 길이가 될 수 있는 반면에 0-1 교대들의 수는 언제나 핵심적이다. 0들의 두 집합 사이에는 홀수의 기호가 있어야 하며—예컨대 (000) 01010 (00)—"인용들"의 집합 사이에는 짝수가 있어야 한다.

앞서 인용한 텍스트에서 라캉이 암시하듯이, 모든 "인용들"을 역전하면 어떻게 되는가? 다음을 얻게 된다.

) 1 0 ..) 0 0 0 (0 1 0 1 0) 0 0 0 (.. 0 1 (1 1 1) 1 0 1 0 1 (1 1 1
δ α γ δ γ γ γ β γ α γ α γ δ γ γ γ β γ α β α α α δ α γ α γ α β α α α

이 연쇄는 그리스 문자들의 바로 그 정의들에 의해 **금지된다**. 그렇다면 라캉이 아래로 네 번째 문단에서 염두에 두고 있는 "비대칭"은 무엇인

가? 괄호들을 역전할 뿐 아니라 또한 0들과 1들을 뒤바꾸면

)01 . . .) 111 (10101) 111 (. . . 10 (000) 01010 (000 . . .

우리는 **가능한** 계열을, 그리고 (사소하게는) L 사슬에서와 동일한 대칭의 결여를 보게 되는 계열을 얻는다. 왼편에 있는 것이 오른편에 있는 것을 "균형잡게" 만들 수는 없다.

왼편:	)01 . . .) 111 (10101) 111 (. . . 10 (	**주체**
오른편:	010 (000) 01010 (000) 010 . . .	**타자**
또는	000) 010 (00000) 010 (000 . . .	

어떤 의미에서, 우리는 왼편을 주체와 등치시키고 오른편을 **타자**와 등치시킬 수 있다. 그 결과 그 어떤 단순한 대칭도 없으며, 그리하여 다음과 같은 용어 사용을 감행해보자면, 그것들 사이 아무런 **조화**도 없다. 그렇다면 다음과 같이 자문해야 한다. "왜?" 여기서 그 답은 "원인 때문에"인 것처럼 보인다. 그리고 여기서 그 원인은 caput mortuum과, 하나의 선규정된 문자에서 또 하나로의(예컨대 하나의 δ에서 또 하나의 δ로의) 운동 속에서 남게 되는 문자들과 동일시된다.

다시금 잠시 역전되지 않은 사슬의 오른편과 왼편을 고찰해보자.

왼편	(10 . . . (000) 01010 (000) . . . 01)	**주체**
오른편	. . 111 (101) 11111 (101) 111 . . .	**타자**

부록 2. 원인의 추적

왼편에는 가외적이고 구조적으로 필수적인 괄호들, 즉 극단에 있는 괄호들의 집합이 있다. 그런데 라캉은 아주 종종 대상 a를 "대상 (a)"이라고 쓰지 않는가? 이는 조금은 억지인 듯 보이지만, 라캉은 실로 왼쪽 편이 a와 a에 덧붙여 (프로이트적 이드에 의해 완성된) 주체에 상응한다고 말한다. a와 a의 지위는 라캉의 발전의 도식 L 단계에서 아직 충분히 설명되지 않았다. 하지만 그는 그의 나중의 위상학이 그것들을 실로 설명한다고 주장한다. 그 위상학은 크로스 캡의 사용을 통해 대상 (a)을 위치시킨다(예컨대 세미나 11을 볼 것). a와 a의 바로 그 지위와 관련된 10/01 거울 이미지로부터 라캉은 그의 관심을 오로지 괄호들로 옮기는 것처럼 보인다.

도대체 왜 라캉은 그와 같은 개념화들 속에 괄호들을 포함시키는가? 여기서 무언가가 분명하게 **괄호쳐지고** 있다. 주체는 L 사슬에서 이중으로 괄호쳐져 있으며, 대상 (a)은 다수의 수학소들과 그래프들에서 괄호쳐져 있다. 무언가가 mis entre parenthèses, 즉 중지되어 있다.

잠시 (L 사슬의 변형에서) 개괄호의 기능을 살펴보자.

<u>11111111111</u>　　(101010 . . . . . .)　　<u>11111111111</u>
　　A　　　　　　　　　a　　　　　　　　A

왼쪽의 1들은 단일 특질의 반복에 상응하는데, 라캉은 이를 **타자**와 연결시킨다. 괄호—다시 말해서, 라캉의 알파벳 매트릭스에서 β—가 없다면, 0은 사슬에 결코 끼어들 수 없을 것이다. 즉 그 어떤 변이도 가능하지 않을 것이다. α들의 사슬은 β에 의해서만 깨뜨릴 수 있다(다시금 우리의 수 매트릭스로 거슬러 올라가 생각해보면, 1들이나 3들의 사슬은 2에 의해서만 깨뜨릴 수 있다. 직접적인 1-3과 3-1 이동은 금지되어 있으니까 말이다).

그리하여 오직 괄호만이 단일 특질 반복의 단절 없는 단조로움 속에 이질성을 도입할 수 있다. 괄호의 개입이 있어야만 무언가가 **타자**로부터 분리된다. 괄호의 출현이 있어야만 **타자**는 일시적으로 (이중적 괄호의 멀리 있는 쪽에서 재개를, 자신의 권리에 대한 재단언을 기다리면서) 궁지에 몰리게 된다. 무언가가 **타자**(끝없는 1 사슬) 안에 일종의 구멍을 파내기에 충분할 정도의 시간 동안 말이다.

이러한 종류의 이미지는 라캉의 소외와 분리 개념에 아주 잘 어울리는데, 소외와 분리를 통해서 주체는 **타자**의 결여 안에 스스로를 위한 자리를 비워내어, **타자** 안에 거주하게 된다(세미나 11을 볼 것). 그것은 물론 근사적 이미지이며, 우리는 마음만 먹는다면 손쉽게 그것의 흠을 잡을 수 있을 것이다. 하지만 그것은 여기서 라캉의 주장들 가운데 몇 가지를 실로 설명하는 것처럼 보인다.[5]

문자는 주체에게 괄호 구조를 강제로 부과하는 것으로 볼 수 있다. 문자의 자율적 작동—**타자**의 영역으로부터 유래하는 것처럼 보이며 **타자**의 영역 내부에 필연적으로 그리고 전적으로 위치하고 있는 것처럼 보이는 문자—은 주체에게 그 어떤 다른 선택도 허용하지 않는다.

라캉적 상징들의 풀이

$ — ("빗금쳐진 S"라고 읽음.) 나의 주장인바, 주체는 두 얼굴을 갖는다. (1) 언어 안에서/언어에 의해서 소외된 바로서의, 거세된(=소외된) 바로서의, "죽음" 의미의 침전물로서의 주체. 여기서 주체는 존재를 결여하고 있다. 즉 타자에 의해, 즉 상징적 질서에 의해 가려져 있다. (2) 주체화 과정에서 두 기표들 사이를 날아가는 불꽃으로서의 주체. 이 과정을 통해 타자적인 것은 "자기 자신의 것"으로 된다.

a — 대상 a, 대상 (a), *petit a, objet a, objet petit a* 등으로 쓰여진다. 1950년대 초에는, 자신과 같은 상상적 타자. 1960년대와 그 이후로는, 적어도 두 개의 얼굴을 갖는다. (1) **타자**의 욕망. 이는 주체의 욕망의 원인으로서 기능하며, 향유의 경험들과 그것의 상실에 내밀하게 연결되어 있다(그 사례로는 젖가슴, 응시, 목소리, 배설물, 음소, 문자, 무 등등이 있다). (2) 실재의 등록소에 위치하고 있는, 상징화 과정의 잔여물. 논리적인 변칙들과 역설들. 언어의 문자 혹은 기표성.

S_1 — 주인기표, 혹은 일원적 기표. 명령하는 혹은 명령으로서의 기표.

홀로 있을 때는 주체를 종속시킨다. 어떤 다른 기표와 연계되어 있을 때는 주체화가 발생하며, 의미(로서)의 주체가 결과한다.

S_2 — 여하한 다른 기표, 혹은 모든 다른 기표들. 네 가지 담화에서 이것은 하나의 전체로서의 지식을 나타낸다.

A — **타자**. 수많은 형태를 취할 수 있다. 모든 기표들의 보고 혹은 저장고. 모어(the mOther tongue). 요구로서의, 욕망으로서의 혹은 향유로서의 **타자**. 무의식. 신.

$\cancel{A}$ — ("빗금쳐진 A"라고 읽음.) 결여적인 바로서의, 구조적으로 불완전한 바로서의, 혹은 그 결여 속에서 존재하게 되는 주체에 의해 불완전한 것으로서 경험되는 바로서의 **타자**.

$S(\cancel{A})$ — **타자** 속의 결여의 기표. **타자**는 구조적으로 불완전하므로, 결여는 **타자**의 내속적 특성이다. 하지만 그 결여는 주체에게 언제나 분명하지는 않으며, 분명할 때조차도 언제나 명명될 수는 없다. 여기서 우리는 그 결여를 명명하는 기표를 갖는다. 그것은 모든 다른 기표(S_2)에 연관되어 있는, 하지만 정신병에서는 (아버지의 이름으로서) 폐제되어 있는, 상징적 질서 전체의 정박점이다. 여성적 구조에 대한 라캉의 논의에서 그것은 언어의 물질성이나 실체와 더 관련이 있어 보인다(그리고 따라서 기표성으로서의 대상 a와 관련되어 있다).

Φ — 욕망이나 향유의 기표로서의 남근. 부정화될 수 없다.

Φx — 상징적 거세와 연관된 남근 기능. 주체가 언어 안에 있음으로 해서 종속되는 소외.

$\exists x$ — "적어도 하나의 x가 존재한다"를 뜻하는 논리적 양화사. 라캉의 저술에서 이것 뒤에는 보통 어떤 기능[함수]가, 예컨대 Φx가 오는데, 그럴 경우 "남근 기능이 작동하는 적어도 하나의 x가

있다"라고 읽힌다.

∃x — 고전적 논리학에서 부정의 기호(-)는 양화사에 선행한다. 그렇지만 라캉은 양화사 위에 횡선을 놓음으로써 다른 종류의 부정을 창조한다(불일치discordance에 연관된 부정). 그것은 일반적으로 "(어떠어떠한) 하나의 x도 존재하지 않는다". 그렇지만 그와 같은 x가 전혀 존재하지 않는다고 말하는 것은 그와 같은 x가 전혀 탈-존하지(ex-sists) 않는다는 것을 결코 함축하지 않는다.

∀x — "모든 x에 대해서"(그것이 사과건 사람이건 원소건 아니면 그 무엇이건)를 의미하는, 혹은 "(여하한 그리고) 모든 x들에 대해서"를 의미하는 논리적 양화사. 라캉은 이 오래된 양화사에 대한 새로운 해석을 허용한다: "x의 전체(the whole of x)에 대해서".

∀̄x — 부정에 대한 라캉의 개조에 따르면, 부정의 가로선이 이 양화사 위에 위치할 때, 이는 "모든 x들은 아님(not all x's)"을 의미할 뿐만 아니라 "x의(가령 어떤 여자의) 전체는 아님(not the whole of x)"이나 "x의 전부는 아님(not all of x)"을 의미한다. 이 수학소는 종종 여성적 구조를 가진 주체들에 의해 잠재적으로 경험될 수 있는 **타자적** 향유를 가리키기 위해 따로 사용되기도 한다.

◇ — 이 다이아몬드 혹은 마름모(poinçon)는 다음의 관계를 가리킨다. "봉하기-펼치기-연접-이접"(*Écrits*, p. 280), 소외(∨), 분리(∧), ~보다 큰(>), ~보다 작은(<) 등등. 가장 단순하게는 "~에 대한 관계에서"나 "~에 대한 욕망"으로 읽힌다. 예컨대 $\$\Diamond a$에서는, 대상과의 관계에서 주체, 혹은 대상에 대한 주체의 욕망.

$\$\Diamond a$ — 환상의, 통상 "근본 환상"의 수학소 혹은 공식. 이는 "대상 a와의 관계에서의 빗금쳐진 주체"라고 읽을 수 있다. 이때 그 관계는 마름모가 갖는 모든 의미들에 의해 정의된다. 대상 a가 주체로 하여

금 타자의 욕망과 조우하게 하는 향유의 외상적 경험으로 이해될 때, 환상의 공식은 주체가, 인력과 척력을 미세하게 균형잡으면서, 위험한 욕망으로부터 적절한 거리를 유지하기 위해 노력한다는 것을 암시한다.

$\$\Diamond D$ — (필요나 욕망이 아닌) 요구와의 관계에 있는 주체를 내포하는 (프로이트 저작 번역에서 종종 "본능"으로 지칭되기도 하는) 충동의 수학소. (욕망을 함축하는) 환상의 공식은 종종 신경증에서 충동의 공식으로 환원된다. 신경증자는 **타자**의 요구를 **타자**의 욕망으로 (잘못)간주한다.

감사의 말

짐 오비트는 1980년대 초에 라캉의 작업을 내게 소개해주었다. 코넬 대학교 라틴계 어문 연구 교수인 리처드 클라인은 라캉 텍스트의 쾌락과 전율을 내가 처음 맛볼 수 있게 해주었다.

자크-알랭 밀레는 라캉주의 정신분석에 대해 내가 알고 있는 것의 가장 큰 부분을 가르쳐주었다. 나는 생드니 파리 8대학의 후원으로 열린 그의 매주 세미나 *Orientation lacanienne*에 큰 빚을 지고 있다. 나는 그 세미나에 1983년부터 1989년까지 참석했다. 그는 내가 라캉의 『에크리』를 읽기 시작할 수 있게 해주었던 수많은 열쇠들을 제공해주었고, 내 책에서 발견되는 수많은 정식화들은 밀레가 그의 *Orientation lacanienne*에서 라캉에 대해서 말했던 것들에 대한 **나의 해석**을 나타낸다. 내가 라캉의 작업을 파악하는 데 영향을 준 다른 교사들로는 프로이트 원인 학교에 가입한 가장 경험 많은 라캉주의 정신분석가 중 한 명인 콜레트 솔레와 생드니 파리8대학 철학과 교수인 알랭 바디우가 있다. 이 책은 어떤 의미에서도 그들의 견해에 대한 요약이 아니다. 실로 그들 모두는 분명 여기서 제출된 다양한 해석들에 이의를 제기할 것이리라.

마크 실버는 내가 라캉의 작업을 번역하는 일에 연루되게 만들었고 라캉적 모델을 연달아 해독하는 데 셀 수 없이 많은 시간을 소비하도록 격려했다는 수상쩍은 명예를 갖는다.

케네스 라인하드(UCLA 영어학 교수), 줄리아 럽튼(UC 얼바인 비교문학과 영어학 교수), 존 스미스(UC 얼바인 독일어학 교수)는 이 책을 집필하는 내내 라캉에 대한 내 작업에 대한 열정적인 지지자였고 훌륭한 대화자였다. 그들은 내게 포럼을 제공해주었고, 나는 거기서 라캉의 어떤 텍스트들에 대한 해석을 발전시킬 수 있었고 가르침에 대해 무언가를 배울 수 있었다. 그들의 도움에 항상 큰 고마움을 간직할 것이다.

샌디에고 주립대학교 역사 교수인 하워드 쿠쉬너는 출판 과정의 핵심적인 부분에서 지도를 해주었고, 내게 작업 내용을 소개하는 논문을 써보라고 권유했다. 이 논문은 이 책의 1장의 집필로 이어지게 되었다.

듀케인 대학교 심리학과장 리처드 놀즈는 고맙게도 내 강의 부담을 덜어주었고, 이 책의 집필을 내가 마침내 끝마칠 수 있게 해주었다.

옮긴이 후기

　최근에 나는 두 권의 라캉 입문서 번역을 끝냈다. 하나는 로렌조 키에자의 『주체성과 타자성』이고 다른 하나가 브루스 핑크의 바로 이 책 『라캉의 주체』다. 전자는 난장 출판사에서 조만간 출간될 것이다.
　핑크의 이 책은 우선적으로 라캉적 주체가 무엇인지를 추적하는 작업이지만, 그러는 가운데 라캉 정신분석 이론의 여러 영역들을 골고루 짚어준다. 특히 2장과 부록은 라캉이 「「도둑맞은 편지」에 대한 세미나」에서 참조하고 있는 수학적 자원을 상세하게 해명한다. 이 책은 그렇게 어렵지 않고 간결하게 서술된 책이기 때문에 옮긴이가 그 내용을 미리 해명할 필요는 없을 것이다.
　이 책은 정신분석 총서의 첫 권으로 출간된다. 처음부터 그렇게 된 것은 아니다. 하지만 슬로베니아학파 총서가 마무리되면서 나는 라캉주의적 정신분석이 한국어가 사용되는 이곳에서 여전히 견고한 토대에 기반하고 있지 못하다는 것을 새삼 실감하지 않을 수 없었다. 혹은 이미 소수의 탁월한 학자들이 그 토대를 힘들여 다지고 있다는 것을 알고 있기 때문에,

나는 그곳에서 나의 욕망을 발견할 수 있는 것일지도 모른다. 핑크의 이 책 다음으로는 라캉의 욕망의 그래프를 상세하게 해명하는 Alfredo Eidelsztein의 책이 출간될 것이다. 나는 일 년에 한두 권 정도를 이 총서를 통해 지속적으로 출간하려고 한다. 그만두어야 하겠다는 생각이 들 때까지 말이다.

인류의 불안스러운 미래와 관련해서 정신분석은 분명 상당 기간 동안 온전하게 계승되고 발전되어야 할 학문 분야다. 나는 가끔 오늘날 인류의 인간적 존엄의 수준이 역사상 최하의 지점에 떨어져 있는 것이 아닌가 하는 생각이 들 때가 있다. 하지만 그와 같은 저하에 대한 감각 속에서 나는 또한 인간이 타인이나 자연과 관계를 맺는 새로운 연합을 고안해야 한다는 눈에 보이지 않는 절실한 요청을 발견하기도 한다.

그런데 그러기 위해서 우리는 인간의 무의식을 건드리는 일을 피해갈 수 없다. 라캉이 "오직 세심한 주의를 기울여" 다루어야 한다고 한 그것 말이다. 어떻게 보면 자본주의 그 자체는 인간 무의식에 대한 무차별적인 침공이라고도 할 수 있다. 혹은 무의식의 건전한 구조에 의해서만 욕망이 지탱될 수 있다고 할 때, 욕망에 대한 침공이라고도 할 수 있다. 오늘날 우리가 길거리에서건 인터넷에서건 손쉽게 발견하는 것이 바로 저 침탈당한 욕망의 찌꺼기들이다.

이 책은 오래 전에 출간되어 라캉에 관심이 있는 독자들이 이미 잘 알고 있는 책일 것이다. 또한 브루스 핑크의 다른 저술들이 이미 한국어로 소개되어 있다. 어떻게 보면 그가 가장 먼저 출간한 이 책이 한국어로는 가장 나중에 출간되는 셈이다. 이점에 대해서 역자는 독자들과 출판사에게 기다림에 대한 감사와 지연에 대한 사과를 드린다.

하지만 다른 한편으로, 이 책이 독자 대중을 위한 책이라고 할 때,

오늘날 독자 대중들의 독서 능력이 점점 더 저하되고 있는 것이 아닌가 하는 소문과 의혹이 있다. 그것이 사실이기를 바라지는 않는다는 조건을 달면서 나는 좀 더 나은 독자가 되기 위한 독자 대중의 분발을 청한다.

2010년 12월

미주

서문

1) 예컨대, 플리스에게 보낸 그의 편지들과 1950년에 처음 출간된 「과학적 심리학 초고」, 『정신분석의 탄생』(임진수 옮김, 열린책들, 2005). 좀 더 핵심적인 편지들 가운데 일부는, 특히 편지 29와 30은 1954년에 가서야 볼 수 있게 되었다. *The Origins of Psychoanalysis* (New York: Basic Books, 1954)를 볼 것.
2) 주체의 두 가지 얼굴, 프로이트에 대한 두 가지 참조: 1895-96년의 프로이트(플리스와의 서신교환의 일부[『정신분석의 탄생』]), 그리고 1933년의 프로이트(『새로운 정신분석 강의』(임홍빈·홍혜경 옮김, 열린책들, 2003), 109쪽.
3) *The San Diego Union*, July 12, 1990.
4) "정신분석은 우리가 과학을 (……) 어떻게 이해해야 할지를 조명해줄 수 있습니다"(『세미나 11: 정신분석의 네 가지 근본 개념』(맹정현 옮김, 새물결, 2008), 20쪽. 번역 수정. [영역본과 불어본에는 "과학을, 그리고 더 나아가 종교를 어떻게 이해해야 할지를"이라고 되어 있지만, 국역본은 그냥 뭉뚱그려서 "두 용어를 어떻게 이해해야 할지를"이라고 번역하고 있다. 국역본은 종교 부분을 생략하고 인용할 수 있는 여지를 남겨놓지 않는다.]
5) 브루스 핑크, 『라캉과 정신의학』(맹정현 옮김, 민음사, 2002)을 볼 것.
6) 예컨대 영어로 이루어진 첫 라캉 세미나에서의 강연을 모은 책 *Reading Seminars I & II: Lacan's Return to Freud*, edited by Bruce Fink, Richard Feldstein, and Maire Jaanus (Albany: SUNY Press, 1995)에 나오는 Colette Soler의 논의를 볼 것.

7) 나의 이 책은 새로운 『에크리』 영어 완역본이 출간되기 전에 집필되었다. 독자들은 다음을 참조할 수 있다. *Écrits*, translated by Bruce Fink in collaboration with Héloïse Fink, with the assistance of Russell Grigg and Henry Sullivan (New York: Norton, 근간). [『에크리』 영어 완역본은 2006년 출간되었다.]

1장

1) 프랑스어 discours는 일상적인 프랑스어 대화에서 영어의 discourse에는 없는 용법들을 가지고 있다. "Ça c'est ton discours": 그건 당신 편에서의 이야기이다, 그건 일어난 일에 대한 당신의 설명이다. "Son discours à lui, c'est qu'elle ne l'aime pas assez": 그의 말은, 그녀가 그를 충분히 사랑하지 않는다는 것이다. 여기서 우리는 더 나아가, 그것은 그의 "schtick[특기]"라고 말하기까지 할 수도 있을 것이다. 60년대라면 우리는 그것을 그의 "rap[지껄임]"이나 그의 "line[노선]"으로 번역했을 것이며, 동일한 관점이 저 사람에 의해 **자꾸 반복해서** 표현되었다는 말로 이해되었을 것이다. 말하는 사람이 자신이 원하는 것을 얻지 못하고 있는 곳에서, 그것은 똑같은 예전의 "schtick" 혹은 "spiel[떠벌림]"이며, 가로막힌 상황에 대한 똑같은 예전의 불평이다. 그것은 거의 "hang-up[고민]"이며, 그가 되풀이해서 이야기하게 되는 좌절이다. 물론 프랑스어 discours는 또한 영어의 discourse가 갖는 좀 더 학술적이고 철학적인 의미도 가지고 있다. 담화의 다양한 형식들에 대한 상세한 논의는 9장을 볼 것.
2) 자아의 말과 타자의 관계는 앞으로 더 설명될 것이다.
3) 이 구절은 라캉의 저술에서 끊임없이 반복된다. 예컨대 『에크리』, 814쪽을 볼 것. [『에크리』는 브루스 핑크에 의해 영어로 완역되었고, 이 완역본에는 불어본 쪽수가 표시되어 있다. 여기 표시된 "814쪽"은 불어본 쪽수다. 앞으로 『에크리』가 인용될 때 불어본 쪽수를 표시할 것이다.]
4) 예컨대 『꿈의 해석』(김인순 옮김, 열린책들, 2003), 548, 576, 704쪽을 볼 것.
5) 예컨대 *The Purloined Poe*, edited by John Muller and William Richardson (Baltimore: Johns Hopkins University Press, 1988)을 볼 것.
6) **타자**의 근본적인 불완전성—즉 그것의 궁극적인 결여적 본성—과 라캉의 핵심적 개념들 배후에 있는 전반적 논리는 3장과 8장에서 상세히 논의될 것이다.
7) Seminar II에 나오는 라캉의 다양한 정식화들을 볼 것. "Je est un autre", "나는 타자다"(p. 9); "le moi est un objet", "자아는 타자다"(p. 44) 등등. "Je est un autre"는 또한 『에크리』, 118쪽에도 나온다. 이러한 구절들의 다중적 함축은 좀 더 상세하게 다루어질 것이다.
8) 이는 프로이트의 Vorstellungsrepräsentanz에 대한 라캉의 모든 저술에 함축되어 있다. 예컨대 『에크리』, 714쪽과 『세미나 11』, 327-336쪽을 볼 것.
9) 이 용어에 대한 상세한 논의는 2, 4, 5장에 나온다.

10) 예컨대 Seminar VII, p. 61을 볼 것.
11) 프로이트의 용어는 unterdrück인데, 이는 문자 그대로, 억압된, 억제된, 억눌린, 제약된 등의 뜻이다. 예컨대『세미나 11』, 332쪽과 Seminar III, p. 57에서 라캉은 이를 chû en dessous로 번역한다.
12) 예컨대『세미나 11』, 226, 307쪽을 볼 것.
13) 참고로, 프로이트의 아버지가 한 말이 있다. "그런 녀석은 아무것도 되지 못할 거야"(『꿈의 해석』, 268쪽).
14) Seminar II, pp. 175-205와『에크리』, 41-61쪽을 볼 것.
15) 라캉이 "도둑맞은 편지"라고 지칭하는 것은, 본질적으로, 당신이 들을 것이라고 가정되지 않았지만 들었던 단편적 대화나 당신이 보라고 의도되지 않았지만 당신의 기억에 지울 수 없이 새겨진 광경이다. 그것들을 "읽을" 수 없기 때문에 분석자는 그것들을 분석가에게 가져온다. *The Purloined Poe*, p. 49를 볼 것.
16) *The Purloined Poe*, p. 38을 볼 것.
17) "주체 위치"(position de sujet)라는 표현은「과학과 진리」에서 발견될 수 있다. "Science and Truth", tranlated by Bruce Fink, *Newsletter of the Freudian Field* 3 (1989): 5;『에크리』, 856쪽.
18) 라캉적인 임상 범주와 기준에 대한 심층적 논의에 관심이 있는 독자들은 나의『라깡과 정신의학』(맹정현 옮김, 민음사, 2002)과 Jacques-Alain Miller, "An Introduction to Lacan's Clinical Perspectives" in *Reading Seminars I & II: Lacan's Return to Freud*, edited by Bruce Fink, Richard Feldstein, and Maire Jaanus (Albany: SUNY Press, 1995)를 볼 것. 현 연구에서 나는 상이한 임상 구조들을 **체계적으로** 전개하지 않는다. 라캉이 신경증과 정신병을 어떻게 구분하고(5장) 강박증과 히스테리를 어떻게 구분하는지(7장)를 간략하게 설명하고 있지만 말이다.

2장

1) 이는 꿈속의 각 요소가 꿈사고들 가운데 하나와 일대일 관계를 맺는다는 개념을 프로이트가 피하는 것과 마찬가지다.
2) 상당수의 무의식적 사고과정들은 프로이트가 "전의식적" 층위라고 부르는 것에서 이루어진다. 하지만 나는 여기서 그것들에 관심을 두고 있지 않다.
3) 세미나 5,『무의식의 형성물』, 미출간, 1957-58을 볼 것.
4) 이 암호화를 프로이트가『꿈의 해석』에서 기술하고 있는 왜곡과 비교해보는 것도 결실이 있을 것이다.
5) 하지만 라캉이 세미나 4에서 주장하는 바를 시야에서 놓치지 말아야 한다. "상징체계의 작동에 필요한 최소한의 항이 있다. (……) [그리고] 그것은 분명 세 개에

불과하지 않다'(1957년 3월 27일). 이와 유사한 요점이 『에크리』에서 좀 다르게 진술된다. "무의식의 관점에서, 4항 구조는 주체적 배열의 구성에서 언제나 요구될 수 있다"(『에크리』, 774쪽). 이는 우리의 3기호 체계(1,2,3)가 궁극적으로 적합하지 **않다**는 것을 의미한다. 부록1에서 나는 「「도둑맞은 편지」에 대한 세미나」 후기에 나오는 수 매트릭스의 작동 및 라캉이 간결하게 펼쳐놓은 두 번째 **알파벳** 오버레이의 작동을 상세하게 설명할 것이다. 그리고 이를 통해서 이 4기호 체계의 적절한 특성을 (프랑스어 텍스트에 있는 몇 가지 오식과 더불어) 보여줄 것이다. 은유에서 4항 구조의 중요성에 대한 논의는 6장 말미를, 좀 더 복잡한 라캉의 4항 구조들 가운데 몇몇에 대한 설명은 9장을 볼 것.
6) 라캉의 통사론을 낳는 것이 정확히 무엇인지를 가능한 한 면밀하게 알아내기 위해서, 우리가 이 모델을 구성할 때 무엇을 그 **안에 넣었는지**를 좀 상세하게 살펴보기로 하자.

우리는 문제의 그 "실제" 사건—동전 던지기—이 **무작위적**이라고 가정했다. 즉 우리는 동전에 납을 넣지 **않았다**고 전제했다. 하지만 동전에 납을 넣지 않았다는 것은 무엇을 의미하는가? 일반적으로 말해서 그것은 앞면과 뒷면이 나올 확률이 똑같다는 것을 의미한다. 이는 어떻게 결정되는가? 동전을 반복해서 계속 던지고, 각각의 가능성이 몇 번이나 나오는지를 일일이 세어봄으로써 결정된다. 승인될 수 있는 동전은 천 번을 던졌을 때 오백 번은 앞면이 오백 번은 뒷면이 나오는 동전이다. 이는 다름 아닌 이미 존재하는 우리의 상징체계가 문제의 사건이 무작위적인 것으로 간주되는지의 여부를 결정한다고 말하는 것과 같은 것이다. 따라서 "무작위적"이라는 자격조건은 기초적인 형태의 확률 이론을 내포하는 상징 매트릭스의 이용을 통해 부여되는 것이다. 그러므로 상징체계의 시험을 우선은 만족스럽게 통과하지 않고서는 그 어떤 것도 무작위적인 것으로 간주될 수 없다. (실제 결과로 앞면과 뒷면이 정확히 50 대 50으로 나오는 경우는 거의 없을 것이다. 그렇다면 무작위성은 극한값이라고 보아야 한다. 즉 시도의 횟수가 무한에 접근할 때 동전이나 사건이 근접해 가는 그 무엇으로 보아야 한다.)

다시 말해서 우리의 출발점이었던 그 "날 사건"은 이미 상징적으로 규정되어 있었다. 그리고 상징적 매트릭스들은 결코 "순진하지" 않다. 즉 우리가 "앞서 주어진 현실"에 투사되는 바가 결코 없지 않다. 그리하여 사건은 기표에 의해(즉 우리가 사건에 대해 말하기 위해 사용하는 단어들에 의해) 사후적으로 무작위적인 것으로 구성된다.

동전 한가운데를 자르는 상상된 면의 양쪽 측면이 정확히 똑같은 무게이고 따라서 "절대적으로 무작위적인" 결과를 제공하는 그 어떤 이상적 동전도 없다. 컴퓨터라면 완벽한 50/50 결과를 제공할 수 있을 것이다(짝수의 "던지기"—즉 앞면이나 뒷면의 생성—일 때에만 그렇겠지만 말이다). 어떤 경우든 요점은 단지, 우리가 애초에 제공한 상징적 입력들을 인지하는 것이다.

우리의 목적을 위해서, 사실상 그 어떤 동전이건 괜찮을 것이다. 플러스와 마이너스를 선택하기 위한 그 어떤 다른 방법이라도 사실상 괜찮을 것처럼 말이다. 우리는 플러스와 마이너스의 여하한 연쇄에서도 시작할 수 있으며, 그것들을 일정한 방식으로 묶음으로써—**그것들을 상징적으로 함께 사슬로 연결함으로써**—그것들을 묶는 데 사용되는 상징들의 질서와 관련된 규칙들이 생성된다. 통사론은 채택된 묶음 전략 속에 이미 생성의 상태에서 거기 있는 것처럼 보인다. 다시 말해서 실로 **묶음들이 중첩되지 않는다면 통사론은 사라지고 만다**. 다음과 같은 비중첩 묶음 전략을 생각해보자.

$$\underset{1}{\overline{+\ +}} \quad \underset{3}{\overline{-\ -}} \quad \underset{2}{\overline{+\ -}} \quad \underset{2}{\overline{+\ -}} \quad \underset{2}{\overline{-\ +}} \quad \underset{1}{\overline{+\ +}}$$

여기서 어떤 상징 다음에 다른 어떤 상징이 오는지에 관한 그 어떤 규칙도 생겨나지 않는다. 그리고 상징들은 그 상징들이 어떤 기호들을 암호화하는지에 있어서 서로 전적으로 독립적이다. 예컨대 위의 사슬에서 3은 더 이상 앞에 있는 1이 암호화한 것의 절반을 암호화하지 않으며, 따라서 중간에 2가 없더라도 곧바로 1 뒤에 손쉽게 올 수 있다. 중첩 체계에서는 사슬이 형성된다(<그림 2.2>). 반면에 비중첩 체계에서는 묶여질 단위들 간에 그 어떤 연결고리도 만들어지지 않는다. 그것들은 전적으로 독립된 채로 남아 있다(<그림 2.3>).

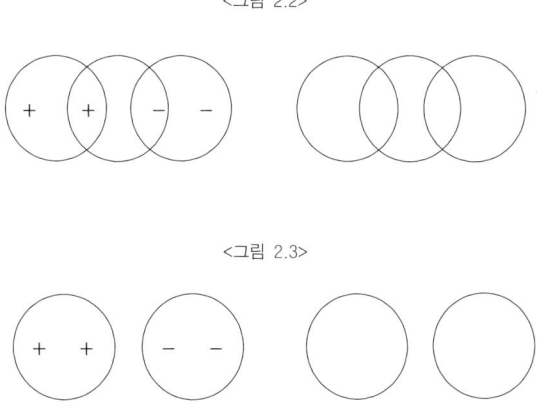

<그림 2.2>

<그림 2.3>

중첩된다는 것은 암호화되거나 상징화될 사건의 요소들(플러스와 마이너스의

연쇄)과 이용되는 상징들 사이에 일대일 대응이나 이대일 대응조차도 없다는 것을 의미한다. 두 기호로 된 각각의 집합이 하나의 동일한 상징에 의해 지칭되는 상황 (그 집합이, 느슨하게 말해서, 그 상징의 유일무이한 "지칭물"이 되는 상황) 대신에,

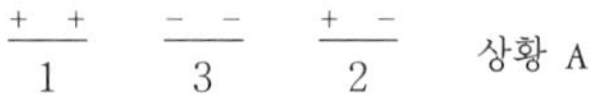

$$\frac{+\ +}{1} \quad \frac{-\ -}{3} \quad \frac{+\ -}{2} \quad 상황\ A$$

하나보다 많은 상징이 플러스나 마이너스 기호들의 집합 각각을 지칭하는 데 사용된다. <그림 2.4>에 나오는 사례에서 세 개의 상징이 두 개의 플러스 기호와 두 개의 마이너스 기호를 나타낸다. 그것들을 **중첩대리**overrepresenting하면서 말이다. 따라서 그 점에서라면 "상황 A"에서는 같은 일을 하는 데 두 개의 상징이면 충분한 것처럼 보일 수도 있을 것이다.

<그림 2.4>

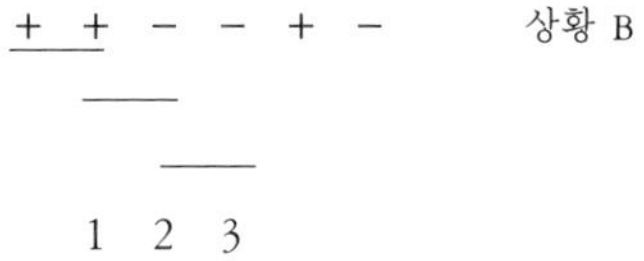

$$\underline{+\ +\ -\ -\ +\ -} \quad 상황\ B$$
$$1 \quad 2 \quad 3$$

그렇지만, 상징 2가 두 개의 상이한 조합 +-와 -+를 나타낸다는 것을 고려한다면, 플러스/마이너스 연쇄를 **완벽하게 대리하기** 위해서는, 즉 +- 조합을 -+조합과 구분하기 위해서는 중첩이 필요하다는 것을 알 수 있다(<그림 2.5>). 중첩 상징화 체계는 연쇄 1과 2를 구분할 수 있는 반면에 비중첩 체계는 그렇지 못하다.

<그림 2.5>

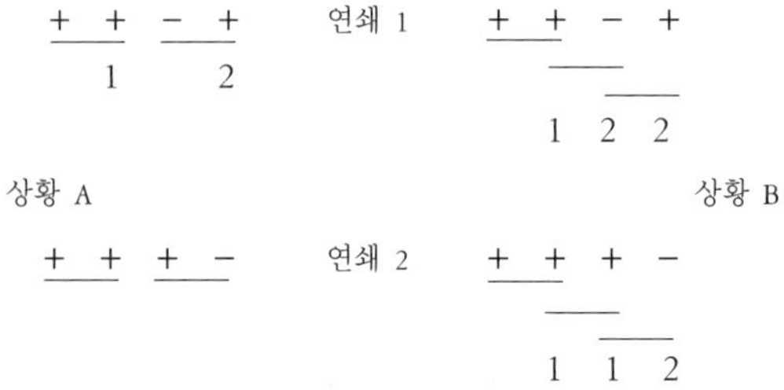

$$\frac{+\ +\ -\ +}{1\quad\ \ 2} \quad 연쇄\ 1 \quad \frac{+\ +\ -\ +}{1\quad 2\quad 2}$$
$$상황\ A \qquad\qquad\qquad\qquad 상황\ B$$
$$+\ +\ +\ - \quad 연쇄\ 2 \quad \frac{+\ +\ +\ -}{1\quad 1\quad 2}$$

그렇지만, 두 상이한 조합인 +-와 -+에 상이한 숫자를 할당했다면, 이와 같은

문제는 애초에 발생하지 않았을 것이고, 두 상황—상황 A, 불충분한 혹은 애매한 대리, 그리고 상황 B, 완벽한 대리—을 낳는 것은 상징 2의 **이중적 의미**(혹은 두 상이한 지칭물)인 것처럼도 보인다.

그리하여, 동일한 상징에 더 이상 두 개의 상이한 조합을 할당하지 않는다면, 식별가능한 법칙이나 통사론이나 기억을 전혀 생성하지 않는 비중첩 문자열을 가지고서 플러스/마이너스 연쇄를 남김없이 대리**할 수 있다**. 그리하여 통사론과 기억은 상징을 연쇄에 적용하는 특정한 방식에서만 나오는 것처럼 보인다. 그리고 그렇다면 라캉의 "언어"의 문법은 상징적 재료 그 자체에서 연원하기 보다는 이 특정한 적용 양태에서 연원한다.

하지만 어느 정도로까지 플러스/마이너스 연쇄는 "현실"의 적합한 모델인가? 왜냐하면, 결국, 라캉의 모델은 가령 아이의 초기 경험의 "임의적인 사건들"과 플러스와 마이너스 연쇄에 의해 형성된 임의적 사슬 사이에 모종의 유비를 확립하려고 한다는 점에서 가치를 갖는 것이니까 말이다. 아이가 컴퓨터라면 그와 같은 유비로 충분할 수도 있을 것이다. 하지만 아이의 경험은 처음에 전혀 상징화되지 않기 때문에, 상징화되어야 할 어떤 것은 분명 플러스와 마이너스의 선명한 교대와는 아무런 관련도 없다.

하지만 (『쾌락원칙을 넘어서』에서 기술된) 프로이트 손자의 "포르트-다"(부재-현존) 놀이를 고찰해보자. 여기서 아이가 말하는 첫 두 단어는 프로이트의 해석에 따르면 아이의 삶에서 중요한 사건이라고 할 수 있는 어머니의 옴들과 감들을 상징화하는 것처럼 보인다. 두 단어("갔다"와 "여기")—이는 상호의존적이다. 즉 어머니는 "갔다"의 바로 그 가능성에 의해서만 "여기"로 지칭될 수 있으며, 그 역도 마찬가지다—는 어머니의 나타남과 사라짐을 코드/암호화하며, "가장 단순한 상징적 연쇄를, 부재나 현존의 양자택일을 함의하는 선형적인 기호 연쇄를" 구성한다 (『에크리』, 432쪽).

다른 한편, 라캉의 모델은 그와 같은 일단계 코드화를 **전제한다**. 그것은 아마도 그 상징 적용 전략을 통해서 그것이 결여하는 무엇을 출발점이 될 "복잡 현실"을 통해서 구성하는 것으로서 볼 수 있을 것이다.

이미 본 것처럼 우리는 동전 던지기의 "현실"을, 시초 사건에 그 무엇도 덧붙이지 않는 것처럼 보이는 방식으로 하지만 그 현실을 암호화하기 위해 우리가 사용한 정수들(1,2,3)에 또 다른 의미 층위를 덧붙이는 방식으로, 암호화할 수 있다. 「「도둑맞은 편지」에 대한 세미나」 후기에서 라캉은 모든 상징들에 이중적인(그리고 때로는 사중적인) 의미/지칭물을 할당하며, 그리하여 완벽한 대리를 위해 중첩을 요구하는 암호화 모델을 제공한다. 이러한 측면에서 그의 상징 매트릭스는 자연 언어를 아주 근접하게 모방하는 것처럼 보인다. 자연 언어는 동일한 단어에 통상

한 가지 이상의 의미를 할당하며 일반적으로 무언가를 정확하게 대리하기 위해 잉여분의 단어를 요구한다. 나는 부록 I에서 이 좀 더 복잡한 언어를 논의할 것이다.
7) 프로이트는 우리로 하여금 "무의식적 사고"와 "무의식적 관념"이라는 표현이 단순히 모순어법에 불과하지 않은지 의심하게 만든다. "꿈-작업의 과정은 무언가 아주 새롭고 생소한 것으로서 이와 같은 것은 이전에 전혀 알려진 바 없었습니다. 이 작업은 무의식 조직 속에서 일어나는 과정에 대해 처음으로 눈을 뜨게 해주었습니다. (……) 우리는 그것들을 감히 '사고 과정'이라고 부르지는 않습니다"(프로이트, 『새로운 정신분석강의』, 열린책들, 2003, 27쪽).
8) Jacques-Alain Miller, 1, 2, 3, 4, 미출간 세미나, 1985년 2월 27일 수업.9) 『에크리』, 498쪽을 볼 것.
10) 이후의 장들에서 보게 되겠지만, 의미는 사후적으로 제공된다.

3장

1) "문자는 죽인다, 하지만 우리는 이를 문자 자체로부터 알게 된다"(『에크리』, 848쪽). 문자가 죽인다는 개념은 『에크리』, 24쪽에서 처음 발견된다.
2) "Le réel est sans fissure"("실재에는 균열이 없다"). 즉 실재에는 그 어떤 틈새도, 간극도, 구멍도 없다. 유사한 요점이 Seminar II, p. 313에 나온다. "실재에는 그 어떤 부재도 없다." 또한 Seminar IV, p. 218에 다음과 같은 구절이 있다. "정의상 실재는 충만하다."
3) 라캉의 현실 개념은 프로이트의 것과 모든 측면에서 반드시 일치하지는 않는다.
4) Peter Berger and Thomas Luckmann, *The Social Construction of Reality* (Garden City: Doubleday, 1966)를 볼 것.
5) 라캉은 "있다"라는 동사가 없다면 그 어떤 존재도 없을 것이라고 말하기까지 한다. "'말하는 존재'는 …… 중복어이다. 말하기 때문에 존재가 있는 것이니 말이다. '있다라는 동사가 없다면 그 어떤 존재도 없을 것이다'(세미나 21, 1974년 1월 5일).
6) 하이데거의 이 용어와 관련해서는 이 책의 8장을 볼 것.
7) 전자는 언제나 그리고 불가피하게 일정 정도의 환상을 동반한다. 그리고 만약 그것이 환자의 환상이 아니라면, 단순히 분석자의 환상일 것이다. 요점은 환자의 환상에 기반한 현실을 분석가의 환상에 기반한 현실로 대체하는 것이 아니라, 환자가 자신의 실재를 상징화하도록 만드는 것이다.
8) 주체성과 관련된 은유화와 대체에 대해서는 6장 말미를 볼 것.
9) 변증화는 5장 말미에서 자세하게 논의된다.
10) 이 책의 부록 1과 2를 볼 것.
11) 나의 이와 같은 이론화는 자크-알랭 밀레의 수업 *Orientation lacanienne*에 빚지고 있다.
12) 이와 같은 종류의 정식화는 라캉의 저작에 아주 흔한 것이다. 가령, **집합**은 그것이

포함하고 있는 것을 통해서 구분되는(이는 버트란트 러셀의 견해다. 그의 『수리철학의 기초』[임정대 옮김, 경문사, 2002] 2장을 볼 것) 것이 아니라, 그것이 배제하는 것을 통해 구분된다(세미나 9를 볼 것). 어떤 기표의 원초적 억압은 기표들의 전 체계를 제자리에 유지시켜주는 무엇이다. 주체는 그 대상에 대해 내적 배제의 관계를 갖는다—대상은 배제되는, 하지만 어떤 의미에서는 내부에 있는 것이다(그것은 가장 내밀한 것이지만 동시에 자기 자신 밖으로 몰아낸 것이며, 그리하여 외밀한extimate 것이다. 따라서 그것은 외면적이면서도 끔찍하게 내밀한 것으로 남아 있으며, 극도로 외래적인 것으로 남아 있으면서도 내면적이다. 우리는 이 논리를 좀 더 검토하게 될 것이다.

13) 이는 라캉의 후기 작업에서 도입되는 라랑그lalangue라는 개념과 관련되어 있다.
14) 이 역설에 대한 그의 논의 중 하나를 세미나 9, 1962년 1월 24일에서 볼 수 있다.
15) Bertrand Russell and Alfred North Whitehead, *Principia Mathematica*, vol. 1 (Cambridge: Cambridge University Press, 1910).
16) 이는 시간적 성분을 도입하는 되부르기/교대하기 논리를 통해서 이해해볼 수도 있을 것이다. 예컨대 레이 커즈와일, 『21세기 호모 사피엔스』(채윤기 옮김, 나노미디어, 1999)를 볼 것.
17) 기표의 자율적인 작동에서의 여분 혹은 잉여가 항상 있어서, 라캉이 제안하듯, 그것의 재료, 그것의 "물질적" 특질과 연관된다. 기표에 고유한 것, 기표 그 자체(소리든 문자든) "내부의" 것은 그것의 그 자체를 뛰어넘음, 초과함, 또는 능가함이 된다.

4장
1) 라캉의 논문 「정신분석 경험에서 나타나는 '나'라는 기능의 형성자로서 거울단계」, 『에크리』, 93-100쪽을 볼 것.
2) 세미나 8의 23-24장을 볼 것. 시각적 이미지는 프로이트가 세공한 바로서의 "이상적 자아"에 대한 라캉의 이해에 상응하며, 상징적인figurative(즉 언어적으로 구조화된) 이미지는 "자아 이상"에 상응한다.
3) "Shifters, Verbal Categories, and the Russian Verb"(1957) in Roman Jakobson, *Selected Writings*, vol. 2 (The Hague: Mouton, 1971), pp. 130-147.
4) 이는 상당히 복잡한 지점으로서, 나는 여기서 이를 다루지는 않을 것이다. 고유명의 역할에 상당히 많은 연구가 바쳐졌으며, 라캉의 견해는 크립키와 야콥슨의 견해에 가장 가깝다는 것을 지적하는 것으로 족하다. 이들은 이름이 그 이름으로 알려진 그 사람 말고는 아무것도 의미하지 않는다고 주장한다. 여기서의 나의 논의는 미출간 세미나들에서의 자크-알랭 밀레의 논의를 가깝게 따르고 있다.
5) Otto Jespersen, *Language: Its Nature, Development, and Origin* (New York: 1923).

6) Jacques Damourette and Edouard Pichon, *Des mots à la pensée: Essai de grammaire de la langue française*, 7 vol. (Paris: Bibliothèque de français moderne, 1932-51).
7) 이 나중의 것은 특히 ne를 craindre와 함께 사용하는 프랑스어 용법과 그 함축에서 가깝다.
8) 세미나 9와 『에크리』에 있는 「주체의 전복과 욕망의 변증법」을 볼 것.
9) 여기서 참조하고 있는 것은 하이데거의 『존재와 시간』이다. 하이데거가 다른 많은 저술들에서도 hupokeimenon에 대해서 이야기하고 있지만 말이다. 라캉은 하이데거에게 얼마간 영향을 받았으며, 심지어 그의 논문 「로고스」를 프랑스어로 번역하기도 했다. 물화된 주체에 대한 하이데거의 비판이, 특히 1950년대(그의 번역 시기)에, 라캉의 사고에 영향을 주었다는 것은 분명해 보인다.
10) **(담화나 여타 활동 안에서라기보다는 오히려 한 기표와 또 다른 기표 사이에서의) 틈, 즉 두 기표 사이에서의 연결고리의 벼려냄**으로서 더 잘 정의된다. 라캉의 주체의 특이성은 기표에 대한 그의 저작에서 도출되는데, 나는 아래에서 이를 다룰 것이다.
11) 가장 최근의 데카르트 번역인 *Phisolophical Writings*, trans. J. Cottingham (Cambridge: Cambridge University Press, 1986)을 볼 것: "I am thinking, therefore I am."
12) 나는 나의 논문 "Alienation and Separation: Logical Mements of Lacan's Dialectic of Desire", in *Newsletter of the Freudian Field* 4 (1990)에서 이와 같은 벤다이어그램의 용법을 상세하게 설명한다. 여기서는 단순히, 공유된 부분들은 타당하거나 참인 반면에 공백으로 남아 있는 부분은 배제된다는 것에 주목해야 한다.
13) 어떤 의미에서, **타자**는 **상상적** 질서—내면화된 이미지들의 결정화로서의 자아—와 (탈완성된) **상징적** 질서로 분열된다고 말할 수 있을 것이다. 그렇지만 5장에서 우리는 욕망하는 **타자**와 욕망의 원인인 대상 a 사이에서의 분열을 통해 **타자**의 빗금침에 대해 고찰할 것이다.
14) 라캉의 『에크리』에서 「거울단계」 논문에서 「주체의 전복」으로 가면서 중요한 표기법상의 변화가 발생하는데, 이는 프랑스어 인칭대명사 je와 관련되어 있다. 영어에서는 단어로서의 단어에 대해서 이야기할 때 그것을 괄호 안에 넣는 경향이 있다. "I"는 일인칭 대명사다. "I"는 여기서 괄호 안에 들어간다. 프랑스어에서는 거의 그렇게 하지 않는다. 내가 거의라고 한 것은, 조판양식상의 변이가 언제나 있게 마련이며 또한 영어로 된 책을 많이 읽은 프랑스 저자들은 기이한 구두법을 전개하는 경향이 있기 때문이다. 여하간 라캉은 「거울 단계」 논문에서 나의 기능에서 시작하지만, 그의 저작의 그 시점에서 je의 j를 거의 대문자화하지 않는다. 그가 전환사에 대한 야콥슨의 저작을 논의할 때, je는 이텔릭으로 남아 있으며, 이는 그것이 인용되고 있다는 것을—프랑스에서는 인용되고 있는 어떠한 단어든 이텔릭으로 한다—암시하는 동시에 그것이 상상적인 것으로 간주되고 있다는 것을

암시한다(라캉은 종종 상상적인 요소들을 이탤릭으로 쓴다. 예컨대 타자에 대해서 a, 타자의 이미지에 대해서 i(a), 등등). 그렇지만, 프로이트의 "Wo Es war, soll Ich werden"을 번역하거나 재번역할 때, je는 이탤릭이 아니라 대문자로 쓰여지는 경향이 있다. 대문자 J의 Je를 마주칠 때마다, 라캉이 무의식의 주체를 염두에 두고 있다고 확신해도 좋을 것이다. 즉 "Je"는, 어떤 의미에서, 누락된 기표이다. 그것의 주체의 기표이다, 하지만 그 자체로 발음불가능하다.

15) "Science and Truth", *Newsletter of the Freudian Field* 3 (1987): 7.

5장

1) 내가 "주체" 대신에 "아이"라는 용어를 사용하는 것은 그것이 아이 편에서 주체성을 전제하지 않기 때문이다. 주체성은 소외와 분리의 결과이다. "아이"는 여기서 엄밀하게 발단적인 단계를 암시하는 불리함이 있는데, 나는 이를 아래에서 제한할 것이다.
2) 「정신적 기능의 두 가지 원칙」(1911), 열린전집 11, 20쪽을 볼 것. 동일한 표현은 쥐인간 사례(열린전집 9, 93쪽)에서도 발견된다. [열린전집에는 "어떤 신경증이 생기느냐"라고 번역되어 있어서 "신경증의 선택"이라는 표현을 알아보기 힘들다.]
3) 소외와 분리를 정식화하려는 라캉의 시도에 관심이 있는 독자는 나의 논문 "Alienation and Separation: Logical Moments of Lacan's Dialectic of Desire", *Newsletter of the Freudian Field* 4 (1990)를 볼 것.
4) 집합론에서 {∅}에 부여된 지위와 유사한.
5) 주체는 그 이름을 떠맡거나 주체화하도록, 그것을 자기 자신의 것으로 만들도록 요청받는다. 사람들이 빈번하게 그렇게 하는 데 실패한다는 사실은 자신의 이름을 변경하는 다수의 사람들에 의해 증언된다(엄밀히 정치적이거나 상업적인 목적에서가 아닌 경우에 말이다).
6) 세미나 9에서 라캉은 요구와 욕망의 뒤얽힘을 두 개의 뒤얽힌 원환체로 예시한다 (<그림 5.8>). 여기서 한 원환체의 튜브 같은 표면 둘레에 그려진 원(요구의 원)은 다른 원환체의 중심부 공백을 둘러싼 가장 작은 원(욕망의 원)과 일치한다.

<그림 5.8>

7) 예컨대 『세미나 11』, 66쪽을 볼 것.

8) "부성적 기능"이라는 용어는 프로이트의 「여성의 성욕」, 열린전집 7에서 볼 수 있다.
9) 부모 중 한 명만 있는 경우, (과거나 현재의) 연인이, 더 나아가 친구나 친척이 때때로 아버지를 대신할 수 있으며, 아이 너머에 있는 부모의 욕망의 저 부분을 나타낼 수 있다. 동성애 커플에서도 한 명이 이러한 역할을 하는 것은 분명 **있을 수 있는** 일이다. 즉 파트너 가운데 한 명은 좀 더 양육적인 역할을 맡고 다른 한 명은 부모-아이 관계에 제3항으로 개입할 수 있을 것이다. "이성애" 커플에서 우리는 이따금씩 생물학적 남성이 모성 역할을 하고 생물학적 여성이 법을 대표하는 것을 발견한다. 하지만 사회적 정상규범들이 아버지의 이름 혹은 부성적 기능을 대체하는 그와 같은 역전들의 유효성을 현재 촉진하고 있지 않다는 것은 분명하다.
10) 여기서 분명 나는 프로이트의 현실 개념을 사회적으로 한정된, 사회적으로 구성된 현실로 해석하고 있다.
11) 그의 『이름과 필연』(정대현·김영주 옮김, 서광사, 1986)을 볼 것. 라캉은 세미나 21에서 이를 논의한다.
12) 여기서 우리는 어머니-아이 이원체를 깨뜨리는 데서의 아버지의 역할을 상기하지 않을 수 없다. 나는 **제3의** 요소의 도입을 언급했다. 하지만 그 요소는 사실상 언제나 거기에 있으며, 시초적 관계의 겉보기에 분명한 사생활을 구조화하고 있다. 유아는 외부로부터의 **침입**을 경험한다. 즉 아이를 어머니와의 전적인 교차 상태에서 내쫓고, 일종의 전적인 중첩을 방해하는—아버지, 아버지의 이름, 남근 등으로 다양하게 특성화할 수 있는 무엇에 의해 실행되는—침입을 경험한다.
13) 라캉은 세미나 12(1965년 6월 16일)에서 이를 "완전함의 그릇된 감각"이라고 부른다.
14) **타자**를 두 끝이 곧바로 접착된 단순한 (예컨대 종이로 된) 끈으로 생각해본다면, 주체는 뒤틀림이 있는 **타자**로 생각할 수 있다(<그림 5.9>). 첫 끈에서 생성된 구멍이나 결여를 메우는 표면은 단순한 원이다. 두 번째 끈에서 생성된 구멍이나 결여를 메우는 표면은 좀 더 복잡한 위상학적 표면, "안으로 접힌 8"이다(『세미나 11』, 235쪽을 볼 것).

<그림 5.9>

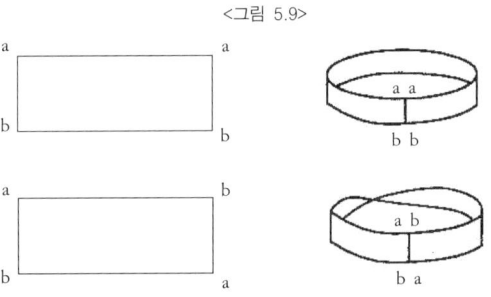

15) 분석은 "자아가, 내가 타자의 욕망에 대해서 [그것]이었던 a에서의 주체로 이처럼 재정위되는 것"을 내포한다(세미나 12, 1965년 6월 16일).
16) Sexual über는 일반적으로 "surplus of sexuality"로 번역된다. 예컨대 SE I, p. 230을 볼 것. [국역본『정신분석의 탄생』(열린책들), 105쪽에 "성욕의 과잉"으로 번역되어 있다.] 아이의 필요를 맡고 있는 외래적 인물과의 성적인 조우에 대한 아이의 반응에 대한 프로이트의 견해에 대해서는 7장을 볼 것.
17) 그리하여 영어는 동일한 효과를 성취하기 위해 과거시제와 부정사의 결합을 요구한다. 프랑스어 반과거에 대해서는 『에크리』, 840쪽을 볼 것.
18) 이 논문에 대한 상세한 분석으로는 나의 논문 "Logical Time and the Precipitation of Subjectivity" in *Reading Seminars I & II: Lacan's Return to Freud* (Albany: SUNY Press, 1995)를 볼 것.
19) 햄릿에 대한 라캉의 논의는 영어로 *Yale French Studies* 55/56 (1977): 11-52에서 볼 수 있다. 또한 나의 논문 "Reading *Hamlet* with Lacan" in *Lacan, Politics, Aesthetics*, edited by Richard Feldstein and Willy Apollon (Albany: SUNY Press, 1995)을 볼 것.
20) 『에크리』, 694쪽. 남근 혹은 남근적 기표는 8장에서 상세하게 논의될 것이다.
21) 물론 우리는 내가 여기서 분리와 "추가적 분리"라고 부르는 것을 소외와 분리에 대한 라캉의 1964년 절합을 통해 위치시킬 수 있다. 신경증은 추가적 분리를 필요로 한다고—즉 환상의 횡단을 필요로 한다고—말하기 보다는 라캉은 1950년대 말엽과 1960년대 초에 신경증자는 "타자의 결여[즉 욕망]를 타자의 요구와" 혼동하며 "타자의 요구는 신경증자의 환상 속에서 대상의 기능을 맡는다"라고 말한다(『에크리』, 823쪽). 여기서의 아이디어는, ($◇ a) 대신에 ($◇ D)인 신경증자의 환상 속에서 주체는 근본적으로 운동 중에 있고 언제까지나 다른 무언가를 찾는 **타자**의 욕망 대신에 타자의 요구—정적이고 변함이 없고 언제까지나 동일한 사물(사람) 둘레로 선회하는 어떤 것—를 자신의 "파트너"로 채택한다는 것이다. 본질적으로 이는 주체가 제3항에 대한, 어머니-아이 이자 관계 외부의 지점에 대한 완전한 접근을 갖지 못한다는 것을 의미한다. 그렇다면 분리는 **타자**의 요구(D)가 신경증자의 환상 속에서 **타자**의 욕망(대상 a)에 의해 대체되는 과정으로서 이해될 것이다. 신경증적 주체는 어떤 의미에서 자신의 끝이 잘린 환상($◇ D) 속에서 이미 존재하게 되겠지만 분리를 통해서 한층 더 큰 정도의 주체성을 성취하게 될 것이다.
22) 나는 절분(scansion)의 동사형으로 신조어 "절분하기(scanding)"의 사용을 선호한다. 이미 인정된 "scanning"이라는 동사형은 좀 다른 내포들을—신속하게 훑어보기, 목록을 일람하기, 스캐너를 가지고서 신체의 초미세 사진을 찍기, 혹은 텍스트와 이미지를 디지털 형식으로 컴퓨터 안으로 입력하기—을 가지고 있으며 여기서 상당한 혼동으로 이어질 수 있을 것이다. 이러한 내포들은 무언가를(통상 분석자의 담화나

분석 세션을) 자르거나 구두점찍거나 중단한다는 라캉의 관념과는 분명 구분되어야 한다.
23) 이점에 대해서는 세미나 11의 17장과 18장을 볼 것.
24) 본성상 신탁 같은 분석적 해석에 대해서는 세미나 18, 1971 1월 13일과 『에크리』, 107쪽을 볼 것.

6장
1) 이는 라캉의 저작에서 끝없이 반복된다. 예컨대 『세미나 11』, 314쪽을 볼 것.
2) *Newsletter of the Freudian Field* 2 (1988).
3) 『에크리』, 507쪽.
4) 예컨대 막스 베버. 또한 비판이론가 존 오닐(John O'Neill)의 *Making Sense Together* (New York: Haper and Row, 1974)의 바로 그 제목을 고찰해보자. 소통의 본질이 오소통, 오해라고 했을 때, 이 제목은 라캉적 관점과는 분명 모순된다. "verstehen"에 대해서는 Seminar III, p. 216을 볼 것.
5) 『에크리』, 835쪽.
6) 신경증자의 환상 속에서 요구가 욕망으로 대체되는 것에 대해서는 5장의 주 21을 볼 것.
7) 이 위협들은 또한 쾌감의 자극들을 제공하는 기관을 그 기관을 기술하는 데 이용되는 상징으로부터, 즉 실재적 향유를 죽은 문자로부터 분리시키는 데 이바지한다.
8) 『에크리』, 825쪽에서 그가 알키비아데스에 대해서 말하는 내용을 생각해보자: "알키비아데스는 분명 신경증자가 아니다."
9) 죄는 프로이트가 두는 한 가지 예외이다. 실로 그는 **무의식적** 죄책감에 대해서 이야기한다. 그렇지만 죄책감에 연합된 무의식적 사고들에 대해 이야기하는 것이 좀 더 일관적인 것처럼 보인다. 특히 「억압에 관하여」, 열린전집 11을 볼 것.
10) 열린전집 11, 140쪽. SE XIV, p. 148. [영어] 표준판에서 Trieb는 보통 Instinkt(본능)과 마찬가지로 취급된다. 하지만 라캉은 그것을 프랑스어로는 pulsion으로 그리고 영어로는 ("death-drive"에서처럼) drive로 번역한다.
11) 이러한 방식으로 라캉은, 어떤 의미에서 고대의 우주론에 여전히 묶여 있는 프로이트 사유의 한 요소—하나의 구가 또 다른 구 안에 삽입되어 있는, 동심의 구들이라는 개념—를 암묵적으로 제거한다. 라캉이 처음에 représentant de la représentation, 즉 표상의 대표라고 번역하는 프로이트의 용어 Vorstellungsrepräsentanz는 다음과 같은 것을 암시한다. 즉 첫째로 (현실, 현상, 혹은 물자체에 분명 가장 근접한) 사고나 표상의 층위나 구가 있으며, 이차적으로 그것의 관념적 대표의 층위나 구가 있다는 것을 암시한다. 이는 우리가 여하간 아무런 대표의 도움 없이 어떤 순수하고 무매개

된 방식으로 사물들을 우리 자신에게 사고하거나 표상할 수 있다는 것을 함축한다. 언어학적 견지에서 볼 때 명백히 터무니없는 함축. 프로이트의 용어는 기표(대표)와 기의(표상)의 구분을 통해 좀 더 유용하게 이해될 수는 있을 것이다. 하지만 그럼에도 불구하고 그것은 그 둘 사이의 모종의 근본적 구분을—마치 기의가 여하간 기표로 이루어지지 않거나 기표에 의해 구성되지 않은 것인 양—암시한다.

    Vorstellungsrepräsentanz가 충동의 심적 대표로 번역될 때 사태가 좀 더 분명한 것처럼 보인다. 왜냐하면 우리는 충동을 단어나 기표로 구성되는 것으로 생각하지 않고 오히려 정신/신체 간격 혹은 연속체를 가로지르는 어떤 것으로서 생각하기 때문이다. 하지만 라캉은 충동이 언어와 무관하지 않다는 것을 강조한다. "본능"과는 달리 충동은 어떤 의미에서 언어 안에 삽입되어 있다. 하지만 Vorstellungsrepräsentanz가 다른 경우들에서 사용될 때, 그것은 무엇의 심적 대표일 수 있을 것인가? 충동, 본능, 그것은 대표 모두는, 내가 보기에, 훨씬 더 잘 해명되어야 할 것으로 남아 있다.

12) 정신병에 대한 더 완전한 논의(예컨대 부성적 은유의 실패와 그것의 결과들)는 나의 『라깡과 정신의학』(맹정현 옮김, 민음사, 2002)을 볼 것.
13) 1960년대에 라캉은 원초적으로 억압되는 것은 S_2라고 말한다. 두 개의 기표가 없이는 그 어떤 억압도, 그 어떤 주체성도 없다고 추리하면서 말이다. 둘째가 나타나야 첫째가 기표로서 작동하게 된다(의미를 낳게 된다). 그렇지만 그의 작업의 이 단계에서 S_1의 정확한 지위는 불분명하다. 내가 5장에서 언급했듯이, 그것은 어머니의 욕망과 상관적인 것처럼 보인다.
14) 『정신분석의 탄생』, 215-331쪽.
15) 예컨대 열린전집 4, 139쪽을 볼 것. 세미나 11에서 S_1과 S_2는 원초적 억압에 대한 논의에서 도입되며, S_1은 어머니의 욕망을 나타내고, S_2는 부성적 은유의 작용을 통해 원초적으로 억압되는 아버지의 이름을 나타낸다. 세미나 17에 이르러, 사실상 그 어떤 기표든, 이런저런 때에, 주인기표(S_1)의 역할을 할 수 있으며, 아버지의 이름은 "단지 여하한 오래된 기표"에 불과한 S_2에 대립되는바, 여러 S_1 가운데 하나로서 볼 수 있게 된다.
16) 이것은 나 자신의 표기법이라는 것에 유의해야 한다. 라캉은 주체를 결코 S_1과 S_2 사이의 화살표를 따라서 위치시키지 않는다.
17) 「끝낼 수 있는 분석과 끝낼 수 없는 분석」(프로이트, 『끝낼 수 있는 분석과 끝낼 수 없는 분석』, 이덕하 옮김, 도서출판 b, 2004) 끝부분을 볼 것.
18) "거세의 너머"는 라캉이 성적 차이에 대해 작업하는 과정에서 세미나 18, 19, 20, 21에서 더 정련된다. 8장에서 나는 남자와 여자에게 거세 너머로 나아가는 **상이한** 경로가 있다는 것을 제안할 것이다.

7장
1) 예컨대 세미나 21, 1974년 4월 9일에 나오는 그의 논평을 볼 것.
2) 이 개념에 대한 중요한 세공들은 세미나 4, 9, 10, 11, 13, 14, 15, 16, 17, 18, 『에크리』에 실린 「「도둑맞은 편지」에 대한 세미나」의 "후기" 등등에서 찾아볼 수 있다.
3) 그렇지 않은 독자들은 나의 논문 "The Nature of Unconscious Thought or Why No One Ever Reads Lacan's Postface to the 'Seminar on "The Purloined Letter"'" (in *Reading Seminars I & II: Lacan's Return to Freud*, edited by Bruce Fink, Richard Feldstein, and Maire Jaanus [Albany: SUNY Press, 1995])를 볼 것. 이 글은 상징적 질서 내에서의 비틀림들을 결정하는 것으로서 대상 (a)에 대한 상세한 설명을 제공한다. 또한 이 책의 부록 「언어의 무의식」과 「원인의 추적」을 볼 것.
4) 수많은 관점에서 내게는 불만족스러워 보이기는 하지만, 대상 *a*에 대한 단행본 분량의 논의로는 Nasio의 *Les Yeux de Laure. Le concept d'object a dans la théorie de J. Lacan* (Paris: Aubier, 1987)을 볼 것.
5) 인간의 경우, 즉 말하는 존재의 경우, 환상이나 백일몽이나 꿈에서 우리에게 나타나는 이미지들이 이미 상징적으로 결정되거나 구조화되어 있다는 의미에서 상상계를 상징계와 완전히 분리하는 것은 언제나 어렵다. "상상적 대상들"(혹은 상상적 층위에서 역할을 하는 바로서의 대상들)의 경우도 마찬가지인데, 이러한 대상 가운데 가장 중요한 것은 자아이다. 4장의 첫 하위 절에서 나는 라캉이 이해하는 바로서의 자아의 형성을 세미나 8의 말미를 참조하면서 기술했다. 거기서 라캉은 거울 단계를 상징적 관점에서 다시 읽어낸다. 그리하여 상상적 대상들은 적어도 부분적으로는 언제나 상징적으로 구성되며, 따라서 상상적 관계들은 역시 부분적으로는 언제나 이미 상징적으로 결정된다.
6) 소쉬르는 언어가 본질적으로 차이에 의해 구성된다고 가르친다. 반면에 우리는 모든 차이가 오로지 언어 덕분에 지각된다고 가정할 수 없다. 동물의 왕국—여기서는 상상계가 지배하며, 상징계는 일반적으로 거의 아무런 역할도 하지 못한다—은 차이가 이미 상상계의 층위에서 작동하고 있음을 입증한다.
7) 여기서 결정적 "대상"은 부성적 **타자**, 요구의(혹은 요구로서의) **타자**의 아바타로서의 분석가이다. 라캉이 결코 "상징적 대상들"에 대해 이야기하지 않는다는 사실에 주목하자. 그는 **정신분석적** 대상을 결코 상징적 층위에 위치시키지 않는다. 후자는 그의 이론에서 상상적 타자에서 실재적 원인으로 이동하지만, 상징적 등록소에서 잠깐 동안이라도 머물지 않는다. 따라서 상징적으로 구성된 대상들 혹은 기표에 의해 구성된 바로서의 대상들이 아닌 여하한 다른 것에 대해서 말하는 것은 엄밀히 정확하지 않다.
그러한 대상들은 종종 **타자**의 요구의 대상들이다. 그것들은 타자가 주체에게,

예컨대 부모가 그들의 아이에게 전달하는 요구에서 어떤 역할을 하며, 종종 (배변 훈련을 받는 것 같은 기본적 지위에서 시작하는) 사회적으로 가치화된 위치들의 성취를, 졸업장이나 월급이나 인정이나 명성 같은 것의 성취를 종종 내포한다. 이러한 것들은 종이 증서(졸업장, 증명서, 노벨상)처럼 획득되거나 정복되어야 할 대상들이며, **타자**에 의해 높이 평가되는, **타자**의 승인이나 불승인과 연관된 대상들이다. 그것들은 아이가 거기 고착될 수도 있는 대상들이며, 이때 아이는 그것들과 관련하여 그리고 그것들을 획득하려는 자신들의 노력과 관련하여 소외된 채로 남아 있게 된다. 그것들이 욕망의 대상들이라고 불린다고 한다면, 그것들은 그 어떤 의미에서도 욕망을 고무하지 못하며 오히려 두려움이나 불안을 불러일으킨다. 그것들에 대한 주체의 욕망은 주체에게 외래적이며, 주체 자신의 것이 아니다. 그것들은 또한 궁극적으로 만족을 제공한다고 말해질 수도 없다.

8) 예컨대 『에크리』의 「치료의 방향」과 세미나 8에서.
9) 예컨대 쥐인간의 사례(열린전집 9)를 볼 것.
10) 만족되지 않은 욕망으로 히스테리에서의 욕망을 예증하기 위해 취해진 이제는 잘 알려진 그녀의 꿈은 열린전집 4, 190-195쪽에서 찾아볼 수 있다.
11) L'Autre de la demande는 주체가 자신의 요구를 전달하는 **타자**인 동시에 주체에게 어떤 것들을 요구하는 **타자**이다. 나는 일반적으로 전자를 요구**의 타자**the Other of demand로 번역하고 후자를 요구**로서의 타자**the Other as demand로 번역한다.
12) 실로 모든 말들은, 라캉에 따르면, 사랑에 대한 요구를 구성한다.
13) 라캉이 사랑과 요구를 언제나 엄밀하게 연결시키는 것은 아니라는 점에 주목하자. 세미나 8에서 그는 아갈마로서의 대상 (a)을 그려내기 시작하며, 거기서 그가 사랑이라고 부르는 것은 나중에 그가 욕망이라고 부르는 것과 훨씬 더 긴밀하게 연결되어 있다. 세미나 20에서의 사랑에 대한 논의를 볼 것.
14) 특히, Seminar I, pp. 196-99를 볼 것.
15) "나는 내가 여러분에게 제공하고 있는 것을 거절하기를 청한다. 왜냐하면 그것은 그것이 아니니까 말이다"(이는 1960년대 말엽과 1970년대 초에 라캉의 세미나들에서 시종일관 반복된다).
16) 이는 또한 다음과 같이 번역될 수도 있다. 어떤 사람이 당신에게 달라고 요청하는 것이 언제나 그/녀가 당신이 주기를 정말로 원하는 것은 아니다.
17) 라캉 자신은, 불안의 경우 그렇게 말했던 것처럼("L'angoisse n'est pas sans objet" [세미나 11]), "욕망은 대상이 없이 않다"(Le désir n'est pas sans objet)라고 말했을지도 모른다. 하지만 그럼에도 불구하고 그 대상은 원인으로서 이해된 대상은 아니었을 것이다.
18) 다시 말해서, 라캉은 "대상 관계 이론"이 허방다리를 짚고 있다는 것을 분명하게 암시한다.

19) 여기서 문제의 대상들은 일반적으로 상징적으로 구성된 대상들이며, 다시 말해서 말 속에서 **타자**에 의해 요구되는 혹은 **타자**에 의해 욕망되는 — 이 욕망이 말을 통해 알려지게 되는 한에서 — 대상들이다.
20) 예컨대『에크리』에 실린「치료의 방향」을 볼 것.
21) 이는 명백히 단순한 견해이며, 대부분의 동물행동학자들은 이제, 여전히 이와 관련하여 호모 사피엔스와 다른 동물종을 예리하게 구분할 수 있게 해주는 좀 더 흥미로운 견해를 제시하고 있다.
22) 나는 프로이트의「부정」영어 번역의 앞서 인용된 구절에서 독일어본에서 발견되지 않지만 *Collected Papers* (New York: Basic Books, 1959)에서 제공된 번역에서는 재생된 어떤 것을, 즉 미래완료를 일부러 남겨두었다. "[A]n essential precondition . . . is that objects shall have been lost." (사실 이것은, 라캉이 언제나 즐기는 종류의 애매성을 덧붙이자면, 미래완료인 동시에 가정법 과거이다.) 이런 식으로 옮길 때 대상은 오로지 사후적으로 상실된 것으로서 구성된다. 재발견에 대해서는 또한『에크리』, 389쪽을 볼 것.
23) 대상 (a)이 사람들의 환상 속에서 가슴이라는 형태로 시각적인 역할을 하는 한에서, 그것은 일반적으로 옷을 입고 나타난다. 그것은 라캉이 i(a), (a)의 이미지라고 지칭하는 어떤 특정한 시각적 형태나 이미지를 취한다. 나타나는 것은 환상적 가슴 그 자체가 아니라 그것의 옷을 입은 판본이다. "옷 배후에 있는 것 — 우리가 신체라고 부르는 것 — 은 아마도 단지 내가 대상 *a*라고 부르는 잔여물일 것이다"(세미나 20, p. 12).
24) 이와 관련하여 "과학의 대상"의 구성을 다루는 아래 10장을 볼 것.
25) 『세미나 11』, 397쪽에 나오는 라캉의 표현 "네 안의, 너 이상의"(En toi plus que toi)라는 표현을 볼 것.
26) 프로이트의 용어는 Überwältigung이다. 열린전집 11, 404쪽을 볼 것.
27) 무엇보다도, 편지 29와 30, 그리고 1896년의 편지들을 볼 것. 이 논점들에 대한 추가적인 논의는 나의『라깡과 정신의학』(맹정현 옮김, 민음사, 2002)에서 볼 수 있다.
28) 이는 plus-de-jouir에 대한 번역어로 "over-coming"을 사용하는 것의 "단점들(shortcomings)" 중 하나를 부각시킨다. 이는 *Television* (Annette Michelson, Denis Hollier, and Rosalind Krauss [New York: Norton, 1989])의 번역자들의 번역어이다(p. 32). 조나단 스콧 리 Jonathan Scott Lee는, *Jacques Lacan* (Boston: Twayne Publishers, 1990)에 나오는 다른 면에서는 상당히 적절한 논의에서, 이상하게도 이를 "훌륭한" 번역이라고 생각한다(p. 185). 여기서 plus를 non plus라는 의미로(더 이상 아니no longer라는, 따라서 "over"라는 의미로) 해석할 수도 있겠으나, plus-de-jouir라는 표현은 마르크스의 Mehrwert(잉여가치)에

대한 전통적인 프랑스어 번역인 plus-value를 모델로 해서 구성된다. 라캉은 분명 단어들의 축자적 등치를 놓고 말놀이하는 것을 좋아했지만("plus"[더 이상 아니no longer]와 "plus"[가외extra 혹은 보너스bonus]는 축자적으로 동일하며 종종 동일하게 발음된다), "over-coming"은 1967년에서 1980년까지의 그 단어에 대한 라캉의 용법(향유의 끝이나 너무 많은 향유가 아니라, 잉여적이거나 가외적이거나 보충적인 향유)을 옮기지 못한다. plus-de-jouir는 향유가 끝에 이르고 있다는 것을 결코 암시하지 않는다. plus는 오히려 사실상 Encore!(더! 내게 더 달라!)에 대한 동의어로 이해되어야 한다. plus-de-jouir는 또한 표준판에서 "bonus of pleasure" 혹은 "yield of pleasure"로 번역되는(SE XIX, p. 127을 볼 것) 프로이트의 Lustgewinn에 대한 라캉의 번역 가운데 하나다(세미나 21, 1973년 11월 20일을 볼 것). Seminar XVII(p. 56)에서 라캉이 plus-de-jouir에 대한 그 자신의 독일어 번역을 제공한다는 데 주목하라. 그것은 Mehrlust이다(이는 분명 마르크스의 Mehrwert를 반향한다). 쾌락에 "overcome"되거나 "overwhelmed"된다는 좀 더 일반적인 의미는 타자적 향유와 더 밀접하게 관련되어 보이는데(8장을 볼 것), 이는 plus-de-jouir과 거의 아무런 관련도 없다. 실로 plus-de-jouir는 하이픈 부호 없는 "overcome"의 함의—압도하다(accablé, dépassé, excédé), 정복하다(franchir, surmonter), 지배하다, 물리치다, 전복하다, 등등—를 결코 갖지 않는다. "over-coming"에 어떤 멋진 다의성이 있기는 하지만, 라캉의 프랑스어 용어를 그다지 옮겨내지 못한다. 나는 그것을 번역하기 위해 "surplus jouissance"를 일관되게 사용한다. 잉여가치처럼 그것은 하나의 등록소에서 플러스로 간주되려면 다른 등록소에서 마이너스로 간주되어야 한다.

29) 이점에 대해서는 세미나 14, 1967년 4월 12일을 볼 것. 라캉이 세미나 20, *Encore*, translated by Bruce Fink (New York: Norton, 근간)에서 거의 정확히 동일한 것을 말한다는 데 유의하라.

나는 법[droit]과 향유의 관계를 간단히 조명할 것이다. "용익권"은—이는 법적 개념이다, 그런가?—내가 윤리에 대한 세미나에게 이미 언급한 것을, 즉 유용성과 향유의 차이를 한 단어로 함께 묶는다. …… "용익권"은 여러분이 여러분의 수단들을 향유할[jouir de] 수 있다는 것을, 하지만 그것들을 허비해서는 안 된다는 것을 의미한다. 여러분이 유산에 대한 용익권을 가질 때, 여러분은 그것을 너무 많이 사용하지 않는 한에서 그것을 향유할[en jouir] 수 있다. 바로 이것이 법의 본질이다. 향유로서 간주되는 모든 것을 분할하고, 분배하고, "retribute"하는 것.

향유란 무엇인가? 그것은 여기서 부정적 심급 이외에 그 무엇도 아닌 것으로 환원된다. 향유는 그 어떤 목적에도 소용되지 않는 것이다.

8장

1) 집합론에서 "특정화의 공리(axiom of specification)"를 참조할 것. 내가 부분과 전체의 문제를 과잉 일반화하고 있다는 점을 지적해야겠다. 그러나 그것은 요점을 분명히 하기 위한 것이다. 실로 라캉은 여러 군데에서 **모든** 여자들의 집합은 존재하지 않는다는 것에 대해, 여자들은 하나의 집합으로서가 아니라 오로지 **한명 한명** one by one 고려될 수 있을 뿐이라는 사실에 대해 말을 **한다**. 하지만 나는 부분/전체의 변증법을 강조하는 것이 여기에서는 보다 더 중요하다고 생각한다. 라캉이 여자들 women에 대해 말한 것은 여성적 구조로 특성화되는 **각각의** 주체에게 또한 적용되니까 말이다. [일반적으로, 어떤 주어진 집합 A에 대해서, 어떤 특수한 속성을 충족시키는 A의 원소들을 특정화하여 부분집합을 만들 수 있다. 예컨대 A를 남자들의 집합이라고 한다면, 우리는 A에 속하면서 20세 이상인 원소들을 특정화시켜서 20세 이상의 남자들을 원소로 하는 A의 부분집합(즉, {x∈A: x는 20세 이상이다})을 만들 수 있다. 공리적 접근을 하는 집합론에서 이를 특정화의 공리라고 부른다.—옮긴이]
2) 『에크리』, 843쪽.
3) 예컨대 Jane Gallop, *Reading Lacan* (Ithaca: Cornell University Press, 1982)과 Nancy Chodorow, *Feminism and Psychoanalytic Theory* (New Haven: Yale University Press, 1989).
4) 이 장에 포함된 내용 일부는 1987년부터 코넬, 예일, UCLA, UC 어바인에서 한 강의들과 런던 및 멜버른에서 한 강의들의 기초로서 이용되었다. 그것의 아주 초기 판본은 *Newsletter of the Centre for Freudian Analysis and Research* (London) 10 (1988)에 실려 있다. 나중 판본은 *Newsletter of the Freudian Field* 5 (1991)에 실려 있다. 이 판본들(특히 첫 번째 판본)은 여기서 제공되지 않고 있는, 라캉의 성구분 공식에 대한 일정한 해석의 층위들을 포함하고 있었다.
5) "거세란, 욕망의 법이라는 역전된 척도에서 향유를 획득하기 위해 향유를 거부해야만 한다는 것을 뜻한다." (『에크리』, 827쪽).
6) 자크-알랭 밀레가 쥐인간에 대한 그의 연구에서 이런 유의 표현들을 사용한다. "H₂O", *Historia* (New York: Lacan Study Notes, 1988).
7) 예컨대 Roman Jakobson, *Six Lectures on Sound and Meaning* (Cambridge: MIT Press, 1978)에 붙인 레비-스트로스의 서문 p. xviii을 보라.
8) 레비-스트로스, 『구조인류학』, 김진욱 옮김, 종로서적, 1987, 82쪽.
9) 「자아와 이드」, 열린전집 11, 400쪽을 볼 것.
10) 라캉이 세미나 20에서 말한 대로, "남근 기능의 겉보기의 필연성은 단지 우연적인 것으로 판명된다." (p. 87)
11) 그리고, 중차대한 사회적 격변만 없다면, 남근이 한동안은 적어도 욕망의 **한** 기표로

계속 봉사하게 될 것처럼 보인다. 아마도 다른 것들이 그것과 함께 존재하게 될 것이다. 혹은 이미 그러한지도 모른다.

12) 도라 아버지의 **불능**과 그 불능이 도라의 복잡한 가족적/가족외적 배치 내에서의 여자 교환에서 수행하는 역할에 대한 그의 논평을 보라(『에크리』, 219쪽). 또한 문자들, 숫자들, 혹은 그에 대한 이미지들이 있는 작은 사각형들로 만들어지는 어떤 퍼즐의 작동을 고려해 보라. 사각형 하나가 빠지고, 그래서 놀이자가 다른 모든 것들을 한 번에 하나씩 재배치하면서 결정되지 않은 문장, 배치, 혹은 그림을 만들어 내기 위해 노력하는 놀이 말이다(『에크리』, 722~723쪽).

13) 결여의 이러한 구조는 라캉의 전체 기표 이론—기표는 무언가가 사라져 버린 어떤 장소를 표시하는 것으로서 출현한다(기표가 도래하는 논리를 상세하게 발전시키고 있는 세미나 11을 볼 것)—의 근간을 이루며, 그리고 그것은 수(특히 0과 1)의 논리에 관한 프레게의 작업에 대한 라캉의 주목할 만한 관심을 설명해 준다. 왜냐하면 프레게의 작업에서도 동일한 근본구조가 작동하고 있는 것처럼 보일 수 있으니까 말이다.

14) 라캉의 성적 차이에 대한 우리 시대 대부분의 독해들이 아버지와 남근을, 또 남근과 페니스를, 또 기타 등등을 서로 혼동하면서 과연 어느 정도까지 잘못된 길로 들어섰는지에 대해서는 이미 분명해 졌으리라 본다. 나는 여기서 Nancy Chodorow, *Feminism and Psychoanalytic Theory* (New Haven: Yale University Press, 1989)의 사례 한 가지만을 인용하려고 한다. 각주에서 언급된 그녀의 근거들은: Juliet Mitchell, Jacqueline Rose, Jane Gallop, Shoshana Felman, Toril Moi, Naomi Shor 등등이다. 라캉에 대한 그들의 작업을 독해한 것에 근거하여 초도로우는 라캉주의자들이 다음과 같은 것을 승인하고 있다고 쓴다.

> 아버지는 그의 남근에 의해 상징화[된다]…….
> 성적 구성과 주체성은 남근을 소유하고 있는 그와 그렇지 않은 그녀에게 있어 상이하다.
> 욕망의 이론에서 남근이 그 자체만을 대리하고 어머니의 욕망과는 관계조차 맺고 있지 않기 때문에, 여자는 권리상 주체가 되지 못하며—남근을 결코 가질 수 없는 주체조차 되지 못하며—단지 남성적 정신 속에서 하나의 상징 혹은 증상만이 될 뿐이다. (p. 118)

내가 보기에 라캉의 입장에 대한 [이와 같은] 혼동은 매우 전적이고 철저하기 때문에, 다른 필자들의 해석을 [일일이] 비판하느니 차라리 라캉의 입장을 내가 이해하는 바대로 이 장에서 풀어놓는 편이 더 나을 것이다.

15) "가치"의 주관적 속성에 의존하는 증권시장의 현상들을 고려에 넣을 때, 자본주의를 닫힌 시스템으로 보는 협소한 관점에서의 모든 것이 달라지는 것처럼 말이다.
16) 더 잘 알려져 있는 표현인 "l'analyste ne s'autorise que de lui-même"(분석가의 유일한 권위는 그 자신으로부터 나온다, 분석가는 오로지 그 자신에 의해서만 권위를 부여받는다, 혹은 어떤 사람이 분석가이기 위해 갖는 유일한 권위는 그 자신으로부터 나온다)에 근거하고 있는 이 문장은 "성구분된 존재(남자 혹은 여자)로서의 우리의 유일한 권위는 우리 자신으로부터 나온다"로 옮겨질 수 있을 것이다.
17) 이 구절을 번역하기 위해서 be 동사를 사용하는 것이 갖는 문제점을 피해 갈 수 있는 어떤 방법을 영어에서는 발견할 수가 없었다. 라캉의 il n'y a pas는 여기서 "성적 관계는 존재하지 않는다 Sexual relationships does not exist"라고 말하는 것보다 더 [의미가] 강한데, 왜냐하면 "성적 관계는 탈-존하지 않는다 Sexual relationships does not ex-sist"는 것 또한 함축하기 때문이다. 즉, 실로 "그런 것은 없다 There ain't no such thing"인 것이다. 이 논점은 이 장의 뒷부분에서 다루어질 것이다. 여기서는 단지 이것만 말해 두기로 하자. 라캉은 두 가지 다른 관념들을 위해 두 가지 다른 종류의 정식화를 사용한다. 그가 "L'Autr n'existe pas **타자**는 존재하지 않는다"라고 말할 때, 우리는 여전히 타자는 아마도 탈-존할 것임을 가정할 수 있다. 그러나 그가 "Il n'y a pas d'Autre de l'Autre **타자**의 **타자**는 없다"라고 말할 때 그는 이 **타자**의 **타자**(타자의 너머 혹은 바깥)가 실상 탈-존하는지 아닌지를 숙고할 선택권을 우리에게 남겨 주지 않는다. 그것은 존재하지도, 탈-존하지도 않는다는 것이다. 라캉이 사실상 동일한 것을 적어도 1967년에 말한다는 것을 지적해 두기로 하자. "정신분석의 큰 비밀 중의 하나는 성적 행위 같은 그런 것은 없다는 것입니다."(세미나 14, 1967년 3월 12일.) 그가 '성적 행위sexual act'라는 말로 뜻하고자 하는 바는 성교sexual intercourse와는 아무 상관이 없다. 즉, 진정한 행위 혹은 그 말의 가장 충만한 의미에서의 행위가 아니라, 성적 행위는 항상 엉망진창인 행위acte manqué라는 말이다.
18) 나는 여기서 성구분 공식에 대한 라캉 자신의 해당 주석을 밀쳐놨는데 그것들은 내게 (1) 성적 차이에 관한 그의 가장 예리하고 광범위한 결론들을 산만하게 하는 듯 보이며 (2) 그 자신의 작업 과정에서 폐기된 것처럼 보인다. 그의 해당 주석은 흥미롭지 않은 것은 아니지만(그리고 독자는 그에 관한 상세한 논의를 원할 경우 각주 5에서 언급된 나의 초기 논문을 참고할 수 있을 것이다) 그러나 내가 지금 연구에서 초점을 맞추고 있는 것에 비하면 다소 쓸모가 덜하다는 것이 내 생각이다.
19) 세미나 11에서 라캉은 S_1을 어머니의 욕망과 관련짓는데, 그것은 원초적 억압에서 S_2, 즉 아버지의 이름에 의해 금지된다. 여기서 나는 S_1을 원초적 억압과, S_2를 이차 억압과 관계 짓고 있다. 그러나 이것은 편의를 위해 채택한 약속일뿐이다. 내가 6장 각주 15번에서 언급했듯이, 라캉의 이론에서 S_1은 부성적 은유 속에서의 어머니

의 욕망을 지시하는 것에서, 주인기표로 기능하게 되는 모든 기표를 지칭하는 것으로 이동한다.
20) 혹은 라캉이 세미나 21에서 표현하고 있는 바대로, "기호[학]적 향유semiotic jouissance"(1974년, 6월 11일)라고 할 수 있다. 즉, **라랑그**로부터 발원하는 의미의 향유("jouis-sense") 말이다.
21) 대상 (a)에 대한 이런 관점은 「"도둑맞은 편지"에 관한 세미나」에 대한 라캉의 「보론」에 나와 있다. 나는 이것을 책 말미의 부록 1과 2에서 얼마간 논의했으며, 「무의식적 사고의 본성 혹은 왜 아무도 「"도둑맞은 편지"에 관한 세미나」에 라캉이 붙인 후기를 읽지 않는가」에서 상세히 논의했다. 후자는 1989년 7월 파리에서 영어로 한 강연이며 이는 Bruce Fink, Richard Feldstein, Maire Jaanus 등이 편집한 *Reading Seminar I & II: Lacan's Return to Freud*(Albany: SUNY Press, 1995)에 수록되어 출판되었다.
22) 이는 "상징적 질서에 '전적으로 다all-together' 종속되지는 않는다"로 쓰여질 수도 있을 것이다.
23) **타자적** 향유를 보다 더 구체적인 방식으로 성격화하려고 시도할 때 우리가 맞닥뜨리게 되는 곤란은 출발점으로서의 S_1이 갖고 있는 바로 그 형언 불가능함과 접근 불가능함에서 기원한다. 그것은 어떤 분절적인, 추론적인 방식으로 직접 포착될 수 없다. 사실 S_1을 여기에서 아버지의 "No"로 보기 보다는 차라리 아버지의 "No"(S_2)에 의해 금지되는 어머니의 욕망이라고 생각할 수 있을 것이다. 그런 식으로 이해할 경우, **타자적** 향유는 어떤 의미에서는 언어가 구성되고 그로써 '상징계가 실현' 되기 이전의 어떤 쾌락을 '상기시키는' 것일 수 있다.
24) 이 책의 남은 부분들에서 "남자의male"와 "여자의female"는 항상 생물학적/유전적 규정성을 지칭하는 반면, "남자man"와 "여자woman", "남자들men"과 "여자들women", "남성적masculine"과 "여성적feminine"은 항상 정신분석학적 규정성을 지칭한다.
25) [여기서 도출될 수 있는] 흥미로운 결론은, 분석가는, [한 자연인이 아니라] 분석가로서는, 성이 없다고까지 말할 수 있을 것이라는 점이다. 주인에 대해서도 마찬가지다.
26) 양화사 $\forall$나 $\exists$에 친숙한 독자들은 그것들에 대한 라캉의 용법이 논리학에서의 일반적 용법과 아주 많이 다르다는 것을 애초부터 깨달아야만 한다. 특히 그는 $\forall x$를 '모든 x들'과 'x의 전체'라는 뜻으로 때에 따라 다르게 사용한다. 또한 그가 부정negation을 위해 상이한 기호를 채택할 때 그것은 상징논리에서 사용되는 단순한 ($\sim$) 이상의 어떤 것을 함축하는 것으로 이해되어야 한다. 부정의 선bar을 양화사 위에 놓았을 때와 함수 위에 놓았을 때의 서로 다른 뜻에 대해서는 아래에서 간략히 요약된다.
27) *Scilicet* 4 (Paris: Seuil, 1973): 7.
28) 그래서 방금 언표된 이 보편적 주장에도 예외가 있어야만 할 것 같다! 라캉은

여기서 찰스 샌더스 퍼스를 반향하고 있다. "어떤 규칙은 어떤 한계가 없다면 아무 의미도 없다."
29) 문법에서 불일치와 폐제에 대해서는 Jacques Damourette와 Edouard Pichon의 *Des mots à la pensée: Essai de grammaire de la langue française*, 7 vols. (Paris: Bibliothèque du française moderne, 1932~1951), 특히 vol. 1을 볼 것. vol. 6은 라캉이 진술의 주체와 언표행위의 주체를 구별하는 것을 이해하는 데 유용하다.
30) "come[오다]"은 여기서 양의적으로 이해되어야 한다.
31) 원초적 무리의 아버지는 이런 의미에서 정신병자로 간주되어야만 한다.
32) 남성적 구조의 경우에서 $\exists x \, \Phi x$가 결국 어떤 존재를 정립하는 것이 아니라 차라리 어떤 탈-존을 정립하는 것처럼 말이다. 따라서 고전적 논리학의 기호들과는 대립되는 라캉의 기호들에서 $\exists x$는 "어떤 x가 탈-존한다"를 의미하는 반면, $\exists x$는 그것의 탈존에 관한 어떤 것도 명문화하지 않고 단지 x의 존재 가능성만을 부정한다.
33) 어떤 다른 의미에서는, 그는 그의 파트너인 대상 a가 없다면 확실히 전체가 아니다. 그리고 그가 그의 파트너와 일치되었을 때 획득되는 충만은 기껏해야 환상적인 것으로 남는다($ \$ \diamond a $).
34) "어떤 것이 다른 어떤 것에 대해 탈-존한다는 것은 정확히 말해 쌍을 이룬다는 것이 아니라 '삼항조를 이룬다*croisées*'는 것을 의미합니다."
35) 이 장을 쓸 당시 나는 *L'Autre sexe*(**타자**적 성 혹은 **반대**의 성)를 특집으로 하는 *La Cause freudienne*의 최근호를 몰랐다. 여기에는 내가 아래에 제공한 해석과는 다른, S(A)에 관한 많은 흥미로운 언급들이 있다.
36) 이는 S(a)로 쓰여질 수도 있겠다. 라캉이 S(A)에 관해 말하고 있는 것들 중에서 적어도 하나는 나의 해석을 확증하지 않는다는 점을 지적해 두자. "S₁과 S₂는 내가 분열된 A로 가리키고자 한 바로 그것입니다. 그것을 나는 별도의 기표 S(A)로 만들었습니다."(세미나 24, 1977년 5월 10일). 이 인용문은 적어도, S(A)이 라캉 사유의 그 지점에서는 분열된 혹은 빗금쳐진 **타자**, 즉 불완전한 **타자**의 기표라는 점을 분명히 보여 준다. 그러나 S(A)를, 결여하고 있거나 욕망하고 있는 **타자**the Other as lacking or desiring의 기표와 등치시키는 한에서만 그것은 타자의 욕망의 기표(내가 제안하고 있는바, S(a)로 쓰여질 수 있을)와 관계한다. 이와 같이 진술할 경우 그것은 남근(Φ)과 등치될 수 있을 것이다. 반면 내 말의 뜻은 여기서 문제가 되고 있는 것이 잃어버린 것으로서의 (엄마)타자의 욕망, 혹은 잃어버린 엄마-아이의 합일이라는 것이다.
37) 승화에 대해서는 이 장이 집필된 뒤에 출간된 잡지 *La Cause freudienne*의 〈승화 특집〉 최근 호(*Critique de la sublimation*, 25[1993년 9월])를 보라.
38) 이는 충동들의 승화가 남성적 구조로 특징지어지는 이들에게는 결코 일어나지

않는다는 점을 함축하는 것으로 이해되어서는 안 된다. 프로이트에 따르면, 모든 탈성화는 충동들의 승화를 함축한다. 비록 그가 모든 자아와 초자아의 작용들—이는 탈성화를 요구한다—이 완전한 만족을 제공하는 것이라고 암시하지는 않았지만 말이다. 강박증은 충동들이 전적이고도 완전하게 탈성화되는 그런 범주로 즉각 특징지어질 수 있다(아마도 사유만이 성화된 채로 남을 것이다). 그럼에도 불구하고 이드가 자아와 초자아로 전환되는(말하자면 "쾌락"에서 "현실"로 전환되는) 것에 수반되는 승화와 충동들의 완전한 만족으로 이어지는 승화가 수반하는 것 사이에는 뭔가 상이한 것이 명백히 존재한다.

39) 『에크리』, 839쪽.
40) 『에크리』, 875쪽을 볼 것. 그리고 이 장에서 '남성적/여성적—기표/기표성' 부분을 볼 것.
41) 오래도록 채택되어 온 가장 일반적인 규정은 "모성성"이다. 그러나 여러 측면에서 그것은 남근 기표를 경유해서만 의미를 얻는다. 어떤 특정한 사회적 지위를 떠맡는 이름들, 예컨대 "마돈나" 혹은 "마릴린 먼로"에 대해서 우리는 무엇을 생각하는가? 마돈나와 마릴린 자신의 이름들(결국, 차용된 이름들인 그것)은 그들에게 S(A)로 기능하지 않는가? 이에 대해서는 *Modern Day Hysteria* (Albany: SUNY Press, 근간)를 보라.
42) 뤼스 이리가라이는 여자는 우리 문화에서 비非-남자로 규정되어 왔다는 관점을 (비록 그 관점을 라캉의 것으로 돌리지는 않지만) 강력하게 표명한다. "다른 성으로 존재하는 대신에 여성형은 우리 언어(프랑스어)에서 비남성형, 즉 존재하지 않는 추상적 현실이 되어 버린다. …… 여성의 문법적 젠더 그 자체는 주체적 표현으로서는 사라져 버렸다. 그리고 여자와 관련된 어휘는 남성 주체와 관련하여 그녀를 대상으로 규정하는 용어들로 종종 구성된다"(『나, 너, 우리: 차이의 문화를 위하여』 [박정오 옮김, 동문선, 1996」, 20쪽).
43) 우리는 사실상 세 가지 별개의 층위들이 있다고 주장할 수도 있을 것이다. 사랑, 욕망, 그리고 향유.
44) 이런 주체성 개념은 매우 일반적인 것이며, 라캉적이라기보다는 정치적인 용어들로 사고하는 라캉의 독자들을 엄청난 혼란으로 이끌고 있다. 문화연구, 영화연구, 비교문학, 그리고 철학에서 가장 널리 퍼져 있는 "주체성" 개념은 **능동적 행위자** *active agent*라는 개념인 듯 보인다. 주도권을 쥐고 자신의 삶을 영위하며, 자신의 세계를 규정하고, 자신을 자신의 용어들로 (재)현시하는 행위자 말이다. 정신분석학적 관점에서 볼 때 그런 특성화들은 매우 문제가 많은 것이다. 그리고 그런 주체성 관념과 라캉의 주체성 관념 사이의 간극은 이제 분명해져야만 한다. 그럼에도 불구하고 **주체화**—즉 어떤 특정한 실재를 상징화함과 더불어 주체가 존재하게 되는 것—라는 관념을 통해 두 관점 사이에 다리가 놓여질 수도 있을 것이다.

45) 내가 주체화라고 지칭하고 있는 것은 뤼스 이리가라이에 의해 매우 훌륭하게 표현되었다. 그녀는 가부장적 문화에서의 여자는 "복잡하고 고통스러운 과정을 거쳐야만 하고, **여성적 젠더로 완전히 전환해야** 한다"라고 말한다(강조는 인용자; 『나, 너, 우리: 차이의 문화를 위하여』, 20쪽). 이 특별한 여성적(혹은 **타자적** 성의) 주체화는 아마도 특정 비서구 사회들에서보다는 서구사회에서 훨씬 어렵고 고통스러울 것이다.
46) 이 진술은 물론 어느 정도까지만 정당화되어야 한다. 여자가 S(A)와 그녀의 잠재적 연관을 실현시키지 못하는 한에서, 말하자면 hétérosexuelle[이성애적](**타자적** 성과 어떤 관련을 갖는 누군가)가 아니라 hommosexuelle[남/동성애적]로 남는 한에서, 여성적 주체화는 남성적 주체화와 동일한 방식으로 진행된다. [두 용어에 대한 설명은 뒤에서 제시된다.—옮긴이]
47) 재클린 로즈는 다른 수많은 번역자들처럼 그것을 그냥 불어로 남겨 둔다. 이 개념에 대한 로즈의 설명은 다른 어떤 것보다도 혼란스럽다. 반면, 장-뤽 낭시와 필립 라쿠-라바르트의 『문자라는 증서』(김석 옮김, 문학과지성사, 2010)에서의 논의는 매우 유용하며, 라캉이 초기에 그 개념을 사용할 때 내포되어 있었던 긴장을 잘 보여 준다. 그러나 불행하게도 그들은 라캉이 1970년대에는 이 개념을 보다 명확하게 사용하고 있음을 고려하지 않는다.
48) *Newsletter of the Centre for Freudian Analysis and Research* 10 (1998)을 볼 것.
49) 기표의 변증법 전체와 이어지는 네 가지 아리스토텔레스적 원인들은 pp. 26-27을 볼 것.
50) 혹은, 프로이트가 「자아와 이드」에서 말한 대로(열린전집 11, 402쪽), 이드가 자아 속으로 유출(고갈)되어 버린다. 이 책에서 프로이트는 이렇게 쓴다. "Welches dem Ich die fortschreitende Eroberung des Es ermöglichen soll[자아가 이드를 점진적으로 정복할 수 있게 해 주는]" (*Studienausgabe*, vol. 3 [Freankfurt: Fischer Taschenbuch Verlag, 1975].
51) "오직 사랑만이 향유를 욕망으로 낮출 수 있다" (세미나 10, 1963년 4월 13일). p. 322).
52) "jouissance du corps"(세미나 20, p. 26)는 (다른 사람의) 신체에 대한 향유와 (자기 자신의, 혹은 **타자**의) 신체에서 경험되는 향유 둘 다를 암시한다.
53) 이렇게 **타자**를 근본적으로 이종적인heterogeneous 것으로 묘사할 경우 그것은 여러 측면에서 명백히 대상 (a)에 비유될 수 있다.
54) 나의 *Modern Day Hysteria* (Albany: SUNY Press, 근간)를 볼 것. 나는 이 책에서 라캉이 끌어낸 타자적 향유와 사랑 사이의 접속, 즉 신에 대한 사랑, "신성한 사랑", "사적인 종교들"에 관해 거론한다.
55) '남성적 승화'가 **실재적 대상의 상징화**로 특징지어질 수 있다면, '여성적 승화'는

기표의 실재화로 특징지어질 수 있을 것이다. 세미나 21에서의 라캉의 용어들로 정식화해본다면, 남성적 구조를 갖는 이들은 상상계(환상)의 실재(적 대상)를 상징화한다고 말해질 수 있으며 그것은 SRI에 대응하고, 한편 여성적 구조를 갖는 이들은 상상계의 상징계를 실재화한다고 말해질 수 있는데, 그것은 라캉이 그 세미나에서 종교와 연결시킨 RSI에 대응한다. 하나는 '시계방향' 혹은 '우-극화된right-polarized' 담론을 수반하며, 다른 하나는 '시계반대방향' 혹은 '좌-극화된' 담론을 수반한다.

56) 그럼에도 불구하고 동시대의 많은 필자들은 라캉이 낡은 프로이트의 모델에 빠져 있다는 식의 비난을 계속하고 있다. 예를 들어 Sueja Gunew가 편집한 *A Reader in Feminist Knowledge* (New York: Routlegde, 1991)에서 Elizabeth Grosz의 논평을 보라. "[라캉의 작업들에서] 남성적인 것과 여성적인 것은 프로이트의 작업에서 그렇듯이 능동적인 것과 수동적인 것, 주체와 대상, 남근과 거세 사이에서 규정되는 것으로 남는다."(p. 86) 이 책의 독자들은 이제, 바라건대, 저것은 마치 라캉이 1960년 즈음에 죽었다고 말하는 것과 다르지 않음을 깨달을 것이다.

예를 들어, 1964년에 쓰여진 「무의식의 지위」에 있는 다음 구절을 보라. "정신분석의 경험이 드러내 보여 주는, 남성적 존재 및 여성적 존재와 관련되어 있는 주체의 동요는, 그의 생물학적 양성성과 관련되어 있기보다는 그의 변증법에서 능동성과 수동성, 예컨대 충동 대 외부 행동 같은 것을 제외하고는 성의 양극성을 표상하는 것이 아무것도 없다는 사실과 관련되어 있다. **그것들은 양극성의 진정한 기초를 표상하는 데 전혀 적합하지 않다**"(『에크리』, 849쪽. 강조는 인용자).

57) 여러 측면에서 라캉은 여전히 구조주의 사상가이며, 그가 남성적 구조와 여성적 구조를 (경계지어진/경계지어지지 않은, 닫힌/열린, 유한한/무한한 것으로서) 이해하는 방식은 그 두 구조를 단순한 반대항이 아닌 모순항이 되게 만든다. 그 둘 사이에는 그 어떤 중간적 토대나 연속체도 없다(그의 정신분석 판본에서, 신경증과 정신병 간에 그 어떤 '경계선장애적' 범주도 없는 것처럼 말이다). 분명 이 때문에 라캉은 이원적 사고에 대한 여성주의적 비판이나 해체론적 비판을 받게 되는데, 이러한 비판의 명확한 표현 가운데 하나는 낸시 제이Nancy Jay의 훌륭한 논문 "Gender and Dichotomy"(in *A Reader in Feminist Knowledge*, edited by Sueja Gunew [New York: Routledge, 1991], p. 95)에서 발견된다. 아주 흥미롭게도 자신의 요점을 표현하기 위해 제이는 아리스토텔레스의 논리학적 범주인 '모순'과 '반대'에 의존하고 있다(이것은 아풀레이우스Apuleius가 라캉이 모델로서 종종 참조하고 이용하는 "논리적 사각형"에 위치시켰던 것과 동일한 범주들이다). 이 두 범주 사이에는 그 어떤 중간적 토대도 없다. 즉 **이 두 범주의 이분법은 그 자체 이원적 대립 혹은 이원적 모순이다**. 모든 모순들이나 이원성들을 제거하려는 목표는 예컨대 정신병리를 하나의 연속체

로서 보고, 신경증과 정신병 사이에 그 어떤 예리한 구분선도 없다고 보는 것을 함축하지 않는가? 임상적으로 말해서 이는 라캉이 거의 받아들일 의향이 없었을 견해다. *Elements of Semiology* (New York: Hill and Wang, 1967), pp. 80~82에 나오는 롤랑 바르트의 이원성에 대한 흥미로운 논의를 볼 것.

9장

1) 이 점에 대한 『세미나 11』, 122쪽에 나오는 라캉의 언급을 볼 것.
2) 그것 스스로는 "메타언어"를 구성하지 않으면서.
3) 특히 세미나 6을 볼 것.
4) 실로 라캉은 언어의 첫 번째 기능은 "명령법적"이라고 말한다.
5) 여기서 논의되는 네 가지 이외의 다른 담화들이 여기서 사용되는 네 가지 수학소의 **순서**를 변경함으로써 생성될 수 있다는 점에 유의할 것. 그것들을 주인의 담화에서 발견되는 순서(<그림 9.2>)대로 유지하는 대신에 <그림 9.3>에 나오는 순서로 변경한다면, 네 가지 다른 담화가 생성될 수 있을 것이다. 사실, 네 가지 상이한 위치에서 이 네 가지 수학소를 사용하면 총 24개의 상이한 담화가 가능하다. 그리고 라캉이 오직 네 가지 담화만을 언급한다는 사실은 그가 요소들의 **순서**와 관련하여 특별히 중요한 무언가를 발견한다는 것을 암시한다. 그의 수많은 4항조 구조들에서 그러하듯, 라캉이 정신분석에서 가치 있고 흥미롭다고 생각하는 것은 바로 이러한 특수한 배치인 것이지, 그 구성적 요소들의 여하한 오래된 조합인 것이 아니다.

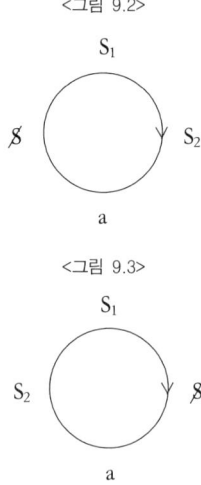

<그림 9.2>

<그림 9.3>

6) *Newsletter of the Freudian Field* 3 (1989).
7) Charles Fourier, *The Passions of the Human Soul* (New York: Augustus M. Kelley Publishers, 1968), p. 312를 볼 것.
8) *Scilicet* 2/3 (1970): 89를 볼 것.
9) 실로 학자는, 지식에 열중하기보다는, 소외에 열중하는 것처럼 보일 것이다.
10) 그는 동일한 논점을 *Scilicet* 2/3 (1970): 395-96에서도 제시한다.
11) *Scilicet* 5 (1975): 7, 그리고 "Propos sur l'hystérie", *Quarto* (1977).
12) 이는 S(A)와 연결될 수 있을 것인데, 라캉은 후자를 세미나 20(p. 118)에서 "하나—빼기"(l'un-en-moins)라고 부른다.
13) 꼬마 한스의 사례에서 한스가 말 공포증에 매달리기 전에 일종의 일반화된 불안 상태를 겪는다는 것을 생각해보자. 말 공포증은 그가 이미 프로이트의 후견하에 아버지와의 일종의 분석 치료를 시작한 **이후에** 나타난다.
14) 원인으로서의 대상 (a)은 네 가지 담화에서 네 가지 상이한 위치를 차지한다. 그리고 「과학과 진리」의 말미에서 라캉은 네 가지 다른 담화를 네 가지 아리스토텔레스적 원인들과 연결시킨다.

과학: 형상인
종교: 목적인
마법: 작용인
정신분석: 질료인

내가 보기에 1965년에 이처럼 분석된 네 가지 분야와 그것들의 원인들을 1969년에 개괄된 네 가지 담화와 그 각각에서의 대상 (a)의 위치와 비교해보는 작업은 결실을 낳는 모험이 될 것이다. 프로이트적 충동의 네 가지 구성요소는 여기 걸려 있는 네 가지 대상들을 상이한 층위에 위치시키는 데 도움이 될 것이다.
15) 이는 다양한 책들에 의해 제공되는데, 이는 셰리 터클의『라캉과 정신분석 혁명』 (여인석 옮김, 민음사, 1995)과 Elizabeth Roudinesco의 *Jacques Lacan & Co.: A History of Psychoanalysis in France, 1925-1985*, translated by Jeffrey Mehlman (Chicago: University of Chicago Press, 1990)을 포함한다.
16) 예컨대 분석 담화는 분석자가 자신의 증상이나 주인기표에 연결된 향유를 포기할 것을 요구한다.

10장
1) 나는 여기서 저 방대한 문헌을 요약할 수 없다. 독자는 알렉산드르 코이레, 토마스

쿤, 폴 포이어아벤트 같은 저자들의 저술을 참조하기 바란다.
2) "Science and Psychoanalysis", in *Reading Seminar XI: Lacan's Four Fundamental Concepts of Psychoanalysis* (Albany: SUNY Press, 1995).
3) 실로 여전히 남는 것은 라캉이 1960년대 중엽에 "정신분석의 주체"와 등치시키는 "과학의 주체"이다.
4) 진리와 가치로서의 참에 대한 구분은 이미 파스칼의 『팡세』, ¶ 233에서 볼 수 있다.
5) 어떤 과학들은 위치적 주체를 고려에 넣는데(예컨대 노이만식의 게임이론), 이는 프레게의 용어로 "불포화된unsaturated" 함수, 즉 틈새가 대상에 의해 채워지지 않은 함수로서 기술될 수 있을 것이다. 라캉은 「과학과 진리」에서 "불포화된"이라는 용어를 채택한다.
6) "과학적 대상들"과 "정신분석적 대상"의 차이에 대해 사고할 한 가지 유용한 방법은 Jonathan Scott Lee, *Jacques Lacan* (Boston: Twayne Publishers, 1990)의 "성과 과학"에 대한 흥미로운 장에 나오는 한 구절에서 제시된다. "실증주의가 과학을 그 과학에 의해 연구되는 선재하는 대상들을 통해 정의하는 곳에서, 라캉은 과학이 연구하는 대상들에게 과학이 덧붙이는, 그리고 이번에는 그 대상들을 과학의 대상으로 변형시키는 그런 종류의 기표들, 형식적 어휘들을 통해서 과학에 대한 정의를 제공한다" (p. 188). 그러한 것으로서 "과학적 대상들"은 "과학적 언어"에 의해 실재로부터 절단된다. 다른 한편 정신분석에서 대상 (a)은 그 과정의 잔여물이다. 달리 말해서, 과학의 대상들의 구성 "이후에" 남는 무엇이다. 형식화에는 언제나 한계가 있다. 실재에 대한 점진적 상징화는 언제나 잔여물을 남긴다. 라캉이 세미나 25에서 말하듯이, "말은 사물을 만든다. …… 하지만 [분석가로서의] 우리의 관심은 정확히 말과 사물 사이의 조응[inadéquation]의 결여이다" (1977년 11월 15일).
7) "Science and Truth", *Newsletter of the Freudian Field* 3 (1989). 라캉은 이 용어를 프레게로부터 차용했을 것이다.
8) 특별히 정신분석적인 주체는 분명 여전히 계속해서 봉합되어지지만 말이다. 혹자에 따르면, 하이젠베르크의 불확정성 원리는 대자연의 작동들과의 조우 속에서 그리고 그러한 작동들을 정식화하는 속에서 주체 겸 과학자의 활동에 부여되는 중요성의 귀환을 예고했다. 그럼에도 불구하고 이와 같은 설명들 속에서 이해되는 바로서의 과학자는 위치적 개념 이상의 것으로 보이지 않는다.
9) "가르침에 연루될 때 분석적 담화는 분석가를 분석자의 위치로 이끈다", 그리고 이는 내가 9장에서 언급했듯이 히스테리자 담화의 채택을 요구한다 (*Scilicet* 2/3 [1970]: 399).
10) "프락시스란 무엇일까요? (……) 프락시스란 그것이 무엇이건 상징적인 것을 통해 실재적인 것을 변화시킬[traiter] 수 있도록 인간에 의해 의도된 행동을 가리키는

매우 포괄적인 용어이지요"(『세미나 11』, 19쪽. 번역 수정). [저자가 "프락시스(praxis)"와 "실천(practice)"을 구분해서 사용하기에, 국역본에 "실천"이라고 되어 있는 것을 "프락시스"로 변경했다. 그리고 국역본에는(그리고 셰리던의 영역본에도) "실재적인 것을 다룸"로 번역되어 있지만 저자는 원어를 병기하는 한에서 "실재적인 것을 변화시킴(change[*traiter*] the real)"로 의도적으로 의역하고 있어서, 이를 그대로 반영했다.]

11) "L'interprétation porte sur la cause du désir"("해석은 욕망의 원인에 관계한다"), "*L'Étourdit*", *Scilicet* 4 (1973): 30.
12) 줄잡아 말하더라도, 지탱하기가 버거운 담화!
13) *Seminar VIII*, translated by Bruce Fink (New York: Norton, 근간)을 볼 것.
14) 나는 이 용어를 언어학, 정신분석, 과학에 대한 가장 유능한 현대 저자 가운데 한 명인 장-클로드 밀네에게서 가져왔다. 특히 그의 뛰어난 논문 "Lacan and the Ideal of Science", in *Lacan and the Human Sciences*, edited by Alexandre Leupin (Lincoln: University of Nebraska Press, 1991), p. 36과 *Introduction à une science du langage* (Paris: Seuil, 1980), pp. 92ff에 나오는 그의 한층 더 심도 깊은 논의를 볼 것.
15) 예컨대 바디우의 『철학을 위한 선언』(이종영 옮김, 백의, 1995)을 볼 것. 그렇지만 내가 아는 가장 완전한 설명은 1987년에서 1989년까지 생드니의 파리 8대학과 국제 철학학교(Collège International de Philosophie)의 후원하에 진행된 수업에서 제공되었다.
16) 세미나 25, 1977년 11월 15일.
17) 이러한 몇몇 담화들이 환자 자신의 선을 위한 것으로 보는 것들 가운데는 이런 것들이 있다. 환자를 "사회의 생산적 구성원"으로 만들기, 그/녀의 "반사회적 경향성"을 제거하기, 그/녀를 좀 더 반성적이고 통찰력 있게 만들기, 그/녀로 하여금 한 명의 동일한 파트너와 함께 사랑과 욕망과 성적 만족을 발견할 수 있도록 만들기.

후기

1) 실로, 나의 작업을 라캉 저술에 대한 일련의 심층 독서들에 대립되는바 일종의 통일되고 완성된 "체계"의 모습으로 제시하는 데 대한 나 자신의 주저함을 극복하고 나 같은 이전에 알려지지 않은 저자의 경우에 **타자**가 분명하게 요구했던 어떤 것을 제공하기까지는 대략 5년의 시간이 걸렸다. 내가 이 책에서 제시한 것의 주된 윤곽들은 프로이트 원인 학교에서 분석가로서의 훈련을 마친 후 1989년 프랑스를 떠날 때가 되어 이미 마련되어 있었다. 하지만 이것을 출판사가 동의할 형태로 가공하는 데는 1994년까지 걸렸다!
2) "진정한 가르침, 즉 혁신으로 알려진 것에 스스로 복종하기를 결코 멈추지 않는 가르침"(『에크리』, 435쪽).

3) 열린전집 4, 161쪽을 볼 것.

부록 1

1) Cf. *The Purloined Poe: Lacan, Derrida & Psychoanalytic Reading*, edited by John Muller and William Richardson (Baltimore: Johns Hopkins University Press, 1988).
2) 한 가지 주목할 만한 예외는 자크-알랭 밀레인데, 그는 1984-85년에 생드니의 파리 8대학의 후원으로 이루어진 미출간 세미나『1, 2, 3, 4』에서 훌륭한 독서를 제공했다.
3) 라캉의「「도둑맞은 편지」에 대한 세미나」의 첫 출간(*La Psychanalyse* 2 [1956])에서는 좀 더 분명하게 진술되어 있다. 거기서 라캉은 이렇게 쓴다. "1-3 네트워크에 대한 고려만으로도 다음을 보여주기에 충분하다. 즉 그것에 의해 그 연쇄가 고정되는 항목들에 따라서 중간항이 분명하게 규정될 것이다. 다시 말해서, 앞서 언급된 묶음은 그것의 두 극단에 의해 충분하게 규정될 것이다. 따라서 [(1)(2)(3)] 묶음 안에서 다음의 극단 (1)과 (3)을 정립하도록 하자"(p. 5).
하지만 항목들이 어떻게 묶음지어지는지를 좀 더 분명하게 진술하면서 라캉은 부정확에 빠져든다. 극단의 항들을 고정하는 것이 모든 경우들에서 중간항을 분명하게 규정하지는 **않는다**(예컨대 그리스 문자 매트릭스 II에서 보았듯이, 2_2 배열의 공백은 1이나 2나 3으로 채워질 수 있다.
4) 그렇지만 여기서, 이 후자의 계열이 두 번째 β의 중간삽입 없이 전자에서 곧바로 뒤따를 수 없다는 데 주목하라. 즉 한 열 안에 두 γ가 있으면 한 열 안에 두 2가 반드시 있어야 하며, 이는 여기서 오직 두 β들에 의해서만 생성될 수 있다. Cf. 이 부록에 재생된,『에크리』57쪽에 있는 $\alpha, \beta, \gamma, \delta$ 네트워크.
중요한 주석: 라캉의『에크리』의 이 부분에는 잘못이 있고, 그것들은 극히 오도적이다.

<표 A1.9: 라캉의 표 Ω>

슬롯 번호:

	1	2		3		4			
샘플 숫자 줄:									그리스 문자줄:
1	2	3	3	?	?	?	?	?	
	α	δ	δ	γ	β	β	α		1
		δ			β				2
	α	γ		γ	α				3

이것 바로 위에 있는,『에크리』50쪽의 표(이곳의 <표 A1.9>)는 (1) 분명 인쇄상의 오류를 포함한다는 점에서, 그리고 (2) 던지기 결과와 수 코드화가 왼쪽에서 오른쪽

으로 진행되고 그리스 문자줄 또한 통상 그럼에도, 라캉은 후자를 오른쪽에서 왼쪽으로 진행시키는 것처럼 보인다는 점에서 오도적이다.

우리는 위에서, 예컨대(그리고 라캉이 이를 명시적으로 언급하는바), 슬롯 1에 α가 있을 때 슬롯 3에서 결코 δ를 발견할 수 없다는 것을 보았다. 하지만 위의 표는 이것이 전적으로 가능하다는 것을 제시하는 것 같다!

이 인쇄상의 오류는 라캉의 1956년 판본에서 발견되는 더 단순한 표에서도 나타난다.

$$\begin{array}{cccccc} \alpha & \delta & \delta & \gamma & \beta & \beta & \alpha \\ & \delta & \delta & \delta & \beta & \beta & \beta \end{array}$$

이제 사슬을 다른 방향으로 진행시키면, 그것이 아주 잘 작동한다는 것을 알 수 있다(<표 A1.10>). 독자들은 내가 그리스 문자줄 2와 3에서 배제된 항목들을 뒤바꾸지 않았다는 것을 알아차릴 수 있을 것인데, 그것들은 붙어본『에크리』표에 있는 대로는 분명 말이 되지 않는다. 수정 이전에 표 Ω는 예컨대 우리가 α에서 γ로 가기 위해서 두 개의 δ를 사용할 수 있다는 것을 제시하며, 그리고 계속해서 그 아랫줄에서는 δ가 결코 그와 같은 진행의 일부일 수 없다는 것을 제시한다!

<표 A1.10: 라캉의 표 Ω (수정)>

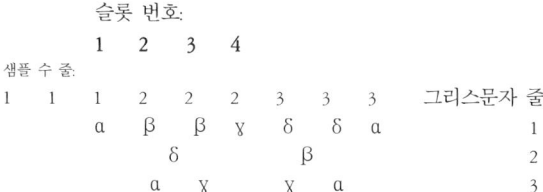

따라서 라캉은, 이 그리스 문자 연쇄가 왼쪽에서 오른쪽이 아니라 오른쪽에서 왼쪽으로 진행되게 하려는 의도였으나 줄 2에 있는 δ와 β의 잘못된 역전을 포착하지 못했던 것이거나(이는 라캉이 51쪽 밑에서 제공하는 몇몇 금지된 조합을 설명해 줄 수도 있을 것이다), 아니면 역전이 줄 1 자체에서 발생했으며, 거기서 이중화된 δ들과 β들이 반전되어 있거나이다. (우리는 또한 극단의 항목 α와 γ가 부주의하게 역전되었다고 상상할 수도 있을 것이다. 작동하는 두 연쇄는 여하간 αββγδδα와, 동일한 연쇄를 오른쪽에서 왼쪽으로 읽은 αδδγββα이다[이는 사실상 γββαδδγ와

등가적이다]). 여하간 내가 참조할 판본은 위의 수정된 표 안에 제시된 것이다. 이 표는 이제는 이해하기가 아주 쉬울 것이다. δ는 α-γ 4-단계 조합에서 사용될 수 없다. α는 슬롯 2에 나타날 수 없고, γ는 슬롯 3에 나타날 수 없다. β는 γ-α 4-단계 조합에서 배제되며, γ는 슬롯 2에서, α는 슬롯 3에서 금지된다. 이러한 배제들의 이유는 표 O에서 열거된 것들을 연역했던 것과 동일한 방식으로 연역될 수 있다. (여기서 두 개의 4-단계 연쇄가 사실상 서로를 곧바로 뒤따를 수 있다는 것에 주목할 것. cf. 이 부록에서 앞으로 재생되는 『에크리』 57쪽의 α, β, γ, δ 네트워크)

5) 1단계 매트릭스(<표 A1.11>)에서는 1이나 3 조합에 비해 두 배 많은 가능한 2 조합이 있으므로 불균형이 있지만, 2단계 매트릭스는 이를 교정하는 일에 착수한다(<표 A1.12>).

<표 A1.11>

1 (identical)	2 (odd)	3 (alternating)
+++	++− −++	+−+
−−−	+−− −++	−+−

<표 A1.12>

α	β	γ	δ
1_2, 1_3	1_2	2_2	2_1
3_3, 3_1	3_2		2_3

이 매트릭스를 액면가로 취할 경우 우리는 2를 발견할 때마다 그것을 포함하는 조합이 비-2 조합보다 두 배의 특권을 갖는다고, 그리하여 2 조합을 포함하지 않는 문자는 2 조합을 포함하는 문자보다 두 배 많은 보통의 조합을 갖을 것이라고(예컨대 α는 β보다 두 배 많은 삼항조를 포함한다) 생각하려는 경향이 있다. 그리고 어떤 삼항조가 두 개의 2를 포함한다면, 그것은 오로지 하나의 2를 포함하는 삼항조보다 나타날 가능성이 두 배 높은 것처럼 보인다.

사실상 확률은 이러한 계산을 입증해주지만, 정확히 이러한 방식으로는 아니다. 우선 우리는 그리스 문자 매트릭스 II로 돌아가 본다. 거기서 우리는 전체 조합 목록을 보여주었다(<표 A1.13>).

<표 A1.13>

α	β	γ	δ
111, 123	112, 122	212, 232	221, 211
333, 321	332, 322	222	223, 233

보통은, 이와 같은 3-슬롯에서는 27개(3^3)의 삼항조가 가능할 것이다. 하지만 1-3, 3-1 제약 때문에(즉 1과 3은 직접적으로 연속될 수 없다), 그리고 3 뒤에 2가 오고 그 다음 3이 올 수 없고(두 개의 3 사이에는 두 개의 2가 있어야 한다) 또한 1 뒤에 2가 오고 그 다음 1이 올 수 없기 때문에, 12개가 제외된다.

예를 들어서, 삼항조 111의 확률은 다음과 같이 계산되어야 한다. 처음 1은 네 번 중 한 번 나타날 확률이 있다(1/4). 그렇지만 두 번째 1은 1이나 2만이 점유할 수 있고 3은 금지되어 있는 슬롯을 점유한다. 이제 2가 나타날 확률은 1과 같으며(1 조합 +++의 경우, +와 -가 뒤따를 가능성은 같다), 따라서 1의 확률은 여기서 2분의 1이다. 세 번째 1은, 역시 1에서 곧바로 뒤따르므로, 역시 두 번 중 한 번 나타날 확률이 있다. 따라서 $1/4 \times 1/2 \times 1/2 = 1/16$.

사실 완성된 매트릭스에 있는 삼항조들 가운데 하나를 제외하고 나머지 모두가 1/16의 확률을 갖는다. 그렇지만 γ에 있는 222 삼항조는 1/8의 확률을 갖으며, 그리하여 겉보기에 불균등한 삼항조 분배의 균형을 잡아준다. 이는 흐름도를 통해 체크해 볼 수 있다. 흐름도는 두 개의 가지(+와 -)에서 시작해서 각가지를 계속해서 둘로 가르고 한 가지에 플러스를 더하고 다른 가지에 마이너스를 더함으로써 확장된다 (<표 A1.8>을 볼 것). 우리는 222가 나머지보다 두 배로 나올 확률이 높다는 것을 발견하며, 또한 다양한 그리스 문자들이 사실상 나올 확률이 정확히 동일하다는 것을 발견한다.

6) 나는 티스 버먼(Thijs Berman)의 도움으로 이 추가적인 코드를 풀 수 있었다.
7) 설사 1을 "다른"으로 그리고 0을 "동일한"으로 취한다고 해도 01과 10이 여전히 역전되어 있다는 것을 공식적으로 지적하도록 하자. 그것들을 현재 있는 그대로 올바른 것으로 가정할 수 있는 유일한 방법은 던지기-결과 사슬이 오른쪽에서 왼쪽으로 나아가고 각각의 새로운 플러스나 마이너스가 오른쪽이 아니라 왼쪽에 더해진다고 가정하는 것일 터이다.
8) 우리는 정말로 원하기만 한다면 또한 1-3 네트워크를 홀수-짝수 해석에 따라서 만들 **수도 있을 것이다**. 플러스와 마이너스 기호를 둘로 묶음지으면서 우리는 동일한 두 기호가 나란히 나오는 사례를 "짝"으로 부르고 각 기호 하나(즉 홀수)를 포함하는 사례를 "홀"이라고 부른다. 홀-짝 코드화는 분명 여기서 다소 부자연스러울 터이다.
9) 계속해서 "대칭적"과 "비대칭적"이라는 명칭들을 동일한 기호들의 (삼항조 대신에) **쌍**과 상이한 기호들의 쌍을 각각 가리키도록 단순화할 때, 우리는 분명, 1-3 네트워크를 검토하면서, 앞서 1을 "동일한"으로 그리고 0을 "상이한"으로 정의함으로써 발견한 것과 같은 결과들을 발견한다.
10) <표 A1.8>에 제공된 흐름도를 볼 것. 이것 또한 라캉의 α, β, γ, δ 네트워크를

생성할 수 있다.
11) 하지만 이상하게도 과정은 다시 반복될 수 없다. 즉 우리는 모든 것을 옛 1-3 네트워크에 위치시키려고 하기 위해서 3-슬롯 1/0 연쇄를 2-슬롯 1/0 연쇄로 다시금 재코드화할 수 없다. 두 적용은 여기서 허용되는 최대치이다.

부록 2
1) 『에크리』, 548쪽과 Seminar II, p. 109를 볼 것.
2) 우리에게 마이너스 연쇄가 제시된다면, 수 매트릭스 줄은 정확히 위의 사례에서와 마찬가지로 읽힐 것이다. 또한, 균일하게 교대하는 연쇄로 시작할 경우 수 매트릭스 줄이 33333212라고 읽힐 것이고 또한 여기서 모든 그리스 문자들이 여하간 홀에서 홀, 홀에서 짝, 짝에서 홀, 혹은 짝에서 짝으로 정의되기 때문에 그리스 문자 줄은 언제나 동일할 것이라는 점을 독자들은 쉽게 확인할 수 있다.
3) 여기서 괄호들이 완전히 비어 있을 수 있다고 라캉이 말하므로, 우리는 아래와 같은 상황을 고려에 넣을 필요가 있다고 생각할 수 있을 것이다.

하지만 그것은 생성된 통사론에 의해 금지되므로—δ는 위치 1에 α가 있을 때 위치 3에 있을 수 없다—우리는 이를 여기서 제쳐놓을 수 있다.
4) "그 자신의 역전 속에서의 어떤 계기에서, 잡아먹힘의 환상으로부터 결과하는 것으로 우리가 간주할 수 없는 잡아먹음의 환상은 결코 없다"(세미나 12, 1965년 1월 20일).
5) 사슬 L은 또한, 여기서 대상이 주체 안에, 적어도 주체의 주름이나 안감 가운데 한 가지 안에 포함되어 있다는 것을 가리킨다. Cf. 예컨대 젖가슴으로서의 대상 (a)은, 어떤 의미에서 아이의 신체의 일부—어머니에게 붙어 있는 혹은 어머니에게 "못 박혀 있는" 부분—이기에, 어머니가 아니라 아이에게 속한다는 주장.
주체가 그 안에서 발견되는 이중괄호(«주체»)를 지칭하기 위해 라캉이 "인용부호(quillemets)"라는 용어를 사용하는 사실은 라캉에게 "주체는 가정된 것 이상이 결코 아니다"라는 것을 우리에게 환기시켜준다. 주체는 그 어떤 의미에서도 직접적으로 관찰될 수 있는 어떤 것이 아니다. 주체는 오히려 우리 편에서의 가정이다(비록 필연적인 가정이라고 하더라도). 우리는 여하한 것이 실제로 이 가정된 주체에 상응하는지의 여부를 알기 위해 언제나 점검해보아야 한다.

하지만 이 인용부호는 한 단계 더 나아가서, 말과 글의 등록소 양자 모두를 암시한다. 사람들은 주체에 대해서 말하며, 인용부호는 종종 **이전에 말해진 무언가**를, 다른 시간에 다른 어떤 곳에서—그리고 일반적으로는 다른 누군가에 의해— 언표된 무언가를 지칭한다. 그리하여 주체는 어떤 타자가 언제나 이미 그에 대해서 말했던 것에 의존한다. 더구나 인용부호는, 본질적으로 활자의 성격을 갖기 때문에, 말에서는 볼 수 없다(종종 몸짓으로 흉내내어지기도 하고, 단어에 특정한 강세를 주어서 혹은 명시적으로 발언되는 "인용, 주체, 인용끝(quote, subject, unquote)"에 의해 표시되기도 하지만 말이다). 라캉에게 글(문자)과 존재의 관계는 가장 중요하며, 우리의 괄호쳐진 주체의 존재는 "그/녀를 구획하는(set him or her off)" 이 부호들에 전적으로 의존하는 것처럼 보인다. 우리는 주체가 부호로서가 아니라면 혹은 구획된 바로서가 아니라면 그 어떤 다른 존재도 갖지 않는다고까지 말할 수도 있을 것이다.

참고문헌

Jacques Lacan

Écrits. Paris: Seuil, 1966. *Écrits: A Selection*. Translated by Alan Sheridan. New York: Norton, 1977. New complete translation by Bruce Fink. New York: Norton, forthcoming.

Seminar I *Les écrits techniques de Freud* (1953-54). Text established by Jacques-Alain Miller. Paris: Seuil, 1975. *Freud's Papers on Technique: 1953-1954*. Translated by Jahn Forrester. New York: Norton, 1988.

Seminar II *Le moi dans la théorie de Freud et dans la technique de la psychanalyse* (1954-55). Text established by Jacques-Alain Miller. Paris: Seuil, 1978. *The Ego in Freud's Theory and in the technique of Psychoanalysis: 1954-1955*. Translated by Sylvana Tomaselli, with notes by John Forrester. New York: Norton, 1988.

Seminar III *Les psychoses* (1955-56). Text established by Jacques-Alain Miller. Paris: Seuil, 1981. *The Psychoses*. Translated by Russell Grigg. New York: Norton, 1993.

Seminar IV *La relation d'objet*. Text established by Jacques-Alain Miller. Paris: Seuil, 1994.

Seminar V *Les formations de l'inconscient* (1957-58). Unpublished.

Seminar VI *Le désir et son interprétation* (1958-59). Text established by Jacques-Alain Miller (seven sessions). *Ornicar?* 24 (1981): 7-31; 25 (1982): 13-36; and 26/27 (1983): 7-44. Final three sessions translated by James Hulbert as "Desire and the Interpretation of Desire in *Hamlet.*" *Yale French Studies* 55/56 (1977): 11-52.

Seminar VII   *L'éthique de la psychanalyse* (1959-60). Text established by Jacques-Alain Miller. Paris: Seuil, 1986. *The Ethics of Psychoanalysis.* Translated by Dennis Porter. New York: Norton, 1992.

Seminar VIII   *Le transfert* (1960-61). Test established by Jacques-Alain Miller. Paris: Seuil, 1991. Translated by Bruce Fink. New York: Norton, forthcoming.

Seminar IX   *L'identification* (1961-62). Unpublished.

Seminar X   *L'angoisse* (1962-63). Unpublished.

Seminar XI   *Les quatre concepts fondamentaux de la psychanalyse* (1964). Text established by Jacques-Alain Miller. Paris: Seuil, 1973. *The Four Fundamental Concepts of Psychoanalysis.* Translated by Alan Sheridan. New York: Norton. 1978.

Seminar XII   *Problèmes cruciaus pour la psychanalyse* (1964-65). Unpublished.

Seminar XIII *L'objet de la psychanalyse* (1965-66). Unpublished.

Seminar XIV *La logique du fantasme* (1966-67). Unpublished.

Seminar XV *L'acte psychanalytique* (1967-68). Unpublished.

Seminar XVI *D'un Autre à l'autre* (1968-69). Unpublished.

Seminar XVII *L'envers de la psychanalyse* (1969-70). Text established by Jacques-Alain Miller. Paris: Seuil, 1991. Translated by Russell Grigg. New York: Norton, forthcoming.

Seminar XVIII *D'un discours qui ne serait pas du semblant* (1970-71). Unpublished.

Seminar XIX *... ou pire* (1971-72). Unpublished.

Seminar XX *Encore* (1972-73). Text established by Jacques-Alain Miller. Paris: Seuil, 1975. Two classes translated by Jacqueline Rose in *Feminine Sexuality,* 137-61. Complete translation by Bruce Fink. New York: Norton, forthcoming.

Seminar XXI *Les non-dupes errent* (1973-74). Unpublished.

Seminar XXII *R.S.I.* (1974-75). Text established by Jacques-Alain Miller. *Ornicar?* 2 (1975): 87-105; 3 (1975): 95-110; 4 (1975): 91-106; and 5 (1975): 15-66. One class translated by Jacqueline Rose in *Feminine Sexuality,* 162-71.

Seminar XXIII   *Le sinthome* (1975-76). Text established by Jacques-Alain Miller. *Ornicar?* 6 (1976): 3-20; 7 (1976): 3-18; 8 (1976): 6-20; 9 (1977): 32-40; 10

	(1977): 5-12; and 11 (1977): 2-9.
Seminar XXIV	*L'insu que sait de l'une-bévue, s'aile a mourre* (1976-77). Text established by Jacques-Alain Miller. *ornicar?* 12/13 (1977): 4-16; 14 (1978): 4-9; 15 (1978): 5-9; 16 (1978) 7-13; and 17/18 (1979): 7-23.
Seminar XXV	*Le moment de conclure* (1977-78). Text established by Jacques-Alain Miller (one session). *Ornicar?* 19 (1979): 5-9.
Seminar XXVI	*La topologie et le temps* (1978-79). Unpublished.
Seminar XXVII	*Dissolution!* (1980). *Ornicar?* 20/21 (1980): 9-20 and 22/23 (1981): 714. Partially translated by Jeffrey Mehlman as "Letter of Dissolution" and "The Other Is Missing." In T*elevision*, 128-33.

De la psychose paranoïaque dans ses rapports avec la personnalité (1932). Paris: Seuil, 1980.

"L'Étourdit" (1972). *Scilicet* 4 (1973): 5-52.

Feminine Sexuality. Edited by Juliet Mitchell and Jacqueline Rose. Translated by Jacqueline Rose. New York: Norton, 1982.

"Joyce le symptôme I " (1975) and "Joyce le symptôme II " (1979). In *Joyce avec Lacan.* Edited by Jacques Aubert. Paris: Navarin, 1987.

"Logical Time and the Assertion of Anticipated Certainty." Translated by Bruce Fink and Marc Silver. *Newsletter of the Freudian Field* 2 (1988): 4-22.

"Metaphor of the Subject." Translated by Bruce Fink. *Newsletter of the Freudian Field* 5 (1991): 10-15.

"Position of the Unconscious." Translated by Bruce Fink. In *Reading Seminar XI: Lacan's Four Fundamental Concepts of Psychoanalysis.* Edited by Bruce Fink, Richard Feldstein, and Maire Jaanus. Albany: SUNY Press, 1995.

"Proposition du 9 octobre 1967 sur le psychanalyste de l'École." *Scilicet* 1 (1968).

"Propos sur l'hystérie." *Quarto* (1977).

"Radiophonie." *Scilicet* 2/3 (1970).

"Science and Truth." Translated by Bruce Fink. *Newsletter of the Freudian Field* 3 (1989): 4-29.

"Séminaire sur la lettre Volée." *La Psychanalyse* 2 (1956).

Télévision. Paris: Seuil, 1974. *Télévision.* Translated by Denis Hollier, Rosalind Kauss, and Annette Michelson. New York: Norton, 1990.

Jacques-Alain Miller

Orientation lacanienne. Unpublished seminars given under the auspices of the University of Paris VIII at Saint-Denis starting in 1981. See, above all, *1,2,3,4,* 1984-85.

"H₂ O." Translated by Bruce Fink. In *Hystoria.* Edited by Helena Schulz Keil. New York: Lacan Study Notes, 1988.

"An Introduction to Lacan's Clinical Perspectives." In *Reading Seminars I & II: Lacan's Return to Freud.* Ediited by Bruce Fink, Richard Feldstein, and Maire jaanus. Albany: SUNY Press, 1995.

Sigmund Freud

Collected Papers. New York: Basic Books, 1959.

The Origins of Psychoanalysis. Edited by Marie Bonaparte, Anna Freud, and Ernst Kris. Translated by Eric Mosbacher and James Strachey. New York: Basic Books, 1954,

The Standard Edition of the Works of Sigmund Freud. Edited by James Strachey. New York: Norton, 1953-74.

Studienausgabe. Vol. 3. Frankfurt: Fischer Taschenbuch Verlag, 1975.

Other Authors

Badiou, Alain. *Manifeste Pour la philosophie.* Paris: Seuil, 1989.

Barthes, Roland. *Elements of Semiology.* New York: Hill and Wang, 1967.

Berger, Peter and Thomas Luckmann. *The Social Construction of Reality.* Garden City: Doubleday, 1966.

Bergson, Henri. "Laughter." In *Comedy.* Edited by Wylie Sypher. New York: Doubleday, 1956.

Chodorow, Nancy. *Feminism and Psychoanalytic Theory.* New Haven: Yale University Press, 1989.

Damourette, Jacques and Edouard Pichon. *Des Mots à la pensée: Essai de grammaire de la langue française.* 7 vol. Paris: Bibliothèque de français moderne, 1932-51.

Descartes, René. *Philosophical Writings*. Translated by J. Cottingham. Cambridge: Cambridge University Press, 1986.

Fink, Bruce. "Alienation and Separation: Logical Moments of Lacan's Dialectic of Desire." *Newsletter of the Freudian Field* 4 (1990): 78-119.

_____ *A Clinical Introduction to Lacanian Psychoanalysis*. Cambridge: Harvard University Press, 1996.

_____ "Logical Time and the Precipitation of Subjectivity." In *Reading Seminars I & II: Lacan's Return to Freud*. Edited by Bruce Fink, Richard Feldstein, and Maire Jaanus. Albany: SUNY Press, 1995.

_____ *Modern Day Hysteria*. Albany: SUNY Press, forthcoming.

_____ "The Nature of Unconscious Thought or Why No One Ever Reads Lacan's Postface to the 'Seminar on "The Purloined Letter."'" In *Reading Seminars I & II: Lacan's Return to Freud*. Edited by Bruce Fink, Richard Feldstein, and Maire Jaanus. Albany; SUNY Press, 1995.

_____ "Reading *Hamlet* with Lacan." In *Lacan, Politics, Aesthetics*. Edited by Richard Feldstein and Willy Apollon. Albany: SUNY Press, 1995.

_____ "Science and Psychoanalysis." In *Reading Seminar XI: Lacan's Four Fundamental Concepts of Psychoanalysis*. Edited by Bruce Fink, Richard Feldstein, and Maire Jaanus. Albany: SUNY Press, 1995.

_____ "There's No Such Thing as a Sexual Relationship: Existence and the Formulas of Sexuation." *Newletter of the Freudian Field* 5 (1991): 59-85.

Fourier, Charles. *The Passions of the Human Soul*. New York: Augustus M. Kelley, 1968.

Gallop, Jane. *Reading Lacan*. Ithaca: Cornell University Press, 1982.

Grosz, Elizabeth. In *A Reader in Feminist Knowledge*. Edited by Sueja Gunew. New Youk: Routledge, 1991.

Heidegger, Martin. *Being and Time*. Translated by John Macquarrie and Edward Robinson. Oxford: Basil Blackwell, 1980.

Irigaray, Luce. *Je, tu, nous: Towards a Culture of Difference*. Translated by Alison Martin, New Youk: Routledge, 1993.

Jakobson, Roman. *Selected Writings*. Vol. 2 The Hague: Mouton, 1971.

_____ *Six Lectures on Sound and Meaning*. Cambridge: MIT Press, 1978.

Jay, Nancy. "Gender and Dichotomy." In *A Reader in Feminist Knowledge*. Edited by Sueja Gunew. New York: Routledge, 1991.

Jespersen, Otto. *Language: Its Nature, Development, and Origin*. New York: 1923.

Joyce, James. *Finnegans Wake*. London: Faber and Faber, 1939.

Kripke, Saul. *Naming and Necessity*. Cambridge: Harvard University Press, 1972.

Kurzweil, Raymond. *The Age of Intelligent Machines*. Cambridge: MIT Press, 1990.

Lee, Jonathan Scott. *Jacques Lacan*. Boston: Twayne Publishers, 1990.

Lévi-Strauss, Claude. *Structural Anthropology*. Translated by Claire Jacobson and Brooke Grundfest Schoepf. New York: Basic Books, 1963.

Milner, Jean-Claude. *Introduction à une science du langage*. Paris: Seuil, 1989.

_____ "lacan and the Ideal of Science." In *Lacan and the Human Sciences*. Edited by Alexander Leupin. Lincoln: University of Nebraska Press. 1991.

Nancy, Jean-Luc and Phillippe Lacoue-Labarthe. *The Title of the Letter*. Translated by David Pettigrew and François Raffoul. Albany: SUNY Press, 1992.

Nasio, J.-D. *Les Yeux de Laure. Le concept d'objet a dans la théorie de j. Lacan*. Paris: Aubier, 1987.

O'Neill, John. *Making Sense Together*. New York: Harper and Row, 1974.

Pacsal. *Pensées*. Paris: Flammarion, 1976.

The Purloined Poe. Editedf by John Muller and William Richardson. Baltimore: Johns Hopkins University Press, 1988.

Reading Seminar XI: Lacan's Four Fundamental Concepts of Psychoanalysis. Edited by Bruce Fink, Richard Feldstein, and Maire Jaanus. Albany: SUNY Press, 1995.

Reading Seminars I & II: Lacan's Return to Freud. Edited by Bruce Fink, Richard Feldstein, and Maire Jaanus. Albany: SUNY Press, 1995.

Roudinesco, Elizabeth. *Jacques Lacan & Co.: A History of Psychoanalysis in France, 1925-1985*. Translated by Jeffrey Mehlman Chicago: University of Chicago Press, 1990.

Russell, Bertrand. *Introduction to Mathematical Philosophy*. London: Allen and Unwin, 1919.

Russell, Bertrand and Alfred North Whitehead. *Principia Mathematica*. Vol. 1. Cambridge: Cambridge University Press, 1910.

Soler, Colette, "The Symbolic Order(I)." In *Reading Seminars I & II: Lacan's Return to Freud*.

Turkle, Sherry. *Psychoanalytic Politics: Freud's French Revolution*. New York: Basic Books, 1978.

찾아보기

(ㄱ)

강박증　42, 180, 199, 201, 249, 325, 347
거세　119, 138, 142, 143, 144, 154, 182, 184, 185, 186, 187, 189, 192, 198, 203, 205, 206, 207, 208, 223, 228, 241, 315, 316, 337, 342, 349
거울 단계　107, 295, 332, 338
거짓 코기토　309
거짓된 존재　12, 94, 95, 97, 142, 144
결여　11, 108, 110, 111, 112, 113, 114, 119, 120, 124, 132, 144, 147, 167, 177, 178, 188, 189, 190, 192, 193, 194, 212, 213, 214, 246, 247, 270, 312, 314, 315, 316, 324, 329, 334, 335, 343, 346, 352
경계선 범주　202
경쟁 관계　167
고유명사　84, 85, 248

고착　12, 65, 66, 68, 69, 83, 139, 145, 171, 339
과학　15, 16, 75, 150, 157, 159, 179, 243, 245, 246, 247, 250, 252, 253, 254, 255, 256, 257, 258, 259, 260, 261, 262, 263, 264, 265, 266, 267, 273, 323, 325, 340, 351, 352, 353
「과학과 진리」(라캉)　243, 255, 325, 351, 352
『과학적 심리학 초고』(프로이트)　150, 179
괴델의 정리　72
구두점　17, 19, 133, 335
구조인류학　255
『구조인류학』(레비-스트로스)　188, 342
구조주의　9, 15, 38, 54, 75, 79, 228, 230, 232, 255, 349

군산 복합체 243
권력 투쟁 250
그래프 이론 281, 291
"그러나" 128
근친상간 금기 188, 198
금지 207, 288, 294, 310, 311, 313, 344, 345, 355, 356, 357, 358
기관 쾌락 199
기억 36, 37, 51, 52, 53, 57, 80, 142, 150, 176, 177, 179, 294, 309, 325, 328
기억하기 53, 309
기표 9, 14, 16, 32, 37, 39, 40, 41, 42, 50, 53, 56, 57, 58, 61, 62, 65, 66, 70, 71, 72, 73, 74, 75, 84, 87, 89, 90, 91, 97, 99, 104, 109, 110, 114, 115, 116, 117, 118, 119, 123, 127, 129, 130, 131, 132, 135, 138, 139, 140, 141, 144, 145, 146, 147, 148, 150, 151, 152, 153, 158, 171, 174, 179, 185, 186, 188, 189, 190, 191, 192, 193, 194, 199, 200, 201, 202, 204, 209, 211, 212, 213, 214, 215, 216, 217, 219, 220, 221, 222, 224, 229, 240, 241, 242, 243, 244, 248, 249, 258, 265, 273, 310, 315, 316, 326, 330, 331, 332, 335, 336, 337, 338, 342, 343, 344, 346, 347, 348, 351, 352
기표로서의 "but" 86
기표 사슬 50, 53, 74, 75, 90, 97, 179
꼬마 한스의 사례 249, 351
꿈 26, 33, 45, 46, 52, 56, 65, 91, 133, 150, 166, 168, 177, 203, 205, 208, 227, 248, 301, 303, 324, 325, 329, 338, 339

『꿈의 해석』(프로이트) 26, 45, 91, 150, 166, 324, 325

(ㄴ)

남근 14, 16, 17, 116, 118, 119, 131, 132, 184, 185, 190, 191, 192, 193, 194, 198, 199, 200, 201, 203, 204, 205, 206, 209, 210, 211, 212, 213, 216, 223, 224, 225, 228, 316, 334, 335, 342, 343, 346, 347, 349
남근 기능 184, 190, 193, 194, 198, 199, 200, 201, 203, 204, 205, 206, 209, 210, 211, 216, 316, 342
남근적 향유 14, 17, 199, 200, 201, 223, 224, 228
남근중심주의 184
남성적 구조 17, 194, 198, 201, 203, 206, 209, 215, 220, 223, 229, 231, 346, 348, 349
남자 65, 119, 143, 172, 173, 174, 182, 185, 187, 195, 197, 198, 199, 200, 201, 202, 203, 204, 205, 207, 208, 211, 212, 213, 216, 217, 218, 219, 221, 223, 225, 226, 231, 232, 278, 337, 342, 344, 345, 347
내면화 35, 37, 82, 83, 127, 332
내부 15, 19, 25, 27, 35, 38, 51, 61, 68, 69, 82, 108, 111, 126, 140, 180, 185, 188, 192, 206, 224, 226, 228, 232, 256, 280, 285, 308, 314, 330, 331
노예 240, 241

「논리적 시간과 예상된 확실성의 단언」
(라캉) 130, 138
『농담과 무의식의 관계』(프로이트) 26, 91
뉴턴 물리학 255

(ㄷ)

다이아몬드 상징 134, 317
대상 a 10, 11, 13, 14, 17, 19, 42, 59, 74, 120, 121, 122, 123, 124, 125, 126, 131, 133, 134, 137, 139, 144, 151, 157, 158, 171, 191, 192, 270, 301, 310, 313, 315, 316, 317, 332, 335, 338, 340, 346
대상 관계 이론 339
대체 33, 65, 66, 91, 117, 118, 119, 123, 124, 137, 138, 139, 146, 148, 174, 214, 242, 303, 306, 330, 334, 335, 336
대학 담화 17, 239, 242, 243, 244, 245, 249, 254, 260
데리다Derrida, J. 184, 274
데카르트 92, 93, 94, 95, 257, 332
「「도둑맞은 편지」에 대한 세미나」(라캉) 46, 47, 52, 53, 61, 67, 90, 171, 279, 288, 301, 325, 329, 337, 354
동기간의 경쟁 160
동성애 15, 223, 333, 348
동양철학 83
동일시 39, 56, 81, 85, 154, 161, 219, 220, 245, 258, 305, 312
등록소 11, 53, 134, 135, 171, 174, 198, 206, 211, 213, 226, 230, 261, 262, 315, 338, 341, 359
떠맡음assumption 101, 153, 169

(ㄹ)

라랑그 331, 344
라캉 3, 9, 10, 11, 12, 13, 14, 15, 16, 17, 18, 19, 20, 24, 25, 26, 27, 29, 30, 31, 32, 33, 34, 35, 37, 42, 43, 44, 45, 46, 47, 49, 51, 52, 53, 54, 55, 56, 58, 59, 61, 62, 63, 64, 67, 69, 70, 71, 73, 74, 75, 76, 77, 79, 80, 81, 83, 84, 85, 87, 88, 89, 90, 91, 92, 93, 94, 95, 96, 97, 98, 99, 101, 102, 103, 104, 105, 106, 107, 108, 109, 111, 112, 114, 115, 116, 118, 119, 120, 121, 122, 123, 124, 125, 128, 129, 130, 131, 132, 133, 134, 135, 136, 137, 138, 139, 140, 141, 142, 143, 144, 145, 146, 147, 148, 150, 151, 152, 153, 154, 155, 157, 158, 159, 160, 162, 163, 164, 165, 166, 168, 169, 170, 171, 174, 175, 177, 179, 180, 181, 182, 183, 184, 185, 187, 188, 189, 190, 191, 192, 193, 194, 195, 196, 197, 198, 199, 200, 201, 202, 204, 205, 206, 207, 208, 209, 211, 212, 213, 214, 215, 216, 217, 218, 219, 220, 221, 222, 223, 224, 225, 226, 227, 228, 229, 230, 231, 232, 233, 237, 238, 239, 240, 241, 242, 243, 244, 245, 246, 247, 248, 249, 250, 251, 252, 254, 255, 257, 258, 260, 261, 262, 263, 264, 265, 266, 267, 269, 270, 271, 272, 273,

274, 275, 276, 278, 279, 280, 281, 283, 284, 285, 286, 287, 288, 290, 291, 292, 293, 294, 295, 299, 301, 302, 303, 304, 305, 307, 308, 309, 310, 311, 313, 314, 315, 316, 317, 319, 320, 323, 324, 325, 328, 329, 330, 331, 332, 333, 334, 335, 336, 337, 338, 339, 340, 341, 342, 343, 344, 345, 346, 347, 348, 349, 350, 351, 352, 353, 354, 355, 357, 358, 359
러셀Russell, B. 55, 73, 330
레비-스트로스Lévi-Strauss, C. 18, 188, 255, 342
로고스 211, 222, 331
루소Rousseau, J.-J. 30
르클레르Leclair, S. 56
리비도 40, 66, 70, 82, 159, 161, 177, 182, 194, 224, 228, 258

(ㅁ)

마르크스 134, 181, 185, 252, 269, 340, 341
만족 13, 30, 103, 112, 122, 133, 143, 171, 175, 176, 177, 178, 207, 214, 215, 217, 224, 229, 269, 270, 326, 338, 339, 346, 347, 353
말실수 23, 26, 45, 87, 89, 91, 101, 248, 250
메타언어 17, 251, 257, 350
명명 29, 62, 63, 71, 84, 109, 117, 122, 131, 141, 228, 302, 316
모순 83, 103, 104, 111, 127, 208, 218,

243, 244, 247, 249, 273, 329, 336, 349
목소리 36, 120, 173, 174, 315
뫼비우스의 띠 230
무아경 227
무의식 10, 16, 25, 26, 27, 31, 32, 33, 34, 35, 36, 37, 42, 43, 44, 45, 46, 53, 54, 55, 56, 57, 58, 59, 75, 83, 87, 89, 90, 91, 92, 94, 95, 96, 97, 98, 99, 100, 124, 136, 142, 145, 148, 149, 166, 167, 199, 208, 241, 243, 244, 248, 249, 279, 316, 325, 329, 332, 336, 338, 345, 349
「무의식에서 문자의 심급」(라캉) 26
「무의식의 지위」(라캉) 349
무작위성 52, 326
문자 14, 16, 26, 33, 34, 40, 45, 50, 53, 54, 56, 61, 63, 67, 68, 71, 86, 117, 123, 132, 145, 148, 177, 181, 186, 189, 191, 200, 215, 222, 253, 255, 256, 267, 272, 279, 282, 283, 284, 285, 286, 287, 288, 293, 294, 308, 310, 311, 312, 314, 315, 324, 328, 330, 331, 332, 336, 342, 348, 354, 355, 356, 357, 358, 359
문자화literalization 265, 280
물리학 247, 255, 259, 260, 263, 264
미래완료 129, 340
밀네Milner, J.-C. 353
밀레Miller, J.-A. 55, 109, 299, 319, 330, 331, 342, 354

(ㅂ)

바디우Badiou, A. 266, 319, 353

반과거 시제 128
반복 12, 33, 64, 72, 75, 93, 133, 136, 150, 169, 174, 175, 176, 177, 178, 194, 225, 287, 305, 308, 313, 314, 324, 326, 336, 339, 358
배변 훈련 338
배열assemblages 10, 54, 56, 70, 325, 354
번역 12, 18, 20, 32, 43, 57, 74, 75, 81, 86, 97, 112, 117, 120, 141, 150, 179, 180, 183, 184, 198, 215, 221, 227, 249, 254, 274, 276, 278, 279, 301, 311, 318, 320, 323, 324, 331, 332, 333, 334, 336, 339, 340, 341, 344, 348, 353
법 10, 15, 42, 81, 132, 162, 164, 205, 209, 232, 311, 334, 341, 342
변증화 66, 147, 151, 152, 153, 158, 174, 175, 248, 330
변칙 19, 71, 73, 157, 232, 247, 315
보로메오 매듭 262
본능 177, 187, 196, 318, 336, 337
봉합 17, 75, 231, 255, 257, 352
부분/전체 변증법 183, 342
부성적 기능 114, 115, 116, 117, 118, 123, 231, 333, 334
부재-현존 놀이 329
부정 86, 111, 116, 122, 204, 205, 206, 208, 211, 251, 316, 317, 335, 341, 345, 346, 354
「부정」(프로이트) 175, 179, 340
분극화 17, 261, 262
분리 14, 17, 42, 79, 81, 92, 95, 97, 102, 103, 104, 105, 106, 110, 111, 112, 114,

115, 118, 119, 121, 123, 124, 126, 127, 130, 131, 132, 133, 134, 135, 137, 143, 144, 152, 153, 154, 158, 162, 167, 178, 179, 185, 195, 220, 222, 243, 259, 282, 286, 308, 309, 314, 317, 333, 335, 336, 338
분석가 9, 12, 13, 14, 15, 17, 23, 24, 26, 39, 54, 55, 64, 69, 70, 95, 122, 125, 133, 134, 135, 157, 163, 164, 165, 166, 167, 168, 169, 170, 172, 175, 196, 201, 202, 229, 232, 238, 239, 242, 247, 248, 249, 250, 251, 259, 260, 263, 266, 268, 270, 271, 272, 319, 325, 330, 338, 343, 344, 345, 352, 353
분석가 담화 17, 239, 249
분석가의 담화 238, 242, 247
분석적 담화 15, 238, 239, 247, 251, 259, 261, 262, 352
분열된 주체 16, 95, 97, 99, 101, 104, 111, 121, 124, 126, 139, 148, 244, 248, 257
불능 342
불안 111, 164, 193, 339, 351
불완전성 71, 72, 232, 324
불일치discordance 86, 206, 317, 345
빗금쳐진 A 316
빗금쳐진 S 152, 315
빗금쳐진 주체 91, 97, 144, 317

(ㅅ)

사랑 30, 34, 66, 133, 155, 157, 160, 161,

163, 166, 168, 169, 170, 174, 182, 187, 190, 194, 195, 215, 223, 224, 248, 277, 278, 323, 335, 339, 347, 348, 353
사유와 존재 257
사이버네틱스 26, 37
상대주의 238
상상계 16, 159, 230, 262, 338, 348, 349
상징계 16, 41, 46, 59, 61, 62, 64, 65, 66, 67, 69, 70, 71, 73, 82, 110, 115, 119, 123, 132, 141, 159, 165, 193, 197, 199, 213, 214, 223, 228, 230, 231, 262, 263, 280, 338, 345, 349
섬광(불꽃)으로서의 주체 93, 138
성구분 183, 184, 185, 197, 202, 209, 211, 216, 217, 218, 220, 226, 342, 344
『성욕에 관한 세 편의 에세이』(프로이트) 177
셰익스피어 43, 131
소멸apanisis 37, 91, 144
소쉬르 18, 148, 338
소외 10, 17, 30, 31, 41, 90, 97, 98, 101, 102, 103, 104, 105, 106, 107, 108, 109, 110, 111, 123, 124, 125, 130, 133, 134, 137, 138, 143, 152, 154, 167, 182, 185, 186, 194, 198, 200, 221, 240, 243, 314, 315, 316, 317, 333, 335, 339, 351
소크라테스 120, 121, 183
수학소 20, 73, 121, 149, 197, 211, 241, 257, 264, 265, 313, 317, 318, 350
승화 67, 214, 215, 223, 224, 346, 347, 348
신경증 16, 42, 53, 98, 104, 114, 125, 131, 132, 134, 142, 143, 144, 147, 148, 153, 154, 164, 165, 168, 182, 197, 198, 199, 215, 239, 249, 318, 325, 333, 335, 336, 349
신체의 이미지 159
실재 14, 16, 61, 62, 63, 64, 65, 66, 67, 68, 69, 70, 71, 73, 74, 95, 109, 115, 123, 138, 141, 142, 148, 157, 158, 159, 162, 170, 171, 174, 175, 191, 192, 194, 197, 199, 213, 214, 215, 219, 223, 230, 231, 243, 247, 256, 259, 260, 261, 262, 263, 264, 270, 280, 315, 330, 336, 338, 347, 348, 349, 352, 353
실증주의 253, 270, 352
실체 14, 46, 57, 90, 92, 109, 222, 253, 316

(ㅇ)

아갈마 120, 121, 157, 162, 339
아나그램anagrams 33
아버지의 이름 115, 118, 145, 146, 147, 185, 198, 269, 316, 334, 337, 344
아브라함Abraham, K. 175
아이 11, 13, 24, 26, 27, 28, 29, 30, 36, 40, 47, 62, 63, 66, 80, 81, 82, 97, 98, 104, 105, 106, 110, 111, 112, 113, 114, 115, 116, 117, 118, 119, 120, 121, 123, 127, 143, 146, 158, 159, 160, 161, 164, 172, 176, 177, 178, 179, 182, 187, 190, 193, 232, 329, 333, 334, 335, 338, 339, 346, 358

아인슈타인 35, 36
아포리아 14, 73, 263, 277
알키비아데스 121, 336
암호화 47, 52, 55, 63, 64, 177, 265, 325, 327, 329
『앙코르』(라캉) 183
야콥슨 18, 84, 85, 331, 332
양성성 349
「어네스트 존스의 상징 이론에 관하여」(라캉) 192
"어떤 아이가 맞고 있어요"(프로이트) 80
어머니 11, 30, 31, 34, 35, 36, 37, 41, 47, 65, 66, 106, 111, 112, 113, 114, 115, 116, 117, 118, 119, 120, 121, 123, 127, 132, 143, 146, 158, 168, 174, 178, 179, 182, 193, 206, 213, 214, 220, 269, 329, 334, 335, 337, 343, 344, 345, 358
어머니의 욕망 11, 112, 113, 117, 118, 120, 127, 269, 337, 343, 344, 345
억압 16, 32, 33, 136, 144, 145, 166, 180, 199, 214, 324, 330, 336, 337, 344
언어 9, 10, 14, 17, 19, 23, 25, 26, 27, 28, 29, 30, 31, 32, 33, 34, 37, 38, 40, 41, 42, 43, 44, 45, 46, 47, 52, 55, 58, 61, 62, 63, 64, 65, 66, 70, 73, 82, 83, 84, 89, 90, 97, 98, 103, 104, 105, 109, 111, 114, 117, 118, 125, 126, 132, 134, 136, 143, 145, 146, 147, 151, 157, 162, 164, 169, 177, 182, 185, 186, 187, 188, 192, 193, 194, 197, 198, 199, 201, 205, 206, 209, 213, 221, 222, 229, 232, 233, 237, 241, 251, 255, 257, 258, 279, 288, 315, 316, 328, 329, 331, 336, 337, 338, 345, 347, 350, 352, 353
언어의 물질성 157, 316
언어학 17, 26, 32, 45, 46, 84, 89, 98, 199, 209, 221, 229, 255, 258, 336, 353
에로스 264, 268
『에투르디』 205
「여성의 성욕」(프로이트) 333
여성적 구조 17, 194, 201, 209, 210, 215, 217, 218, 220, 221, 229, 232, 316, 317, 342, 348, 349
여성주의자 219, 271
역설 12, 14, 64, 71, 72, 74, 75, 127, 136, 215, 227, 229, 247, 258, 263, 315, 331
역전이 163, 355
영미 전통 125
오르가슴 224
오소통 83, 264, 336
오이디푸스 콤플렉스 119, 187
외부 12, 31, 130, 151, 175, 176, 177, 186, 224, 227, 228, 232, 308, 334, 335, 349
외상 11, 65, 66, 69, 70, 98, 126, 127, 129, 158, 318
요구 10, 16, 20, 28, 40, 42, 46, 55, 89, 97, 106, 112, 116, 118, 120, 134, 135, 136, 139, 140, 143, 144, 157, 164, 165, 167, 168, 169, 170, 171, 172, 173, 174, 182, 185, 186, 187, 193, 215, 221, 223, 225, 239, 244, 246, 252, 267, 269, 273, 274, 316, 318, 325, 329, 333, 335, 336, 338, 339, 346, 351, 352, 353
욕망 10, 11, 12, 13, 14, 16, 17, 28, 29,

30, 34, 35, 37, 42, 56, 59, 103, 105, 106, 110, 111, 112, 113, 116, 117, 118, 119, 120, 121, 122, 124, 125, 126, 127, 131, 132, 133, 135, 136, 137, 139, 143, 145, 146, 154, 155, 157, 158, 162, 166, 167, 168, 169, 170, 171, 172, 173, 174, 182, 185, 188, 190, 191, 192, 193, 194, 198, 211, 212, 213, 214, 215, 218, 219, 220, 223, 225, 226, 238, 244, 248, 250, 259, 269, 299, 310, 315, 316, 317, 318, 331, 332, 333, 334, 335, 336, 337, 339, 342, 343, 344, 345, 346, 347, 348, 353
우주론 336
운명 12, 16, 68, 114, 126, 135, 154, 215
원인 10, 12, 13, 14, 67, 68, 69, 70, 74, 75, 105, 120, 121, 126, 127, 130, 131, 132, 136, 137, 143, 144, 153, 154, 157, 158, 162, 171, 172, 173, 175, 191, 192, 215, 220, 238, 248, 255, 257, 258, 259, 301, 310, 312, 315, 319, 332, 338, 339, 348, 351, 353
원초적 기표 114, 117, 146
원초적 무리 346
원초적 아버지 206, 207, 208
위니콧Winnicott, D.W. 168, 175
위상학 157, 229, 230, 231, 232, 265, 309, 313, 334
유적 절차 266, 267
윤리 19, 64, 101, 136, 189, 267, 341
은유 16, 26, 32, 43, 44, 45, 46, 80, 108, 111, 114, 115, 118, 119, 131, 137, 138, 139, 140, 141, 143, 153, 222, 229, 232,

250, 271, 325, 330, 337, 344
음경 56, 57, 185
응시 130, 172, 174, 315
응축 20, 26, 45, 264
의료 시설 15
이드 99, 307, 313, 342, 347, 348
이리가라이Irigaray, L. 347
이야기 치료talking cure 64
이항적 기표 144, 145, 248
이항 체계 46-55, 279-299
인공언어 46, 47
인칭대명사 85, 89, 332
『일상생활의 정신병리학』(프로이트) 26, 91
잃어버린 대상 157, 158, 175, 177
잉여향유 181, 187, 188, 241

(ㅈ)

자본주의 181, 187, 243, 252, 269, 343
자아 10, 11, 13, 24, 25, 26, 31, 32, 33, 34, 35, 46, 81, 83, 85, 87, 92, 94, 95, 97, 98, 99, 124, 125, 135, 141, 142, 144, 159, 160, 161, 165, 172, 173, 182, 187, 189, 194, 217, 218, 232, 238, 305, 307, 309, 324, 331, 332, 334, 338, 342, 346, 347, 348
자아/자기 31
자아심리학 81, 135
자위 199
자유연상 135
자폐증 152, 187

잔여 65, 66, 67, 68, 121, 123, 124, 158, 178, 179, 309, 310, 315, 340, 352
재촉 9, 120, 123, 138, 139, 151, 153, 276
전미래 129, 130
전이 19, 133, 157, 163, 166, 171, 257, 326, 355
전치displacement 26, 45, 46, 65, 66, 85, 87, 116, 118, 192, 194
전환사 84, 85, 99, 332
전환사로서의 "나" 85-89
절분 131, 133, 303, 335
정신병 9, 16, 42, 91, 98, 104, 114, 132, 146, 147, 148, 197, 210, 239, 316, 325, 337, 346, 349
젖가슴 193, 315, 358
젠더 347
조합 37, 46, 48, 49, 50, 52, 75, 85, 98, 140, 218, 255, 256, 258, 262, 263, 281, 284, 285, 288, 289, 290, 292, 294, 297, 299, 309, 311, 328, 350, 355, 356, 357
존스Jones, E. 192, 193
존재 10, 11, 12, 13, 30, 33, 40, 41, 43, 45, 53, 54, 62, 63, 66, 73, 77, 79, 80, 91, 92, 93, 94, 95, 96, 97, 98, 100, 101, 102, 104, 108, 109, 110, 111, 112, 123, 124, 127, 139, 142, 143, 144, 145, 149, 152, 158, 160, 163, 171, 174, 175, 176, 178, 179, 180, 183, 185, 187, 189, 192, 193, 195, 199, 201, 203, 204, 205, 206, 210, 211, 214, 216, 218, 219, 220, 221, 222, 226, 227, 228, 229, 241, 242, 255, 257, 267, 315, 316, 317, 326, 330, 331, 335, 338, 341, 342, 344, 346, 347, 349, 359
『존재와 시간』(하이데거) 227, 331
종교적 담화 262
죄책감 35, 180, 336
주인 16, 17, 94, 147, 151, 152, 153, 158, 166, 216, 239, 240, 241, 242, 243, 244, 245, 246, 248, 250, 254, 257, 260, 273, 315, 339, 346, 347, 351, 352, 353
주인 담화 17, 239, 245, 260
주인기표 16, 147, 151, 152, 153, 158, 216, 240, 242, 243, 244, 248, 273, 315, 337, 344, 351
주체 9, 10, 11, 12, 13, 14, 15, 16, 19, 34, 38, 41, 42, 43, 53, 56, 57, 58, 59, 70, 75, 76, 77, 79, 80, 81, 84, 85, 87, 88, 89, 90, 91, 92, 93, 94, 95, 96, 97, 98, 99, 100, 101, 102, 103, 104, 105, 106, 107, 108, 109, 110, 111, 112, 113, 114, 119, 120, 121, 122, 123, 124, 126, 127, 128, 129, 130, 131, 132, 135, 136, 137, 138, 139, 140, 142, 143, 144, 145, 146, 147, 148, 149, 150, 151, 152, 153, 154, 158, 165, 166, 167, 169, 173, 174, 175, 177, 178, 180, 181, 182, 191, 192, 193, 197, 198, 199, 200, 203, 204, 209, 210, 214, 215, 217, 218, 219, 220, 221, 226, 232, 240, 243, 244, 248, 249, 250, 255, 257, 258, 259, 265, 269, 278, 306, 307, 309, 312, 313, 314, 315, 316, 317, 318, 323, 325, 330, 331, 332, 333, 334, 335, 337, 338, 339, 342, 343, 346, 347,

348, 349, 352, 358, 359
「주체의 전복과 욕망의 변증법」(라캉) 146, 331
중층결정 279
중핵 10, 145, 285
쥐인간 사례 56, 333, 339
증오 161, 162, 277
지식 17, 39, 43, 164, 165, 166, 167, 168, 177, 186, 187, 241, 244, 245, 246, 249, 253, 258, 274, 277, 316, 351
진리 17, 26, 55, 68, 125, 184, 226, 233, 241, 242, 243, 247, 249, 252, 255, 256, 257, 259, 325, 351, 352
「진리의 공급자」(데리다) 184
『집단심리학과 자아의 분석』(프로이트) 305
집합론 54, 109, 184, 205, 232, 265, 271, 333, 341, 342

(ㅊ)

차이 14, 16, 19, 64, 77, 161, 180, 183, 184, 196, 204, 221, 229, 232, 238, 258, 271, 306, 337, 338, 341, 343, 344, 347, 348, 352
철학 32, 58, 81, 83, 94, 128, 183, 184, 230, 243, 245, 250, 253, 256, 271, 274, 319, 324, 330, 347, 353
초자아 10, 35, 189, 194, 232, 346, 347
충동 145, 186, 214, 223, 224, 307, 318, 336, 337, 346, 347, 349, 351
「치료의 방향」(라캉) 339

(ㅋ)

카푸트 모르툼caput mortuum 67, 68, 69, 279
코기토 93, 94, 309
코드화 48, 55, 283, 285, 290, 293, 296, 297, 298, 302, 329, 354, 357, 358
콩트 244
쾌락원리 47, 116, 189
『쾌락원리를 넘어서』(프로이트) 47
크로스 캡 229, 230, 231, 232, 313
크리스테바Kristeva, J. 274
크립키Kripke, S. 117, 331
클라인Klein, M. 175, 229, 319

(ㅌ)

타자 10, 11, 12, 13, 14, 15, 16, 17, 21, 23, 24, 25, 27, 28, 29, 30, 31, 32, 34, 35, 37, 38, 40, 42, 43, 68, 71, 72, 73, 82, 90, 92, 98, 99, 103, 104, 105, 106, 107, 109, 110, 111, 112, 113, 116, 117, 118, 119, 120, 121, 122, 123, 124, 125, 126, 127, 131, 132, 133, 134, 135, 136, 137, 139, 142, 143, 144, 145, 146, 147, 148, 154, 157, 158, 159, 160, 161, 162, 163, 164, 165, 166, 167, 168, 169, 170, 172, 173, 174, 179, 180, 182, 183, 185, 186, 187, 188, 190, 192, 200, 201, 210, 211, 212, 213, 214, 215, 217, 219, 220, 221, 223, 224, 225, 227, 228, 239, 241, 250, 269, 305, 306, 307, 308, 309, 312, 313, 314, 315, 316, 317, 318, 324, 332,

334, 335, 338, 339, 341, 344, 345, 346, 348, 353, 359
타자 속의 결여 119, 316
타자의 욕망 10, 11, 12, 13, 14, 34, 103, 105, 106, 113, 116, 117, 118, 119, 120, 121, 122, 124, 125, 126, 127, 131, 132, 133, 135, 137, 139, 143, 145, 154, 157, 158, 172, 174, 190, 192, 213, 315, 318, 334, 335, 346
타자적 향유 14, 17, 200, 201, 210, 214, 219, 223, 224, 227, 228, 317, 341, 345, 348
탄젠트 곡선 210
탈-존ex-sistence 17, 63, 158, 205, 206, 211, 222, 227, 228, 317, 344, 346
『텔레비전』(라캉) 243, 245
『토템과 타부』(프로이트) 205
통과 17, 39, 130, 265, 266, 326
통찰 141, 353
틈breach 91, 92, 121, 138, 142, 149, 150, 179, 232, 332

(ㅍ)

파괴불가능성 53, 54
파스칼 352
퍼스Peirce, C. S. 345
폐제 146, 204, 206, 210, 316, 345
포Poe, Edgar Allan 9, 26, 27
포르트-다 놀이 47, 329
푸리에Fourier, C. 244
푸코Foucault, M. 274

프레게Frege, G. 343, 352
프로이트 4, 10, 11, 12, 14, 18, 19, 20, 25, 26, 32, 34, 35, 37, 39, 40, 43, 45, 46, 47, 53, 54, 56, 57, 62, 74, 80, 83, 91, 92, 94, 97, 99, 101, 104, 115, 116, 119, 127, 129, 135, 136, 140, 142, 144, 145, 150, 154, 157, 158, 159, 164, 166, 168, 173, 175, 176, 177, 178, 179, 180, 182, 184, 185, 187, 189, 194, 195, 197, 199, 205, 209, 214, 215, 223, 224, 229, 232, 243, 246, 254, 265, 272, 273, 276, 305, 307, 313, 318, 319, 323, 324, 325, 329, 330, 331, 332, 333, 334, 335, 336, 337, 340, 341, 346, 348, 349, 351, 353
프로이트 원인학교 319
『프로이트의 이론과 정신분석 기법에서의 자아』(라캉) 46
플라톤 19, 120, 128, 162, 222
『피네건의 경야』(조이스) 186
필요 10, 14, 15, 16, 28, 29, 30, 46, 51, 58, 63, 71, 75, 80, 86, 89, 105, 106, 115, 117, 129, 141, 144, 172, 175, 176, 193, 197, 225, 260, 267, 271, 276, 282, 287, 290, 303, 311, 318, 325, 328, 334, 335, 358

(ㅎ)

하이데거 63, 227, 330, 331, 332
하이젠베르크의 불확정성 원리 245, 258, 263, 352
합리화 54, 94, 95, 242, 243, 254

해석 4, 14, 15, 17, 19, 26, 29, 32, 35, 45, 56, 69, 91, 99, 121, 122, 128, 149, 150, 166, 167, 170, 184, 188, 201, 202, 219, 224, 254, 263, 265, 270, 271, 307, 317, 319, 320, 324, 325, 329, 334, 335, 340, 342, 343, 346, 353, 357

해체 9, 349

향유 3, 6, 11, 12, 14, 16, 17, 42, 107, 122, 123, 127, 143, 146, 155, 157, 158, 174, 181, 182, 185, 186, 187, 188, 189, 194, 199, 200, 201, 202, 207, 210, 214, 218, 219, 222, 223, 224, 227, 228, 241, 244, 252, 258, 267, 271, 315, 316, 317, 318, 336, 340, 341, 342, 344, 345, 347, 348, 351

헤겔 183, 242

현실성검사 176

현실원리 116, 189

형식화 174, 257, 264, 265, 352

환상 11, 12, 13, 14, 17, 33, 35, 40, 41, 46, 59, 66, 80, 103, 121, 122, 123, 124, 125, 126, 127, 131, 132, 133, 134, 135, 137, 143, 144, 153, 158, 166, 168, 175, 177, 181, 186, 199, 208, 218, 223, 239, 259, 267, 317, 318, 330, 335, 336, 338, 340, 346, 348, 358

환상을 가로지르기 124

환유 26, 46, 172

후구조주의자들 9, 184

흔적 109, 121, 265

「히스테리에 대하여」(라캉) 243

히스테리자의 담화 238, 239, 242, 243, 244, 245, 247, 254, 258, 259, 263, 266, 273

한국어판 ⓒ 도서출판 b, 2010

정신분석 총서 **1**
라캉의 주체

초판 1쇄 발행 • 2010년 12월 27일
　6쇄 발행 • 2023년 02월 27일

지은이 • 브루스 핑크
옮긴이 • 이성민
펴낸이 • 조기조

펴낸곳 • 도서출판 b
등록 • 2003년 2월 24일 제2006-000054호
주소 • 08772 서울특별시 관악구 난곡로 288 남진빌딩 302호
전화 • 02-6293-7070(대)
팩시밀리 • 02-6293-8080
홈페이지 • b-book.co.kr
이메일 • bbooks@naver.com

정가 • 24,000원
ISBN 978-89-91706-38-5　03180

* 이 책 내용의 일부 또는 전부를 재사용하려면 저작권자와 도서출판 b 양측의 동의를 얻어야 합니다.
* 잘못된 책은 구입한 곳에서 교환해드립니다.